Lebensberichte - Zeitgeschichte

Georg Olms Verlag
Hildesheim · Zürich · New York
2007

Klaus Oehler

Blicke aus dem Philosophenturm

Eine Rückschau

Georg Olms Verlag
Hildesheim · Zürich · New York
2007

Umschlagmotiv:
Universität Hamburg, Philosophenturm.
Mit Genehmigung der Presse- und Informationsstelle der Universität Hamburg.

Die Deutsche Nationalbibliothek verzeichnet diese Publikation
in der Deutschen Nationalbibliografie; detaillierte bibliografische Daten
sind im Internet über *http://dnb.d-nb.de* abrufbar.

♾ ISO 9706
Gedruckt auf säurefreiem und alterungsbeständigem Papier
Umschlaggestaltung: Inga Günther, Hildesheim
Herstellung: Druckhaus Thomas Müntzer, 99947 Bad Langensalza
Alle Rechte vorbehalten
Printed in Germany
© Georg Olms Verlag AG, Hildesheim 2007
www.olms.de
ISBN 978-3-487-08476-3
ISSN 1861-4698

INHALT

Klausur in Hinterzarten

Einzug in den Hamburger ‚Philosophenturm'

Auf den Spuren von Byzanz: Über Washington nach Istanbul

Rückkehr nach Hamburg

REFLEXIONEN ÜBER BESCHÄDIGTES LEBEN

EINLADUNG NACH PRINCETON

BÜNDNISSE FÜR DEN PRAGMATISMUS

Inhalt

Vorwort

Nur der Mensch hat ein Bewußtsein seiner Existenz, das zugleich ein Bewußtsein der zeitlichen Erstreckung seiner Existenz ist und die Fähigkeit der Erinnerung begründet. Selbstbewußtsein schließt Selbsterinnerung mit ein, das eine ist ohne das andere nicht möglich. Wer mit sich selbst ins Gespräch kommt, erweitert die eigenen Grenzen. Seit der Antike haben Philosophen von dieser Form der Selbstreflexion Gebrauch gemacht, denn sie ist eine einmalige Weise der Selbsterfahrung und der Selbstvergewisserung. Beides ist, wie alles Menschliche, unter den einschränkenden Bedingungen des Menschseins ohne den unvermeidlichen Tribut an Selbsttäuschung nicht realisierbar.

Trotz dieser relativierenden Einsicht bleibt die Selbsterinnerung ein philosophisches Abenteuer von besonderem Erkenntnisgewinn, der sich wahrscheinlich der Distanznahme zum eigenen Leben verdankt, einer Distanznahme, die dem aktiv Handelnden, solange er aktiv handelt, verwehrt ist und nur dem rückblickend Betrachtenden sich einstellt. Der aus der Schule Diltheys hervorgegangene Philosoph Georg Misch hat in seinem klassischen Werk „Geschichte der Autobiographie", I-IV, 1949–1967, dazu das Nötige gesagt.

Meine Rückschau war für mich ein Abenteuer, auf das ich, wie auf andere Abenteuer in meinem Leben, nicht verzichten wollte. Deshalb diese Memoiren. Abenteuer sind Wagnisse auf eigenes Risiko.

Mein Dank für die Ermöglichung des Erscheinens dieser Autobiographie gilt dem Verleger Georg Olms und dem Lektorat seines Hauses, besonders Paul Heinemann und Mirjam Burgdorf. Die Erfahrung dieser Zusammenarbeit war eine ungewöhnlich erfreuliche.

Bad Pyrmont, im Frühjahr 2007   Klaus Oehler

Eine Jugend unter Bomben und Kanonen

Die Reichstagswahl im März 1933

Früheste Erinnerungen sind bei den Menschen von verschiedenartiger Intensität. Bei mir hat sie die Qualität eines verletzten Schamgefühls. Und das kam so. Am Morgen des 5. März 1933 nahm mich mein Vater mit zum Wählen. Es ging um die Wahl zum Reichstag, bei der die Nazis 43,9 Prozent der Stimmen erlangten. Das Wahllokal, eine alte Gastwirtschaft, lag am Ende der Straße, wo wir wohnten. Ich begleitete meinen Vater sogar bis hinein in die Wahlkabine. Über den Wahlvorgang war ich beim Frühstück aufgeklärt worden. Als wir die Wahlkabine verließen, fragte ich meinen Vater in kindlicher Unbekümmertheit, hörbar für alle Umstehenden: „Wo hast Du denn Dein Kreuz hingemacht?" Daraufhin setzte ein schallendes Gelächter im ganzen Saal ein, und es konnte für mich kein Zweifel bestehen, daß ich der Gegenstand des Gelächters war. Ich schämte mich schrecklich. Auf dem Nachhauseweg wollte ich von meinem Vater wissen, warum die Leute so über mich gelacht hatten. „Weil sie glauben, daß alle heute nur eine einzige Partei wählen, die Hitler-Partei." Ich fragte zurück: „Was geschieht denn mit den anderen Parteien?" Mein Vater antwortete: „Die werden vielleicht beim nächsten Mal gewählt". Aber bekanntlich gab es kein nächstes Mal. Dieser Wahlsonntag im März 1933 ist meine früheste Erinnerung.

Wir lebten in Solingen, wohin 1907 mein Großvater gezogen war, um dort als Postinspektor tätig zu sein. Er stammte, wie meine Großmutter auch, aus dem Oberbergischen in der Nähe von Wiehl. Mein Vater war Zahnarzt in Solingen. Meine Mutter stammte aus Wuppertal-Barmen, wo ihr Vater 1894 die Textilfabrik Carl Klostermann & Söhne gegründet hatte. Er und seine Frau, die Mutter meiner Mutter, stammten aus Hessen-Waldeck, der Nähe von Korbach. Beide Familien, die meines Vaters und die meiner Mutter, waren Baptisten. Meine Eltern lernten sich bei einem Treffen ihrer Gemeinden kennen und heirateten 1927. In mein Zeugnisheft der Volksschule war Ostern 1935 bei der Einschulung unter den Personalien eingetragen: „Konfession: christlicher Dissident". Da der Volksschullehrer auch schon meinen Vater als Schüler gehabt und diverse Auseinandersetzungen mit meinem Großvater väterlicherseits hinter sich hatte, behandelte er mich mit Voreingenommenheit und Mißtrauen. Er war es denn auch, der vier Jahre später, 1939, meinen Übergang zur Höheren Schule verhindern wollte. Ich habe es meiner couragierten Mutter zu verdanken, daß aus dieser Verhinderungsabsicht des Volksschullehrers nichts wurde. Das war meine erste existentielle Begegnung mit der Pädagogik, die ich seitdem für etwas Unanständiges halte. An das Wort „Dissident", das meinem Zeugnisheft der Volksschule als Kennzeichnung eingeprägt war, mußte ich in meinem späteren Leben immer denken, sooft ich wieder einmal quer zu dem jeweiligen Mainstream des Zeitgeistes lag.

Die Atmosphäre in meinem Elternhaus ist wohl einigermaßen zutreffend beschrieben, wenn man sie als eine Mischung aus Calvinismus und Pietismus charakterisiert. ‚Ora et labora' war die Devise, und in diesem Geist wurden ich und mein jüngerer Bruder, der nach seinem Studium der Medizin und Zahnmedizin die Praxis meines Vaters übernahm, erzogen. Wir wuchsen auf in einer durch die Religion vorgegebenen Ordnung, über die es keine Diskussion gab, jedenfalls keine ernsthafte Infragestellung, wozu auch inmitten der religionsfeindlichen politischen Umwelt, in der wir lebten, wirklich keine Veranlassung und wonach kein Bedarf bestand. Soviel hatten wir Kinder schon begriffen. Wenn wir sonntags aus dem Gottesdienst kamen, standen oft SA-Männer in Uniform provokativ auf dem Vorplatz und sahen die Herauskommenden stumm und einschüchternd an. Im Krieg wurde die Gemeinde immer mehr unter Druck gesetzt und ihr schließlich das Versammlungsrecht entzogen.

Die Sommerferien verbrachten wir zumeist in Bad Wildungen. Wir logierten in dem Grand Hotel Fürstenhof, einer noblen Hotelburg der Jahrhundertwende, wo die Kellner Frack trugen mit schwarzer Weste und Querbinder, wie ich das heutzutage nur noch in Hotels wie Brenner's Parkhotel in Baden-Baden und damit vergleichbaren Häusern finde. Dort, im Hotel Fürstenhof in Bad Wildungen, hat meine lebenslängliche Passion für Luxushotels der besonderen Kategorie ihren Ursprung. Es ergaben sich Bekanntschaften mit anderen Gästen, die ebenfalls jedes Jahr hier ihre Ferien verbrachten. Sie entsprachen durchaus nicht dem Typus des Volksgenossen der sogenannten Volksgemeinschaft, eher den verunsicherten Passagieren eines Luxusliners, der mit unbekanntem Kurs und Ziel unterwegs ist, verpflichtet einzig dem puren Genuß der Gegenwart, nicht zu verwechseln mit dem von den Nazis für die breiten Volksmassen organisierten Unternehmen ‚Kraft durch Freude‘, das man im Hotel Fürstenhof für vulgär hielt und verachtete.

Hinter dieser schönen Fassade großbürgerlicher Abgeschiedenheit liefen gleichzeitig die Aktionen der Nazis nach Plan. Ich erinnere mich, daß im Frühjahr 1938 in meiner Schulklasse der Sohn eines jüdischen Altwarenhändlers, Haverkamp war sein Name, plötzlich nicht mehr in der Schule erschien. Er war mir dadurch aufgefallen, daß er, wie auch seine Geschwister, wegen des Sabbats samstags am Unterricht nicht teilnahm. Die Familie war, kurz entschlossen, nach Südamerika ausgewandert.

Die Reichskristallnacht im November 1938

Ein halbes Jahr später ereignete sich in der Nacht vom 9. zum 10. November 1938 das Pogrom gegen die jüdischen Bürger und Synagogen, die ‚Kristallnacht', wie sie bald darauf metaphorisch hieß. Am 7. November 1938 hatte der siebzehnjährige Jude Herschel Grynszpan in Paris ein Attentat auf einen Mitarbeiter der deutschen Botschaft, Ernst vom Rath, verübt. Er wollte auf das Schicksal seiner Eltern und der polnischen Juden insgesamt aufmerksam machen, die aus Deutschland ausgewiesen worden waren. Das Attentat diente den Nationalsozialisten als Vorwand für antijüdische Pogrome in jener Nacht vom 9. zum 10. November, in der Synagogen, Geschäfte und Wohnungen der jüdischen Bürger verwüstet und zerstört wurden. Polizei und Feuerwehr durften nicht eingreifen. Viele Juden kamen ums Leben. Tausende wurden anschließend in Konzentrationslager verschleppt. Der Versuch der Nazis, diese Verbrechen als spontanen Ausdruck der Volkswut erscheinen zu lassen, mißlang. Die Bevölkerung verhielt sich passiv, stand ihnen zum Teil ablehnend gegenüber. Die Juden durften für die Schäden der Pogromnacht keine Versicherungsleistungen in Anspruch nehmen. Sie mußten, im Gegenteil, eine Milliarde Reichsmark zur ‚Wiederherstellung des Straßenbildes' an die Regierung zahlen. Die Reichspogromnacht 1938 war als Revanche für das Attentat des Herschel Grynszpan getarnt, in Wahrheit war sie ein Test der Nazis, wie weit man in aller Öffentlichkeit mit der Entrechtung und Verfolgung der Deutschen jüdischen Glaubens gehen konnte.

Daß in der ‚Kristallnacht' nicht nur Kristall zu Bruch gegangen war, davon wurde ich selbst wenige Stunden nach jener Nacht Zeuge. Der 10. November 1938 war ein Sonntag. Um 8 Uhr morgens, zu ungewohnter Zeit, schellte es bei uns. Mein Vater öffnete und verschwand sofort mit dem Besucher in unserem Wohnzimmer. Ich erkannte den Mann. Er trug ein notdürftig angebrachtes, blutverschmiertes Pflaster an seinem Kopf. Die Haare hingen ihm wirr ins Gesicht. Er wirkte verstört und verängstigt. Es war Herr Krämer, ein langjähriger Patient meines Vaters, dessen Ehefrau Jüdin war. Nachdem er unser Haus nach höchstens zwanzig Minuten wieder verlassen hatte, rief mich mein Vater zu sich und übergab mir einen verschlossenen Briefumschlag, in dem sich Geld befand, und trug mir auf, diesen zu Krämers in die Wohnung zu bringen. Ich kannte ihre Wohnung. Auf dem Weg dorthin sollte ich mich durch nichts aufhalten lassen, und sollte ich unterwegs gefragt werden, wohin ich ginge, sollte ich die Adresse meiner Tante, einer Schwester meines Vaters, nennen. Die Straßen an jenem Sonntagmorgen waren menschenleer. Ein kalter Novemberwind fegte das abgefallene Laub vor sich her. Vor einigen Läden und Hauseingängen waren mit roter Farbe – seitdem mag ich die Farbe rot nicht – auf dem Trottoir antijüdische Naziparolen angebracht. Die Waren aus den Läden und Schaufenstern lagen in einem wüsten Durcheinander auf der Straße, darunter auch Spielzeugeisenbahnen vor einem mir wegen seines reichhaltigen Sortiments besonders ans Herz gewachsenen Geschäft für Kinderspielzeug. Ich hastete weiter ohne anzuhalten und kam zu dem Haus, in dem die Krämers eine der oberen Etagen bewohnten. Die Scheibe der Haustüre war eingeschlagen, die Glasscherben lagen noch auf der Eingangstreppe. Das Licht im Hausflur funktionierte nicht, so daß ich mich im Dunkeln an dem Treppengeländer langsam nach oben tastete. Während ich so, ungewiß, wo ich mich genau befand, umhertappte, erblickte ich plötzlich eine offenstehende Wohnung, die Etagentüre lag herausgerissen auf dem Boden. Soweit ich in die Wohnung hineinblicken konnte, waren alle Schränke umgeworfen, Tische und Stühle lagen zertrümmert herum. Ein Chaos. Kein Zweifel: ich war bei der richtigen Adresse angekommen, obwohl ich sie kaum mehr wiedererkannte. Hier wohnte das Ehepaar Krämer. Durch meine Schritte aufmerksam geworden, kam Herr Krämer zögernd aus einem der Zimmer, stumm und zitternd. Ich übergab ihm schweigend den Briefumschlag und verschwand, denn ich fühlte, daß ich, ein zehnjähriger Junge, der ich war, keinen Trost spenden konnte. Frau Krämer wurde nach Theresienstadt transportiert. Sie überstand das Konzentrationslager und kehrte nach dem Krieg zurück, eine an Seele und Leib gebrochene Frau, der kein einziges Wort über das Widerfahrene über die Lippen kam. Sie war verstummt. Herr Krämer hat ihre Rückkehr nicht mehr erlebt. Er verlor seine berufliche Stellung und starb bald darauf.

Auf der Suche nach dem Ariernachweis meiner Mutter

Bis in die ersten Kriegsjahre hinein bedrückte meine Eltern eine periodisch wiederkehrende Aufforderung des Ortsgruppenleiters der NSDAP an meinen Vater, den noch immer fehlenden sogenannten Ariernachweis seiner Ehefrau beizubringen. Das war nicht ganz einfach. Der Großvater meiner Mutter hatte noch ‚Uebelgrün' geheißen und sich in späteren Jahren den Namen zugelegt, mit dem er meistens von anderen genannt wurde: Klostermann. Denn er betrieb ein Fuhrunternehmen und belieferte mit seinen Pferdefuhrwerken regelmäßig ein Kloster: der Klostermann eben. Erst der Vater meiner Mutter trug seit seiner Geburt 1858 diesen Namen. Die Auslagerung der Kirchenbücher in sichere Gewölbe zum Schutz vor der Vernichtung durch Luftangriffe schränkte von 1942 an im Reichsgebiet die Nachweispflicht „für deutschblütige Abstammung" ein. Beabsichtigt war, sie nach Kriegsende zu erneuern. Praktisch bedeutete das die Aussetzung der Nachweispflicht – für meine Eltern eine deutlich spürbare Erleichterung. Bei meiner Mutter, die eine fromme Christin war, ist das Bewußtsein des jüdischen Erbes, zu dem sie in einer mystischen Beziehung stand, immer lebendig geblieben.

Meine Mutter war eine christliche Zionistin. Denn die Rückkehr der Juden nach Zion, ins Land Israel-Palästina, galt für sie als das sichtbare Zeichen für die baldige Wiederkehr des Herrn, des christlichen Messias. Am Ende der Zeiten, so war ihre Rede unter Berufung auf Stellen der Bibel, würden sich die in alle Welt zerstreuten Juden wieder in Israel sammeln, und daran würde man erkennen können, daß es soweit sei. Das sagte sie schon viele Jahre, bevor David Ben Gurion am 14. Mai 1947 die Gründung des Staates Israel erklärt hatte.

Mein Vater hatte sich im Januar 1942 in Sachen des Nachweises der arischen Abstammung meiner Mutter schriftlich an das Evangelische Pfarramt der Gemeinde Goddelsheim, Waldeck, gewandt, der Herkunftsregion der Familie meiner Mutter, und hatte von dort die Mitteilung erhalten, die Kirchenbücher von Goddelsheim befänden sich in Korbach auf dem dortigen Kirchenbuchamt. Als mein Vater daraufhin, noch im Januar 1942, dieses Amt um Auskunft bat, erhielt er die erlösende Antwort in Gestalt des folgenden vorgedruckten Formulars: „Vorübergehende Aussetzung älterer Kirchenbücher beim Kirchenbuchamt Korbach (Waldeck). Die bei uns verwahrten älteren Kirchenbücher werden, soweit sie in die Zeit vor 1800 bzw. 1820 reichen, vom 1. März 1942 an für die Dauer des Krieges außer Gebrauch gesetzt. Diese Maßnahme gründet sich auf eine Anordnung des Archivamtes der Deutschen Evangelischen Kirchenkanzlei im Einvernehmen mit dem Reichssippenamt, wonach wir angewiesen sind, die älteren Kirchenbücher in einem gesicherten Bankgewölbe unterzubringen. (Kirchliches Amtsblatt Kassel, Nr. 3/1942,

S. 18). Sie gründet sich ferner auf eine Anordnung des Reichsleiters Bormann. Alle Anträge auf Ausstellung von Urkunden oder auf Einsichtnahme in die Kirchenbücher, die vor den oben genannten Stichjahren liegen, bleiben daher einstweilen unerledigt und können erst nach Beendigung des Krieges erneuert werden. Korbach, im Februar 1942. Evangelisches Kirchenbuchamt. Korbach (Waldeck)." Aus heutiger Sicht mutet das in bürokratischem Amtsdeutsch verfaßte Formular eher harmlos an, damals konnte es Menschenleben retten.

Im Herbst 1942 wurde mein Vater zum Militärdienst eingezogen und zur Heereszahnstation in Stettin überstellt. Wenige Monate vorher kam er eines Abends aus der Praxis und sagte uns mit erstarrter Miene: „Heute hat mir ein Soldat aus Rußland, der auf Urlaub ist, berichtet, was hinter der deutschen Front mit den Juden gemacht wird. ‚Wenn das eines Tages auf unser Volk zurückschlägt, Herr Oehler, dann Gnade uns Gott'." Die Information kam für uns nicht eigentlich überraschend, denn wir hatten zu dieser Zeit keine Illusionen mehr über die Natur dieses Regimes, aber sie war die Bestätigung schlimmster Befürchtungen.

Inzwischen waren die Luftangriffe der englisch-amerikanisch-kanadischen Fliegerverbände auf die Städte in Westdeutschland, besonders auf die wegen der Kriegsindustrie wichtigen Städte des Ruhrgebietes, so lebensbedrohend geworden, daß meine Mutter sich im Sommer 1943 kurzerhand entschloß, meinen Bruder und mich nach Bad Wildungen zu evakuieren und dort das Gymnasium besuchen zu lassen. Hier freundete ich mich in meiner Schulklasse mit Albrecht Kruse an, den seine Eltern – sein Vater war Augenarzt in Hagen – ebenfalls aus Gründen der Sicherheit vor den Bombenangriffen nach Bad Wildungen evakuiert hatten. Albrecht Kruse, der spätere Professor für Nationalökonomie, fiel mir als Mitschüler sofort durch seine unkonventionelle Art des Auftretens auf, auch durch seine Zivilcourage, mit der er mit den Lehrern verkehrte. Es umgab ihn eine frühreife Aura der Unangepaßtheit im guten Sinne, die ihn unterschied und interessant machte. Ich hatte mich in ihm nicht geirrt, wie sich in späteren Jahren und Situationen zeigen sollte.

Kriegsdienst als Flakhelfer

Januar 1944 wurden wir, jeder von seinem Heimatort aus, zum Kriegsdienst als Flakhelfer eingezogen. Der Jahrgang 1928, dem ich angehöre, war der jüngste und letzte Jahrgang, der von Hitler für den Krieg rekrutiert wurde. Wir waren zum Zeitpunkt unserer Einberufung zum Dienst an den Fliegerabwehrkanonen (Flak) fünfzehn Jahre alt. Die Fliegerabwehrartillerie war in Sperrfeuerbatterien rund um große Städte oder kriegswichtige Anlagen lokalisiert, mit dem Ziel, die angloamerikanische Luftoffensive zu verhindern oder zu schwächen. Dieses Ziel wurde zu keinem Zeitpunkt des Krieges erreicht. Die Verluste auf unserer Seite waren verheerend, da die Flieger, besonders nachts, das Mündungsfeuer unserer Kanonen sahen und unsere Standorte genau registrierten, um sie bei späterer Gelegenheit gesondert und gezielt zur Vernichtung anzufliegen. Außerdem flogen die Flugzeugverbände so hoch, meist in einer Höhe von über neuntausend Metern, daß wir sie mit unseren 8,8 cm Geschützen, die nur eine Zielgenauigkeit von maximal sechs- bis siebentausend Metern hatten, gar nicht erreichen konnten. Uns blieb dann, nach Angriffen auf unsere Stellungen, die traurige Aufgabe, die Eltern unserer gefallenen Klassenkameraden von dem Tod ihres jungen Sohnes „für Führer, Volk und Vaterland" in Kenntnis zu setzen und die näheren Umstände, die sie wissen wollten, so schonend wie möglich zu schildern. Manchmal hatten wir von unseren Kameraden, wenn die Bombe einen Geschützstand voll getroffen hatte, gar nichts mehr wiedergefunden.

Im Februar 1945 wurden wir aus dem Rheinland verlegt. Bei dieser Verlegung, die nach Süddeutschland erfolgen sollte, wurden wir mit anderen Flakbatterien vereinigt. Die Geschütze wurden vorausgeschickt und wir marschierten in einem kilometerlangen Treck im Fußmarsch hinterher, jeder mit vollem Gepäck. In diesem hoffnungslosen Haufen, der sich nach Süden wälzte, traf ich plötzlich und unerwartet meinen Freund Albrecht Kruse wieder. Wir hatten uns seit der gemeinsamen Schülerzeit in Bad Wildungen nicht mehr gesehen. Nach kurzer Verständigung faßten wir den Plan, uns von der riesigen Militärkolonne abzusetzen. Unter Hinweis auf Fußleiden, die uns angeblich am Weitermarschieren hinderten, gelang es uns tatsächlich, von einem Unteroffizier eine amtliche Bescheinigung zu erhalten, aus der hervorging, daß wir der Truppe so bald wie möglich nachfolgen sollten. Die Truppe bewegte sich weiter gen Süden. Für viele wurde dieser Marsch zum Todesmarsch. Sie stießen später auf französische Truppen, wurden von diesen gefangengenommen und in offenen Eisenbahnwaggons durch ganz Frankreich bis an die Atlantikküste bei Calais in ein riesiges Gefangenenlager transportiert. Auf dieser Fahrt in den offenen Güterwaggons wurden nicht wenige durch von Brücken auf die Gefangenen in den Waggons geworfene Steine, Eisenteile und Gleisschwellen tödlich getroffen und sahen die Heimat nicht mehr wieder. Die anderen kamen erst 1946 oder noch später nach Hause zurück.

Mein Ende des Zweiten Weltkrieges

Beim Verlassen unserer Truppe befanden wir uns nahe der Autobahn Frankfurt – Kassel in der Höhe von Gießen. Unser Plan war, uns nach Bad Wildungen durchzuschlagen und dort bei Verwandten unterzutauchen. Da die Militärstreifen auf der Suche nach Deserteuren äußerst aktiv waren und tagsüber die Straßen kontrollierten, bewegten wir uns nur nachts und nur seitlich an der Autobahn entlang bis nach Fritzlar und von da nach Bad Wildungen, wo ich bei aus Wuppertal evakuierten Verwandten in einem Dachzimmer unterkam, das ich nicht mehr verließ, bis ich eines Morgens, vier Wochen später, von meiner Dachluke aus sah, wie amerikanische Panzer entlang der Brunnenallee standen und die amerikanischen Soldaten auf ihren Panzern sitzend frühstückten. Trotz der Entfernung sah ich zum ersten Mal seit Jahren wieder richtiges Weißbrot, aus Weizenmehl gebacken, und Spiegeleier mit Schinken. Die Luft war geschwängert von dem satten Benzingeruch richtigen Mobilöls, nicht von dem synthetischen Kram, mit dem sich die Deutschen jahrelang behelfen mußten. Daß die Zigaretten, die die US-Soldaten rauchten, nicht aus deutschem Wald-und-Wiesen-Kraut hergestellt waren, konnte ich auch aus meiner Dachluke erkennen und riechen. Und daß die Amis in Siegerlaune die wenigen Passanten, die sich auf die Straße trauten, mit ‚Heil Hitler' und mit zum deutschen Gruß erhobenem rechten Arm begrüßten, amüsierte mich und imponierte mir. Was hätten sie denn auch sonst so früh am Morgen zu Deutschen sagen sollen?

Damit war der Zweite Weltkrieg für mich zu Ende. Ich war damals sechzehn Jahre alt, wurde in wenigen Monaten siebzehn. Was mich am Nationalsozialismus, abgesehen von seiner Ideologie, die mir fremd blieb („denn heute gehört uns Deutschland und morgen die ganze Welt"), am meisten gestört hatte, war sein Erscheinungsbild:

das Proletenhafte, Plebejische, Laute, Kollektivistische, die Geistlosigkeit, das Kleinkarierte, die Borniertheit, die Geschmacklosigkeit, die Plumpheit, die Abwesenheit jeder Form von Eleganz, das Gemeine, die Brutalität. Wo immer auch nur zwei oder drei Nationalsozialisten zusammen waren, roch es nach Primitivität. Gegen diesen Geruch bin ich nun einmal allergisch, da kann ich nichts machen, dagegen bin ich machtlos. Diese Jugendeindrücke vom Erscheinungsbild des Nationalsozialismus waren noch ganz diesseits der politischen Ideologie, die zu analysieren und historisch zu verorten späteren Jahren in meinem Leben vorbehalten war. Nur soviel stand schon jetzt unverrückbar fest: daß jede Art von Sozialismus bei mir keine Chance haben würde.

In diesem Zusammenhang fällt mir ein Erlebnis ein, das ich in jenen Tagen im Februar 1945 hatte, als ich noch inmitten des großen Trecks der Truppenverschiebung vom Rheinland nach Süddeutschland mitmarschierte. Eines Nachts, während einer Marschpause auf einem Rastplatz, passierte etwas, das mir damals durch Mark und Bein ging. Beim Verpflegungsempfang ging ein schon älterer Soldat an uns jungen Flakhelfern vorbei, und als er uns Gymnasiasten bemerkte und als solche erkannte, schrie er plötzlich und völlig übergangslos wie ein Wahnsinniger in die Dunkelheit der Nacht hinein: „Da sind sie wieder, die jungen Herrn aus den besseren Kreisen, denen wir schon die Niederlage im Ersten Weltkrieg zu verdanken hatten. Aber das werden wir diesmal nicht zulassen, und diesmal werdet ihr uns nicht davonkommen." Danach war es totenstill. Keiner sagte ein Wort. Schließlich brach einer von uns den Bann des Schweigens und sagte: „Da ist einer verrückt geworden, der dreht durch, na ja, ist ja kein Wunder, wenn er das zum zweiten Mal mitmacht." Ich teilte diesen Eindruck nicht. Ich war anderer Meinung. Ich spürte intuitiv, daß hier, kurz vor dem Ende des Zweiten, wiederum verlorenen Weltkrieges, diese Stimme in der Nacht aus unendlicher Enttäuschung, Verbitterung und Verzweiflung eine Wahrheit über den Nationalsozialismus blitzartig enthüllte, die sowohl von dem Nationalsozialismus selbst als auch von der späteren historischen Aufarbeitung desselben unter dem Stichwort ‚Volksgemeinschaft' verdrängt worden ist: nämlich in welchem Ausmaß der Nationalsozialismus nur eine Variante des sozialistischen Klassenkampfes gegen ‚die da oben' war. Daß sich der revolutionären Massenbewegung der nationalsozialistischen deutschen Arbeiterpartei dann aus opportunistischen Gründen des Überlebenwollens auch große Teile des Bürgertums und der Oberschicht anschlossen, mit oder ohne Überzeugung, ist zwar nicht die feine Art, aber menschlich verständlich. Das gilt insonderheit für die kapitalistischen Wirtschaftskreise, die Beamtenschaft und das Militär. Ob es bei solcher Lage der Dinge begrifflich angemessen ist, den Nationalsozialismus als politische Richtung im Politikspektrum einfach rechts einzuordnen und als Phänomen der politischen Rechten abzustempeln, ist mir aufgrund meiner persönlichen Erfahrung immer als problematisch erschienen. Daß diese authentische Sichtweise in bezug auf den Nationalsozialismus in der Nachkriegszeit dem linken Mainstream der deutschen Intellektuellen nicht in ihr ideologisches Konzept paßte und sie daher lieber von ‚Faschismus' redeten als von ‚Nationalsozialismus', um die Assoziation zum Sozialismus wegzukriegen, bedarf keiner näheren Erklärung. Der italienische Faschismus hat eine andere Ursprungsgeschichte als der deutsche Nationalsozialismus.

Auch der Antisemitismus der Nazis hatte einen klassenkämpferischen Egalitarismus im Blick, der die gebildeten, wohlhabenden und modernen Juden zum Feindbild hatte. Das zeigte sich exzessiv in den proletarischen Eruptionen der Kristallnacht 1938, als die kleinbürgerlichen Nazischläger beim Einbrechen in die großbürgerlichen Wohnungen kultivierter Juden von einer Welle des Sozialneides und klassenkämpferischen Zornes erfaßt wurden und sich entsprechend austobten, Bücher und Musikinstrumente aus den Fenstern auf die Straße warfen, auch Klaviere und Flügel aus höheren Stockwerken. In dieser Situation waren der Jude und die Jüdin nicht so sehr der Rassenfeind als vielmehr der Klassenfeind. Solche Unterscheidungen sind in der nachfolgenden historischen Betrachtung und Analyse völlig untergegangen. Dieser auf die Juden losgelassene Nazi-Mob, der sich da austobte, war linker Mob, aus dem sich ja auch die Mehrheit der Mitglieder der SA und SS jener Jahre rekrutierte und die genauso wie die meisten ihrer Anführer aus der damaligen Unterschicht stammten. Der Ruf nach der ‚Volksgemeinschaft' korrespondierte exakt mit der Furcht der Vielen vor einer nach Kriterien der Leistung und des Erfolges ausdifferenzierten Gesellschaft, die als Bedrohung verstanden wurde. Deshalb war die Mehrheit der Deutschen für Hitler und seine nationale ‚Einheitsfront'. Das nachträglich leugnen zu wollen, widerspricht der historischen Wahrheit. Hitler hatte den Nerv der Zeit getroffen.

Für mich waren die amerikanischen Soldaten, die ich im April 1945 auf der Brunnenallee in Bad Wildungen erblickte, Befreier. Das war ein ganz spontanes Gefühl. Das hing vielleicht auch damit zusammen, daß alles Amerikanische, ob südamerikanisch oder nordamerikanisch, für mich seit meiner Kindheit mit dem Flair des Abenteuers und des Wagnisses umgeben war. Amerikanische Literatur, Defoe und Cooper und andere, soweit erreichbar, hatte ich verschlungen und hatte meine Phantasie angeregt durch die Ahnung von Weite und Welt. Für mich kamen die Soldaten, die da unten lässig auf ihren Panzern hockten, als Befreier. Sie waren die Sieger. In dieser Stunde der

Befreiung konstituierte sich in mir das politische Weltbild, das für mich in meinem künftigen Leben, das jetzt begann, gültig geblieben ist. Ich gehörte nicht zu jenen Deutschen, die zuerst jahrelang Anhänger Hitlers gewesen waren und dann, als sie erkannten, daß der Krieg verloren war, zu seinen Gegnern wurden. Meine geheime Welt war all die Jahre die des Grand Hotels Fürstenhof in Bad Wildungen gewesen, nicht die Lagerfeuer-Romantik der Hitlerjugend, und die Hauptfrage, die mich beschäftigte, war während der Kriegsjahre die, wie lange der Spuk noch andauern würde. Daß er mit einer Katastrophe enden würde, war mir sonnenklar. Ein Räsonieren darüber, ob das Ende des Zweiten Weltkrieges eine Niederlage oder eine Befreiung für uns bedeutete, hat es bei mir nicht gegeben, weil eine solche Frage überhaupt nicht aufkam. Die Niederlage unserer bürgerlich-konservativen Lebenskultur hatten in meiner Sicht die nationalen Sozialisten herbeigeführt.

Die Ausrede von Günter Grass, daß man als Siebzehnjähriger von nichts eine Ahnung habe außer von jungen Mädchen, mit denen man in der Hauptsache beschäftigt sei (er jedenfalls gewesen sei), ist als Erklärung dafür, wie er sich plötzlich in der Waffen-SS wiederfand, unzureichend und zeugt von Verlegenheit. „Ich war bei Kriegsende siebzehn Jahre alt, und obwohl ich ein heller Junge war, habe ich bis zum Schluss an den Endsieg geglaubt" (Grass in der ZEIT, 14.6.2006). Ein Siebzehnjähriger in der Kriegszeit damals hatte zudem im allgemeinen eine größere menschliche Reife als ein Siebzehnjähriger heutzutage. Daß die Juden als Rasse verfolgt und gejagt wurden, war schon jedem Zehnjährigen damals bewußt und gehörte zu seiner Erlebniswelt. Er sah sie auf der Straße mit dem Judenstern herumlaufen und erkannte ihre Ausgegrenztheit. Grass' Ausbildung bei der Waffen-SS wird auch wohl kaum judenfreundlich abgelaufen sein.

Ein Siebzehnjähriger, der Anfang 1945 noch an den Führer und an den Endsieg glaubte, war kein heller Junge, sondern geistig beschränkt oder ein Opfer seines sozialen Milieus oder beides.

Das leitende Motiv bei Grass, das ihn in jungen Jahren an der Nazi-Ideologie faszinierte, war das antibürgerliche Ressentiment, und auch seine lange dauernde Bewunderung für die DDR, die Teilung Deutschlands und seine Vorbehalte gegen die Wiedervereinigung waren so motiviert. Da nicht sein durfte, was gemäß seinem ideologischen Bewußtsein nicht sein sollte, glaubte er noch im Frühjahr 1945 an den ‚Führer' und den Endsieg, – ein sonderbarer Geisteszustand, für den mir, ich gebe es zu, jedes Verständnis abging und noch heute abgeht. Menschen solcher Prägung sind mir wesensfremd geblieben. Grass konnte sich so bei Kriegsende keineswegs befreit vorkommen von dem totalitären Unrechtsstaat, sondern geschlagen, besiegt, und das auch noch durch die Amerikaner, die den SS-Soldaten Grass in Empfang nahmen. Das hat er den Amerikanern bis heute nicht verziehen, und dieses Erlebnis ist ein integraler Bestandteil seines antiwestlichen Affektes, der so tief sitzt, daß er im Streit um die Mohammed-Karikaturen den islamistischen Furor mit den Worten rechtfertigte, das sei eine fundamentalistische Antwort auf eine fundamentalistische Aktion des Westens. Kein Wort lobender Anerkennung der Freiheit des Westens nach den leidvollen Erfahrungen der totalitären Diktaturen des 20. Jahrhunderts. Solche Haltung ist die typische Borniertheit des proletarischen Kleinbürgers, der zu selbstaufklärender Reflexion ontisch unfähig ist, vor dem Hintergrund wohl herkunftsbedingter sozialer Verletzungen, die er dem Schicksal nicht verzeiht. Daher immer dieser Kleinbürgerstandpunkt bei Grass und die Artikulation jenes Kleinbürgeranliegens, das in Deutschland seit 1933 den Ton angibt, anscheinend unwiderrufbar, so wie es aussieht.

Verloren war der Zweite Weltkrieg schon mit der deutschen Kriegserklärung an die übermächtige und unangreifbare Industriemacht USA am 11. Dezember 1941. Für jeden einigermaßen klarsichtigen Deutschen wurde der Weg in die militärische Katastrophe dann mit dem Ende der Kesselschlacht von Stalingrad Anfang Februar 1943 unausweichlich. Die noch folgenden zweieinviertel Jahre bis zum 8. Mai 1945 waren ein einziges Rückzugsgefecht, das völlig sinnlos Millionen Menschen das Leben kostete. Wer das als Zeitzeuge miterlebte und nicht auch so sah, wie ich das damals als Vierzehnjähriger sah und erkannte, war für mich in meinem späteren Leben kein adäquater Gesprächspartner. Das ist bis heute so geblieben.

Eine sogenannte Stunde Null hat es in Deutschland 1945 natürlich nicht gegeben. Der Fluß des Lebens ging weiter. Das Datum des 8. Mai 1945 als das offizielle Ende des Zweiten Weltkrieges trat erst Jahre später in mein Bewußtsein. Der Übergang war, wie immer im Leben, so auch damals fließend. Was einen im Frühjahr 1945 beherrschte, war die beglückende Gewißheit, überlebt zu haben, dem Inferno des Krieges entkommen zu sein. Tatsächlich war seit dem Angriff auf Rußland im Juni 1941 die einzige existentielle Grundmotivation all derer in Deutschland, die sich einen klaren Blick für die politischen und militärischen Realitäten bewahrt hatten, die, diesen Krieg zu überleben und aus diesem ganzen von den Nazis veranstalteten Wahnsinn mit heiler Haut und heilen Knochen herauszukommen, egal mit welchen Mitteln, ob durch Anpassung, Mitläufertum, Verstellung, Defaitismus, Sabotage, passiven Widerstand oder wie auch immer. In unserer Familie jedenfalls bedurfte es nicht erst der Niederlage von Stalingrad, um zu wissen, was die Stunde geschlagen hatte. Es ging für die Einsichtigen, auch für die Einsichtigen unter denen, die in früheren Jahren guten Glaubens auf die Propaganda der

Nazis hereingefallen waren und sich hatten täuschen lassen, ums Überleben unter unmenschlichen Bedingungen. Deshalb und genau aus diesem Grund konnte die alberne, von nachgeborenen Generationen später an uns und die noch ältere Generation gerichtete Frage: „Wie konntet ihr nur mitmachen?" überhaupt nicht ernst genommen werden, weil diese Wirtschaftswunderkinder den Sinnhorizont ihrer eigenen Frage nicht kannten. Wer in einer Diktatur zu leben gezwungen ist, will nicht von dieser Diktatur auch noch umgebracht werden. So einfach ist das.

Entsprechend nüchtern und pragmatisch stellt sich auch die Frage nach dem Wiederaufbau der zerstörten deutschen Städte. Die damals am weitesten verbreitete Einschätzung der Dauer des Wiederaufbaus rechnete mit fünfzig Jahren. Ähnlich pessimistisch war die Beantwortung der Frage, die auch ich mir gestellt hatte, sooft ich als Flakhelfer die alliierten Flugzeugverbände hoch am blauen Himmel ungestört ihre Routen ins Ruhrgebiet, nach Mitteldeutschland und nach Berlin ziehen sah: „Was werden die Sieger mit der deutschen Bevölkerung machen, wenn sie eines Tages unser Land besetzt haben werden?" Apokalyptische Vorstellungen schreckten damals die Menschen im Bewußtsein der eigenen Untaten, von denen viele und die schlimmsten noch gar nicht allgemein bekannt waren. Diese Angstvisionen wurden durch die Nöte und Anforderungen des Tages nur verdrängt. Nicht für alle, aber für die meisten von uns entwickelten sich die Verhältnisse wider Erwarten doch besser als befürchtet.

Wieder zurück auf die Schulbank

Im Herbst 1945 wurden die Schulen wiedereröffnet. Für mich begannen jetzt die längsten Jahre meines Lebens, da die Schüler meines Jahrgangs entsprechend den neuen Bestimmungen wieder die drei Klassen der Oberstufe bis zum Abitur zu absolvieren hatten. Das Abitur fand dann also endlich, sehnlichst herbeigewünscht, im März 1949 statt, nachdem wir nach unserem Kriegsdienst als Flakhelfer noch einmal über drei Jahre lang die Schulbank hatten drücken müssen. Das war hart, denn natürlich wollte jeder von uns nach dem Ende des Krieges so schnell wie möglich sein Leben in die eigenen Hände nehmen und gestalten und nicht noch einmal für mehrere Jahre wieder zur Schule gehen und, was damit verbunden war, im Elternhaus leben und festgehalten werden, nachdem wir im Krieg fern von Zuhause gelebt und unsere Erfahrungen gemacht hatten. Dieses familiäre Zusammenleben nach dem Krieg bis zum Abitur, bevor wir zur Universität gehen konnten, verlief unter den notvollen Bedingungen und materiellen Entbehrungen der Nachkriegszeit bemerkenswert komplikationslos und war völlig frei von den sonst üblichen Generationskonflikten. In der allgemeinen Not, in der es um das Durchkommen der Familien ging, waren die Generationen einander nähergerückt, weil man sich in einem ganz elementaren Sinne wechselseitig brauchte und in dieser Situation das Konfliktpotential auf ein Minimum oder auf Null abgesunken war. Dieser friedliche Zustand zwischen den Generationen hat übrigens nach dem Krieg in Deutschland auffällig lange angedauert, auch noch während der Wiederaufbauphase in den fünfziger Jahren. Das änderte sich erst Anfang der sechziger Jahre, als deutlich spürbar ein neues Konfliktbedürfnis entstand, geschürt durch daran interessierte Kreise und durch die Generation der Nachgeborenen, die plötzlich alles besser wußten, obwohl sie nichts erlebt hatten als die weichen Windeln des aufblühenden Wirtschaftswunderlandes und die dümmliche Fürsorge ihrer besorgten Eltern, die, statt endlich einmal an sich selbst zu denken, es ihren lieben Kleinen so rundum angenehm machen wollten. Diese Elterngeneration erhielt schon wenige Jahre später den gerechten Lohn für ihre pädagogische und psychologische Blindheit.

Die ersten Jahre nach 1945 in Deutschland, nach dem Zusammenbruch des Nationalsozialismus, waren bei aller materiellen Not oder vielleicht auch gerade wegen dieser erfüllt von einem geistigen, weltanschaulichen und religiösen Aufbruch, der die Suche der Menschen nach neuen Orientierungen beflügelte. Eine eigenartige, einmalige Spiritualität lag über dem Land, das noch vor kurzem von dem Ungeist des Unmenschen hypnotisiert war. Not lehrt bekanntlich beten. Die kirchlichen Veranstaltungen waren überlaufen, die Volkshochschulen meldeten Rekordzahlen, Vorträge wurden überall angekündigt, Konzert und Theater blühten auf, Antike und Christentum, der Geist des Humanismus und die christliche Tradition Europas erwachten zu neuem Leben und damit zusammen all die Werte, die von der Doktrin des Nationalsozialismus unterdrückt worden waren. An manchen Schulen wurde sogar Philosophie als reguläres Unterrichtsfach eingeführt. So auch an der Schule, die ich besuchte, dem Naturwissenschaftlichen Gymnasium in Wuppertal-Vohwinkel.

Von den dreiundsechzig Schülern, aus denen unsere Klasse 1939 bei der Aufnahme in diese Schule bestand, waren im Herbst 1945 bei der Wiedereröffnung nach dem Krieg noch sieben Schüler übriggeblieben, die anderen waren durch die Wirren des Krieges verzogen oder lebten nicht mehr. Aus diesen sieben Schülern bestand die Klasse die folgenden drei Jahre bis zum Abitur 1949. Unser Klassenlehrer war Dr. Kurt Lowien, der uns in Deutsch, Geschichte und Philosophie unterrichtete. Er war ein durch die Ungunst der Verhältnisse in der Zeit nach dem Ersten Weltkrieg verhinderter Universitätsprofessor, eine imposante Gestalt, eine charismatische Persönlichkeit. Sein erster Satz, als er unsere Klasse zum ersten Mal betrat, lautete, mir unvergeßlich und deutlich in der Erinnerung, als hörte ich ihn heute: „Wer nicht Griechisch kann, ist kein Mensch, der sieht bloß so aus, meinten die alten Griechen und Römer. Wir heute sind da toleranter. Aber ich meine immer noch, daß die Kenntnis des Griechischen einem Menschen zum Vorteil gereicht. Wer von Euch kann Griechisch?" Als sich keiner von uns meldete, sagte er nur mit trauriger Miene: „Schade". So begann der inspirierende Unterricht des Mannes, der mich im Laufe der kommenden Jahre zur Philosophie hinführte und der in mir den Entschluß reifen ließ, auf die florierende Zahnpraxis meines Vaters, die die Leute in der Stadt ‚die Goldgrube' nannten, zu verzichten und nicht Zahnmedizin zu studieren, sondern Philosophie. Übrigens entsprang die provokante Äußerung unseres Klassenlehrers keineswegs einer rassistischen Gesinnung. Nichts lag ihm ferner. Kurt Lowien war überzeugter Sozialdemokrat durch und durch und ein Parteigänger Kurt Schumachers. Aber er war nicht minder ein klassisch gebildeter Humanist, wie so viele Linke der älteren Schule, die ihre Wurzeln im deutschen Idealismus hatten, wie nicht zuletzt auch Karl Marx, der bekanntlich in Jena mit der Dissertation *Differenz der demokritischen und epikureischen Naturphilosophie* promoviert worden war. Unser Kurt Lowien hielt immer noch das Griechische für die Muttersprache der Philosophie.

Philosophie statt Zahnmedizin und Dentalgeschäft

Meinem Vater, der fest damit rechnete, daß ich seine Praxis einmal übernehmen würde, sagte ich zunächst nichts von meiner Entscheidung, auch nichts davon, daß ich durch Vermittlung eines Pfarrers in Solingen, des späteren Theologieprofessors für Altes Testament Dr. theol. Hans Walter Wolff, die Möglichkeit bekommen hatte, an der Kirchlichen Hochschule in Wuppertal an den Griechischkursen für Theologiestudenten teilzunehmen und auf diese Weise – denn auf meiner Schule wurde Griechisch nicht als Unterrichtsfach angeboten – noch vor dem Abitur als Externer am Gymnasium Philippinum in Marburg das Graecum abzulegen. Denn mein Klassenlehrer hatte mir den guten Rat gegeben, als ich ihm meine Entscheidung, Philosophie zu studieren, mitteilte, sofort Griechischunterricht zu nehmen, um später auf der Universität damit nicht Zeit zu verlieren. Erst als ich das Graecum in Marburg mit der Note ‚gut' bestanden hatte, setzte ich meinen Vater dann von meinem Studienwunsch endlich in Kenntnis. Er war davon nicht begeistert, aber er akzeptierte ihn, als ich ihm von meinem in Marburg erlangten Graecum erzählte. Das schien ihn von der Ernsthaftigkeit meiner Entscheidung zu überzeugen.

Der erste große, damals neben Heidegger bekannteste deutsche Philosoph, den ich zu Gesicht bekam, war Nicolai Hartmann, vorher in Berlin, danach in Göttingen lehrend, noch ganz der Typ des Geheimrates des 19. Jahrhunderts, schwarz gewandet und mit Stehkragen. Er hielt 1948 in Wuppertal in der dortigen Kant-Gesellschaft einen Vortrag. Unser Klassenlehrer Dr. Lowien nahm uns sieben Schüler seiner Oberprima mit zu diesem Ereignis. Nach dem Vortrag fand sich in einem kleinen Kreis die Gelegenheit zu einem Gespräch, in dem ich mit dem Maestro über meine Studienpläne redete. Er lud mich ein, nach Göttingen zu kommen und mich bei ihm zu melden.

32

Zwei Jahre später starb er. Ich war gerade an seinem Sterbetag in Göttingen und hatte mir schon ein Zimmer besorgt, weil ich mein Studium, von Marburg kommend, bei Nicolai Hartmann fortsetzen wollte. Als ich zum Bahnhof zurückging, rief ein Zeitungsjunge die Nachricht vom Tod des großen Philosophen aus. Daraufhin kehrte ich sofort um und gab das eben erst angemietete Zimmer wieder auf. Als ich zurück im Zug nach Marburg saß, sann ich über die Macht des Schicksals nach. Was ich nicht wissen konnte, war, daß in wenigen Jahren ein ehemaliger Schüler Nicolai Hartmanns mein Lehrer werden sollte.

Im Februar 1949 war es endlich soweit, daß die Prüfungen zum Abitur erfolgten. Das Thema meines Abituraufsatzes war der Satz des englischen Philosophen John Locke „Nihil est in intellectu, quod non prius fuerit in sensu". Diesen Satz könnte man *cum grano salis* das Motto meiner späteren philosophischen Gesamteinstellung nennen. Aber davon ahnte ich noch nichts. Einen Monat später fand die Abschiedsfeier für uns sieben Abiturienten statt, auf der ich vor den Schülern und Lehrern der Schule und vor den Eltern der Abiturienten die Abschiedsrede hielt. Ich besitze sie noch, weil mein Vater sie voller Stolz als Privatdruck der Familie drucken ließ. Im Abstand von nunmehr bald sechzig Jahren ist sie eine eigenartige Lektüre: unendlich fern das Gesagte und zugleich unendlich nah, so ähnlich wie die Bewegung eines Kreises. Der Anfang ist das Ende, und das Ende ist der Anfang. Der Titel meiner Rede lautete „Initium". Darin heißt es:

„Wir haben diesen Krieg mit seinen fürchterlichen Schrecken bis in alle Konsequenzen miterleben müssen. Wir haben den Kirchenkampf, die Verfolgung der Juden, die städtevernichtenden Bombennächte und den schließlichen nationalen Zusammenbruch im Jahr 1945 miterlebt oder, besser gesagt, überlebt. Wir haben an dem Krieg selbst noch als

Flakhelfer im Alter von fünfzehn Jahren teilgenommen. Wir stehen jetzt mitten in den Folgen dieses fürchterlichsten aller bisherigen Kriege. Wir haben unter der nationalsozialistischen Herrschaft des Dritten Reiches den ersten wirklich totalen Staat in der Geschichte der Menschheit in eigener Erfahrung kennengelernt. Wir haben als Schüler dieser Schule in einer geschichtsmächtigen Zeit gelebt, die von Hitler, Stalin, Roosevelt und Churchill geprägt wurde, eine Zeit, in der eine Welt, die 1918 schon zusammengebrochen war, zum zweiten Mal und nun endgültig in den Grund der Geschichte gestampft wurde. Das alles ist erst vier Jahre her."[1]

Nun konnten wir also unser Leben endlich selbst in die eigene Hand nehmen. Unser geliebter und verehrter Kurt Lowien entließ uns, seine sieben Schüler und Abiturienten, mit den Worten: „Nun tretet mal schön ins Leben und nicht daneben".

---

[1] Aus: *Initium. Abiturienten-Abschiedsrede. Gehalten von Klaus Oehler aus Solingen am 8. März 1949 am Städtischen Naturwissenschaftlichen Gymnasium Wuppertal-Vohwinkel.* Privatdruck der Familie Oehler. Solingen 1949, S. 7 f.

MARBURGER SCHULUNG

Studieren nach 1945

Als ich im April 1949 die Universität Marburg bezog, bestand die Bundesrepublik Deutschland noch nicht. Die drei westlichen Besatzungszonen, die amerikanische, britische und französische auf der einen Seite und die sowjetische Besatzungszone auf der anderen Seite, nahmen nach 1945 eine getrennte Entwicklung, die nach den Währungsreformen (20./21. Juni 1948) schließlich zur Spaltung Deutschlands führte. Zur Gründung der Bundesrepublik Deutschland kam es erst am 20. September 1949 durch die Wahl der ersten Bundesregierung mit Konrad Adenauer als Bundeskanzler. Nicht nur die alte Bundesrepublik war, wie es die Präambel ihrer Verfassung vorsah, ein Provisorium; erst recht war das Leben von 1945 bis zur Gründung der Bundesrepublik im Herbst 1949 ein Provisorium in Deutschland und in weiten Teilen Europas. Entsprechend gestaltete sich der Anfang meines Studiums in Marburg im Sommersemester 1949.

Die Eisenbahnfahrt von Solingen nach Marburg komplizierte sich dadurch, daß sich mein Solinger Schulfreund und Klassenkamerad Gerhard Prinz und ich auf dem Bahnsteig in Solingen in ein Gespräch über die Einsteinsche Relativitätstheorie vertieft hatten und dann sinnigerweise in den Zug mit der entgegengesetzten Fahrtrichtung eingestiegen waren. Die Relativitätstheorie hatte von uns Besitz ergriffen. Irgendwo und irgendwann sind wir dann wieder ausgestiegen und umgestiegen. In Marburg bezogen wir gemeinsam ein Zimmer am Ortenberg. In einer Ecke des Zimmers stand mein Bett, in einer anderen das von Gerhard Prinz. Eine Waschgelegenheit gab es nur im Badezimmer des Vermieterehepaares. Heizung gab es keine. Es ging spartanisch zu. Prinz studierte Jura, ich Philosophie, Klassische Philologie und Evangelische Theologie. Wir bewohnten das gemeinsame Zimmer drei Semester lang, bis wir im Sommer 1950 die Studienorte wechselten, Prinz ging nach Köln, ich nach Tübingen. Dreißig Jahre später wurde Gerhard Prinz zum Vorstandsvorsitzenden der Daimler-Benz AG in Stuttgart gewählt. Aber bis 1980 war es noch ein weiter Weg, auch für mich.

Studieren in Deutschland in jenen Jahren nach dem Krieg hatte etwas Besonderes, Einmaliges. Das weiß man nicht erst heute in der Rückschau, das spürte man bereits in jenen Jahren. Was war dieses Besondere, Einmalige, Unwiederholbare? Es war, wie gesagt, zunächst einmal das Basisgefühl des Davongekommenseins, sodann aber, gleich danach, das Bewußtsein eines Privilegiertseins, in dieser vitalen Nachkriegssituation überhaupt die Möglichkeit zu haben, inmitten der ja immer noch andauernden allgemeinen Orientierungslosigkeit in Ruhe denken zu können, nach-zudenken im wörtlichen Sinne des Wortes über das, was noch vor wenigen Jahren blutige Wirklichkeit gewesen war. Wenn die Generation der Ahnungslosen später und bis heute behauptet, dieses Nachdenken habe damals nicht stattgefunden und sie selbst seien überhaupt die ersten Vordenker dieses Nachdenkens gewesen, so ist das natürlich hanebüchener Unsinn, eine fadenscheinige Legende, erzeugt von einer Generation, die im Angesicht der Geschichtsmächtigkeit der Existenz der Älteren ihren eigenen Substanzmangel schmerzhaft spürte und sich gezwungen sah, aus dieser ihrer Not eine Tugend zu machen, indem sie aus ihrem geschichtslosen Nichts heraus mit Hilfe einer wesenlosen Hypermoral den Älteren ihre geschichtliche Legitimation streitig machte. Was den Jüngeren in dieser Auseinandersetzung der Generationen zunächst einmal entgegenkam und sie ungerechtfertigterweise begünstigte, war der Umstand, daß die Vitalkräfte der Älteren nach den lebensgeschichtlichen Leistungen, die sie, bis hin zum Wiederaufbau Deutschlands nach dem Krieg, erbracht hatten, zu einem Zeitpunkt zu erlahmen begannen, als sie für die Abwehr der juvenilen Unverschämtheiten, die dann plötzlich zur Tagesordnung gehörten, voll gefordert gewesen wären. So hatten die leichtes Spiel, die unter anderen Umständen souverän als das abserviert worden wären, was sie ihrer Natur nach waren: catilinarische Dunkelmänner linker Observanz. Aber ich greife den Ereignissen wieder vor. Warten wirs ab, bis unsere Nachkriegscatilinas in der Ordnung der Dinge an der Reihe sind.

Studieren in Deutschland in jenen Jahren nach dem Krieg ließ vor allem immer noch etwas von der Weltgeltung erkennen, die die deutsche Universität, die deutsche Wissenschaft, deutsche Wissenschaftler bis zum Krieg einmal besessen hatten. Da waren noch ältere Professoren, die als moralisch integre Persönlichkeiten die Nazizeit überlebt hatten und durch ihr Sein und ihr Wirken noch ein lebendiges Zeugnis ablegten von dem hohen Rang, den deutsche Wissenschaft und deutsche Wissenschaftler bis weit in die 1930er Jahre hatten. Und diese wenigen übriggebliebenen, wahrhaftigen Zeugen des früheren deutschen Wissenschaftsgeistes waren uns der lebendige Maßstab, an dem wir das Ausmaß des Verlustes messen konnten, den der Exodus der jüdischen Gelehrten für die deutsche Universität bedeutet hat. Denn diese vertriebenen jüdischen Gelehrten waren die moralisch und fachlich adäquaten Gesprächspartner jener besten älteren Professoren gewesen, denen in den Jahren unmittelbar nach dem Krieg hierzulande die besondere Verehrung von uns Studenten galt. Wir konnten uns schon vorstellen, von welchem Format die von den Nazis vertriebenen Wissenschaftler waren und, soweit sie nicht mehr lebten, gewesen waren.

Studieren in Deutschland in jenen Jahren nach dem Krieg war auch deshalb etwas Besonderes, weil trotz des Dritten Reiches und des Krieges und der Not der Nachkriegszeit die Strukturen der deutschen Universität noch die alten waren, das heißt die gleichen waren wie in den zwanziger und dreißiger Jahren. Die Nazis hatten zwar eine desaströse, mörderische antijüdische Personalpolitik betrieben, aber die Strukturen der Universitäten hatten sie nicht verändert, nicht, weil sie das nicht gewollt hätten, sondern weil ihre Zeit dafür nicht ausgereicht hat. Die Kirchen und die Universitäten wären zweifellos die nächsten großen Opfer der Nazis geworden, wenn ihre Herrschaftszeit länger gedauert hätte. So kam der große, unfreiwillige Gestaltwandel der deutschen Universitäten zeitversetzt und geteilt: zuerst in Ostdeutschland, in der sowjetischen Besatzungszone, sofort mit der Machtergreifung der Kommunisten, gleich nach dem Krieg, und zwei Jahrzehnte später in Westdeutschland und Westberlin mit den sogenannten Universitätsreformen und dann vor allem durch das neue Universitätsgesetz von 1969, diese Konstitution der Anarchie, die das aus Klassenkampfgründen von links verordnete Chaos an unseren westdeutschen Universitäten legalisierte. Erst damit hatte die linke Front in Deutschland die bürgerliche Gesellschaft beziehungsweise das, was nach zwei Weltkriegen davon noch übriggeblieben war, in ihrem Kern getroffen. Denn es waren Schule und Universität gewesen, die seit dem Ende des 18. Jahrhunderts in Deutschland Kraftquelle und kontinuierlicher Regenerator des Bürgertums gewesen waren, nachdem die Herrschaft von Thron und Altar übergegangen war auf das Klassenzimmer und den Hörsaal. Es hat überraschenderweise erstaunlich lange gedauert, bis die linken Revoluzzer und Sozialpolitiker diese Trutzburgen des deutschen Bürgertums endlich, spät, aber dann um so gründlicher, in der zweiten Hälfte des 20. Jahrhunderts mit ihren ,Reformen' knackten. Seitdem ist die deutsche Universität von früher nur noch eine historische Reminiszenz, und die heutigen Universitäten in Deutschland haben damit nur noch den Namen gemeinsam. Das macht seit nunmehr schon vielen Jahrzehnten den wesentlichen Unterschied zu der westdeutschen Universitätslandschaft in den Jahren unmittelbar nach dem Zweiten Weltkrieg aus, über der bei aller äußerlichen Misere durch die Folgen der Kriegsschäden noch das Abendrot der ruhmvollen deutschen Universität längst vergangener Zeiten lag. Diese Universität war schon seit längerem dem Untergang geweiht, denn ihre unaufgebbare Voraussetzung war ein elitäres Leistungsethos, das sich nicht verallgemeinern, vor allem nicht sozialisieren und schon gar nicht vulgarisieren läßt. So kam es, wie es kommen mußte. Die feierliche Exekution durch das Fallbeil eines neuen, mehrheitlich beschlossenen Universitätsgesetzes wurde begleitet vom Beifall einer linken öffentlichen Meinung. Man wußte, was man tat. Es wurde so gewollt. Trotzdem schlägt das traditions- und qualititätsbewußte Herz nicht für die neue, sondern immer noch für die alte Universität. *Requiescat in pace.*

Nach dem egalitären Irrweg der letzten Jahrzehnte versucht man neuerdings, Deutschlands Hochschulsystem fit für den globalen Wettbewerb zu machen. Die kürzlich erstmals gekürten sogenannten Spitzenuniversitäten markieren den offenen Bruch mit der staatlich verordneten Gleichmacherei. Die Exzellenzinitiative ist der letzte und verzweifelte Schritt auf dem Weg der Abkehr von einem Urteil des Bundesverwaltungsgerichtes, mit dem dieses vor Jahren die Hochschulen auf den Massenbetrieb beschränken wollte, denn alles andere sei „unzulässige Niveaupflege", wie es im Urteil wörtlich hieß. Man faßt sich an den Kopf und fragt sich, welchen Begriff von Bildung und Wissenschaft die Menschen eigentlich hatten, die damals zu solchem Urteil fähig waren und die Unverschämtheit besaßen, es zu promulgieren, und das erst knapp zwei Jahrzehnte nach dem Massenkult der Nazis.

Daß für den nach 1968 betriebenen Umbau der alten deutschen Eliteuniversität zum neuen, zeitgeistgemäßen Typus der Massenhochschule ein Preis zu entrichten sein würde, wollten von Anfang an nur diejenigen nicht sehen, die aus ideologischen und klassenkämpferischen Gründen diesen Umbau absichtsvoll so wollten und den Neubau in all seiner Häßlichkeit ganz bewußt bejahten. Aus den vielen Durchschnittsstudenten, die es früher nicht gab, gingen schon zehn Jahre später die Durchschnittsprofessoren hervor, in deren Gefolgschaft wieder weitere Durchschnittsstudenten an die überfüllte Universität herangeführt wurden. Dieser Teufelskreis soll nun durch die Exzellenzinitiative unterbrochen werden, weil sich nicht länger verbergen läßt, daß die Auswirkung des Gleichheitsgrundsatzes kaum da sinnvoll sein kann, wo es naturgemäß auf die Hervorbringung von Unterschieden und Unterscheidungen ankommt, nämlich im Raum der Wissenschaft.

Rudolf Bultmann – ein Gelehrter des 19. Jahrhunderts

Einer jener Wissenschaftsriesen, die wie Relikte aus einer anderen Zeit in die Nachkriegsgeschichte der Marburger Universität hineinragten, war Rudolf Bultmann, der noch vor dem Ersten Weltkrieg studiert hatte und 1910 mit einer Dissertation über den Predigtstil des Apostels Paulus promoviert worden war. Bultmann, Jahrgang 1884, war nach Ausbildung und Habitus noch der Gelehrte des 19. Jahrhunderts, das bekanntlich erst 1914 zu Ende ging. Gleichwohl gehört Bultmann zu den Gestalten, die die Theologie des 20. Jahrhunderts wirklich bewegt haben. Daneben hat er als Neutestamentler, der er war, durch seine Methodenreflexionen als Interpret des Neuen Testamentes über sein Fachgebiet hinaus auf die Hermeneutik der Geisteswissenschaften innovativ gewirkt. Seine Vorlesungen und Seminare waren theologisch, philosophisch, literaturwissenschaftlich und altphilologisch gleichermaßen anregend, weil er aufgrund einer universalen Bildung und Ausbildung alle diese verschiedenen Zugangsarten zum Menschen als geistigem Wesen in Personalunion in sich vereinigte. Ein Menander-Zitat bei Paulus beispielsweise konnte ihm Veranlassung sein, in einer Vorlesung über den 1. Korintherbrief zu der Stelle 1. Kor. 15, 33 eine ganze Stunde ohne Notizen über die Geschichte der griechischen Komödie gelehrt und zugleich amüsant zu sprechen. Einem Vergleich zwischen dem jüdischen Denken und dem griechischen Denken und einer Analyse der Bewußtseinsstellung des Paulus im Umkreis der spätantiken Religionen konnte man auf diesem wissenschaftlichen Niveau zu jener Zeit nur bei Bultmann in Marburg teilhaftig werden.

Ich kam gerade noch rechtzeitig, im Frühjahr 1949, zwei Jahre vor seiner Emeritierung. Meine Begegnung mit ihm gleich in meinem ersten Studienjahr war ein Glücksfall für mich. Vereinigte er doch in seiner Person alle die Fragestellungen, die mich zum Studium motivierten: die Philosophie, die Theologie einschließlich der Religionswissenschaft und die Altphilologie. Seine souveräne Anwendung der historisch-kritischen Methode und sein ständiger Hinweis darauf, daß die Texte stumm bleiben, wenn man keine Fragen an sie stellt, sind für meinen Umgang mit antiken Texten, mit Überlieferung überhaupt, richtungweisend geworden und bis heute geblieben. Unvergessen seine großen Vorlesungen über die Briefe des Paulus an die Gemeinden in Rom, Korinth, Galatien, Ephesus, Philippi, Thessaloniki, Vorlesungen, die er in sachlicher Bescheidenheit im Vorlesungsverzeichnis einfach nur mit ‚Erklärungen' betitelte, Vorlesungen, von denen jede einzelne ein Markstein in der Auslegungsgeschichte des Neuen Testamentes geworden ist. In lebhafter Erinnerung ist mir auch eine einstündige Vorlesung über die Geschichte der Leben-Jesu-Forschung von den Anfängen bei Reimarus und Lessing über David Friedrich Strauss, Ernest Renan, Adolf von Harnack, Albert Schweitzer bis zum Jesusbild der Gegenwart, spannend die ganze Vorlesung wie ein guter Krimi.

Wir empfingen von Bultmann in jenen Jahren die reifen Früchte eines Baumes der Erkenntnis, der seine Wurzeln in dem „unvergleichlichen Marburger Frühling" hatte, von dem Hans-Georg Gadamer in seinem Rückblick berichtet, der die „große spannungsvolle Zeit" der zwanziger Jahre in Marburg mit ihrem Aufbruch und Neubeginn schildert, ebenso wie Hans Jonas das in seinen Erinnerungen tut, ein weiterer Zeitzeuge dieser unvergleichlichen Marburger Jahre, die schon ein Vierteljahrhundert zurücklagen, als ich bei Bultmann nach dem Zweiten Weltkrieg in Marburg studierte.

Wir wußten von der besonderen Beziehung zwischen Bultmann und Heidegger. Er selbst erzählte uns davon, wie er Heideggers Vorlesungen besuchte, aus denen wenige Jahre später, 1927, Heideggers Hauptwerk *Sein und Zeit* hervorging; und Heidegger besuchte Seminare von Bultmann und saß da zusammen mit Studenten, die auch seine Schüler waren, wie zum Beispiel Hannah Arendt und andere: Gadamer, Krüger, Löwith, Schlier, Jonas, Bröcker, Kamlah, die Reihe ließe sich fortsetzen. Heideggers fundamentalontologische Analyse des Daseins und die dabei geprägte Begrifflichkeit wurden für Bultmanns Theologie des Neuen Testamentes wegweisend, allerdings bis zu einer Grenze, und diese Abgrenzung Bultmanns gegenüber Heideggers Philosophie wurde deutlich markiert; beide waren sich über die Verschiedenheit von Theologie und Philosophie einig, wenn auch Heideggers Position in dieser Hinsicht radikaler war. Verschieden waren die beiden auch von Anfang an in ihrer Einstellung zum Nationalsozialismus. Bultmann machte nicht die geringsten Konzessionen, er wurde sofort Mitglied der ‚Bekennenden Kirche' und beteiligte sich initiativ und aktiv an der von der Theologischen Fakultät der Universität Marburg geäußerten Kritik an dem ‚Arierparagraphen in der Kirche'. Heideggers Verhalten, vor allem auch nach 1945, war für Bultmann eine Enttäuschung. Aber die Freundschaft blieb bestehen, bis zu dem gemeinsamen Todesjahr 1976.

Schon seit Beginn des 20. Jahrhunderts war in der Auslegung des Neuen Testamentes eine neue Richtung aufgekommen, und zwar in der Hauptsache durch zwei Werke, das eine von Wilhelm Wrede, *Das Messiasgeheimnis in den Evangelien* (1901), das andere von Albert Schweitzer, *Das Messianitäts- und Leidensgeheimnis* (1901), ausgeweitet zu der dann 1913 erschienenen *Geschichte der Leben-Jesu-Forschung*, einer Bilanz von eineinhalb Jahrhunderten neutestamentlicher Textkritik. Schweitzer setzte mit diesem Werk einen Schlußstrich unter die herrschende Lehrmeinung und kommt zu der Erkenntnis, daß Jesus historisch korrekt nur aus der eschatologisch-messianischen Vorstellungswelt des Spätjudentums verstanden werden kann. Aus dieser aufgedeckten Endzeitperspektive im messianischen Selbstbewußtsein Jesu bot sich eine existentielle Interpretation der Botschaft des Neuen Testamentes förmlich an. Sie ließ auch nicht lange auf sich warten. Karl Barths Kommentar zum Römerbrief 1919 verhalf der existentiellen Sichtweise zum Durchbruch, die dann Bultmann unter dem Einfluß von Wilhelm Dilthey und Martin Heidegger radikalisierte. Gemäß Dilthey muß der Interpret sich selbst in die Erfahrung des Autors des zu interpretierenden Textes einbringen und ihn so wieder zu neuem Leben bringen. Gemäß Heideggers Begriff der Eigentlichkeit menschlicher Existenz gelingt diese Eigentlichkeit nur im Anblick und in der Anerkenntnis des Seins. Bultmann machte die Forderung Diltheys und Heideggers Analyse der ontologischen Verfassung des Daseins zur Fundamentalanthropologie seiner existentiellen Theologie und zum Vorverständnis seiner Hermeneutik des Neuen Testamentes.

Damit die Botschaft des Neuen Testamentes in ihrer ursprünglichen, authentischen Intention auch bei dem gegenwärtigen Menschen des wissenschaftlich-technischen Zeitalters ankommt, das heißt verstanden wird, bedarf es eines auf die Existenz des gegenwärtigen Menschen gerichteten theologischen Interesses und einer darauf eingestellten Interpretation der biblischen Überlieferung. Das führte Bultmann nach dem Zweiten Weltkrieg zu dem berühmten und heiß umkämpften Programm der Entmythologisierung des Neuen Testamentes. Als die Auseinandersetzung um dieses Programm in vollem Gange war, auch in der medialen Öffentlichkeit – Presse und Rundfunk, denn das Fernsehen gab es ja erst ab 1952 –, machte ich bei Bultmann in Marburg meine ersten theologischen Gehversuche. Im Zentrum des Orkans herrscht bekanntlich Windstille. Und so merkte ich zuerst gar nicht, was sich, auch in den Evangelischen Landeskirchen und in der Katholischen Kirche rund um den so bieder, brav und fromm wirkenden Bibelinterpreten Rudolf Bultmann abspielte. Worum es ging – und bis heute geht, denn die Auseinandersetzung um Bultmanns Programm ist keineswegs als beendet anzusehen –, hängt aufs engste mit den innovativen Beiträgen zusammen, die Bultmann zur Prinzipienlehre der Hermeneutik erbracht hat. Über Schleiermacher und Dilthey hinausgehend erkannte Bultmann, daß zwischen Interpret und Autor die Verstehensbasis nicht nur der gemeinsame

Lebensbezug, die Verwurzelung im Leben, ist, sondern vielmehr die Geschichtlichkeit der menschlichen Existenz. Das Verstehen setzt sich nach Bultmann aus mehreren Momenten zusammen. Zu ihnen gehören die aus dem Interesse des Interpreten erwachsende Ausrichtung seiner Frage an den Text, außerdem das Vorverständnis der Sache, um die es in dem Text geht und über die der Ausleger immer schon eine bestimmte Vormeinung hat, sowie die Einstellung des Interpreten zu der Art und Weise, wie der Text die Sache darstellt.

Die Interpretation ist kein anfangloser Akt der Erkenntnis, sondern ist eingebettet in den Fluß des Lebens, in ein Meer von Meinungen, die es zu filtern und zu prüfen gilt. In diesem Prozeß des Vorstellens steht jeweils das Vorverständnis einer Sache auf dem Prüfstand, und je vitaler und radikaler der Akt des Verstehenwollens ist, desto radikaler wird auch das Selbstverständnis des Menschen berührt, weil in Frage gestellt. Und am radikalsten ist die Infragestellung des Selbstverständnisses des Menschen in jener Relation, die sein gesamtes Menschsein umfaßt, in der Relation von Gott und Mensch, wo es darum geht, das Wort Gottes zu verstehen, auf das der Mensch reagiert, und er reagiert darauf mit seinem je eigenen und je neuen Selbstverständnis, das für seine ganze Handlungswelt maßgeblich ist, das heißt für seine gesamte Existenz. In diesem Sinne war Bultmanns Auslegung des Neuen Testamentes eine existentiale Interpretation, und er nannte sie auch so.

Bultmanns Programm der Entmythologisierung war der Anwendungsfall dieser existentialen Interpretation, man könnte auch sagen: ihr Ernstfall. Bultmanns zündende Idee war, daß die Botschaft des Neuen Testamentes und das Weltbild des Menschen zur Zeit des Neuen Testamentes nicht eine notwendige Einheit bilden, das heißt, daß die zentralen Aussagen dieses Teils der Bibel in der Sprechweise eines Weltbildes formuliert sind, die für den modernen Menschen des wissenschaftlich-technischen Zeitalters, der ein anderes Weltbild hat, ein Hindernis ist, das ihm das Verstehen des wesentlichen Kerns der Botschaft des Neuen Testamentes erschwert oder sogar unmöglich macht. Das Hindernis ist nach Bultmann die Sprechweise des Mythos, derer sich die Sprache des Neuen Testamentes bedient. Diese mythologische Sprechweise ist es, die zu entmythologisieren, das heißt zu transformieren ist, damit der wesentliche Inhalt dieser Botschaft auch heute unter den Bedingungen der Strukturen eines anderen Weltbildes verstanden werden kann. Das soll nach Bultmann geschehen durch eine Interpretation des Neuen Testamentes gemäß im wesentlichen der Kategorien einer Existentialphilosophie, damit die christliche Botschaft den Menschen in einer Sprache anspricht, die ihn im Kern seiner Existenz erreicht.

Diese in bestimmtem Sinne aufklärerische These Bultmanns und ihre praktischen Konsequenzen für die Bibellektüre, für die Predigt und den Gottesdienst waren revolutionär und lösten eine außerordentlich lebhafte Kontroverse aus. Auch die Landeskirchen fühlten sich angesprochen und von der Thematik zutiefst berührt. So sah sich zum Beispiel die Evangelische Theologische Fakultät der Universität Tübingen gegenüber der beunruhigten württembergischen Landeskirche in einer Rechtfertigungspflicht und genötigt, dem württembergischen Landeskirchentag am 11. März 1952 eine Denkschrift zu überreichen unter dem Titel „Für und Wider die Theologie Bultmanns", die auch veröffentlicht wurde (im Verlag J. C. B. Mohr-Siebeck, Tübingen 1952, 45 Seiten). In den drei Semestern, die ich in Marburg studierte, von Sommersemester 1949 bis Sommersemester 1950, waren die Entmythologisierungsthese Bultmanns und ihre bibelkritischen Konsequenzen täglich unter uns der Gegenstand von Diskussionen, und in der Tat war der Einfluß, der von Bultmanns theologischer Hermeneutik ausging, auch auf die philosophische und philologische Hermeneutik, enorm und hält bis heute an. Einer der Hauptansatzpunkte der Kritik war damals schon der Begriff des Mythos. Man unterstellte Bultmann einen falschen Mythosbegriff und eine totale Verkennung der Sprache und der Welt des Mythos, ja eine Verkennung des Wesens und der Funktion der Sprache überhaupt und sogar auch der Religion.

In Wirklichkeit hütete sich Bultmann nur in wissenschaftlich verantwortlicher Weise vor Grenzüberschreitungen und Übertreibungen, die Hermeneutiker und Interpretationsphilosophen in den nachfolgenden Jahrzehnten in weniger verantwortlicher Manier und mit einem entsprechend abgewandelten und reduzierten Wissenschaftsverständnis unbekümmert und kritiklos begingen – bis hin zu der Behauptung, daß es bei der Interpretation antiker Texte nicht um die Feststellung historischer Wahrheit gehe, nicht um die Intention, die ein Autor mit seinem Text verbinde – das festzustellen sei ohnehin unmöglich –, sondern es gehe bei der Interpretation lediglich und allein noch um die Wirkung der Reflexion der antiken Texte im Bewußtsein des modernen Interpreten. Gegen solche hermeneutische Selbstbefriedigung verwahrte sich Bultmann nachdrücklich.

Ich besitze noch eine Vorlesungsnachschrift der Bultmannschen Vorlesung „Erklärung der Briefe an die Thessalonicher, Galater und Philipper" vom Sommersemester 1950. Sie beginnt mit den folgenden Ausführungen Bultmanns: „Zur Methode der neutestamentlichen Exegese überhaupt. Die neutestamentliche Exegese muß, wenn sie von der Wahrheitsfrage bestimmt ist, eine historisch-philologische sein. Die Wahrheitsfrage aber kann niemals abhängig sein von der Frage: was kann ich damit anfangen, sondern ist nur beherrscht von dem

Wollen, zu erkennen: was steht da? Es ist also in bestimmtem Sinne voraussetzungslos an den Text heranzugehen. Aus diesem Grunde ist auch die pneumatische Exegese abzulehnen, die von der Voraussetzung ausgeht, vom Heiligen Geist inspiriert zu sein. Wer mit dem Anspruch auf Wissenschaftlichkeit auftritt, kann sich auf dieses religiöse Phänomen nicht berufen. Wer könnte auch mit dem Anspruch auftreten, den Heiligen Geist zu besitzen, auf Grund dessen er und durch den er interpretiert? Auch der christliche Glaube ist keine notwendige Voraussetzung für die Interpretation neutestamentlicher Texte, sondern allein die Frage nach der Wahrheit.

Voraussetzungslose Exegese heißt nun nicht, ohne bestimmte Kategorien, Vorstellungen, Ansichten an den Text heranzugehen. Aber diese Kategorien, Vorstellungen, Ansichten dürfen den Text nicht pressen, sondern sich gegebenenfalls von dem Text bestätigen, berichtigen oder umstoßen lassen. Voraussetzungslos heißt in unserem Sinne auch nicht: ohne bestimmte Fragestellung herangehen. Dann bleibt der Text stumm. Er antwortet nur auf die an ihn gerichteten Fragen. Diese Fragestellungen können nun sehr verschiedene sein: soziologische, psychologische, philosophische und so weiter. Der kommt der Wahrheit des in einem Text Ausgesagten am nächsten, der ebenso fragt, wie der Verfasser des Textes selbst. Deshalb dürfte auch wohl der philosophisch Fragende, der mit einem philosophischen Problem an die Platonischen Dialoge herangeht, Platon am nächsten kommen. Nur der, der einen Dialog aufschlägt, um mit Platon zu philosophieren, wird Platon am gerechtesten. So auch bei Kant.

Mit welcher Fragestellung gehen wir nun an die Paulinischen Briefe heran: mit der Frage nach der menschlichen Existenz und ihrer Beziehung zu Gott."

Diese Ausführungen Bultmanns lassen an Klarheit und Bestimmtheit nichts zu wünschen übrig. Leider ist es später bei anderen nicht dabei geblieben, und sowohl die theologische als auch die philosophische Hermeneutik haben in ihrem weiteren Fortgang die feste Verankerung in der historisch-philologischen Methode, die Bultmann für das A und O jeder Textauslegung hielt, nicht mehr gehabt, ganz einfach deshalb nicht, weil viele Jüngere sie nicht mehr gelernt hatten, sie war ihnen zu anstrengend. Statt dessen erfand man ablenkende Modeströmungen, und mit dem tendenziösen Vorwurf des ‚Historismus‘ löste man die Verankerung in der für objektive Wissenschaft notwendigen intersubjektiven Überprüfbarkeit und begab sich auf das wogende Meer der frei floatenden, allein noch subjektbezogenen Textauslegungen und ließ sich im wesentlichen nur noch von der Frage leiten, die Bultmann in die Worte kleidete: „Was kann i c h damit anfangen?“ An dieser subjektivistischen Entwicklung der Hermeneutik war Gadamer nicht unbeteiligt. Diese Entwicklung hat dazu geführt, daß der eigentliche Schwachpunkt der gegenwärtigen Hermeneutik ihr defizitärer Wahrheitsbegriff ist. Die frühen Warnungen Bultmanns wurden in den Wind geschlagen und die nachmaligen Konjunkturritter der subjektivistischen Hermeneutik in Frankreich und Amerika kannten aufgrund ihrer fulminanten historischen Unbildung noch nicht einmal die wesentliche Stimme Bultmanns.

Bultmann wurde für das religionsphilosophische Interesse meines späteren philosophischen Lehrers Gerhard Krüger der wichtigste Gesprächspartner. Zusammen mit Hans Jonas und dem Neutestamentler Heinrich Schlier gehörte Krüger zu dem engsten Freundeskreis Bultmanns. Als ich 1961 zusammen mit Richard Schaeffler die Festschrift zum 60. Geburtstag (1962) unseres Lehrers Gerhard Krüger vorbereitete, war Bultmann der erste, der meine Anfrage nach einem Beitrag für die Festschrift umgehend positiv beantwortete. Die beiden Männer wußten aus der Nazizeit aus Erfahrung, was sie aneinander hatten: sie konnten sich reinen Gewissens in die Augen sehen. Krüger hatte im Krieg der ‚Bekennenden Kirche‘ nahegestanden und notierte kurz nach Kriegsende in einem im Nachlaß erhaltenen kurzen Lebensabriß: „Ich habe das nationalsozialistische Regime von Anfang seines Bestehens für unheilvoll gehalten und habe meine Meinung darüber nie geändert. Daß die Beseitigung dieses Regimes nur auf dem Wege über einen neuen Weltkrieg und eine Katastrophe Deutschlands vor sich gehen würde, habe ich vorausgesehen und tief beklagt.“ Als Krüger nach dem Krieg, 1946, den Ruf auf den Tübinger philosophischen Lehrstuhl erhielt und annehmen wollte, ließ ihn der britische Stadtkommandant von Münster i.W., wo Krüger damals Professor der Philosophie war, nur unter der Bedingung gehen, daß Krüger einen durch die Nazizeit in gleicher Weise wie er selbst unbelasteten Kollegen als seinen Nachfolger benennen könnte. Krüger nannte Joachim Ritter, der dann von 1946 bis zu seinem Tod 1974 in Münster i.W. eine außerordentlich erfolgreiche Tätigkeit entfaltete, einen großen Schülerkreis hatte und der Organisator und Herausgeber des weltweit berühmten *Historischen Wörterbuches der Philosophie* wurde, dessen erster Band 1971 und letzter, zwölfter Band 2004 erschien.

Hebräisch lernen bei Georg Fohrer

In Bultmanns Vorlesungen und Seminaren führte kein Weg an der Erkenntnis vorbei, daß erst im Horizont der jüdischen Tradition und des Alten Testamentes sich einem der Zugang zur Theologie des Neuen Testamentes erschließt. Also beschloß ich, Hebräisch zu lernen. Die Sprachkurse für Hebräisch wurden angeboten von einem

damals noch unbekannten, sehr schmächtig und unterernährt wirkenden Privatdozenten namens Georg Fohrer. Er hatte sich gerade erst
habilitiert. Georg Fohrer wurde einer der bedeutendsten Alttesta-
mentler in der zweiten Hälfte des 20. Jahrhunderts und erwarb sich in
der wissenschaftlichen Welt großes Ansehen durch seine zahlreichen
Publikationen, darunter eine Einleitung in das Alte Testament, eine
Geschichte der israelitischen Religion und der Kommentar zum Buch
Hiob. Als Herausgeber der 1881 gegründeten Zeitschrift für die Alt-
testamentliche Wissenschaft hat er dieser nach der Beschädigung ihres
Ansehens im Zusammenhang mit dem Nationalsozialismus wieder zu
neuer internationaler Bedeutung verholfen. Von 1954 bis 1962 lehrte
er an der Universität Wien, danach bis zu seiner Emeritierung 1979 in
Erlangen. Nach seiner Emeritierung ist Georg Fohrer zum Judentum
konvertiert und lebte bis zu seinem Tod 2002 in Jerusalem. Als junger
Privatdozent stand er damals vor uns in einem der kleineren Hörsäle
des alten Gebäudes der Universität Marburg mit seinen großen kir-
chenähnlichen Fenstern und der dunklen, fast schwarzen Bestuhlung
aus längst vergangenen Zeiten und hat mit didaktischem Geschick bei
seinen Studenten die Liebe zum Alten Testament geweckt. Unterrich-
tet wurde nach dem *Hebräischen Schulbuch* von Hollenberg, das seit
den 1850er Jahren das für die Hebraisten war, was für die Gräzisten
die *Griechische Grammatik* von Kaegi war. In jenen Jahren nach dem
Krieg gab es ja noch keine Neuauflagen von Büchern. Fohrer hatte,
ich weiß nicht wie, für jeden von uns wenigen Kursteilnehmern noch
ein altes Exemplar antiquarisch aufgetrieben, meines entstammte der
dreizehnten Auflage des Hollenberg von 1926, bearbeitet von Karl
Budde, „Doktor der Theologie und Philosophie, Professor des Alten
Testaments an der Universität Marburg", wie auf dem Titelblatt steht.
Bei Fohrer hatte eben alles Stil. Ich besitze das Exemplar noch. Es hat
einen besonderen Platz in meiner Bibliothek. Als wir die hebräische

Grammatik beherrschten, las Fohrer mit uns Texte aus dem Alten Testament, so den ganzen *Kohelet*, das Buch des Predigers: „Eitelkeit der Eitelkeiten! spricht der Prediger; Eitelkeit der Eitelkeiten! alles ist Eitelkeit". In der Abschlußprüfung wurde uns von der Prüfungskommission ein Text aus dem ersten Buch der *Könige* in der Klausur vorgelegt. Für jeden, der bis dahin nur mit indogermanischen Sprachen vertraut war, ist das Erlernen einer semitischen Sprache ein besonderes Erlebnis, jedenfalls erging es mir so. Das Zeugnis des Hebraicum, das wir im Marburger Gymnasium Philippinum ausgehändigt bekamen, wo ich ein Jahr vorher als Externer das Graecum abgelegt hatte, erfüllte mich nicht nur mit dem Gefühl der Genugtuung, sondern zum ersten Mal mit so etwas wie einem Anflug von Stolz – trotz der Belehrung des Predigers über die Eitelkeit. Ich weiß nicht, warum das so war, aber es war so.

Übrigens habe ich meine hebräischen Sprachkenntnisse einige Jahre später bei meinem Studium jener mittelalterlichen Aristoteleskommentare gut gebrauchen können, die nur hebräisch überliefert auf uns gekommen sind.

Der Hauskreis Friedrich Müllers

Mein Mentor in der Altphilologie war der Gräzist Friedrich Müller, ein Schüler Werner Jaegers. Jaeger leitete die Kirchenväterausgabe, in der Müller einen Text des griechischen Kirchenvaters Gregor von Nyssa (4. Jh. n. Chr.) edierte. Friedrich Müller war vor seiner Berufung nach Marburg Lehrer am Gymnasium in Schulpforta, der berühmten Thüringer Internatsschule, in der Nietzsche Schüler gewesen war. In seiner Wohnung in der Stresemannstraße in Marburg traf sich einmal im Monat ein Kreis seiner Studenten abends, um, von seiner

Frau großzügig kulinarisch umsorgt, griechische Autoren zu lesen. Zu dieser Gruppe gehörten auch Bernard Andreae, der spätere Archäologe, Matthias Schramm, der spätere Historiker der Naturwissenschaften, Otto Lendle, der spätere Latinist, und andere, die nur unregelmäßig kamen. Dieser fast familiäre akademische Hauskreis bei Friedrich Müller in Marburg, in dem wir uns zu gemeinsamer Lektüre zusammenfanden, war keine lokale Rarität, sondern in den Universitätsstädten, auch den größeren, damals noch allgemein üblich bei den Professoren. Das hing natürlich auch damit zusammen, daß die Anzahl der Studenten viel geringer war als seit den siebziger Jahren. Die Anzahl der Studenten direkt nach dem Krieg war nahezu identisch mit der vor dem Krieg. In Deutschland studierten damals insgesamt nur etwa einhundertzwanzigtausend Studenten. In Marburg studierten um 1950 im ganzen nur viertausend Studenten. Das gleiche galt für Tübingen und andere vergleichbare Studienorte. Die Studentinnen bildeten eine winzige Minorität. In vielen Fächern fehlten sie noch ganz. Es studierten bis Ende der fünfziger, Anfang der sechziger Jahre in Westdeutschland etwa vier Prozent eines Jahrgangs. Die Quantität garantierte noch die Qualität.

Bei Friedrich Müller hörte ich meine erste Vorlesung über Aristoteles, sie hatte die *Nikomachische Ethik* zum Gegenstand. Die Vorlesung hat einen nachhaltigen Eindruck bei mir hinterlassen. Das Eigenartige an solchen Erinnerungen ist ja, daß man sich kaum an Inhaltliches, gar an Einzelheiten erinnern kann, aber man weiß immer noch, ob eine Vorlesung einem etwas bedeutet hat oder nicht, man hat noch ein Gedächtnis ihres Erlebnischarakters, und das deutet doch darauf hin, daß in solchen Fällen tiefere Schichten des Personseins erreicht wurden.

Truchsess des Neukantianismus: Julius Ebbinghaus

Die Philosophie in Marburg stand zu jener Zeit ganz im Zeichen Kants. Seit 1940 herrschte, so muß man es wohl nennen, dort Julius Ebbinghaus, ein orthodoxer Kantianer. Er war ein Schüler Wilhem Windelbands, kam aus der südwestdeutschen Schule des Neukantianismus, in der auch ein Interesse an Hegel erwacht war, von dem sich Ebbinghaus vorübergehend anstecken ließ, um dann als endgültig Bekehrter zu Kant zurückzukehren, und zwar mit dem Übereifer des Konvertiten, als habe er als zeitweilig Abtrünniger an Kant etwas wiedergutzumachen. Mit dogmatischer Einseitigkeit vertrat er von nun an die Philosophie Kants als das Non plus ultra, als der Weisheit letzten Schluß, dabei ausgestattet mit einer glänzenden Rhetorik und messerscharfen Logik. Die Philosophie nach Kant bis zur Gegenwart war für ihn Ausdruck geistiger Dekadenz, Abstieg, Verfall, schlimmer noch: Verrat an Kant. Von Statur klein und schmächtig, schwarzhaarig und mit sorgfältig gepflegtem Oberlippenbart, stand er hinter dem Katheder, dozierte, besser gesagt, zelebrierte seine Kant-Scholastik und verkündete die Lehrstücke Kants wie ein Richter den Urteilsspruch, unerbittlich, eiskalt, mit absoluter Selbstgewißheit. Er lachte nie. Aus der Nazizeit war er mit blütenweißer Weste hervorgegangen. Selbst die Nazis, und das will bekanntlich etwas heißen, hatten es vermieden, sich mit seiner Streitlust anzulegen, und fürchteten seine dialektische Redegewandtheit und seinen außergewöhnlichen Scharfsinn. So war es unvermeidlich, daß er in Marburg nach 1945 in den obligatorischen Entnazifizierungsverfahren der Nachkriegszeit die Rolle des Großinquisitors übernahm, und entsprechend war er der Schrecken aller, die etwas zu verbergen hatten. Das einzig Lustige an ihm war, daß er, wenn er ruhig dastand und sich nicht bewegte, eine verblüffende Ähnlichkeit mit Charlie Chaplin hatte. Er war ohne

Zweifel ein mutiger Mann, der für seine Gesinnung einstand. Das zeigte sich auch an seiner öffentlichen Stellungnahme zur Frage der deutschen Kriegsschuld, wobei er die Auffassung vertrat, daß Deutschland aufgrund der begangenen Kriegsverbrechen außerhalb der internationalen Rechtsgemeinschaft stehe und für die Alliierten nicht vertragsfähig sei, was insonderheit für das Recht auf einen Friedensvertrag gelte. Das war damals unter Deutschen keine populäre Ansicht.

Einmal gefaßte Meinungen über Menschen änderte er selten, eher nie. In einem Gespräch mit mir, in dem ich ihn darauf hinwies, daß ein Werk des deutschen Philosophen Christian August Crusius von 1747, über das ich in seinem Seminar ein Referat halten sollte, in der Institutsbibliothek nicht an seinem Platz stünde, meinte er allen Ernstes, das gehe bestimmt auf das Konto von Hans-Georg Gadamer, der früher hier Hilfskraft gewesen sei. Die Hilfskrafttätigkeit Gadamers in Marburg lag damals weit über zwei Jahrzehnte zurück. Als ich ihn einmal morgens von seinem Haus in der Schwanallee abholen sollte, um ihm beim Tragen von Büchern behilflich zu sein, und er aus dem Haus trat, verabschiedete ihn seine Frau mit den Worten: „Und denk dran, Julius: nicht schimpfen, – loben, Julius, loben!"

Bei Julius Ebbinghaus habe ich das gelernt, was man bei ihm lernen konnte: Kant. Aber ich habe bei ihm auch noch etwas anderes gelernt: daß Scharfsinn alleine nicht den Philosophen macht. Klarheit ist gut, aber nicht genug. Nur sich seinen Helden wählen und dessen Lehre absolut setzen, das ist nicht Philosophieren, sondern Scholastik. Denken heißt Weiterdenken, und das gilt vor allem für die Philosophie und den Philosophen.

Klaus Reich – in der Werkstatt eines Meisterschülers

Ebbinghaus hatte einen genialen Schüler: Klaus Reich. Ihm habe ich viel zu verdanken. Reich war als Sechsundzwanzigjähriger mit einem bahnbrechenden Jugendwerk, seiner 1932 veröffentlichten Dissertation über das Problem der Vollständigkeit der Kantischen Urteilstafel in der *Kritik der reinen Vernunft* von Ebbinghaus in Rostock, wo dieser ab 1930 Ordinarius gewesen war, promoviert worden und zählt seitdem zu den bedeutenden Kant-Forschern des 20. Jahrhunderts. Sein Werk hat die Kantforschung verändert. Ebbinghaus besuchte oft die Vorlesungen seines Schülers und saß dann mitten unter uns im Hörsaal. Er genoß sichtlich den Glanz seines Schülers, seiner Entdeckung. In Reichs Vorlesungen traf sich, mehr noch als bei Ebbinghaus, der philosophische Nachwuchs, künftige Lehrer der Philosophie, wie Dieter Henrich, Marion Soreth, Wolfgang Albrecht, Lüder Gäbe und andere.

Klaus Reich war für uns Studenten damals, schon von seiner äußeren Erscheinung her, eine ungewöhnliche Gestalt. Er kam in seine Vorlesungen oft mit einem Haufen Büchern unter dem Arm, mit flatterndem Mantel und einem zerbeulten Hut, deren er sich erst, wenn er oben auf dem Podium hinter dem Katheder angekommen war, entledigte. Er las immer am späten Nachmittag. Er war meist unrasiert, ohne Schlips und Kragen, sah nicht selten übernächtigt aus, er war ein Nachtarbeiter. Sein Auftritt war unkonventionell, hatte etwas von einem Protest an sich, wogegen eigentlich, blieb unklar. Sein Gesichtsausdruck war mürrisch, verknittert, wie bei einem Menschen mit einem Magenleiden. Er war Mitte vierzig und Junggeselle. Sein gelegentliches Bemühen, zu lachen, wirkte angestrengt, war kaustisch und alles andere als eine Einladung zum Mitlachen, weil viel zu hintergründig. Durch seine moralische Unabhängigkeit und Nonchalance wirkte er nicht deutsch. Ein Einzelgänger von cooler Männlichkeit. So eine Art Clint Eastwood des Hörsaals. Jedenfalls nicht der Typ des lieben Kollegen. In der Vorlesung hatte er eine starke Ausstrahlung, die dadurch entstand, daß er, obwohl gründlich vorbereitet, den Eindruck machte, als ob er den Inhalt seines freien Vortrags erst hier und jetzt, im Hörsaal, sich erarbeitete. Der Hörer hatte den Eindruck, im Hin und Her der Argumente Zeuge eines spontanen Denkprozesses zu sein, an dem man selbst aktiv beteiligt war. Da wurde nicht vorgelesen, da war Werkstatt, die Gedanken und Texte, um die es ging, lagen vor uns auf dem Prüfstand. Jede einzelne Vorlesung war ein Abenteuer des Geistes, nichts Routine. Keine Inszenierung. Keine Pose. Einmalig. Live.

Reich war ein universal gebildeter und ausgebildeter Mann. Er hatte in Freiburg i. Br. und Berlin Philosophie, Mathematik, Physik und außerdem noch Altphilologie studiert. Husserl, Heidegger, Ebbinghaus, Reichenbach, Max Planck, Werner Jaeger waren seine Lehrer gewesen. Seine akademische Karriere in den dreißiger Jahren scheiterte am Einspruch der Nazis. Er mußte eine Stelle an der Universität Rostock aufgeben, weil er mit einer nach Palästina ausgewanderten jüdischen Studentin, mit der er eng befreundet war, im Briefwechsel stand, und weil er den Hitler-Gruß verweigerte und sich nach Auffassung der Nazis destruktiv verhielt. Seit 1946 lehrte er dann bis zu seiner Emeritierung 1972 an der Universität Marburg, seit 1956 als Ordinarius. Er starb 1996 neunzigjährig.

Reichs Lehrveranstaltungen hatten zwei Schwerpunkte, die Philosophie der Antike, besonders Platons, und die Philosophie Kants. Das Gemeinsame von Platon und Kant sah er darin, daß beide bei der Begründung der mathematischen und der moralischen Erkenntnis losgelöst von der empirischen Erfahrung die Vernunft als die maßgebliche

Instanz ansahen. Toleranter als Ebbinghaus, standen Reichs philosophiehistorische Arbeiten unter der Devise Kants, daß in den Urteilen der anderen, auch da, wo sie uns falsch („abgeschmackt", „ungereimt") erscheinen mögen, „doch auch etwas Wahres sein müsse und dieses herauszusuchen" sei.[1] So hielt er es zum Beispiel für verfehlt, bei der Interpretation des frühgriechischen Denkens von der Voraussetzung auszugehen, die Denker dieses sogenannten archaischen Zeitalters der griechischen Philosophie hätten eine andere Denkstruktur gehabt als wir. Er glaubte die Absicht solcher Unterstellungen zu kennen und wurde dann bitterböse: „Mit einer solchen Voraussetzung reimen sich logische Paradoxien als Inhalt der archaischen Denkprodukte nur allzu notwendig zusammen, und man muß dann ja auf alles gefaßt sein...".[2] Mit solchen Ansichten machte man sich in der Epoche der Heideggerschen Vorsokratikerinterpretationen natürlich keine Freunde, und es gab eigentlich keinen öffentlichen Vortrag von Reich, wo er nicht hinterher in der Diskussion mit seinen Gegnern hart aneinandergeriet. Das waren richtige Schlachtfeste, sehr zum Amusement von uns Studenten, die diesen öffentlichen Auftritten unseres Matadors wochenlang entgegenfieberten; da flogen die Fetzen, jedesmal ein spekulativer Karfreitag für Reichs Gegner, die an dessen überlegener Dialektik und Sachbezogenheit mitleiderregend scheiterten. Das sprach sich herum, und bald wurde Reich kaum noch zu auswärtigen Vorträgen eingeladen, und nach Marburg zu Vorträgen Eingeladene blieben weg. Noch ein halbes Jahrhundert später, am Ende der neunziger Jahre, raunte mir Gadamer als Tischnachbar bei einem festlichen Abendessen zu, als die Rede auf Klaus Reich kam: „Ein wirklich bö-

---

[1] Immanuel Kant, *Metaphysik der Sitten. Zweiter Teil. Metaphysische Anfangsgründe der Tugendlehre* § 39, Anm. Hg. v. Karl Vorländer. Philosophische Bibliothek Bd. 42, Hamburg 1954.

[2] Klaus Reich, *Gesammelte Schriften*, Hamburg 2001, S. 238.

ser Mensch." Dabei machte er eine ganz finstere, betroffene Miene. Ich fand diese Bemerkung Gadamers wunderbar. Er hätte mir an jenem Abend gar keinen größeren Gefallen tun können. Bestätigte sie mir doch, wie tief Reich den *nervus hermeneuticus* des Zeitgeistes verletzt hatte. Ganz ähnlich wie Bultmann warnte auch Reich vor den methodischen Fehlentwicklungen im Bereich der historischen Geisteswissenschaften, Fehlentwicklungen, die wenige Jahre später ungeniert in die Unwissenschaftlichkeit führten und über die man sich heute schon gar nicht mehr aufregt, weil vielen, besonders jüngeren, die Antenne für das historisch Richtige fehlt. Viele sind wohl auch gar nicht mehr an der intersubjektiven, wissenschaftlichen Überprüfbarkeit ihrer Interpretationen interessiert, weil sie sich von diesem Kriterium längst verabschiedet haben.

An Reichs philosophischem Oberseminar über griechische Philosophen durften nur Studenten mit Griechischkenntnissen teilnehmen. Außerdem hatte er ein negatives Vorurteil gegen Soziologiestudenten. Soziologie war für ihn keine Wissenschaft, sondern eine Mode, bestenfalls Journalismus. Ich habe erlebt, daß er am Anfang der ersten Sitzung eines Seminars Soziologiestudenten darauf hinwies, daß das, was hier gemacht werde, für sie ohne Bedeutung sei und er solange auf sie einredete, bis sie den Raum verließen. Theologiestudenten durften bleiben. Theologie schätzte er nicht etwa aus Glaubensüberzeugung, sondern wegen der methodischen Strenge ihrer historischen Disziplinen. Daher auch seine Verehrung für Bultmann als Wissenschaftler. Reich war wahrscheinlich der Philosoph und Gelehrte mit dem umfassendsten philosophiehistorischen Wissen, der mir in meinem Leben begegnet ist, vielleicht nur mit der Ausnahme von Heidegger, dessen historische Kenntnisse meist unterschätzt wurden, weil er sie nicht so offen erkennen ließ.

Mehr als bei Ebbinghaus spürte man bei Reich, daß seine Option für die Philosophie Kants nicht die Folge einer Trotzhaltung wider den Zeitgeist war, sondern eine Option für die Wahrheit der Philosophie, die er nach Platon am reinsten in Kant aufscheinen sah. Dabei ließ er sich leiten von einem genuin systematischen Interesse für das bessere Argument. Es war die Größe und die Tragik von Klaus Reich, im Denken Kants den Widerschein der Selbstrealisation philosophischen Denkens überhaupt zu erblicken. Das machte Reich zu einer unzeitgemäßen, einsamen Erscheinung, und er wußte das. Sein Fehler war, aus Enttäuschung über die Zeitlichkeit der Wahrheit die Wahrheit ein für allemal in der Philosophie Kants festmachen und festhalten zu wollen. Das ist das Schicksal jedes Verliebten, seine ewige Bestimmung. Und so wirkte Reich auf uns damals: wie ein unglücklich Liebender, in der Philosophie wie im Leben, wo er seiner jüdischen Freundin nachtrauerte.

Im Sommersemester 1949 hielt Reich ein Seminar, das im Vorlesungsverzeichnis angekündigt war als „Übungen über einen Aristotelischen Logiktext. Nur für Griechischkundige". In diesem Seminar begegnete ich zum ersten Mal Matthias Schramm. Das war der Anfang einer Freundschaft bis zu seinem Tod (2005). Matthias Schramm hatte später den Lehrstuhl für Geschichte der Naturwissenschaften in Tübingen inne. Schramm, der damals schon einige Jahre in Marburg studierte und Reich sehr schätzte und gut kannte, machte mich mit ihm näher bekannt. Im Sommersemester 1950 veranstaltete Reich ein Oberseminar über die Aristotelische Kategorienschrift, an dem ich teilnahm. Vierunddreißig Jahre später, 1984, sollte ich im Rahmen der zwanzigbändigen Deutschen Aristoteles-Gesamtausgabe des Berliner Akademie-Verlages der Verfasser der Übersetzung und des Kommentars der Aristotelischen Kategorienschrift sein, des ersten deutschsprachigen Kommentars dieser Schrift seit Adolf Trendelenburgs *Geschichte der Kategorienlehre* (Berlin 1846). Am Ende des Vorwortes zu diesem Band danke ich Klaus Reich, „der mich als jungen Studenten im Sommersemester 1949 an der Universität Marburg zum erstenmal mit den ‚Kategorien' des Aristoteles bekannt machte." Diese Einführung in einer Vorlesung 1949 über Geschichte der Logik fand 1950 ihre Fortsetzung in seinem Seminar über die Kategorienschrift. Dort wurde bei mir die Grundlage für Späteres gelegt.

Es war mein Plan, nach dem dritten Semester die Universität zu wechseln und vor allem wegen Nicolai Hartmann mein Studium in Göttingen fortzusetzen. Dieser Plan zerschlug sich durch den Tod Hartmanns Anfang Oktober 1950, wie bereits erwähnt. Daraufhin entschied ich mich kurzerhand für Tübingen, denn ich hatte wenige Monate vorher anläßlich seines Vortrages vor der Evangelischen Studentengemeinde in Marburg den Tübinger Philosophen Gerhard Krüger kennen und schätzen gelernt. Der Vortrag handelte von Grenzfragen zwischen Philosophie und Theologie und hatte mich stark beeindruckt, nicht zuletzt auch durch die sachlich-nüchterne Art, in der Krüger seine Gedanken entfaltete. So verließ ich Marburg im Herbst 1950 und wechselte an die Universität Tübingen.

TÜBINGER ANSCHLÜSSE

Gerhard Krüger

Von dem klimatisch rauhen Marburg an der Lahn nun also zu dem lieblichen Tübingen am Neckar. Tübingen im Herbst 1950. Das war eine Nachkriegsidylle. Nur eine einzige Fliegerbombe, die von einem Flugzeug auf dem Rückflug von Mitteldeutschland nachträglich und wohl ungezielt, zur Entlastung sozusagen, abgeworfen wurde, hatte ein Haus zerstört, allerdings nicht irgendeines, sondern das Haus des Dichters Ludwig Uhland an der Neckarbrücke. Das war der einzige Gebäudeschaden, den der Krieg in Tübingen verursachte, sinnigerweise ausgerechnet in der Gartenstraße, in der 1938 in der Reichspogromnacht die Synagoge vernichtet worden war.

Gerhard Krüger veranstaltete im Wintersemester 1950/51 ein Seminar über Descartes' *Meditationen*. Das Seminar fand in dem Gebäude der Alten Aula der 1477 gegründeten Tübinger Universität in der Münzgasse direkt neben der Stiftskirche statt. Die Decke des Raumes war abgestützt durch mehrere Holzpfeiler, so daß die Studenten, die in den Bänken saßen, den Professor vorne, wenn er hin und her ging, nicht immer sehen konnten. Krüger war ein ausgezeichneter Kenner der französischen Philosophie und Sprache. Neben Platon und Kant war Descartes für ihn eine schicksalhafte Gestalt, der er tiefschürfende Untersuchungen gewidmet hatte. Seine Aperçus auch zu dem Menschen Descartes, zu dessen Leben in der Verborgenheit und zu dem diplomatischen Verkehr mit der Außenwelt ließen den intimen Kenner der französischen Kulturgeschichte erkennen, und wir waren jedesmal froh, wenn in den Seminarsitzungen das studentische Referat beendet war und Krüger mit seinen von uns mit Spannung erwarteten Ausführungen begann. Für mich war dieses Seminar über Descartes von großer Bedeutung, wie sich noch zeigen wird.

Gerhard Krüger wurde 1902 in Berlin als Sohn eines Ministerial-beamten geboren. Er besuchte das Gymnasium in Friedenau. Nach eigenem Bekunden hatte ihn als Schüler die Kirche angezogen, ver-anlaßt durch die Predigten des evangelischen Pfarrers Friedrich Rit-telmeyer. Rittelmeyer, der von 1916 bis 1922 in Berlin wirkte, war der spätere Begründer der Christengemeinschaft, eines Kreises von Theologen, die von der Anthroposophie Unterstützung für die Erneue-rung der Kirche erhofften. Von diesem lebendigen Anstoß Rittelmey-ers blieb bei Krüger seine Beschäftigung mit Grenzfragen der Philo-sophie und Theologie wirksam, die seit 1923 durch die Begegnung mit der Theologie Karl Barths, Friedrich Gogartens und Rudolf Bult-manns eine neue Qualität gewann.

Seine philosophische Ausbildung erhielt Krüger ganz in Marburg, wo er bei Paul Natorp, Nicolai Hartmann und Martin Heidegger stu-dierte. Seine Dissertation von 1925 über Kants Lehre von der Sinnes-affektion entstand bei Nicolai Hartmann. Seine Habilitationsschrift *Philosophie und Moral in der Kantischen Kritik* erschien 1931, wurde in ihrer Entstehung diskutierend und fördernd begleitet von Martin Heidegger und zuletzt auch von Erich Frank, der 1928 als Nachfolger Heideggers nach Marburg gekommen war, und zeigt Krüger bereits im selbstbewußten Besitz seiner leitenden philosophischen Fragestel-lung.

Als Krüger 1920 zum Studium nach Marburg kam, befand sich zu diesem Zeitpunkt die von Hermann Cohen begründete, als feste philo-sophiehistorische Größe bekannte Marburger Schule des Neukantia-nismus schon in der Auflösung, vor allem seitdem Nicolai Hartmann und Heinz Heimsoeth damit begonnen hatten, auf die Grundlagen der

Philosophie Kants ein neues Licht zu werfen. An die Stelle der bei den Neukantianern sonst üblichen Interpretation, die den transzendentalen Idealismus schlechthin zur Grundlage machte und Kant möglichst übergangslos im Gegensatz zu seinen Vorgängern sah, trat nun mehr und mehr eine Betrachtung, die anhand von Einzelproblemen die ontologische Grundlage wieder zu gewinnen suchte, auf der Kant aufbaute. Krügers Dissertation von 1925 über die Frage nach der Sinnesaffektion in der *Kritik der reinen Vernunft* wuchs aus dieser neuen Einstellung hervor. Diese Themenstellung war ein glücklicher Griff. Denn der supponierte Idealismus des Neukantianismus hatte es nicht zugelassen, den Gedanken eines affizierenden Realen bei Kant überhaupt ernst zu nehmen, statt dessen hatte sich die Tendenz ausgebildet, die Affektion einfach aus der Lehre Kants hinauszukomplimentieren, sie wegzudemonstrieren. Sie gehörte hier nicht hin. Um so explosiver war für die Kantforschung das Unternehmen Krügers, Kants verschlungene Gedankenführung zum Thema der Sinnesaffektion im einzelnen genau zu verfolgen und dabei zeigen zu können, daß der Affektionsbegriff Kants ein ontologisch fundierter ist, der sogar bis in die idealistischsten Formulierungen hinein von Kant durchgehalten wird und die These bestätigt, daß die traditionelle Begrifflichkeit und Disposition der alten Ontologie in viel höherem Maße in die kritische Philosophie Kants mit eingegangen ist, als das gemeinhin angenommen wurde.

Entsprechend argumentierte auch Krügers Habilitationsschrift von 1931 über *Philosophie und Moral in der Kantischen Kritik* gegen den Mainstream der Kantforschung und deckte auf, daß auch für Kant die Schöpfungsordnung ein zu akzeptierendes Faktum ist, das allein imstande ist, dergestalt eine Philosophie der Moral zu begründen, daß Freiheit nicht eigentlich souveräne Selbstbestimmung, sondern

Selbstbindung an das Sittengesetz bedeutet. Diese Sicht der Moral-
philosophie Kants war neu: die Autonomie der praktischen Vernunft
als absoluter Gehorsam gegenüber dem Sittengesetz, eingebettet in
metaphysische und schöpfungstheologische Basisannahmen in Kants
Kritik. Das war für die meisten damals zuviel auf einmal, machte
Krüger aber schon früh auf seinem philosophischen Weg zu einem
unverwechselbaren Repräsentanten der kritischen Abkehr vom idealistischen Denken, diesem Erbübel der deutschen Philosophie, das in
seinen epigonalen Ausprägungen zum Markenzeichen der deutschen
Weltfremdheit geworden ist – bis heute. Krügers dialektische Schärfe
als Debattenredner bei öffentlichen Auftritten, aber auch in den Seminarsitzungen, war gefürchtet, wie Gadamer in seinem Lebensrückblick
anerkennend und bewundernd vermerkt. Heidegger konnte sich mir
gegenüber 1967 in bezug auf Krüger die bissige Bemerkung nicht
verkneifen: „Er hatte den Berliner Scharfsinn". Aus Heideggers Mund
und Sichtweise natürlich ein vernichtendes Urteil.

Was Krüger der idealistischen Philosophie vor allem anderen und
recht eigentlich immer und immer wieder vorhielt, war die Verfan-
genheit der Selbstreflexion in sich selbst, die Selbstisolation des Denkens gegenüber dem Anspruch der Realität, des Lebens, der Welt. Das
Erbe der Kierkegaardschen Hegel-Kritik wirkte auch in Krüger weiter,
war in ihm lebendig, schon bevor der mächtige, zündende Einfluß
Heideggers, dem sich keiner entziehen konnte, auch bei Krüger seine
stimulierende, verstärkende Wirkung tat.

Die Schockwirkung, die damals von Heidegger, der von 1923 bis
1928 in Marburg lehrte, ausging, beruhte darauf, daß er, was es im
Raum der akademischen Philosophie in universitären Lehrveranstaltungen noch niemals vorher gegeben hatte, bei der Interpretation philosophischer Texte nicht wieder auf Texte zurückgriff, sondern die in

den Texten angesprochenen Existenzerfahrungen selbst zu Wort kommen ließ, sprechen ließ, zur Sprache brachte und deutlich machte, daß es in der Philosophie primär um diese ursprünglichen Erfahrungen selber geht und nicht um Texte, die von anderen Texten kommentiert werden und so weiter von der Antike bis zur Gegenwart und Zukunft. Mit anderen Worten: er emanzipierte die Philosophie von der Literatur und holte das existentielle Erfahrungsgeschehen des Lebens in den Hörsaal, statt es draußen zu lassen, wie es der üblichen Tradition bis dahin entsprochen hatte.

Krüger sah in diesem Ansatz Heideggers, wie er dann wenige Jahre später, 1927, in *Sein und Zeit* manifest und historisch wurde, zunächst eine Komplementierung der realistischen Gegenbewegung gegen den Idealismus, wie er sie zuerst in der Version Nicolai Hartmanns kennengelernt hatte. Aber der Eingriff Heideggers war von anderer Art und ungleich suggestiver.

Krügers Ansatz einer radikalen Abkehr von idealistischer Philosophie und seine Absage an die autonome, souveräne Selbstgewißheit des Subjekts mußte ihn unweigerlich in eine Auseinandersetzung mit der modernen Aufklärung führen und machte ihn in besonderer Weise sensibel für die Problematik des Weges dieser Aufklärung, ihrer Aporien und ihrer Selbstmißverständnisse – Jahrzehnte vor Horkheimers und Adornos *Dialektik der Aufklärung*, die erst 1947 erschien. Einen Ausweg hat auch Krüger nicht gefunden. Für sich selbst mag er eine Antwort gefunden haben: im Sein des Glaubenden, in der Möglichkeit des theologischen Denkens, in der Überzeugung, daß auf den Wegen unserer älteren philosophischen Tradition Antworten bereitliegen, die auch uns heute noch etwas zu sagen und zu bedeuten haben. So ist sein Platonbuch von 1939 *Einsicht und Leidenschaft: Das Wesen des Platonischen Denkens* zu verstehen, das den religiösen Hintergrund des griechischen Logosbegriffes und der klassischen antiken Rationalität aufzeigt. Warum auch die Weisheit unserer alten philosophischen Überlieferung uns etwas bedeuten muß, hatte für Krüger seinen Grund darin, daß es bei aller Willkür des menschlichen Wollens eine Ordnung des Seins gibt, die uns Menschen absolute Grenzen setzt, und daß wir uns heute von den Menschen, die vor uns gelebt haben, nicht wesentlich unterscheiden: „Wir bleiben trotz unserer Modernität Menschen, wie sie zu allen Zeiten gelebt haben, und wir können daher Platon und andere Denker der Vergangenheit nicht nur historisch verstehen, sondern auch sachlich wiederholen. Wir begegnen uns mit allen denen, die in der Anerkennung einer einheitlichen Welt ebenfalls über die Grenzen ihrer geschichtlichen Situation hinausgesehen haben."[1]

Unbeirrt, entschieden, konsequent, kompromißlos bis zur Schroffheit, Härte, ja Verhärtung ging Krüger seinen Weg. Diese Eigenschaften ließen ihn moralisch unangefochten auch durch die Nazizeit gehen. Sein Nichteintritt in die NS-Partei bezahlte er mit einer elfjährigen Privatdozentenzeit (1929 bis 1940), bevor er 1940 als Professor der Philosophie nach Münster i.W. berufen wurde. Nicht viel anders erging es in den frühen Jahren auch seinem Freund Gadamer. Sie lebten, in materiell äußerst beengten Verhältnissen (die Familie Krüger in einer Dachkammer in Marburg), von den Hörergeldern ihrer Studenten. Die Versuchung des Teufels kam jeden Sonntagmorgen zu ihnen in Gestalt des nationalsozialistischen ‚Vertrauensdozenten‘, der ihnen bei Eintritt in die Partei baldige Berufungen auf Professuren versprach. Beide blieben für diese Bestechung unzugänglich. Gadamer schreibt in seinem Rückblick: „Die Unbeirrtheit, mit der Gerhard Krüger die Antwort auf seine Frage nach dem Sein des Glaubenden in

---

[1]   Gerhard Krüger, *Grundfragen der Philosophie*, Frnakfurt a. M. 1958, S. 280.

der zeitlichen Geschichte bei der philosophischen Tradition suchte, war erstaunlich, und nicht minder unbeirrbar war seine menschliche und politische Haltung in den Zeiten fragwürdiger Gleichschaltung. Das hat auch seinen Freunden, zu denen ich gehörte, viel bedeutet."[1] In dieser Unbeirrtheit auf seinem Weg machte er auch gegenüber seinem Lehrer Martin Heidegger keine Ausnahme. Als Heidegger mit seinen *Holzwegen* 1950 den Wandel seines philosophischen Denkens, den er die ‚Kehre' nannte, öffentlich zu erkennen geben wollte, distanzierte sich Krüger von diesem Unternehmen und wies in einer sorgfältigen und ausführlichen, bis heute unüberholten Analyse nach, daß Heideggers Denkbewegungen dem Ansatz des Idealismus verpflichtet bleiben, und erinnerte daran, daß er, Krüger, schon in bezug auf Teile von *Sein und Zeit* gleich nach Erscheinen dieses Werkes solche Vermutung geäußert habe.[2]

Am Ende seines Weges erging es Krüger nicht viel anders als Horkheimer und Adorno. Krüger blieb zwar seine Antwort auf die Problematik der modernen Aufklärung nicht schuldig, wie man dies den beiden Frankfurtern in der letzten Phase ihres Wirkens vorwarf, aber Krüger fiel die Vermittlung seiner Antwort nach außen immer schwerer. Am Anfang der fünfziger Jahre, kurz vor seiner Erkrankung 1953 durch einen Gehirnschlag, die ihn zur Aufgabe seines Lehramtes zwang, begann es, trotz seiner Berufung nach Frankfurt 1952 auf den durch den Weggang Gadamers nach Heidelberg vakant gewordenen Lehrstuhl, erkennbar einsam um ihn zu werden. Die Unzeitgemäßheit seines Hinweises auf die ältere philosophische Tradition, die theologische eingeschlossen, als mögliche Antwort auf das Dilemma der sich immer stärker säkularisierenden modernen Welt blieb ihm nicht ver-

---

[1] Hans-Georg Gadamer, *Philosophische Lehrjahre*, Frankfurt a. M. 1977, S. 226.
[2] Gerhard Krüger, Martin Heidegger und der Humanismus. In: *Theologische Rundschau* 18, 1950, S. 148-178.

borgen. Ich blickte in jedes der drei Gesichter am Ende ihres gedankenreichen Lebens, in das von Adorno, in das von Horkheimer und in das von Krüger: es waren Gesichter der Ratlosigkeit. Auf langen, notwendigen Umwegen waren sie zu der Erkenntnis des sokratischen Nichtwissens gelangt. Aber es waren Gesichter, denen die sokratische Heiterkeit und Gelassenheit fehlte, von Erlösung keine Spur. Aber ist solche seelische Verfaßtheit unter den Bedingungen der modernen Welt überhaupt noch möglich?

Im Sommer 1952, ein halbes Jahr vor seiner Erkrankung, von der er sich nicht mehr erholte, nahm mich Krüger an einem Samstagnachmittag mit auf einen Spaziergang über den Frankfurter Hauptfriedhof. Als wir an langen Gräberreihen vorbeigingen, blieb er plötzlich stehen und fragte mich: „Was glauben Sie wohl, wenn wir jetzt die Toten fragen könnten, ob sie lieber ihre Gräber verlassen und auf der Erde wieder weiterleben wollten oder ob sie lieber in ihren Gräbern bleiben und den Schlaf fortsetzen würden, – was würden sie antworten? Ich kann es Ihnen sagen; sie würden alle wie in einem Chor rufen: laßt uns in Ruhe."

Heideggers Metaphysikkritik wurde damals nicht von allen als ein Akt der Befreiung erlebt, sondern von manchen als inkonsequent und als Grund für eine Ausweglosigkeit seines Ansatzes gesehen, was bis hin zum Nihilismusvorwurf verlängert wurde. Krüger gehörte zu denen, die aus dieser so empfundenen Aporie einen Ausweg suchten. Sein Vorschlag war der schon oben beschriebene einer Hinwendung zu Möglichkeiten der älteren Tradition, wobei er allerdings eine Repristination einer christlichen Philosophie dezidiert ablehnte. Aber seine Alternative blieb in systematischer Hinsicht unbefriedigend, vielleicht aber auch nur deswegen, weil er wegen seiner schweren Erkrankung schon im Alter von fünfzig Jahren seine Denkarbeit beenden mußte. Seine letzte – systematisch wichtigste – Äußerung, die wir von ihm besitzen, ist jene schon genannte Auseinandersetzung mit Heideggers ‚Kehre‘, in der er einen echten Versuch Heideggers zur Abwendung von der subjektivistischen Basis nicht zu erkennen vermochte, vielmehr in der ‚Kehre‘ den Anfang einer Erneuerung der Metaphysik im Sinne eines modifizierten Hegelianismus sah. Sein eigener, nur noch angedeuteter Ausweg in den Glauben, in eine theologische Metaphysik der älteren Tradition, in eine Religiosität, wie wir sie auch beim späten Horkheimer beobachten können, wurde den philosophischen Bedürfnissen der damaligen Zeit nicht gerecht.

Mit dem Begriff des Glaubens hatte Krüger den Schlüssel für die weitere philosophische Entwicklung zwar in der Hand, aber er hat das nicht mehr erkannt. Das hätte vorausgesetzt, daß er den Begriff des Glaubens selbst, im Sinne eines fundamentalen lebensorientierenden Fürwahrhaltens, universalisiert und erkenntnis- wie handlungstheoretisch fruchtbar gemacht hätte, wie das die Philosophie des Pragmatismus systematisch und geschichtlich erfolgreich getan hat. Aber das lag außerhalb der Reichweite des Krügerschen Denkens. Hier zeigt sich schmerzlich die Auswirkung der Kommunikationslücke zwischen der deutschen und der amerikanischen Philosophie in der Zeit zwischen den beiden Weltkriegen und in der frühen Nachkriegszeit. Das lebhafte Gespräch zwischen amerikanischen und europäischen Philosophen – ich erinnere nur an den III. Internationalen Kongress für Philosophie im Jahre 1908 in Heidelberg, der die durch William James aktuell gewordene Philosophie des Pragmatismus zum Gegenstand hatte – war durch den Ersten Weltkrieg abgebrochen und verstummt und fand erst nach dem Zweiten Weltkrieg ganz allmählich wieder eine Fortsetzung.

Wie sensibel Krüger gleichwohl die Zeichen der Zeit erkannt hatte, deutet der Titel der 1958 erschienenen, von mir besorgten Sammlung seiner kleineren Arbeiten aus den Jahren 1933 bis 1953 an. Der von ihm gewählte Titel lautet *Freiheit und Weltverwaltung* und signalisierte, was die Stunde geschlagen hatte, obwohl damals in Deutschland wohl nur wenigen die tiefere Bedeutung und Aktualität des Titels bewußt war. Gadamer bemerkt dazu: „Ich erinnere mich, daß dieser Titel mich damals verblüffte, obwohl mir der Inhalt des Bandes und die philosophische Position Gerhard Krügers genau bekannt waren. Aber hat er nicht recht bekommen? Liest man nicht diesen Titel heute ohne alles Erstaunen, ja, mit der inneren Zustimmung, daß in diesem Titel in der Tat zu einer Formel vereinigt ist, was allen unlösbaren Widerspruch unserer Weltstunde ausmacht: in einer immer sorgfältiger und immer konsequenter verwalteten Welt die unversieglichen Quellen menschlicher Geschöpflichkeit und der ihr anvertrauten Freiheit wahrhaben zu sollen."[1]

Es ging Krüger nicht um ein Entweder-Oder von Freiheit und Weltverwaltung, das wäre absurd, sondern es ging ihm um die einzig uns noch verbleibende Möglichkeit eines menschenwürdigen Zusammen beider. Im gleichen Jahr, 1958, erschien noch eine Sammlung von Vorlesungen Krügers aus den Jahren 1942 bis 1952 unter dem Titel *Grundfragen der Philosophie. Geschichte, Wahrheit, Wissenschaft*, an deren Druckvorbereitung Gadamer und Wilhelm Anz mitgewirkt haben, ein Band, in dem Krügers Philosophie umfassend und klar zur Darstellung kommt.

Zusammenfassend läßt sich über den Philosophen Gerhard Krüger sagen, daß er einer der wichtigsten und kompetentesten Verfechter der Idealismuskritik im 20. Jahrhundert war, der die oft versteckten Spu-

---

[1] Hans-Georg Gadamer, *Philosophische Lehrjahre*, S. 229.

ren des deutschen idealistischen Erbes, auch bei Lehrern und Freunden, schonungslos aufdeckte und beim Namen nannte und so den Boden in Deutschland entscheidend für ein Philosophieren im Geist eines sachbezogenen Realismus mit vorbereitete, der die Philosophie in Deutschland nach dem Krieg wieder anschlußfähig an die internationale philosophische Diskussion machte.

Nach einem zwanzigjährigen Leiden an seiner Krankheit, die auch seine Sprechfähigkeit fast total behinderte, erlöste ihn der Tod am 14. Februar 1972 mit siebzig Jahren. Er war von kleinem Wuchs, hager, sein Gesicht hatte asketische, strenge Züge, die von einem entbehrungsreichen Leben und langer Bekanntschaft mit der Einsamkeit zeugten. Er lachte selten, und wenn, dann wirkte es meist etwas verkrampft. Zuletzt konnte er sich einem Besucher nur noch durch die lautlose Sprache seiner großen, klaren Augen, in denen kein Falsch war, und durch sparsame Bewegungen seiner Hände verständlich machen. Er war längst da schon angekommen, wohin wir anderen, Übriggebliebenen immer noch unterwegs sind. Er starb einsam, mit sich allein, niemand war bei ihm in der Stunde des Todes. So fand man ihn in seiner Wohnung. Von der Art müssen wohl die Menschen gewesen sein, die man in früheren Zeitaltern ‚Zeugen der Wahrheit' nannte.

In meinem ersten Seminar bei Krüger über Descartes' *Meditationen* war mir die Aufgabe zugeteilt worden, über die Dritte Meditation zu referieren unter dem speziellen Gesichtspunkt, den Beweisgang Descartes' bezüglich des Daseins Gottes mit der logischen Struktur des kosmologischen Gottesbeweises bei Aristoteles zu vergleichen und den Unterschied der Vorgehensweise beider Denker aufzuzeigen, des einen, der vom Bewußtsein des Menschen ausgeht, und des anderen, der von der Bewegung des Kosmos seinen Ausgang nimmt. Das sollte der Vergleichspunkt sein. Aber so weit kam es gar nicht. Denn bei meinen Recherchen zu dem fraglichen Text des Aristoteles stieß ich auf eine Lücke im überlieferten Text, durch die die logischen Schritte der Argumentation des Aristoteles unvollständig sind. Es handelt sich also um ein sogenanntes Enthymem, das heißt um einen hinsichtlich Inhalt oder Form unvollkommenen Syllogismus, bei dem eine der Prämissen oder die Konklusion unausgesprochen bleibt, weil sie im Zusammenhang der Argumentation stillschweigend als gegeben und gültig unterstellt wird. Eine solche Vorgehensweise ist bei Aristoteles keine Seltenheit, war aber im Kontext der Argumentation seines kosmologischen Beweises für die Existenz des Unbewegten Bewegers, seines Bewegergottes, in der langen Interpretationsgeschichte dieser Textstelle in Antike, Mittelalter und Neuzeit als Problem nicht erkannt worden, was dazu führte, daß die im Text *expressis verbis* nicht vorkommende zweite Prämisse entweder von den Interpreten selbst ergänzt oder übersehen oder in ihrer Schlüsselrolle für das ganze Argument nicht erkannt worden war. Dieser Sachverhalt hatte zu einer mißverständlichen Rekonstruktion der logischen Struktur des Beweisganges den Anlaß gegeben. Bei dem fraglichen Text handelt es sich um ein Skript, das Aristoteles bei seinen Vorlesungen benutzte, so daß davon ausgegangen werden kann, daß Aristoteles die in der Textvorlage fehlende zweite Prämisse seines Beweises während seines mündlichen Vortrags selbst ergänzte.

Zu meinem Seminarreferat, das den Vergleich mit Descartes vorsah, kam es nicht mehr. Krüger war von der Richtigkeit meiner Analyse überzeugt. Er zeigte sich von meiner Anfängerarbeit beeindruckt und forderte mich auf, sie im Seminar statt meines ursprünglich vorgesehenen Referates vorzutragen. Danach schlug er mir vor, meine Beweisanalyse zu einem Aufsatz für eine Publikation in einer Zeitschrift auszuarbeiten. Der Aufsatz erschien 1955 in der altehrwürdigen Zeitschrift *Philologus. Zeitschrift für das Klassische Altertum. Im Auftrage der Kommission für griechisch-römische Altertumskunde bei der Deutschen Akademie der Wissenschaften zu Berlin.* Der Titel lautete „Der Beweis für den unbewegten Beweger bei Aristoteles". Das war meine erste wissenschaftliche Veröffentlichung. Sie hat mir die Türe zu meiner beruflichen Zukunft geöffnet.

Antrittsbesuch bei Eduard Spranger

Im Frühjahr 1951 machte mich Krüger zu seinem persönlichen Assistenten und verschaffte mir die Stelle einer Wissenschaftlichen Hilfskraft. Mehr war gar nicht möglich, denn das Tübinger Philosophische Seminar verfügte zu jener Zeit überhaupt nur über eine einzige planmäßige Assistentenstelle, die zwischen den Ordinarien Eduard Spranger und Gerhard Krüger gerecht in zwei Wissenschaftliche Hilfskraftstellen aufgeteilt war: die Stelle bei Eduard Spranger hatte Iring Fetscher, der spätere Professor für Politische Wissenschaft in Frankfurt, die Stelle bei Gerhard Krüger bekam ich.

Iring Fetscher und ich machten auch die Bücherausleihe der Bibliothek des Tübinger Philosophischen Seminars: Fetscher von montags bis mittwochs, ich von donnerstags bis samstags. So war das damals. Eine Bibliotheksstelle gab es nicht. Die Bücheranschaffung erfolgte nach folgendem Modus: die Professoren kamen einmal im Monat und entschieden, welche Neuerscheinungen, die wir ihnen vorlegten, angeschafft wurden. Das ging über Stunden, und Urteile und Vorurteile über Bücher und Autoren gingen hin und her. Der Bücheretat war lächerlich klein, kein Vergleich mit den Summen, die den Institutsbibliotheken in den sechziger und siebziger Jahren zur Verfügung standen, wo die meisten Seminare eigens mit Bibliotheksstellen für Bibliothekare ausgestattet wurden.

Als Krüger mir eröffnete, daß ich die Wissenschaftliche Hilfskraftstelle an seinem Lehrstuhl bekommen sollte, forderte er mich auf, nach vorheriger schriftlicher Anmeldung einen Antrittsbesuch bei seinem Kollegen Eduard Spranger zu machen, in der Rümelinstraße 12: „Aber bitte im schwarzen Anzug! Herr Kollege Spranger ist ein alter preußischer Beamter. Er goutiert das." Natürlich hatte ich damals als Student im fünften Semester keinen schwarzen Anzug in meinem Gepäck. Ich schrieb also meinen Eltern und erbat einen entsprechenden Geldbetrag, damit ich mir einen schwarzen Anzug samt Silberkrawatte, was damals noch selbstverständlich zusammengehörte, kaufen konnte, zu welchem Zweck ich mit dem Überlandbus eigens nach Stuttgart in die Königstraße fuhr, wohin ich von Tübingen aus gelegentlich reiste, um in einem der Cafés anständig Kaffee zu trinken, was man nach meinem Geschmack in Tübingen nicht konnte.

Eduard Spranger teilte mir mit vorgedruckter Karte auf meine schriftliche Anfrage einen Termin an einem Sonntagvormittag um elf Uhr mit, und ich begab mich zu ihm. Frau Spranger öffnete mir, führte mich in das Arbeitszimmer, plazierte mich vor den Schreibtisch und zog sich zurück. Nach etwa zehn Minuten absoluter Geräuschlosigkeit öffnete sich plötzlich, wie von unsichtbarer Hand, eine Flügeltüre hinter dem Schreibtisch, die ich gar nicht bemerkt hatte, und Spranger trat in Erscheinung. Leise schloß er mit seinen rückwärtsgewandten Händen die Flügeltüre hinter sich, ohne sich dabei umzudrehen, und fixierte mich mit einem langen Blick. Auch er trug einen schwarzen Anzug mit Silberkrawatte.

Obwohl er erst neunundsechzig Jahre alt war, erschien er mir sehr viel älter. Steif und förmlich erkundigte er sich nach meiner „landsmannschaftlichen Herkunft". Ich wußte im ersten Augenblick gar nicht, was er meinte und glaubte, er wolle wissen, ob ich einer studentischen Korporation angehöre (die damals von den Besatzungsmächten verboten worden waren), bis ich begriff, daß er mich gefragt hatte, woher ich geographisch stamme. Als ich Solingen nannte, dachte ich, er würde auf die in Solingen geborenen Philosophen zu sprechen kommen wie den berühmten Johannes Clauberg im siebzehnten Jahrhundert oder Friedrich Ueberweg und Friedrich Albert Lange im neunzehnten Jahrhundert. Statt dessen kam nur die Bemerkung: „Solingen, ach ja, die Stadt, wo die Messer herkommen". Ich erlaubte mir auf dem gleichen Niveau dann die Ergänzung: „und die Rasierklingen, nicht zu vergessen." Während der Dialog weiter in diesen Bahnen verlief, dachte ich bei mir: der dir da gegenübersitzt, ist also der Mann, von dem man sich erzählt, daß er als offizieller, vom preußischen Kultusminister Carl Becker in Berlin seinerzeit eingeschalteter Gutachter über Heidegger in bezug auf *Sein und Zeit* in seinem Gutachten festgestellt haben soll, außer einer etwas sonderbaren Sprache enthalte das Werk philosophisch nichts Neues. Davon wußte ich durch Krüger, und später erfuhr ich es von Heidegger selbst.

Auf mich wirkte Spranger an jenem Sonntagvormittag hinter seinem Schreibtisch wie ein Schauspieler in dem Einakter eines Zimmertheaters, der einen Wirklichen Geheimen Rat des Wilhelminischen Zeitalters darstellte oder wie das Relikt einer schon vor langer Zeit untergegangenen Gesellschaftsschicht. „Und bleiben Sie auf gar keinen Fall länger als dreißig Minuten", hatte mir Krüger noch mit auf den Weg gegeben. „Das gehört mit zu seinen Beurteilungskriterien". Als mich Krüger einige Tage später nach meinem Eindruck fragte und ich ihm wahrheitsgemäß antwortete, daß der Besuch für mich aus historischen Gründen interessant gewesen sei, bemerkte er lakonisch: „Das haben wir über ihn schon vor fünfundzwanzig Jahren gesagt".

Irgendwann fragte mich Krüger einmal nach meinen Plänen und meinen beruflichen Absichten. Ich war auf eine solche Frage nicht vorbereitet, da ich tief in meinen Arbeiten steckte. Schließlich fragte er mich, ob ich mir vorstellen könnte, über Aristoteles weiterzuforschen. Ihn beschäftige schon seit Jahren die Frage nach der Denkform, die Aristoteles seinem Unbewegten Beweger zuschreibe, aber er komme damit nicht recht weiter. Interessant daran seien die Aristotelische Unterscheidung zwischen diskursivem und intuitivem Denken und die Frage nach den modernen Äquivalenzen. Begrenzt auf eine der beiden Denkformen könne er sich das Problem durchaus als Thema einer Dissertation vorstellen. Ich war über diesen Vertrauensbeweis Krügers mir gegenüber sehr beglückt, um so mehr, als Krüger bezüglich der Annahme von Doktoranden allgemein als extrem scheu und zurückhaltend galt. Ich bat um eine Bedenkzeit wegen des Themas, über das ich mich vorher genauer kundig machen wolle, was ich dann tat, um zu dem Ergebnis zu kommen, daß die sehr lückenhafte Sekundärliteratur mir durchaus Wege offenließ, das Thema neu anzugehen, eingegrenzt auf die Denkform der Noesis, des intuitiven Denkens. Nach einer Vorlesung Krügers im Sommersemester 1951 sagte ich ihm auf dem gemeinsamen Weg ins Seminar, daß ich seinen Vorschlag gerne akzeptieren würde und nannte ihm die von mir projektierten Eingrenzungen des Themas der Dissertation. Damit war der Weg für die nächste Zeit für mich vorgezeichnet.

Wolfgang Schadewaldt zur ‚Sache der Griechen'

Die Gestalt unter den Professoren im Tübingen dieser Jahre, die mich neben Gerhard Krüger am stärksten beeindruckte, war der Gräzist Wolfgang Schadewaldt. Ich lernte ihn kennen und sah ihn zum ersten Mal in einer Situation, die für seine notorische Arroganz – die in seinen frühen Jahren, wie mir von älteren Zeitzeugen glaubhaft versichert wurde, noch schlimmer gewesen sein soll – typisch war. Ich ging – es war zu Beginn des Wintersemesters 1950/51 – mit einem Kommilitonen in der Alten Aula die knarrende Holztreppe hinauf, wo sich im obersten Stockwerk das Seminar für Klassische Philologie befand. Plötzlich hörten wir von oben herab eine tiefe, satt und geschmeidig klingende Stimme im Berliner Dialekt: „Wenn S i e etwas sagen, hat das gar nichts zu bedeuten; wenn i c h etwas sage, bedeutet das etwas." Nachdem wir ob dieses Wortgewitters uns schnell ins Seminar verdrückt hatten, klärte mich mein Kommilitone auf: der solchermaßen Gescholtene und Abgekanzelte sei der Privatdozent Walter Jens gewesen, der Ältere mit der schönen, sonoren Stimme Schadewaldt. Die beiden könnten sich nicht riechen. Der Dialog, dessen unfreiwillige Zeugen wir waren, hatte vor der Türe von Schadewaldts Direktorzimmer stattgefunden. Das war meine erste Begegnung mit Schadewaldt.

„Ich stamme aus kleinsten Verhältnissen: mein Vater war Arzt", war nur eine von jenen köstlichen Blasiertheiten, mit denen er sein Publikum amüsierte, dabei mit hochgezogenen Augenbrauen und todernstem Pokerface seine Zuhörer ansehend. Er war nicht nur ein Wissenschaftler, sondern an ihm war auch ein Künstler verlorengegangen. Er faszinierte. Er hatte Ausstrahlung. Er war eine Persönlichkeit im Goetheschen Sinne („Höchstes Glück der Erdenkinder sei nur die Persönlichkeit", ‚Buch Suleika').

Wenn er im Hörsaal zum Beispiel den Homertext interpretierte und in einer Mischung von großer Gelehrsamkeit und arroganter Blasiertheit Feststellungen im Tone absoluter Gewißheit traf und von sich gab, wer von uns hätte da Wahrheit und Dichtung zu unterscheiden gewagt oder auch nur an eine solche Unterscheidungsmöglichkeit gedacht? Hinzu kam bei ihm jener Schuß altberlinischer Schnoddrigkeit, aber auf höchstem Niveau, die seinen Präsentationen einen Hauch von Lässigkeit und Leichtigkeit gab. Seine Lehrveranstaltungen waren einfach eine Attraktion, nicht nur durch das Was, sondern auch durch das Wie. Er hatte den Glanz des großen Lehrers, heute würde man von Glamour sprechen. Das läßt sich nicht erlernen, es kommt von innen, es ist, wie die Alten sagten, der Daimon.

Wolfgang Schadewaldt wurde 1900 in Berlin geboren und fand als Lehrer in Ulrich von Wilamowitz-Moellendorff und Werner Jaeger die bedeutendsten Altphilologen seiner Zeit. Infolge einer sensationell positiven Rezension seiner Dissertation *Monolog und Selbstgespräch. Untersuchungen zur Formgeschichte der griechischen Tragödie (1926)* durch den schon emeritierten achtundsiebzigjährigen Wilamowitz, was damals einer Art altphilologischer Heiligsprechung gleichkam, wurde Schadewaldt mit erst achtundzwanzig Jahren auf den Königsberger Lehrstuhl für Klassische Philologie berufen. Der Segen des alten Wilamowitz gab Schadewaldt zeit seines Lebens eine Ausnahmestellung unter den Altphilologen. Wilamowitz, der am Beginn seiner Laufbahn Nietzsches Karriere als Altphilologe durch eine Rezension von dessen Werk *Die Geburt der Tragödie aus dem Geiste der Musik* jäh beendet hatte, tat am Ende seiner Laufbahn mit Schadewaldt genau das Gegenteil, er verlieh dessen Karriere Flügel. Der frühen Berufung nach Königsberg 1928 folgte schon ein Jahr später die Berufung nach Freiburg i.Br. Fünf Jahre danach, 1934, folgte er einem Ruf nach Leipzig, von wo er 1941 nach Berlin wechselte, um von dort 1950 zu seiner letzten Station, Tübingen, aufzubrechen, wo er bis zu seiner Emeritierung 1968 und bis zu seinem Tod 1974 blieb.

Sein epochemachendes, bis heute Maßstäbe setzendes Werk sind seine *Iliasstudien* von 1938, die die Ilias als die einheitliche Dichtung eines einzigen Dichters evident zu machen versuchen. Der Band *Von Homers Welt und Werk*, 1944, vereinigt wichtige Arbeiten Schadewaldts über Homerische Fragen. Als 1951 die zweite Auflage dieses schönen Bandes erschienen war, machte ihn mir Krüger Weihnachten 1951 zum Geschenk, als ich mich von ihm vor den Weihnachtsferien verabschiedete; heute im Rückblick für mich eine denkwürdige, symbolische Gabe, die die Namen der beiden für mich in meiner Tübinger Studienzeit wichtigsten Männer miteinander verbindet.

Über den institutionellen Rahmen der Universität hinaus hat Schadewaldt vor allem durch seine Übersetzungen der griechischen Dramen, die in den verschiedenen Medien bis heute zur Darstellung kommen, gewirkt. Über die Zukunft des Faches Klassische Philologie machte er sich trotz seiner nach außen bekundeten Zuversicht nach meinem Eindruck keine Illusionen. Aber das war für sein historisches Selbstverständnis unerheblich. Mit altpreußischer Selbstdisziplin arbeitete er trotz Behinderung durch Krankheiten bis zuletzt, solange er konnte, und als ihn die Kräfte verließen, war er gerade noch kurz vorher mit seiner Übersetzung der Ilias zum Abschluß gekommen. Das Werk war vollendet, die Arbeit war getan. Als die Trauergemeinde sich am 14. November 1974 an seinem Grab auf dem Tübinger Waldfriedhof versammelte, da war das mehr als eine übliche Beerdigung. Jeder der Anwesenden spürte, daß an diesem Grab die große Geschichte der Vermittlung und Vergegenwärtigung antiken griechischen Weltverständnisses, die seit der Goethezeit in den Schulen und

Universitäten Europas und im Leben vieler Menschen ihre Wirkung getan hatte, an einem wesentlichen Punkt angekommen war, der die bange Frage einschloß, ob die wissenschaftlich-technische, computergelenkte Welt der Zukunft für die „Sache der Griechen", wie sie Schadewaldt zu nennen pflegte, überhaupt noch eine Verwendung haben wird – außer einer dekorativen. Die Zukunft allein kann es lehren. Schadewaldts Wirken reichte noch hinein in die Zeit, in der der Gedanke der Europäischen Einheit konkrete Gestalt annahm und seine Realisierung erkennbar näherrückte. Daß auch in dem Vereinigten Europa das Bewußtsein seiner Anfänge und seiner Herkunft nicht verlorengeht, dafür hat Wolfgang Schadewaldt jedenfalls das Menschenmögliche getan.

Im Wintersemester 1950/51 nahm ich an Schadewaldts Oberseminar über Platons 7. Brief teil. In diesem Seminar lernte ich auch meinen Freund Hellmut Flashar kennen und durch ihn wenige Jahre später Wolfgang Kullmann. Schadewaldt setzte sich leidenschaftlich für die Echtheit des 7. Briefes ein, die in der Philologie kontrovers diskutiert wird. Schadewaldts stets wiederkehrendes Argument war: „So etwas wie zum Beispiel dieser Satz da, meine Damen und Herren, kann doch nur von Platon selbst gesagt sein. Das müssen sie doch auch spüren." Wir waren ob dieser Logik tief ergriffen und, offen gestanden, ich bin es eigentlich immer noch. Schadewaldts messerscharfe Analyse sah natürlich meist anders aus, aber so intuitiv und spontan konnte er auch sein, und das war für ihn durchaus keine Nebensache. Wir waren begeistert, da nicht einen langweiligen, verknöcherten, philologischen Fliegenbeinzähler als Lehrer vor uns sitzen zu haben, sondern einen Mann, dessen leidenschaftliches Engagement für die Sache spürbar war und sich auf uns, seine Schüler, übertrug.

Was mir von jenem Seminar vor mehr als einem halben Jahrhundert nachhaltig in Erinnerung geblieben ist, das ist die Art und Weise, wie Schadewaldt schon damals, so viele Jahre vor der erst Mitte der sechziger Jahre einsetzenden Hochkonjunktur der analytischen Sprachphilosophie und des sogenannten *linguistic turn*, das Phänomen der Sprache und die Funktion der Sprache und der Zeichen bei Platon behandelt hat. Man muß so weit zurückgehen, um sich die Sicherheit und Kompetenz erklären zu können, mit der Schadewaldt dann in den posthum 1978 gedruckten Vorlesungen von 1960/61 und 1972 über die Sprache, über Grundbegriffe des Denkens und insbesondere über Sprache als vorphilosophischen Denkvorgang sich geäußert hat.

Worum geht es Platon in jenem erkenntnistheoretischen Abschnitt des 7. Briefes? Platon zeigt auf, daß die Erkenntnis einer Sache mehrerer Erkenntnismittel bedarf, genau gesagt vier: des Namens, der Definition, der anschaulichen Darstellung in der Abbildung und der Sache selbst. Platon erläutert das am Beispiel des Kreises: seines Namens, seiner Definition, seiner Abbildung und seiner Sache, das heißt seines Wesens oder, wie Platon sagt, seiner Idee, der Idee des Kreises.

Die Stelle im 7. Brief reflektiert ein Verhältnis zur Sprache und zur Begrifflichkeit des Denkens, das für Schadewaldt immer der maßgebliche Orientierungspunkt in seiner Analyse von Sprechen und Denken geblieben ist und das, wie sich nach den vehementen sprachtheoretischen Debatten des letzten Halbjahrhunderts gezeigt hat, das leistungsfähigste Modell ist. Schadewaldt hat dies noch in seiner allerletzten Vorlesung, die er nach fünfundvierzigjähriger Lehrtätigkeit im Dezember 1972 gehalten hat, in seiner Auseinandersetzung mit dem Strukturalismus mit eindrucksvoller Klarheit erläutert.

Er nimmt gegen den Strukturalismus Stellung und kritisiert insonderheit die Verkürzung der Sprache auf ein konventionsgeleitetes

System der Verständigung und die Verdrängung des Sachverhaltes, daß es Verständigung nur als Verständigung über etwas gibt.

„Die Eignung der Sprache als Mittel der Verständigung setzt voraus jenen *Weltbezug* der Sprache, jene Bedeutung der Sprache als Weltbewältigung, jenes Erkennen und Wiedererkennen schaffende, von der Sprache geleistete Nennen und Benennen des Seienden bis hin zum Sein des Seienden".[1]

Es geht Schadewaldt nicht nur um die Intentionalität jedes Erkenntnisaktes, sondern auch und vielmehr um die Initiative, die für den Menschen vom Seienden selbst ausgeht, von der „andrängenden Erscheinungsfülle des Seienden"[2], und Schadewaldt nimmt für die griechische Sprache ausdrücklich einen „ontologischen Charakter" in Anspruch, der das spätere Philosophieren der Griechen präformiert. Im Strukturalismus sah Schadewaldt eine Tendenz am Werk, die moderne Sprachwissenschaft den Naturwissenschaften anzugleichen „und eine Sprachwissenschaft zu kreieren, die sich dadurch konstituiert, daß sie sich ebenso vom denkenden Subjekt wie vom intendierten Gegenstand distanziert. Die Frage ist hier, ob durch diese Reduktion nicht zugleich das Phänomen der Sprache so reduziert wird, daß es überhaupt nicht mehr Sprache ist"[3]. Schadewaldt konnte nicht wissen, daß zu jener Zeit eine neue Betrachtungsweise auf dem Vormarsch war, die die ältere Sprachkonzeption von Ferdinand de Saussure und die sich daran anschließenden strukturalistischen Methoden außer Kraft setzen und ablösen sollte, nämlich die Zeichentheorie oder Semiotik von Charles Sanders Peirce. Die Semiotik von Peirce erfüllte

---

[1]   Wolfgang Schadewaldt, Sprache als vorphilosophischer Denkvorgang. In: *Die Anfänge der Philosophie bei den Griechen. Die Vorsokratiker und ihre Voraussetzungen*. Tübinger Vorlesungen Bd. 1. Frankfurt a. M. 1978, S. 475.

[2]   Ebd. S. 476.

[3]   Ebd. S. 489.

jene Bedingungen, die Schadewaldt in bezug auf eine angemessene Annäherung an das Phänomen der Sprache für unerläßlich erachtete. Schadewaldt unterschied sich wohltuend von unseren heutigen sprachphilosophischen Besserwissern, für die Denken sich auf Sprache reduziert, entgegen allen modernen Befunden der Neurophysiologie und Neuropsychologie, wonach unser innerer Erlebnisstrom vielschichtig ist, aus Bildern, Worten und Gefühlen besteht, und sein Aggregatzustand vage und flüchtig ist, ein Zustand, der mit „Sprache" nur ganz ungenügend beschrieben ist. Trotzdem hält die sprachanalytische Philosophie von heute weiterhin stur an ihrem antiquierten sprachlichen Paradigma des Denkens fest, stellt sich blind gegenüber dem Fortschritt der Forschung und bleibt unbelehrbar wie eine Weltanschauung. Da kann man nichts machen. Argumente sind zwecklos. In solchen Fällen einer Irrlehre hilft, wie wir aus der Wissenschaftsgeschichte wissen, nur eins: abwarten und Tee trinken, bis die Vertreter der Irrlehre ausgestorben sind.

Die traditionsbildende Macht, die das Griechentum ausgeübt hat, erklärte Schadewaldt aus dem Modellcharakter der griechischen Lebensauffassung, der im Laufe der Jahrhunderte mehr und mehr an die Stelle des Vorbildcharakters der Kultur der Griechen gerückt sei, welcher in vergangenen Zeiten das Kulturbewußtsein in der Neuzeit lange bestimmt habe. Denn soweit die Tradition Europas die griechische ist, sei diese nicht einfach Rezeption, sondern Vergegenwärtigung, deren Prinzip wohl am zutreffendsten Goethe am 4. November 1823 in einer von dem Kanzler von Müller mitgeteilten Unterhaltung ausgesprochen habe in der Bemerkung: „Es gibt kein Vergangenes, das man zurücksehnen dürfte, es gibt nur ein ewig Neues, das sich aus den erweiterten Elementen des Vergangenen gestaltet"[1]. Dieser von Goethe gelebte

---

[1] Ebd. S. 625.

Glaube an das „ewig Neue aus den erweiterten Elementen des Vergangenen" war die eigentliche Kraftquelle des Altphilologen, Literaturwissenschaftlers und großen Humanisten Wolfgang Schadewaldt, seines Glanzes als Persönlichkeit und der an jedem neuen Tag neuen Frische, die von seiner Erscheinung ausging und für alle spürbar war, die ihn erlebt haben, eine geprägte Form, die sich in einem reichen Leben bis zu ihrer Vollendung, bis zur Entelechie, entwickeln konnte, eine Gestalt, die unvergessen bleiben und im Reich des Geistes zu den Großen ihres Jahrhunderts zählen wird.

Gerhard Ebeling und die Sprache des Mythos

Nicht nur die Klassische Philologie, auch die Evangelische Theologie bot mir in Tübingen gute Gelegenheit, meine Marburger Anfänge fortzuführen. Bei den beiden Bultmannschülern Gerhard Ebeling und Ernst Fuchs bot sich die Gelegenheit, meine Studien zum Thema der Entmythologisierung des Neuen Testamentes zu komplettieren. Ich besuchte ein von den beiden gemeinsam geleitetes zweisemestriges Seminar über Martin Luthers Auslegung des *Römerbriefes*, in dem nicht nur die Bultmannsche Fragestellung ausführlich erörtert wurde, sondern ich auch beobachten konnte, wie die Weiterentwicklung der Theologie Bultmanns bei seinen unmittelbaren Schülern aussah. Die ganze Entmythologisierungsdebatte war ja ausgelöst worden durch einen von Bultmann im Jahre 1941 veröffentlichten Aufsatz. Bultmann hatte in diesem Aufsatz auf ein Problem aufmerksam gemacht, das darin besteht, daß die Aussageform im Neuen Testament an Vorstellungen und Begriffe der Umwelt der Abfassungszeit der neutestamentlichen Schriften gebunden ist, aber der Gegenstand unseres Glaubens heute nicht diese zur Entstehungszeit der neutestamentlichen Schriften relative Aussageform ist, sondern die Botschaft, das Kerygma, das in diesen zeitbedingten Vorstellungen und Begriffen nur transportiert wird. Diese Diskrepanz zwischen der zeitbedingten Form und dem übergeschichtlichen Inhalt war das eigentliche Problem, um das der Streit ging. Er war heftig, und das Problem ist bis heute nicht gelöst. Wo sollte da im einzelnen die Grenze gezogen werden? Wo begann und wo endete die Sprache des Mythos, wo war die zeitgeschichtlich bedingte Form von dem harten Kern der Botschaft Jesu zu unterscheiden? Ist Jesus Christus nun leibhaftig auferstanden von den Toten oder heißt die eigentliche Botschaft: ist Jesus Christus in m i r auferstanden, in m e i n e m Denken und Handeln? Und wie kann ein solch verändertes Verständnis des Ostergeschehens – und das ist nur ein einziges Beispiel von der Palette der Probleme – in der gottesdienstlichen Verkündigung von der Kanzel herab den Gemeindemitgliedern, die ja im allgemeinen keine Theologiestudenten sind, überhaupt mitgeteilt und vermittelt werden? Und wird in der ganzen Debatte der Begriff des Mythos angemessen verstanden? Und inwieweit ist der Mythos überhaupt möglicherweise ein integraler, unauflösbarer Bestandteil von Religion schlechthin? Fragen über Fragen, die weltweit, nicht nur innerhalb des Christentums, für beträchtliche Aufregung sorgten, die in einem auffälligen und bemerkenswerten Kontrast zu der Ruhe und Gelassenheit stand, die von dem Menschen und Christen Rudolf Bultmann ausging, wenn er beispielsweise nach dem Gottesdienst in der Elisabethkirche mit dem Kollektenteller in der Hand an der Kirchentüre wie ein einfacher Kirchendiener um eine milde Gabe bat. Wer ihn nicht kannte, hätte in diesem kleinen Mann an der Türe niemals den großen kirchlichen Unruhestifter und theologischen Beweger jener Jahre vermutet. Das von Bultmann für unsere Zeit formulierte Problem wird die christlichen Kirchen weiter begleiten, es besteht im Grunde seit der Zeit der europäischen Aufklärung, Bultmann hat es nur für die wissenschaftlich-technische Welt der Moderne zugespitzt.

Gerhard Ebeling, der später als Systematischer Theologe in Zürich lehrte, einer der profiliertesten evangelischen Theologen der zweiten Hälfte des Zwanzigsten Jahrhunderts, sollte zwei Jahre nach meinem Besuch seines Seminars, das er zusammen mit Ernst Fuchs abhielt, Mitprüfer im Rigorosum meiner philosophischen Promotion 1953 sein. Mein drittes Fach in der mündlichen Prüfung war Kirchengeschichte, und ich hatte Ebeling gebeten, die Prüfung zu übernehmen. Meine Prüfung bei ihm war keine Prüfung im üblichen Sinne des Wortes. Mit der Noblesse eines Mannes, der über dem universitären Alltag stand, führte er mit mir ein Gespräch über die Theologie der griechischen Kirchenväter und über die Theologie und Philosophie der Byzantiner. Nach einer halben Stunde beendete er das Gespräch mit der Frage: „Wissen Sie eigentlich, was gestern in der DDR passiert ist? Wahrscheinlich nicht, weil Sie ganz mit der Vorbereitung Ihres Rigorosums beschäftigt waren. Gestern war ein Arbeiter-Aufstand in der DDR, zweifellos ein folgenreiches historisches Ereignis." ‚Gestern' war der 17. Juni 1953.

Einem anderen Tübinger Theologieprofessor, bei dem ich eine interessante Vorlesung über die Geschichte der neueren Theologie von Schleiermacher bis zur Gegenwart hörte, begegnete ich später in Hamburg wieder: Helmut Thielicke. Thielicke, von den Nazis 1940 als Professor in Heidelberg abgesetzt und mit Redeverbot belegt, war von 1945 bis 1954 in Tübingen, wo er ab 1951 Rektor der Universität war, bis er 1954 einem Ruf nach Hamburg folgte, wo wir uns Ende der sechziger Jahre inmitten studentischer Tumulte in einem Hörsaal plötzlich erkannten, als wir lauthals unsere abweichende Meinung artikulierten. Wir hatten die gleiche Meinung über dieses politisch lancierte Studententheater.

Am 30. Januar 1952 feierten wir den fünfzigsten Geburtstag von Gerhard Krüger in Tübingen, zu dem im Namen des Schülerkreises von Krüger Richard Schaeffler und ich eingeladen hatten. Freunde von Krüger hielten Vorträge in der Universität und anschließend trafen wir uns in Krügers Wohnung in der Neckarhalde 17. Bei dieser Gelegenheit begegnete ich zum ersten Mal dem damals zweiundfünfzigjährigen Hans-Georg Gadamer. Er erkundigte sich, woran ich arbeitete. Das einzige, was ich zu jenem Zeitpunkt über Gadamer wußte, war eine Anekdote, daß er nämlich als Student in Marburg ob seines unjugendlichen Erscheinungsbildes von seinen Kommilitonen „der Geheimrat" genannt wurde. Daran mußte ich denken, als er da in der Wohnung Krügers mit dem Sektglas in der Hand leicht nach vorne gebeugt, auf seinen Stock gestützt, vor mir stand. Er war damals noch nicht prominent, was man so dafür hält, und wurde hinsichtlich seines philosophischen Ranges deutlich hinter Gerhard Krüger und Karl Löwith gehandelt. Das sollte sich noch ändern. Gadamer und ich verstanden uns spontan sehr gut, und so blieb es bis zu Gadamers Tod fünfzig Jahre später. Schon einige Jahre nach jener Begegnung 1952 in Tübingen bot er mir seine Hilfe an, als es um die Festschrift zum sechzigsten Geburtstag von Gerhard Krüger ging. Ich hatte in dieser Sache die Initiative ergriffen und mich an ihn gewandt. Er stellte für mich die Verbindung zu Vittorio Klostermann Senior her, den ich durch ihn kennenlernte. Auf der Feier an Krügers fünfzigstem Geburtstag im Januar 1952 indes ahnte niemand, daß noch am Ende desselben Jahres Gerhard Krüger schwer erkrankte und als Folge dieser Erkrankung sein philosophisches Lehramt aufgeben mußte. Es sollte eine Geburtstagsfeier sein, und so verstanden wir alle unser Zusammensein. Die Wahrheit dieser Feier war eine andere. Es war eine Abschiedsfeier.

MIT DEM DOKTORVATER NACH FRANKFURT

Max Horkheimer und die Ungleichzeitigkeit von Verhältnissen

Noch vor seinem Geburtstag, schon Anfang Januar 1952, hatte mir Krüger mitgeteilt, daß er einen Ruf an die Universität Frankfurt annehmen werde. Krüger bot mir an, als sein Assistent mit nach Frankfurt zu gehen. Ich nahm das Angebot an und zog im April nach Frankfurt, wo ich ein Zimmer am Opernplatz fand, ein Untermieterzimmer, versteht sich, denn Apartments für Singles gab es noch nicht in dieser Zeit, in der sich noch in den Straßen der Trümmerschutt aus Bombennächten des Zweiten Weltkrieges türmte. Von meinem Zimmer konnte ich direkt auf die Alte Frankfurter Oper blicken, die sich mir freilich nur als Ruine präsentierte. Die Fassade stand noch, und innerhalb der Ruine wuchsen Bäume und Sträucher. Von Nachtschwärmern, die vorbeikamen, wurde sie gern als öffentliche Toilette benutzt. Es sollte bekanntlich noch Jahrzehnte dauern, bis die im Krieg zerstörte alte Oper nach langen parlamentarischen Kämpfen durch eine Initiative Frankfurter Bürger und ihres Bürgermeisters Wallmann wieder aufgebaut wurde und in neuem Glanz erstrahlte.

Frankfurt am Main im Frühjahr 1952. Das war das Frankfurt des Bürgermeisters Kolb, eine Stadt mitten im Wiederaufbau, äußerlich stark geprägt durch den Einfluß, den die amerikanische Besatzungsmacht dauerhaft und bis heute spürbar und sichtbar hinterließ. Es war eine Atmosphäre, die ich sehr mochte, die wohl meinem Naturell entsprach, und außerdem hatte ich das Ende des Krieges und der Diktatur in Hessen, in Bad Wildungen, erlebt und die Luft der neuen Freiheit hier geatmet. Zu meinem Glück lernte ich schon in den ersten Wochen eine ortskundige, aus Offenbach stammende Studentin der Kunstgeschichte kennen, die mich mit einigen kulturellen Highlights der Stadt bekannt machte. Kunst hatte mich, ich muß es gestehen, bis dahin noch nicht wirklich interessiert. Ich glaube, daß mein calvinistisches Elternhaus nicht ganz unschuldig daran war. Jedenfalls wäre ich ohne diese Studentin als Kunstführerin wohl kaum so bald auf die Idee gekommen, mir Frankfurt auf den Spuren der Kunstgeschichte anzusehen. Bei unserem gemeinsamen Besuch des Städelschen Museums führte sie mich zuallererst und im Geschwindschritt vor die Römische Kopie (1. Jahrhundert n. Chr.) der Athena des Myron (5. Jahrhundert v. Chr.), die heute im Museum alter Plastik im Liebieghaus steht. Die photographische Abbildung dieser Skulptur ziert die Vorder- und Rückseite des Umschlages eines meiner Bücher. Die Leichtigkeit, Eleganz und Würde der Erscheinung dieser Athena zogen mich in ihren Bann und fesseln mich bis heute. Jedesmal, so oft ich nach Frankfurt komme, statte ich ihr einen Besuch ab. Soviel Zeit muß sein für die Ewigkeit des Schönen.

Wir besuchten auch das eben erst wieder aufgebaute Goethe-Haus am Hirschgraben sowie den Frankfurter Dom, dessen Wiederaufbau gerade erst begonnen hatte. Dies sind mir lebendige Erinnerungen geblieben. Frankfurt glich damals einer großen Kleinstadt. Mag sein, daß etwas davon bis heute erhalten blieb. Trotzdem kann niemand leugnen, daß mit der Weltmetropole des Frankfurt von heute sich vieles gegenüber früher in und um Frankfurt verändert hat, was nicht ausschließt – und das macht ja ihre Liebenswürdigkeit und ihren Charme aus –, daß man plötzlich vor einem Platz, einer Ecke oder einer Straße steht, wo sich gegenüber früher so gut wie nichts geändert hat. Was sich zum Beispiel geändert hat, ist, daß man heutzutage die ganze Nacht hindurch auf den Straßen Frankfurts ein Taxi bekommen kann. Das war zu meiner Zeit nicht der Fall. Wenn ich gelegentlich nachts um zwei Uhr die Wohnung meiner Freundin im Westend verließ, um zu meiner späteren Wohnung zu gelangen, mußte ich durch die ganze Stadt zu Fuß nach Sachsenhausen marschieren. Nach ein Uhr nachts fuhren keine Taxen mehr. Sogar die Innenstadt war um diese Zeit fast menschenleer, auch die Kaiserstraße. Man kann sich das heute kaum vorstellen. Natürlich hatte keiner von uns ein Auto, noch nicht einmal ein Fahrrad. Andere Zeiten. Aber man hatte immer ein Bewußtsein davon, wo man sich bewegte. Die große, traditionsreiche Vergangenheit der Stadt flößte Respekt ein, bei aller äußeren Zerstörung durch den Krieg. Sie war für uns die Stadt der Kaiserkrönungen, die Stadt der Rothschilds, der Bethmanns, die Stadt Goethes, Hegels, Hölderlins und Schopenhauers und nicht zuletzt die Stadt des Paulskirchenparlaments von 1848.

Max Horkheimer gab zu Ehren von Gerhard Krüger nach dessen Amtsantritt in Frankfurt im Sommersemester 1952 einen Empfang im Festsaal der Universität, ein glanzvolles Ereignis, an dem nur einer teilzunehmen verhindert war: Theodor W. Adorno, der 1952 wegen seiner Visumspflicht als amerikanischer Staatsbürger ein ganzes Jahr sich in den Staaten aufhalten mußte.

Max Horkheimer wirkte auf mich bei unserer ersten Begegnung wie der Direktor einer Privatbank oder wie ein Industrieller, der sich durch einen mir damals noch nicht erklärlichen Zufall in die Philosophie verirrt hatte. Er trug eine dicke amerikanische Hornbrille nach einem Baumuster, das es hierzulande zu der Zeit noch gar nicht gab. Solches Design war hier noch unbekannt. Seine Anzüge waren dreiteilige Maßanzüge, wie ich sie selbst von meinem modebewußten Vater her nicht kannte, dazu trug er meist Wildlederschuhe. Er war groß gewachsen und ging oder stand leicht gebeugt. Sein ganzes Erscheinungsbild signalisierte jedem sofort: ich bin keiner von diesen deutschen Durchschnittsprofessoren da, von denen ich umgeben bin, ich bin von anderer Art. Und das war er auch, weiß Gott.

Als ich ihn kennenlernte, war er siebenundfünfzig Jahre alt und erst zwei Jahre zuvor aus der Emigration nach Frankfurt zurückgekehrt. Er war der Begründer der neomarxistisch konzipierten Kritischen Theorie und das Schulhaupt der Frankfurter Schule. Der institutionelle Rahmen war das ‚Institut für Sozialforschung‘, das der Universität Frankfurt assoziiert war und dessen Leiter er 1930 wurde, nachdem er kurz vorher zum Professor für Sozialphilosophie berufen worden war. Sein akademischer Lehrer der Philosophie war der Neukantianer Hans Cornelius, der ihn 1922 promovierte und 1925 mit einer Arbeit über Kant habilitierte. Cornelius bot ihm eine Assistentenstelle an, „die ich annehmen mußte, denn von irgendwas muß man ja leben", wie er mir einmal erzählte. Er stammte aus einem wohlhabenden jüdischen Elternhaus, sein Vater war Textilfabrikant im Württembergischen gewesen, ein orthodoxer Jude, der es seinem Sohn Max sehr verübelte, als der seine, des Vaters Sekretärin heiratete, die außerdem sieben Jahre älter war als sein Sohn Max und dazu auch noch eine Christin. „Weil mir daraufhin mein Vater seine finanzielle Unterstützung entzog, sah ich mich genötigt, bei Cornelius Assistent zu werden." Es kam hinzu, daß Vater Horkheimer seinen Max als Nachfolger in seiner Firma vorgesehen hatte. Tatsächlich hatte er im väterlichen Unternehmen eine Lehrlingszeit absolviert, so wie Schopenhauer vor seinem Studium. Offensichtlich war Max Horkheimer aber damals noch der jugendlichen Ansicht, man könne die Welt besser verändern als Philosoph denn als Textilfabrikant. Am Ende seines Lebens schien er sich dessen wohl nicht mehr so sicher zu sein.

Max Horkheimers früher sozialkritischer Moralismus verwandelte sich schon unter den Weimarer Verhältnissen mehr und mehr in eine theoretisch begründete Gesellschaftskritik unter Einbeziehung von Ökonomie, Soziologie und Psychologie, für deren verschiedene Arbeitsgebiete kompetente Mitarbeiter an das Institut gezogen wurden, wie Erich Fromm, Leo Löwenthal, Herbert Marcuse und andere, die ihre Beiträge in der ab 1932 erscheinenden *Zeitschrift für Sozialforschung* publizierten. Horkheimer emigrierte 1933 über Amsterdam nach Genf und 1934 nach New York, wohin das Institut für Sozialforschung verlegt wurde.

Der wichtigste systematische Beitrag Horkheimers zum Programm der Kritischen Theorie ist sein 1937 veröffentlichter Aufsatz *Traditionelle und kritische Theorie*, in dem auch die Bezeichnung ‚Kritische Theorie‘ zum ersten Mal verwendet wird. Die wesentliche Differenz besteht darin, daß die traditionelle Theorie mit ihren Wurzeln bei Descartes am Vorbild der Naturwissenschaften orientiert und auf technische Verwertbarkeit hin angelegt ist, im Unterschied dazu die Kritische Theorie die historische und gesellschaftliche Bedingtheit und Vermitteltheit ihrer Gegenstände untersucht. Als das Modell der Kritischen Theorie soll die Marxsche Theorie gelten, die nicht nur danach fragt, was ist und sich mit der herrschenden Gesellschaft identifiziert, vielmehr eine Veränderung der Verhältnisse im Sinne vernünftiger Zustände zum Ziel hat, allerdings von Marx abweichend in der Auffassung, daß die progressive politische Rolle nicht dem Proletariat zukommt.

Zu Beginn des Zweiten Weltkrieges wird die innere Kohärenz des Institutes schwächer. Die Zusammenarbeit und der Zusammenhalt leiden unter den äußeren Bedingungen der Zeit. 1941 wird das Institut nach Los Angeles verlegt, wo Horkheimer und einige Mitarbeiter ihren Wohnsitz nahmen. Hier verfaßt Horkheimer zusammen mit Adorno zwischen 1942 und 1944 das Werk, welches das Hauptwerk der Kritischen Theorie bleiben sollte, das bereits erwähnte Buch, das 1947 unter dem Titel *Dialektik der Aufklärung* in Amsterdam im Querido-Verlag erscheint. Das Buch ist die Geschichte einer gescheiterten Emanzipation, die in der Mitte des 20. Jahrhunderts erzählt wurde, als die Befreiungshoffnungen der Linken an ihr Ende gekommen waren. Dieses Werk markiert einen Wendepunkt in der Entfaltung der Kritischen Theorie, die bis dahin getragen wurde von der Hoffnung auf eine kontinuierliche Entwicklung der aufklärerischen Grundimpulse der Marxschen Theorie. Dieser Optimismus ist jetzt verflogen unter dem Eindruck der Barbarei des Hitlerismus und Stalinismus und ist einer zwiefachen Entmythologisierung gewichen, das heißt der höheren Einsicht, daß die im Zeichen der Entmythologisierung angetretene europäische Aufklärung das Opfer einer neuen Mythisierung geworden ist, insofern das Programm der Aufklärung, die Entzauberung der Welt, in das Gegenteil ihrer selbst umschlägt, weil das Programm totaler Naturbeherrschung und totaler technischer Rationalität selbst ein mythischer Zauber ist, der die Moderne in ihren Bann geschlagen hat. Der Absolutheitsanspruch des Prinzips totaler, blinder Herrschaft führt zur Absolutsetzung der technischen, instrumentell gewordenen Rationalität in allen Lebensbereichen bis hin zur Freizeitindustrie und technisch-industriellen Verwaltung der Intimsphäre. Vorlesungen von Horkheimer von 1944, die unter dem Titel *Eclipse of Reason* veröffentlicht wurden, später auf Deutsch unter dem Titel *Kritik der instrumentellen Vernunft*, vertiefen diesen Ansatz noch.

Als Horkheimer 1950 aus der Emigration nach Frankfurt zurückkehrte und dort das ‚Institut für Sozialforschung‘ neu errichtete, um seine Arbeit im Nachkriegsdeutschland fortzusetzen, verstanden wir Jüngeren am Frankfurter Philosophischen Seminar die Thematik der Dialektik der Aufklärung überhaupt nicht, denn inmitten der deutschen Trümmerlandschaft in der Nachkriegszeit ging es um die Sicherung der Befriedigung elementarer vitaler Grundbedürfnisse der Menschen. Das Phänomen eines möglichen Umschlags von aufgeklärtem Leben in sein Gegenteil lag völlig außerhalb des Erlebnishorizontes der Menschen hierzulande und wurde überhaupt allererst Anfang der sechziger Jahre als eine Folgeerscheinung des deutschen Wirtschaftswunders in ersten Spuren von besonders sensiblen Geistern wahrgenommen, vor allem und zuerst von einigen wenigen kulturkritischen Journalisten, denen es materiell besser ging als den meisten, und die unter dem kritisch sein sollenden Stichwort ‚Konsumrausch' den Bewohnern von Trizonesien (so nannte man damals scherzhaft in den Kabaretts die Vereinigung der drei westlichen Besatzungszonen zur alten Bundesrepublik) das erste bißchen Wohlleben nach dem Krieg sofort oberlehrerhaft madig zu machen versuchten, statt sich des neuen Säulenheiligen Bertolt Brecht besser zu erinnern als sie es taten: „Erst kommt das Fressen, dann kommt die Moral".

So ähnlich erging es den armen Bewohnern der DDR auch, als sie endlich vom Joch sozialistischer Planwirtschaft erlöst waren und nach Westdeutschland strebten, um sich mal in menschenwürdiger Manier richtig satt zu essen. Da hielt ein grüner bzw. sozialdemokratischer Politiker diesen Menschen aus der DDR öffentlich und vom Fernsehen übertragen eine Banane hin, um ihnen symbolhaft zu signalisieren, sie erstrebten ja nur deshalb die Wiedervereinigung Deutschlands, weil sie am westlichen Wohlstand partizipieren wollten. Dieser Sozialdemokrat seit 1990, vormals Grüner, Sohn eines Bergwerkdirektors, Anthroposoph und Privatschulabsolvent, sein Name ist Otto Schily, wurde daraufhin nicht etwa in der SPD zur *persona non grata*, sondern avancierte 1994 zum stellvertretenden Vorsitzenden der SPD-Fraktion und 1998 zum Bundesminister des Inneren im Kabinett

Schröder, eben derselbe Schily, der von 1972 bis 1975 zusammen mit Hans-Christian Ströbele Verteidiger des RAF-Gründers Andreas Baader war. Von solchen Zuständen waren wir 1952 in Frankfurt im Umfeld Horkheimers noch sehr weit entfernt, und deshalb verstanden wir auch die Thematik der *Dialektik der Aufklärung* nicht. Uns hatte der ,Ekel' am bürgerlichen Wohlleben noch nicht erfaßt, der die Voraussetzung dafür ist, daß man die Dialektik der Aufklärung in der Realität wiedererkennen kann. Denn das Sein bestimmt ja angeblich das Bewußtsein. Wir hatten damals noch einen gewaltigen Nachholbedarf an Wohlleben. Insoweit waren wir dem Wissens- und Informationsvorsprung, womit Horkheimer und Adorno aus den USA nach Frankfurt zurückkamen, schlechterdings nicht gewachsen. Als wir schließlich ihren Vorsprung aufgeholt hatten, waren sie mit ihrem Latein am Ende.

Ich erinnere mich noch genau daran, was ich dachte, als ich das Buch der beiden 1952 zum ersten Mal las: diese Sorgen möchten wir hier auch mal haben, daß uns das aufgeklärte Leben in diese Gegenteile umschlägt! Aber endlich erkannte auch ich die Bedeutung des Buches und der Formel von der Dialektik der Aufklärung. Schließlich konnten seine Autoren ja nichts dafür, daß wir hier in Deutschland in einem Erkenntnisrückstand lebten. Das Buch hatte zweifellos sein Schicksal. Es ist ein gutes Beispiel für eine zeitversetzte Erlebnisfähigkeit, die bedingt ist durch den Zeitunterschied auftretender geschichtlich-zivilisatorischer Phänomene. Bleibt festzuhalten, daß auch Horkheimer eine Antwort auf das von ihm selbst aufgesteckte Problem nicht gefunden hat und zum Schluß seine resignative Zuflucht in pessimistischer Rückwendung zu Schopenhauer und zuletzt bei einem religiösen Motiv suchte: bei der „Sehnsucht nach dem ganz Anderen". Aber wer sehnt sich danach in seinem Leben nicht?

Daß die Studenten von 1968 mit dieser Antwort nicht zufrieden waren, kann man verstehen. Wir wollen doch nicht vergessen, welche Auffassungen die Vertreter der Kritischen Theorie den jungen Menschen jahrelang eingebleut und welche Hoffnungen sie ihnen gemacht hatten, indem man sie für die „Veränderung der Verhältnisse" intellektuell und emotional „neomarxistisch" (wie auch immer) zugerüstet und wohldosiert präpariert hatte. Als ob Leute wie Horkheimer, Adorno und andere ‚kritische Theoretiker' sich nicht auch auf die Kunst der Verführung verstanden hätten? Und plötzlich hieß es „April, April – wir haben das alles gar nicht so gemeint", als plötzlich Steine gegen Sachen und ‚verdinglichte' Polizisten flogen, wobei auch der Nichtstudent und abiturlose, aber als Steinewerfer gleichwohl aktive, von einigen als politisches Naturgenie bewunderte spätere Außenminister der Bundesrepublik Deutschland, Joseph (genannt Joschka) Fischer, mit von der Partie war. Da zog sich Horkheimer pikiert in sein Haus in Montagnola in der Schweiz zurück. Adorno aber verlor vollends seine schwachen Nerven und flüchtete vor barbusigen Studentinnen aus seinem Hörsaal, als ob diese mit dem Vorsatz auf ihn zugegangen wären, ihn, den alten Mann, zu vergewaltigen, ihn, der zwar immer den großen Schürzenjäger gemimt hatte, aber in Wirklichkeit doch nur einer von der ganz harmlosen Sorte war. Er war ein biederer Bürger, wie andere auch, aber als genau das wollte er *partout* nicht erscheinen. Das machte ihn in dieser Situation zu einer tragischen und zugleich lächerlichen Figur. Am Ende rief er nach der Polizei.

„Herr Oehler, warum hassen mich die Menschen so? Sagen Sie mir das doch mal. Was habe ich nicht alles für sie getan, und je mehr man ihnen Gutes tut, um so mehr hassen sie einen." Mit diesen Worten, die sich mir eingeprägt haben, wandte sich Horkheimer einmal an mich, als ich ihm irgendwann eines Morgens 1953 Akten in seine Wohnung brachte und zur Unterschrift vorlegte. Nachdem mir eine Hausange-stellte mit Häubchen und weißer Schürze geöffnet und mich in ein Empfangszimmer geführt hatte, erschien er nach einigen Minuten und stand vor mir in seinem Bademantel und mit einem Handtuch als Schal um den Hals. Er war offensichtlich gerade aufgestanden und wollte ins Bad.

Er war damals Rektor der Universität Frankfurt, von 1951 bis 1953. Es fiel mir nicht schwer, ihm auf seine Frage zu antworten, denn ich hatte über das Phänomen Horkheimer schon oft nachgedacht. Was ich ihm antwortete, war nichts anderes als das Ergebnis meiner Überlegungen: „Ich wundere mich, offen gestanden, daß Sie das wun-dert. Haben Sie niemals bemerkt, wie die deutschen Professoren, die alle in der Nazizeit entweder aktiv mitgemacht oder zumindest Mit-läufer des Regimes waren, vor Ihnen stehen, wenn Sie mit ihnen re-den? Sie stehen vor Ihnen wie Schuljungen mit einem schlechten Ge-wissen vor ihrem Lehrer. Sie, Herr Horkheimer, gehören zu den Ver-folgten des Naziregimes, zu den Opfern, Sie kommen aus dem Exil. Das bedeutet doch, daß Sie heute hierzulande zu den Privilegierten gehören, zu denen, denen heute Deutschland praktisch gehört. Sie schüchtern die Leute, auch wenn Sie das nicht wollen, schon alleine durch ihr bloßes Sein ein. Die haben ganz schlicht Angst vor Ihnen, und wovor man Angst hat, das liebt man nicht. Außerdem sind Ihr großbürgerliches Auftreten und Ihr Lebensstil den meisten Menschen Ihres hiesigen Umfeldes fremd. Wir haben nicht mehr in Frankfurt die gesellschaftlichen Verhältnisse, die Ihnen aus den zwanziger und frü-hen dreißiger Jahren vertraut sind. Ihre weltbürgerliche Erscheinung irritiert die Leute, von denen viele noch niemals im Ausland waren, außer als Hitlers Soldaten. Deshalb ist Ihre Aura den Leuten unheimlich. Übrigens mir nicht. Ich würde es genauso machen wie Sie, wenn ich Sie wäre." Bei dem zuletzt Gesagten lachte ich ihm offen ins Gesicht. Er erwiderte mein Lachen keineswegs, wie ich gehofft hatte. Er machte ein sehr ernstes, nachdenkliches Gesicht und blickte mich durch seine dicke Brille mit großen Augen eine ganze Weile schweigend an. Dann sagte er zu mir: „So wie Sie hat mir das noch keiner gesagt. Ich danke Ihnen sehr." Seitdem hatte ich sein Ohr, und es kam gelegentlich vor, daß er mich durch seine Sekretärin zu einem Gespräch zu sich bitten ließ.

Es war in den ersten Jahren nach ihrer Rückkehr aus der Emigration nicht zu übersehen, daß beide, Horkheimer und Adorno, sich ihrer Sache noch keineswegs sicher waren und Zweifel hatten, ob die Rückkehr nach Deutschland richtig war. Auch untereinander war die Beziehung zwischen den beiden Männern nicht völlig frei von Spannungen und Irritationen. „Wie oft habe ich Dir schon gesagt, wie man mit Menschen umgeht. Warum tust Du das nicht? Du siehst doch, wo Du dich hinbringst." Diese Sätze, an Adorno gerichtet, mußte ich als unfreiwilliger Zeuge mitanhören, als ich einen Termin bei Horkheimer hatte. Er war offen wütend, was äußerst selten vorkam. Meistens waren seine Aufregungen nur gespielt und vorgetäuscht, während er dann die Reaktionen der anderen beobachtete.

Auch konnte nie ein Zweifel darüber aufkommen, wer von den beiden das Sagen hatte, jedenfalls in administrativen Dingen, wahrscheinlich auch oft darüber hinaus. Wir wunderten uns alle sehr, wieviel sich Adorno von Horkheimer gefallen ließ, und manchmal war ich innerlich empört darüber, wie weit Horkheimer auch in Anwesenheit anderer in dieser Beziehung ging. Bei Adorno, so mein Eindruck, schien eine tiefempfundene Dankbarkeit gegenüber Horkheimer im Spiel zu sein. Aber es war wohl noch sehr viel mehr. Vielleicht hatte

Adorno irgendwann in seinem Leben begriffen, daß er von Macht, Machtverhältnissen und Ausübung von Macht nichts verstand und daß er ohne den Schutz, den Horkheimer in klarer Erkenntnis von Adornos Schutzbedürfnis diesem bot, in dem Überlebenskampf schlechte Karten hatte. Es gab genug Beispiele für Adornos praktische Weltfremdheit und Ungeschicklichkeit, gerade in der Emigration, besonders in Amerika. Man könnte es vielleicht auch seinen Willen zur Unangepaßtheit *in praxi* nennen; für die Folgen kam dann Max auf.

Viele Jahre später gab in einem Leserbrief der ‚Frankfurter Allgemeinen Zeitung‘ vom 25.1.1990, Nr. 221, Seite 8, unter der Überschrift „Adornos und Horkheimers besondere Rolle", worin es um die 1963 angeblich hintertriebene Berufung von Golo Mann an die Frankfurter Universtät geht, der frühere Mitarbeiter am Frankfurter Institut für Sozialforschung, Friedrich H. Tenbruck, später Professor für Soziologie in Tübingen, im Rahmen seiner Schilderung der damaligen Situation der Frankfurter Verhältnisse die folgende Darstellung, die nach meiner Kenntnis und nach meinem Urteil eine der zutreffendsten ist: „So fiel Horkheimer und Adorno in der Universität, jedenfalls in ihrer Fakultät, eine außerordentliche Macht zu, mit eigenen Aufgaben und Zwängen. Von ihrem Wort und Willen hing es oft ab, ob ein brauner Fleck im Lebenslauf und Schriftenverzeichnis übergangen, erwähnt, vergrößert, verbreitet und veröffentlicht, ob er allererst gesucht und konstruiert oder vorläufig begraben, aber allfällig in petto gehalten wurde, so daß mancher, um nicht aufzufallen, zu vielem schwieg, ja sich hartnäckig das Gerücht hielt, einige hätten ihre Berufung wohl gar einem solchen Fleck zu verdanken. Anders lag es für die Studenten, die sich mit der Erbschuld beladen fanden, Deutscher zu sein, wozu ihre Politiker lieber betreten schwiegen. So suchten sie am Institut für Sozialforschung Aufklärung über die Katastrophe und

Sicherung gegen Wiederholung, fanden sich aber bald zu Wissenden ernannt, von autoritärer Erbsünde erlöst und schließlich zu Mitwächtern berufen. Immer neue Generationen haben hier Absolution von der Schuld, ein Deutscher zu sein, gesucht, die Befreiung von Selbstvorwürfen und die Sicherung gegen Fremdanklagen, die ohne Beichte durch Bekenntnis zur Schule und Gemeinde zu erlangen waren. Von hier trieben die Dinge aus eigenem Zwang weiter zum Dauergestus des durch Anklage, Verdächtigung und Denunziation nachzuholenden Widerstandes, verselbstständigten sich dabei und kehrten sich schließlich sogar gegen ihre Urheber."

Als die beiden Kultfiguren Horkheimer und Adorno im Heilsmechanismus der Studenten schließlich ausfielen, richtete sich das Heilserwarten auf Habermas, den in der Frankfurter Hierarchie legitimen Erben, der der nun auf ihn konzentrierten, eschatologischen Erlösungshoffnung irgendwie entsprechen mußte, wie, das war seine Sache. Jedenfalls erwartete man von ihm die durch Horkheimer und Adorno nicht erfolgte Einlösung der Versprechen. Der Rest ist Geschichte. Nur innerhalb dieser liturgischen Aura rationaler Irrationalität der sozialistischen Verheißung wird das Phänomen Habermas inmitten der sich nach Erlösung, nach dem Messias sehnenden deutschen Gesellschaft verständlich. Wenn nicht Albert Schweitzer, Carl Friedrich von Weizsäcker, Horkheimer oder Adorno, dann eben Habermas. Die deutschen Intellektuellen wollen glauben, und sie wollen lieber an das Nichts glauben als nicht zu glauben. Nietzsche ist der einzige, der sie wirklich erkannt hat in dem, was sie ihrem Wesen nach sind. Auch die Philosophie ist ihnen nicht wirklich das, was Philosophie ist. Sie ist ihnen nur Religionsersatz, unter welchen Namen auch immer, ob unter dem der Sprache, des transzendentalen

Apriori, der Kommunikationsgemeinschaft, der Volksgemeinschaft oder anderer momentaner Konjunkturen.

Die Auftritte des Theodor Wiesengrund Adorno

Adorno war wie Horkheimer von dem Philosophen Hans Cornelius promoviert worden, eben in der Zeit, als Horkheimer bei Cornelius Assistent war, mit einer Arbeit über ein Thema aus Husserls Phänomenologie, noch ganz in den Denkbahnen seines dem Neukantianismus verpflichteten Lehrers Cornelius, von dem er sich unter dem Einfluß von Walter Benjamin bald abwandte, wie die 1931 vorgelegte, von dem Philosophen und Theologen Paul Tillich angenommene Habilitationsschrift *Kierkegaards Konstruktion des Ästhetischen* erkennen läßt. Horkheimer fungierte als zweiter Gutachter. 1933 wurde Adorno von den Nazis die Lehrbefugnis entzogen. Auf Umwegen über England kam er 1938 in die USA, wo er zunächst als Mitarbeiter an einem Radioprojekt an der Princeton University tätig war, um die Wirkung von Musikprogrammen zu untersuchen. Wegen seiner mehr spekulativen Interpretationsweise kam es mit den empirisch-soziologisch verfahrenden Kollegen zu Konflikten, von denen Adorno schließlich durch die Einladung Horkheimers zur Mitarbeit an dem inzwischen von New York nach Los Angeles übergesiedelten ‚Institut für Sozialforschung' befreit wurde. So kam es ab 1941 zu jener Zusammenarbeit, deren bedeutendste Frucht das gemeinsam verfaßte Buch über die Dialektik der Aufklärung war, das die Begegnung und Erfahrung mit der amerikanischen Zivilisation zu einer umfassenden Kulturkritik der modernen Massengesellschaft unter den Prämissen der Kritischen Theorie verarbeitete. Das Fazit der Analyse des europäischen Aufklärungsprozesses lautet: Mythos am Anfang und am

Ende der sogenannten Aufklärung, von dem nur eine kritische Selbstaufklärung der Aufklärung die Menschheit erlösen kann. Dieses erst 1947 veröffentlichte Buch vereinigt wie in einem Brennpunkt die wichtigsten Motive auf Adornos weiterem Denkweg. Auch Adornos Aphorismensammlung *Minima Moralia. Reflexionen aus dem beschädigten Leben* wurzelt zutiefst in dem Erfahrungshorizont des Emigranten in Amerika, der als europäischer Intellektueller und alteuropäischer Bildungsbürger in dem teilweise absurden Neuen zugleich geschichtsphilosophisch das Unvermeidliche in tragischer Brechung erkennen mußte, wie komisch und paradox auch immer es sich dem kritischen europäischen Betrachter darstellt.

Minima Moralia war das erste Buch von Adorno, das ich sogleich las, als ich 1952 an das Philosophische Seminar in Frankfurt kam. Als er von seinem einjährigen Amerikaaufenthalt wieder zurück war, lernte ich ihn auch persönlich kennen. Eines Tages kam er mit einer Bitte ins Seminar, die ich wegen ihrer Unprofessionalität nicht vergessen habe. Er bat mich, wahrscheinlich im Zusammenhang der Vorbereitung seines Husserl-Buches von 1956, ich möge für ihn eine Liste mit sämtlichen Stellen bei Platon zusammenstellen, wo Platon das Wort ‚Idee' verwendete. Er benötige die Liste bis zur nächsten Woche. Auf meine Bemerkung hin, daß das griechische Äquivalent für unser Wort ‚Idee' bei Platon keineswegs immer mit unserem Wort ‚Idee' identisch sei und Platon den Begriff der Idee sprachlich auf verschiedene Weise zum Ausdruck bringe, fragte er mich allen Ernstes, wozu es denn Übersetzungen gebe. Ich sollte ihm bitte eine Liste mit der Angabe der Stellen anfertigen, wo das Wort ‚Idee' vorkomme. Als ich ihn fragte, welche Übersetzung der Platonischen Werke ich denn zugrundelegen solle, meinte er: „Irgendeine. So sehr können die Übersetzungen ja wohl nicht voneinander abweichen." Ich legte dann die Übersetzung von Schleiermacher zugrunde. Was aus meiner Liste, die ich ihm eine Woche später ablieferte, geworden ist, weiß ich nicht. Aber mir wurde an diesem Vorgang klar, daß Adorno überhaupt keine Affinität zu historischem Denken hatte, geschweige denn zu den Problemen der Textüberlieferung, der Begriffsgeschichte, der Semantik und der Übersetzung. Auch wenn es um Philosophie g e s c h i c h t e ging, dachte er nur in Abstraktionen und Strukturen. Er interpretierte Texte wie er Musik komponierte: in einem System von durch ihn fixierten Noten. Die anderen brauchten dann nur noch zuzuhören. Die Kombination von Naivität und Selbstgewißheit bei ihm war manchmal wie bei einem Kind. Seine Genialität und Nützlichkeit muß der schlaue Horkheimer sehr früh erkannt haben. Unsere Aufgabe bestand darin, Teddy zu bewundern und ihm zu applaudieren.

In Adornos Umfeld fiel mir ein Student auf, der mit einem unüberhörbar ostpreußischen Akzent sprach und einen ungewöhnlichen, originellen Sprechduktus hatte, – eine unter uns Gleichaltrigen auffällig reife Erscheinung. Er zeigte sich vor allem an Adornos musikästhetischen Theorien interessiert, und Adorno fühlte sich von ihm auf kongeniale Weise verstanden, was sonst nicht vorkam, weil Adorno dafür viel zu eitel war. Der Student war Joachim Kaiser, der spätere berühmte Musik- und Theaterkritiker.

Niemand von uns, die wir damals, Anfang der fünfziger Jahre, am Philosophischen Seminar der Frankfurter Universität tätig waren, ahnte auch nur im mindesten, daß die Kritische Theorie, die ihrem Ursprung und Kern nach eine neomarxistische Gesellschaftskritik war, fünfzehn Jahre später der Ideengeber einer gesellschaftskritischen Protestbewegung werden sollte, die die Jungakademiker massenhaft auf die Straße und vereinzelt in den Untergrund trieb und das gesellschaftliche und politische Klima der Nachkriegszeit in Deutschland beeinflußte. Schon vor Erscheinen von Adornos Hauptwerk *Negative Dialektik* 1966 waren für die Mehrheit der Studenten die Weichen der Kritischen Theorie längst in jene Richtung gestellt, die die Väter und Hohen Priester dieser Theorie dann nach den Ausbrüchen von Gewalt feige und heuchlerisch ein Mißverständnis und einen Mißbrauch ihrer Lehre nannten. Die Väter verleugneten ihre Kinder.

Was mir Anfang der fünfziger Jahre im persönlichen Umgang mit Horkheimer und Adorno merkwürdig und sonderbar erschien, war die Penetranz und Totalität, mit der nahezu alle Erscheinungen des gesellschaftlichen Lebens der eben erst aus der Taufe gehobenen jungen Bundesrepublik, in der sich viele Kräfte redlich und ehrlich bemühten, das Beste aus der schlimmen Situation zu machen, kritisiert, negiert, desavouiert, heruntergemacht oder ironisiert wurden, so daß kaum etwas Positives übrig blieb, aber gleichzeitig nie gesagt wurde, wie man es denn unter den gegebenen Umständen der Nachkriegszeit besser machen könnte. Ähnliche Kritik richtete sich auch gegen die Vereinigten Staaten von Amerika, die doch nun schließlich durch ihr militärisches Eingreifen und die Hilfslieferungen nach Rußland den Hitlerismus tatkräftig beendet, außerdem vielen Verfolgten eine Chance des Überlebens geboten hatten und durch den Marshallplan nach dem Krieg den Wiederaufbau Europas ermöglichten. Von all dem war nie die Rede. Gleichzeitig traten beide, Horkheimer und Adorno, so auf, als ob sie nur Zuschauer der deutschen Misere seien und sich gegebenenfalls ins nächste Flugzeug setzen würden, um dem selbstverschuldeten deutschen Elend den Rücken zu kehren, völlig unberührt von den unter schwierigsten materiellen Bedingungen vor sich gehenden außerordentlichen moralischen und praktischen Anstrengungen und Versuchen eines Wiederaufbaus.

Das alles waren Widersprüche, die ich mir damals, am Anfang der fünfziger Jahre, nicht erklären konnte. Wie sich zwanzig Jahre später offen zeigte, waren diese Widersprüche keine bloß subjektiven Eindrücke aufgrund meiner juvenilen Unerfahrenheit gewesen, sondern charakteristische Eigenschaften der Kritischen Theorie à la Horkheimer und Adorno. Der Zusammenstoß mit den Studenten konnte auf die Dauer gar nicht ausbleiben, und tatsächlich kam es ja dann auch im Zuge der Studentenbewegung zu dem Eklat mit den eigenen Schülern.

Was für mich bei Adorno von Anfang an besonders in die Erscheinung trat, war jene einmalige Mischung aus extraordinärem Scharfsinn und einem auf Permanenz gestellten Beleidigtsein durch die Wirklichkeit, die es anscheinend wagte, Wirklichkeit zu sein. Mit blasiert-affektierter, völlig unbewegter Mimik, die mich immer wieder an Alfred Hitchcock erinnerte, präsentierte er sich bei seinem Vortrag mit einem Sprechduktus übertriebener, überdeutlicher Akzentuiertheit, wie sie bei Sprechübungen in Schauspielschulen üblich ist. Das Ganze hatte auch in der Tat etwas von Hollywood. Der Hörsaal wurde durch seinen Auftritt zur Bühne, auf der er mit allen Tricks des Showbusiness, über das er sich gleichzeitig als Kulturindustrie entrüstete, operierte, insoweit selbst ein Produkt jener Hollywoodfabrik, gegen die er unentwegt anargumentierte, – sogar seine immer zu kurzen Hosenbeine seiner Nichtmaßanzüge (im Unterschied zu Horkheimer) spielten dabei ihre Rolle als Indikator des scheinbar gänzlich absichtslosen und zweckfreien ‚zerstreuten Professors‘, der er, der hochkonzentrierte und ganz bei seiner Sache Seiende, nun wirklich nicht war. Seine Auftritte waren bis in die Details inszeniert. Dabei ruderte er, während er sprach, rhythmisch koordiniert, seitwärts mit einem seiner Arme, der dann wie ein Propeller sich ausnahm. Ohren und Augen der

Zuhörer oder Zuseher, je nachdem, waren voll beschäftigt. Hinzu kamen die artistisch gekonnten, ciceronisch überlangen Satzperioden, in die er seine Gedankenlabyrinthe verkleidete, so daß bei rhetorisch besonders gelungenen Satzkonstruktionen der ganze Hörsaal den Atem anhielt und sich erwartungsvoll fragte, ob es ihm gelänge, die lange, inzwischen für den Hörer fast unübersichtlich gewordene Periode syntaktisch und grammatisch korrekt zu Ende zu bringen. Es gelang ihm immer. Ich habe einige Male erlebt, daß bei exorbitant schwierigen Satzkonstruktionen nach einem solchen Kunststück die Hörer Beifall klatschten. Auch ich klatschte mit, mitgerissen von der zweifellos artistischen Glanzleistung; als ob ein Akrobat im Zirkus nach einer schwierigen Nummer wieder sicher auf der Erde gelandet wäre. Absolut unnachahmlich das Ganze. So war das bei Adornos Vorlesungen, bei denen ihre Form mindestens so ausgearbeitet war wie der Inhalt, und ich glaubte, in der Performance von Adorno eine lebendige Anschauung davon zu bekommen, was die Kunst der freien Rede in der Antike und in der Renaissance einmal war. Wir glaubten gerne, daß seine italienische Mutter Opernsängerin gewesen war.

Im persönlichen Umgang war er betont höflich, hielt auf Distanz, war konventionell bürgerlich, wirkte eher etwas feminin als männlich. Man sagte ihm ein Faible für Frauen nach. Nach dem zu urteilen, was mir befreundete Studentinnen anvertrauten, die es wissen mußten, war er ein Mann von großem Takt, von außergewöhnlicher ästhetischer Sensibilität, aber zugleich von jener Scheu, die vor der Erscheinung des Schönen erschrickt. Er scheint mir mehr ein Bewunderer als ein Konsument des schönen Geschlechtes gewesen zu sein. Gleichwohl hatte er aus Eitelkeit ein Interesse daran, seiner Umwelt als Frauenheld zu erscheinen. Er war der eitelste Mensch, dem ich je begegnet bin.

Als ich Adorno kennenlernte, war er neunundvierzig Jahre alt. Aber er wirkte schon wie ein älterer Herr, er kam mir nicht jünger vor als Horkheimer, obwohl dieser acht Jahre älter war. Beide verachteten die zeitgenössische Gesellschaft, obwohl sie sich seit ihrer Jugend ganz komfortabel in ihr eingerichtet hatten und auch das luxuriöse Leben in den großbürgerlichen Hotels dieser Welt genossen, zum Beispiel im Waldhotel in Sils Maria in der Schweiz, wohin sie sich oft und gerne zurückzogen. Das hinderte beide nicht daran, ganz normale Üblichkeiten des gesellschaftlichen Lebens so darzustellen, als handelte es sich um moralisches Versagen. In diese polemische Pose gegenüber der modernen Welt steigerten sich beide, besonders aber Adorno hinein, bis zu einem Grad der Besorgnis, der sie in dieser Sorge unfrei, zu Besessenen, zu Gefangenen ihres Systems und letztendlich unglaubwürdig machte. Man spürte, daß ihre ostentative Sorge um die Menschheit ihnen keine schlaflosen Nächte bereitete.

Horkheimer löste sich am Ende seines Lebens von dieser Besessenheit, die bei ihm nie ganz frei von theatralischen Zügen gewesen war, und transformierte sie in einen Gestus der Resignation – aus Gründen, die er als junger Mann auch schon von Schopenhauer hätte lernen können. Adorno neigte zur Unduldsamkeit und zur moralischen Verurteilung seiner Kritiker, die es wagten, seine inzwischen selbst zur Dogmatik gewordenen Einwände gegen dogmatische Erstarrung in Frage zu stellen. Er war zum Kirchenvater geworden und drohte mit Inquisition und Exkommunikation. Die Mahnworte von Thomas Mann in einem Brief an Adorno vom 30. Oktober 1952 hatte Adorno überhört. Ihr Ernstnehmen hätte ihn davor bewahren können, in dem wichtigsten Punkt seiner Philosophie, dem positiven Element seiner negativen Philosophie, bis zuletzt und bis heute und vielleicht dauerhaft mißverstanden zu werden. Die Mahnworte Thomas Manns lauten:

„Gäbe es nur je ein positives Wort bei Ihnen, Verehrter, das eine auch nur ungefähre Vision der wahren, der zu postulierenden Gesellschaft gewährte!" Dieses Monitum trifft auf die Kritische Theorie im ganzen zu, auch auf ihre jüngeren Versionen, die die alte Version nur zum Schein verbessern, in Wirklichkeit verwässern. Das Werk von Riesen wird nicht von Zwergen vollendet. Den Bogen des Odysseus spannt nur Odysseus.

Was die Kritische Theorie will, ist von Anfang an klar gewesen: die Abschaffung der Unfreiheit, die durch den absoluten Willen zur Beherrschung der Natur entstanden ist und immer weiter entsteht. Was hinter dem an Adorno gerichteten Mahnwort Thomas Manns steht, ist die große, wahrhaft philosophische Einsicht, daß diese Abschaffung der Unfreiheit nicht dadurch möglich wird, daß der Verneinung ein Vorrang vor der Bejahung eingeräumt wird, wie das dann später Adorno in seiner *Negativen Dialektik* zum Programm erhoben hat. Das ist nicht die einzige Prämisse der Kritischen Theorie, die falsch ist. Inzwischen ist es auch um diese Theorie stiller im Lande geworden. Die Helden sind müde. Die Epigonen schüren das Feuer nicht mehr. Das Feuer ist erloschen. Die Nachlaßverwalter beherrschen die Stunde. Jeder weiß: eine Wiederholung des Dramas geriete zur Farce.

In seinem Roman *Felix Krull* hat Thomas Mann mit dem Helden dieses Romans eine Figur geschaffen, die diese Welt, wie es auch Adorno tut, nicht für die beste aller möglichen hält, aber der das Beste zu machen versucht, insoweit eine Gegenfigur zu Adorno. Vielleicht war es kein Zufall, daß Thomas Mann bei seinem Besuch der Frankfurter Universität am 10. November 1952, also zehn Tage nach seinem Brief an Adorno, uns in der Aula ein Kapitel aus dem damals noch nicht veröffentlichten Roman *Felix Krull* vorlas. Vielleicht war die Lesung aber unter anderem auch an die Adresse Horkheimers gerichtet, des vom Pessimismus Schopenhauers angehauchten Rektors der Frankfurter Universität, der Thomas und Katja Mann in feierlichem Einzug in die Aula geleitete. Er war während der Emigration in Amerika einige Jahre in Santa Barbara, Kalifornien, am Pazifischen Ozean der Nachbar der Manns gewesen. Jedenfalls war für uns junge akademische Bürger der Frankfurter Universität die Begegnung mit Thomas Mann ein unvergeßliches Erlebnis. Drei Jahre später ist er gestorben.

Kurt Riezler – der Mann, der Lenin auf die Reise schickte

Im Sommersemester 1952 war Kurt Riezler aus New York Gastprofessor am Philosophischen Seminar in Frankfurt. Gerhard Krüger hatte ihn mir mit den Worten angekündigt: „Das ist, glaube ich, ein Mann, der Ihnen, wie ich Sie kenne, imponieren wird." Ich war gespannt. Das klang verheißungsvoll. Wer war Kurt Riezler? 1882 in München geboren, entstammte er einer alteingesessenen Familie des bayerischen Großbürgertums. Sein Urgroßvater hatte die Erbin des Bankhauses Ruedorffer in München geheiratet. Sein Großvater war Mitbegründer der Bayerischen Hypotheken- und Wechselbank. Sein Vater war in der Industrie tätig. Sein älterer Bruder, Walter Riezler, war Archäologe und Musikkritiker und ist der Verfasser einer berühmten Beethovenbiographie. Einer der Brüder seines Vaters war der wegen seiner Verdienste um die Erforschung der bayerischen Geschichte persönlich geadelte Ritter Sigmund von Riezler.

Nach einer soliden gymnasialen Ausbildung in den alten Sprachen studierte er von 1901 bis 1905 Klassische Philologie in München, wo er 1905 mit einer Dissertation über griechische Wirtschaftsgeschichte promoviert wurde, die 1907 als Buch mit dem Titel *Über Finanzen und Monopole im Alten Griechenland. Zur Theorie und Geschichte der antiken Stadtwirtschaft* erschien. Grundlage des Buches war eine Untersuchung der pseudoaristotelischen Schrift *Ökonomik* und der darin enthaltenen Wirtschaftstheorie und Wirtschaftspolitik. Zu Riezlers Lehrern gehörten der Nationalökonom Lujo Brentano und der Althistoriker Robert Pöhlmann, der Verfasser des berühmten Werkes über antiken Sozialismus und Kommunismus.

Riezler blieb nicht stehen bei der Untersuchung der historisch-politisch-wirtschaftlichen Erscheinungen der Lebenswelt, sondern fragte weiter nach den zugrundeliegenden Kräften des Lebens und wurde so zur Deutungswelt der Philosophie und damit auch zur Geschichte der Philosophie gelenkt. Das war der Anfang seines philosophischen Fragens, das bis zuletzt seinen Schwerpunkt in der Frage nach dem Sein, in der Ontologie hatte. Dabei kam es schon früh zu seiner Absage an die Ideenlehre Platons, wahrscheinlich geleitet von seinem historisch-politisch-ökonomisch-existentiellen Realitätssinn. Die Ratio, die Vernunft galt ihm nicht als das Maß der Dinge; Natur und Geschichte sind aus seiner Sicht nicht einer gesetzgebenden Vernunft unterworfen, keiner alles leitenden und lenkenden Norm. Folglich wurden für Riezler die Fragen nach dem Verhältnis von Macht und Moral, von Politik und Moral, von Ethik und Politik und nach den Grenzbestimmungen von Zulässigem und Unzulässigem und die Unterscheidung von privater und öffentlicher Moral zu Leitfragen seines Denkens und seiner politischen Philosophie, die auch das Böse als Gegenstand des Nachdenkens und als Mittel des Handelns im Dienst der guten Sache nicht etwa ausklammert, sondern mitreflektiert.

Das alles würde sich relativ harmlos anhören im Lebenshorizont eines herkömmlichen Philosophieprofessors, wie er uns aus den Schimpfkanonaden Schopenhauers sattsam bekannt ist. Aber ein solcher war Kurt Riezler nicht. Er war zwar in seinem abenteuerlichen

Leben auch gelegentlich Philosophieprofessor, aber bestimmt nicht von der üblichen Sorte, die Schopenhauer bei seinen Invektiven im Visier hatte.

Riezler ging nach seinem Studium nicht in den Schuldienst, sondern bereiste statt dessen Rußland, Frankreich, Italien, Österreich-Ungarn, den Balkan, Belgien, die Schweiz und verfaßte als Korrespondent Presseberichte über diese Länder. Sein erster großer politischer Aufsatz trägt die Überschrift „Die Weltpolitik im Jahre 1906" und schlägt bereits den weltmännischen Ton an, der für seine politische Publizistik charakteristisch ist. Man übernahm Riezler im Oktober 1906 in das Pressereferat des Auswärtigen Amtes in Berlin. Er zog durch seine Artikel und durch seinen Schreibstil die Aufmerksamkeit des deutschen Kaisers auf sich, der sich höchst zufrieden in einer Aktennotiz darüber äußerte, „daß eine so tüchtige Kraft für das Pressebüro gewonnen sei". Aber der Pressereferent in der Maske des tüchtigen jungen Mannes sollte sich schon bald als eine dämonische Gestalt hinter den Kulissen des Auswärtigen Amtes des Deutschen Reiches erweisen.

Riezler wurde als junger Legationsrat im Auswärtigen Amt der Sekretär und Intimus des Reichskanzlers Theobald von Bethmann-Hollweg, der das Deutsche Reich in den Ersten Weltkrieg führte. Riezler hat den Bolschewiki in Rußland 1917 mit zur Macht verholfen, indem er den Transport des Revolutionärs Lenin aus dessen Schweizer Exil in einem versiegelten Eisenbahnwaggon durch das deutsche Reichsgebiet nach Rußland mitorganisierte. Nach erfolgter Revolution wollte Riezler als Leiter der deutschen Gesandtschaft in Moskau alsbald die Bolschewiki durch eine Konterrevolution stürzen lassen. Nach dem Ersten Weltkrieg hat er in München entscheidend dazu beigetragen, daß die dortige Räterepublik vernichtet wurde. Er hat einige Zeit das Büro des Reichspräsidenten Ebert geleitet und war danach Kurator der Universität Frankfurt am Main. Er war während der Weimarer Republik politischer und publizistischer Weggefährte des späteren Bundespräsidenten der Bundesrepublik Deutschland, Theodor Heuss, mit dem ihn eine enge persönliche Freundschaft verband und mit dem er noch in den letzten Jahren vor seinem Tod (1955) korrespondierte, wie ich bezeugen kann.

Riezler wußte, wovon er sprach, wenn er von politischer Entscheidung und politischem Handeln sprach. Sein Wissen darüber hatte er nicht aus Büchern, sondern aus seinem eigenen Leben als Homo politicus, als ein Mann, der noch Bismarck im Berliner Reichstag hatte reden hören und noch für Reichskanzler Bernhard von Bülow Reden entworfen hatte.

Seit Anfang der zwanziger Jahre hat er kein politisches Amt mehr bekleidet. Er betätigte sich als politischer Publizist und lebte in Berlin, wo auch sein Schwiegervater, der damals schon weltberühmte Maler Max Liebermann, lebte, und führte die unabhängige Existenz eines Grandseigneurs, verkehrte in den politischen Klubs und in den tonangebenden Kreisen der Gesellschaft, wo er Harry Graf Keßler, Theodor Heuss, Walther Rathenau, Gustav Stresemann, Maximilian Harden, Albert Einstein und anderen Köpfen begegnete. In den Tagebüchern und Aufzeichnungen des Personals jener Zeit taucht Riezlers Name immer wieder auf. Sein endgültiger Abschied von der Politik war 1928 seine Rede in der Frankfurter Paulskirche zur Bundesverfassungsfeier; er wurde aber nicht verstanden, denn inzwischen hatte er sich wieder verstärkt der Philosophie zugewandt und beantwortete in der Paulskirchenrede die Frage, was in der Not der Zeit politisch zu tun sei, mit der philosophischen Frage nach dem Sein. Damit war sein Publikum etwas überfordert. Die Lektüre von Heideggers *Sein und*

Zeit, das ein Jahr vorher erschienen war, hatte ihn nachhaltig beeindruckt. Die Hörer seiner Rede in der Paulskirche waren von seinen philosophischen Auslassungen weniger beeindruckt. Aber das interessierte ihn nicht.

Riezler hatte im selben Jahr, 1928, das Amt des Kurators der Frankfurter Universität übernommen, also des Leiters der Universitätsverwaltung, und gehörte als Honorarprofessor der Philosophie dem Lehrkörper der Philosophischen Fakultät an. Großes hatte er im Sinn. Er wollte der Forschung den Vorrang einräumen gegenüber der Lehre, so wie das bis heute trotz der allgemeinen sozialpädagogischen Heuchelei für jeden anständigen Wissenschaftler selbstverständlich ist. Lehruniversitäten, so Riezlers Meinung, habe man in Deutschland genug. Was würde der gute Mann zu unserer heutigen Universitätslandschaft sagen? Etwas wie Princeton müsse her. Schlösser im Odenwald gebe es in ausreichender Anzahl, die man entsprechend umwandeln und ausbauen könnte. Man sieht, der Mann hatte die richtige geistesaristokratische Phantasie. Aber er ahnte wohl nicht, wie weit man mit solchen Ideen, die gemeinhin als elitär gelten, in Deutschland neben der sozialpolitischen Spur liegt, auf der sich hier von jeher die kleinen Geister zu profilieren schwitzend bemüht sind, – auch das bis heute. Bevor Riezler seinen großen Traum austräumen konnte, kam der kleine Mann aus Braunau und entfernte ihn aus dem Amt.

Für Princeton in Deutschland war kein Platz, bis heute nicht, und ebenso war kein Platz mehr für Riezler und seine jüdische Ehefrau Käte Riezler, geborene Liebermann. Für ein Princeton in Deutschland wäre auch später, in der Zeit des deutschen Wirtschaftswunders, Geld in Hülle und Fülle dagewesen, sogar für mehrere Princeton. Man will kein Princeton in Deutschland, am wenigsten unsere Minister, von denen einige noch nie eine Universität von innen gesehen haben, außer vielleicht als Gasthörer. Solches wird diesen von den breiten Massen auch noch als besondere Tugend angerechnet. Nach Möglichkeit sollen ja alle gleich sein. Um diesen Zustand herzustellen, rangiert auch die Lehre vor der Forschung, und entsprechend haben die Professoren zwar eine Lehrverpflichtung, über deren Erfüllung peinlich genau gewacht wird, während sich für ihre Forschungsaktivitäten die Universitätsverwaltungen herzlich wenig interessieren oder nur am Rande, wenn ein Mitglied des Lehrkörpers wider Erwarten eine hohe wissenschaftliche Auszeichnung für seine Forschungsarbeiten erhält. Dann tun die Administratoren so, als hätten sie daran auch ein Verdienst. An diesen Verhältnissen hat sich in Deutschland seit Riezlers Zeiten nichts geändert. Man will nicht die Unterscheidung, man will die Gleichheit aller. Das ist ein Erbe der altgermanischen Stammesmentalität, die noch heute von Flensburg bis zum Bodensee ihr Unwesen treibt, worüber man sich übrigens schon in der *Germania* des römischen Historikers Tacitus (um 55–116 n. Chr.) kundig machen kann: Deshalb auch die sonst eigentlich ganz unerklärliche Affinität unserer Bevölkerung zu allem, was politisch links ist; und nach meinem Verständnis war, wie bereits ausgeführt, der nationale Sozialismus auch und in erster Linie ein Sozialismus, und erst in zweiter Linie eine nationalistische Angelegenheit, mit der man die revolutionäre, klassenkämpferische, sozialistische Komponente unsichtbar machen wollte. Denn nur so konnte man die Kampfstellung zu ‚den Roten‘ aufrechterhalten, mit denen die Nazis mehr verband, als nach außen hin in Erscheinung treten durfte, um die bürgerliche Mittelschicht nicht zu verschrecken, auf die man es ja bei den Wahlen gerade abgesehen hatte. Diese Rechnung ist ja leider auch aufgegangen, wie wir wissen. Aber kehren wir zu Riezler zurück, aus dessen Princeton in

Deutschland nichts wurde, weil daraus nichts werden konnte und niemals etwas werden wird.

Er emigrierte mit Frau und Tochter in die Vereinigten Staaten von Amerika, wo er an der New School for Social Research in New York City eine Professur erhielt, wie im Laufe der Jahre so viele aus Deutschland emigrierte Wissenschaftler, darunter Leo Strauss, Karl Löwith, Max Wertheimer, Hans Jonas und Hannah Arendt.

Ich lernte Riezler, wie gesagt, im Sommersemester 1952 im Philosophischen Seminar in Frankfurt kennen, wo er sich auf Einladung Horkheimers aufhielt. Das im Vorlesungsverzeichnis angekündigte Thema seiner Lehrveranstaltung lautete „Die Frage nach dem Menschen in der gegenwärtigen Philosophie". Nach der schweren Erkrankung von Gerhard Krüger Ende 1952 wurde Riezler auch im folgenden Jahr, im Sommersemester 1953, eingeladen, diesmal als Vertretung für Krüger, und als Assistent von Krüger wurde ich auf Veranlassung Horkheimers Riezler als Assistent zugeordnet. Diese förmliche Zuordnung wäre gar nicht nötig gewesen, denn im Jahr zuvor hatte sich schon eine freundschaftliche Beziehung zwischen dem damals siebzigjährigen Riezler und mir ergeben. Ich fuhr ihm nach Rotterdam entgegen, wo er mit dem Schiff ankam und mit ihm seine große amerikanische Limousine mit für unsere europäischen Nachkriegsverhältnisse gewaltigen Ausmaßen. Auf der Fahrt nach Frankfurt fragte er mich, welchen Vorschlag ich ihm als Thema für ein Seminar machen könnte, das er gerne *privatissime* halten möchte. Ich antwortete ihm, daß es mir aus egoistischen Gründen am liebsten wäre, ihn in Auseinandersetzung mit Aristoteles zu erleben. Daraufhin wählte er als Text das Zwölfte Buch der Aristotelischen *Metaphysik,* wovon es im Vittorio Klostermann Verlag eine Studienausgabe von Gadamer gab, die er seinem Seminar zugrundelegte.

Die Begegnung mit Riezler in den Jahren 1952 und 1953 gestaltete sich für mich zu einem besonderen Erlebnis. Der Tod seiner Frau, der Tochter Max Liebermanns, kurz vorher hatte ihn spürbar getroffen, und er zeigte Züge der Vereinsamung und der Resignation. Ich erlebte zum ersten Mal einen Menschen von historischem Rang, der auf sein Leben als eine im wesentlichen abgeschlossene Einheit zurückblickte und sich dessen bewußt war. In Frankfurt hatte er noch einige wenige alte Freunde wie den Klassischen Philologen Karl Reinhardt sowie Horkheimer und Adorno. Gelegentlich reiste er an Wochenenden nach Süddeutschland und besuchte bei der Gelegenheit Gadamer in Heidelberg, Schadewaldt in Tübingen und Heidegger in Freiburg.

In Frankfurt hatte er nur ein einfaches möbliertes Zimmer in einer Pension im Westend gemietet. Nach seinen Lehrveranstaltungen, die immer am späten Nachmittag begannen, lud er mich regelmäßig ein, ihn zum Abendessen zu begleiten. Er hatte einen exquisiten Geschmack und suchte nur die besten Restaurants in Frankfurt, Bad Homburg und Wiesbaden auf. In seiner Begleitung konnte ich studieren, wie da zwei Kulturen aufeinanderstießen: die an die Selbstverständlichkeiten der amerikanischen Überflußgesellschaft gewöhnten Manieren des Weltmannes Riezler auf der einen Seite und die durch die Mangelgesellschaft der deutschen Kriegs- und Nachkriegszeit reduzierten Gewohnheiten auf meiner Seite. Sei es, daß er immer in seinem Leben so großzügig mit Geld umgehen konnte, sei es, daß er sein nahes Ende, zwei Jahre später, schon deutlich vor sich sah, jedenfalls spielte Geld für ihn gar keine Rolle außer, daß man es hat und ausgibt. Dabei hatte er überhaupt nichts Protziges oder Angeberisches an sich. Genau das Gegenteil war der Fall. Es umgab ihn eine Atmosphäre der Lässigkeit, Leichtigkeit und Gelassenheit, die ich auf diesem Niveau noch nicht erlebt hatte. Dabei wirkte sein Äußeres, das heißt sein Anzug, seine Schuhe, sein Hut, sein Mantel, seine Haut, seine Haare, seine Zähne, auffällig vernachlässigt. Es gab Augenblicke, wo ich ihn mir als Clochard in Paris vorstellte. Aber er war eben kein Clochard, er war Kurt Riezler. Daß keineswegs nur ich diesen Eindruck von ihm gewann, bestätigte mir eines Tages Adorno. „Stellen Sie sich vor, Herr Oehler", kam Adorno nach einer Vorlesung ganz aufgeregt auf mich zu, „da ruft mich doch heute mittag der Pförtner von unserem Institut an und teilt mir mit: ‚Da war gerade ein alter, ziemlich verwahrlost aussehender Mann, der zu Ihnen wollte. Anscheinend ein Bettler. Ich habe ihm fünfzig Pfennig gegeben und wieder weggeschickt'. Ich mußte dem Pförtner sagen: ‚Der Mann, den Sie da weggeschickt haben, war Professor Riezler. Ich hatte mit ihm eine Verabredung. Er steht jetzt neben mir und hat mir schon die Geschichte erzählt'. Merken Sie sich das, Herr Oehler; so vergeht der Ruhm der Welt." Adorno schüttelte immer noch den Kopf über so viel Wirrnis des Lebens und meinte, er könne die Geschichte kaum glauben, „daß so etwas ausgerechnet unserem Riezler passiert, den ich früher immer beneidet habe, weil er die schönsten Frauen Frankfurts hatte". Adorno konnte sich gar nicht beruhigen.

Während und nach den Abendessen in der gehobenen Gastronomie, zu denen Riezler mich nach seinen Lehrveranstaltungen mitnahm, erzählte er mir aus seinem Leben. Das war für mich das eigentlich Wichtige bei diesen ‚Dinners for Two'. Da war ein alter Mann von Bedeutung und erzählte mir von Ereignissen, die ich nur aus den Geschichtsbüchern kannte. Die Noblesse, die Abwesenheit jeder Eitelkeit, die Prätentionslosigkeit, die Abgeklärtheit, mit der er die Menschen sah, die Illusionslosigkeit, sein Standpunkt jenseits von Gut und Böse, all das war beeindruckend; mit einem Wort: hier war ein Mann, dem nichts Menschliches fremd war, das Gegenteil eines Moralisten, ein Mann, der das Leben und die Menschen kennengelernt hatte bis zum Überdruß, ein Mann, auf den der Ausdruck paßte, mit dem die Bibel die Stammväter charakterisiert an ihrem Ende: „lebenssatt". Ich war damals vierundzwanzig Jahre alt. Die Offenheit, in der er mit mir über alles redete, ehrte und beschämte mich gleichermaßen. Es war für mich eine wahrhaft philosophische Einführung in das Leben, in die Natur der Menschen und in die Strukturen der Gesellschaft. Er war ein Grandseigneur der alten Schule, die inzwischen ausgestorben ist. Viele meinen, das sei auch gut so, aber diese Vielen wissen nicht, wovon sie sprechen.

Eines Tages erzählte er mir, wie er als Altphilologe überhaupt in den Dienst des Auswärtigen Amtes gekommen sei, in dem es zu seiner Zeit außer ihm nur Juristen gab. Er war als Student in München zu Beginn des Jahrhunderts befreundet und wohnte zusammen mit dem Sohn des Leiters des Pressereferates des Auswärtigen Amtes, Otto Hammann. Dieser überwies seinem Sohn regelmäßig monatlich einen Scheck nach München. Da passierte es, daß der Scheck plötzlich in München nicht mehr eingelöst wurde. Daraufhin setzte sich der alte Herr auf die Eisenbahn und fuhr höchst persönlich nach München, um zu eruieren, was mit seinem Sohn, dem Herrn Studiosus, los sei und wandte sich zu diesem Zweck, Auskunft heischend, an den Freund seines Sohnes, also an Kurt Riezler. Riezler stellte sich ahnungslos, spielte den Unwissenden und meinte schließlich, daß sein Freund wahrscheinlich aufs Land zu Bekannten gefahren sei. In Wahrheit war dieser für die Dauer des ganzen Semesters mit einer vielversprechenden Blondine nach Italien entrückt. Vater Hammann durchschaute das Theater, war aber von der Diskretion und dem ganzen Verhalten Riezlers, des Freundes seines Sohnes, in dieser für seinen Sohn hochnotpeinlichen Angelegenheit so beeindruckt, daß er Riezler das Angebot machte, nach Abschluß seines Studiums zu ihm nach Berlin zu kommen. Er glaube, er könne ihm zu einer interessanten Tätigkeit verhelfen. Riezler machte von diesem Angebot Gebrauch und gelangte so in das Pressereferat unter Otto Hammann, wo er alsbald durch den Artikel über das Verhältnis von Reichstag und Presse auffiel und, wie bereits erwähnt, die Aufmerksamkeit des Kaisers auf sich zog. So begann die sagenhafte Karriere des Altphilologen Riezler im Dienst des Auswärtigen Amtes. Schließlich wurde er enger Vertrauter und Mitarbeiter des Reichskanzlers Bethmann-Hollweg, zu dessen meditativer, grüblerischer Hamletnatur Riezler eine besondere Affinität hatte. Während dieser ganzen Zeit hat Riezler Tagebuch geführt.

Dieses Tagebuch, von dessen Existenz ich wußte, weil mir Riezler davon erzählt hatte, ist seit der mustergültigen Edition durch den Kieler Historiker Karl Erdmann im Jahre 1972 eine der wichtigsten Quellen für unsere Kenntnis der Mentalität und des politischen Denkens des deutschen Bürgertums sowie für die Meinungsfindung in dem Streit über Deutschlands Anteil am Ausbruch des Ersten Weltkrieges. Riezler selbst wollte keine Veröffentlichung seines Tagebuches und hatte den Wunsch geäußert, daß es vernichtet werde. Aber nach Riezlers Tod 1955 haben nach Einsichtnahme in das Tagebuch der damalige Bundespräsident Theodor Heuss und hochkarätige Historiker sich dahingehend ausgesprochen, daß in Anbetracht des unersetzlichen zeitgeschichtlichen und historischen Wertes das Tagebuch Riezlers als Primärquelle der Geschichtswissenschaft zu betrachten sei und daher der Nachwelt erhalten werden müßte. So kam es zur Publikation des Tagebuches gegen den Willen des Autors.

Kurt Riezler war vor und während des Ersten Weltkrieges bis zum Ausscheiden Bethmann-Hollwegs aus dem Reichskanzleramt im Juli 1917 dessen vertrauter Gesprächspartner, sowohl in amtlicher Funktion als auch persönlich und privat. Er begleitete ihn auch nach Ausbruch des Krieges in das Große Hauptquartier. Seine offizielle Stellung in der Reichskanzlei war die eines Geheimen Legationsrates und Vortragenden Rates. Wenn Riezler mir von dieser Zeit erzählte, verfiel er nicht selten in einen meditativen Monolog, sein Blick haftete unbewegt an dem weißen Tischtuch vor uns, und manchmal hatte ich das Gefühl, daß da noch ein anderer mit am Tisch saß: er war versunken in eine Vergangenheit, die vergangen war, und er reflektierte nicht nur erinnernd auf das Vergangene, sondern in einer doppelten Reflexion reflektierte er zugleich auf die Vergangenheit dieser Vergangenheit, – und die Vergänglichkeit selbst der erinnerten Vergangenheit. „Eitelkeit der Eitelkeiten! spricht der Prediger; Eitelkeiten der Eitelkeiten! alles ist Eitelkeit. Welchen Gewinn hat der Mensch bei all seiner Mühe, womit er sich abmüht unter der Sonne? Ein Geschlecht geht, und ein Geschlecht kommt; aber die Erde besteht ewiglich." (Prediger 1, 2-4.) Denn für wen außer ihm in den prunkvollen Speisesälen und Hotelhallen, in denen wir beide in später Nacht da noch saßen, war diese vergangene Vergangenheit noch Inhalt des Bewußtseins? Es gibt keine Vergangenheit, die nicht vergeht. Jede Vergangenheit vergeht, früher oder später. Es ist die Tragik der menschlichen Existenz, „daß alles gleitet und vorüberrinnt", wie Hugo von Hofmannsthal das Wesen der Zeit beschreibt: „Das Ding, das keiner voll aussinnt". Auf Riezlers Gesicht lag dann ein Zug metaphysischer Resignation, die ihm aus der Erkenntnis der Vergänglichkeit alles Menschlichen und der Ungerechtigkeit der Weltgeschichte, von der er zutiefst überzeugt war, erwachsen war. Da erübrigten sich Argumente. Er beneidete mich auch nicht im geringsten ob meiner Jugend. Es schien ihn das Bewußtsein halbwegs zufrieden zu stimmen, das *Theatrum mundi* bald hinter sich zu haben.

Nach dem Sturz Bethmann-Hollwegs als Reichskanzler hat Riezler in den Jahren 1917 und 1918 die deutsche Rußlandpolitik mit beeinflußt. Er hatte wichtige Stellen in den deutschen Vertretungen in Stockholm und Moskau inne. Für Rußland hatte er von Jugend auf ein besonderes Interesse, er kannte die Weite des Landes von Reisen und empfand eine tiefe Sympathie für die in sich ruhende Zeit. Diese Ewigkeit in der Zeit war ihm wesensverwandter als die ruhelose Hektik des amerikanischen Lebensrhythmus, den er später in der Emigration kennenlernte.

Von allen Menschen, über die er mit mir sprach, war es die Person und Gestalt Lenins, die, so schien es mir, hinsichtlich der dynamischen Kraft den größten Eindruck auf ihn gemacht hatte. Er kam auffällig oft auf ihn zu sprechen. Er erzählte mir von dem Plan der deutschen Reichsregierung im Ersten Weltkrieg, durch Unterstützung der russischen Revolutionsbewegung das zaristische Rußland zu einem vorzeitigen Frieden mit Deutschland bereit zu machen und die russische Front zum Einsturz zu bringen. Zu diesem Zweck sollten die russischen Revolutionäre, allen voran Lenin, die sich im Schweizer Exil befanden, nach Rußland gebracht werden, um ihre subversive Tätigkeit vor Ort wirksam ausüben zu können. So das Kalkül der deutschen Regierung. Der russische Revolutionär und deutsche Sozialdemokrat Dr. Parvus Helphand hatte über die Deutsche Botschaft in Konstantinopel die Fühler nach Berlin ausgestreckt und erhoffte so, über die Interessenwahrnehmung der deutschen Regierung die Revolutionäre zum Zwecke des Sturzes der Zarenherrschaft aus der Schweiz nach Rußland bringen zu können. Der Plan gelangte zur Ausführung. Man muß sich sogar noch aus heutiger Sicht darüber wundern, daß sich die deutsche Reichsregierung in Berlin auf ein solches Abenteuer überhaupt einließ. Vieles von dem, was damals zur Ausführung dieses James-Bond-würdigen Unternehmens führte, liegt bis heute im Dunkel der Geschichte und erlaubt den Schluß, daß den dafür verantwortlichen Personen selbst nicht ganz wohl bei dem Plan war, weshalb man wohl von Anfang an daran interessiert war, keine oder so wenig Spuren wie möglich zu hinterlassen. Sicher ist nur, daß dieser ominöse Dunkelmann und Geschäftemacher Dr. Parvus Helphand und Ulrich Graf Brockdorff-Rantzau, zu jener Zeit Gesandter in Kopenhagen, eine initiative Rolle dabei spielten und daß die deutsche Oberste Heeresleitung und der Kaiser dem Plan zustimmten, mit dem Ergebnis, daß der berüchtigte plombierte Eisenbahnzug, in dem Lenin und sein Gefolge und andere russische Revolutionäre insgeheim durch das kriegführende Deutschland geschleust wurden, am 9. April 1917 Zürich verließ und am 16. April in Petersburg ankam. Während der Zug mit seinen geschichtsmächtigen Reisenden friedlich durch die deutschen Lande rollte, telegraphierte der deutsche Reichskanzler Bethmann-Hollweg am 11. April an seinen Kaiser, daß der Transport auf seine, Bethmann-Hollwegs Anweisung hin, erfolgt sei. In den Büchern der Historiker wird darüber spekuliert, welche Rolle Riezler bei dieser politisch-militärischen Räuberpistole gespielt habe. Bei der amtlichen und persönlichen Nahstellung Riezlers zu seinem Chef Bethmann-Hollweg und dem durchaus konspirativen und machiavellistischen Denken Riezlers, woran es aufgrund der von ihm hinterlassenen Texte keinen Zweifel gibt, hätte man schon immer von der Voraussetzung ausgehen können, daß die Rolle Riezlers bei dem berühmten Transport Lenins aus der Schweiz durch Deutschland nach Rußland in mehr bestanden hat als in der Rolle des gelangweilten oder vielleicht auch interessierten Beobachters am Rande des Kabinettstisches. Außerdem hätte es der notorisch zaudernden und unentschlossenen Hamletnatur von Bethmann-Hollweg ganz und gar widersprochen, sich an einem solchen Deal kausal aktiv zu beteiligen oder gar initiativ zu werden. So etwas überließ er anderen, zumeist und am ehesten Riezler, der das Format dazu hatte. Unter dem Datum des 11. April 1917 vermerkt Riezler in seinem Tagebuch: „Seltsamer Zustand – wir brauchen auf Schritt und Tritt die Sozialdemokraten aussen und innen." Und unter dem Datum des 13. April 1917 notiert er, „daß in ein paar Wochen Rußland zu grossen Conzessionen bereit ist." Riezlers Erzählung über diese weit zurückliegenden Ereignisse war lebhaft und äußerst engagiert, jedenfalls für seine Verhältnisse.

Ich hatte während der Ausführungen Riezlers über den Transport Lenins durch Deutschland nicht den Eindruck, daß Riezler selbst der Erfinder dieses Planes war. Aber ich erhielt den bestimmten Eindruck durch seine Schilderung, daß er den Eisenbahnzug, in dem Lenin durch Deutschland geschleust wurde, aus eigener Anschauung kannte, daß er ihn gesehen hat. Er beschrieb mir bis in Einzelheiten, die sich nur einer direkten Wahrnehmung mitteilen, den Waggon, in dem sich Lenin mit seiner Begleitung befand, darunter auch seine Frau Nadezhda Krupskaya und seine Geliebte. Er erzählte mir von einem weißen Kreidestrich, der an einer Stelle quer über den Gang des Waggons gezogen gewesen sei, wodurch derjenige Teil des Waggons, in dem sich Lenin und sein Gefolge befanden, als russisches Hoheitsgebiet markiert war beziehungsweise als neutrale Zone, da der Zug durch deutsches Hoheitsgebiet rollte. Ich gewann durch die Erzählung Riezlers den Eindruck, daß Riezler nicht den Zug auf der Fahrt von Zürich begleitet, aber daß er den Zug während dessen mehrstündigem Zwischenstopp in Berlin von außen und von innen in Augenschein genommen hat. Von Berlin aus ging die Fahrt des Zuges weiter nach Saßnitz zur Schwedenfähre. Mein Eindruck, daß Riezler den Zug nicht vorher, beispielsweise in Zürich, gesehen hat, wird durch sein inzwischen ediertes Tagebuch bestätigt, in dem vom 9. bis 16. April in kurzer Folge Eintragungen gemacht sind, die belegen, daß sich Riezler zur fraglichen Zeit, das heißt an jenen Tagen, in Berlin aufhielt.

Für mich besteht kein Zweifel, daß Riezler an der praktischen Durchführung des Lenin-Transfers durch Deutschland organisatorisch beteiligt war, und Riezler machte in seinen Schilderungen mir gegenüber auch nicht den geringsten Versuch, die Angelegenheit so darzustellen, als habe er damit nichts zu tun gehabt. Ganz im Gegenteil, seine Darstellung war so angelegt, daß ich von der Voraussetzung ausgehen mußte, er sei in alles eingeweiht gewesen. Er erwähnte mit kummervoller Miene – das schien mir sein einziges moralisches Bedenken bei der Sache gewesen zu sein –, daß es die deutsche Regierung viel Geld gekostet habe, die russischen Revolutionäre zum Handeln zu bewegen. An Geld jedenfalls, so war wohl die Devise, sollte der Plan nicht scheitern. Daß Dr. Parvus Helphand bei dieser Transaktion auf seine Kosten gekommen ist, davon kann man ausgehen.

Nach dem Kanzlerwechsel verlagerte Riezler im Sommer 1917 seine amtliche Tätigkeit nach Stockholm, von wo sich die weitere Entwicklung der russischen Revolution besser beobachten und beeinflussen ließ. Teile der Geldsummen, mit denen die deutsche Regierung die Revolution der extremen Linken in Rußland unterstützte, liefen über Riezler und gingen an die Bolschewisten in Petersburg. In seinem Tagebuch nennt Riezler unter dem 14. Januar 1918 die Machtergreifung Lenins ein „Wunder zu unserer Rettung". Man tat von seiten Berlins alles, um dieses Wunder Lenin mit großen Geldsummen am Leben zu erhalten. Es liegen heute Dokumente vor, die beweisen, daß Riezler am Tag nach der Revolution einen Betrag von zwei Millionen Reichsmark anforderte und erhielt und weitere Geldmittel in Aussicht gestellt wurden. Später, in Riezlers Moskauer Zeit, war von einem ‚Riezlerfonds' die Rede, der zweckentsprechend verwendet wurde. Schließlich kam es ja dann auch im Dezember 1917 zum Abschluß eines Waffenstillstandes an der Ostfront und zu Verhandlungen über einen Separatfrieden in Brest Litowsk. An der nach dem Friedensschluß in Moskau eingesetzten diplomatischen Vertretung übernahm Riezler als Kenner der russischen Verhältnisse im April 1918 die Stelle des Botschaftsrates.

Aus der Zeit seiner Tätigkeit in Moskau erzählte mir Riezler von der Ermordung des Gesandten Graf Mirbach, der einige Tage nach ihm seinen Posten bei der deutschen Vertretung in Moskau bezogen hatte. Riezlers Schilderung der Ermordung des Grafen Mirbach ist mir auch deshalb noch so genau in Erinnerung, weil Riezler bei seiner Darstellung dieses Vorganges besonders ausführlich auf seine persönlichen Eindrücke von Lenin einging. Das Attentat erfolgte am 6. Juli 1918 in der deutschen Gesandtschaft. Der Tat vorausgegangen war der am 4. Juli beginnende fünfte gesamtrussische Sowjetkongreß, den Riezler als Beobachter in der Großfürstenloge des Bolschoj-Theaters verfolgte. Es kam zu Tumulten, in deren Verlauf Sozialrevolutionäre die Außenpolitik Lenins und die deutschen Diplomaten angriffen. Lenin behielt trotz allem die Kontrolle über den Kongreß, vor allem mit dem Argument, der Erfolg der Revolution dürfe nicht einem neuen Krieg mit Deutschland geopfert werden. Die Ermordung des deutschen Gesandten Graf Mirbach am 6. Juli war die Tat einiger Sozialrevolutionäre, die die dahinterstehende Gesinnung vorher schon auf dem Kongreß kundgetan hatten.

Riezler, der bei dem Attentat zugegen war und sich mit Graf Mirbach und einem weiteren Mitglied der Gesandtschaft in dem Zimmer, in dem die Tat geschah, befand, schilderte mir den Akt der Ermordung, der einer Hinrichtung gleichkam, ziemlich plastisch. Es handelte sich um zwei Attentäter, die sich als Mitglieder der außerordentlichen Kommission für Staatssicherheit (Tscheka) ausgegeben hatten. Die ersten Schüsse verfehlten ihre Ziele, zu denen auch Riezler selbst gehörte. Schließlich wurde Graf Mirbach tödlich getroffen. Er selbst sei hinter den Schreibtisch geflüchtet und habe darunter Schutz gesucht. Die beiden Mörder entkamen. Es handelte sich um eine Tat der Sozialrevolutionäre, der Gegner der Bolschewiki. Lenin schien daran gänzlich unbeteiligt gewesen zu sein. Nach der Ermordung Mirbachs ging die Leitung der deutschen Gesandtschaft in Moskau an Riezler über. Er erzählte mir, daß er eine Bestrafung der Attentäter durch Erschießen gefordert habe. Es seien die Repräsentanten des neuen Regimes auf der deutschen Gesandtschaft erschienen, um ihr Bedauern über die Tat zum Ausdruck zu bringen und sich von dem Geschehenen zu distanzieren. Erschienen seien zuerst Radek, Tschitscherin und Karachan. Als er, Riezler, gemerkt habe, daß Lenin wohl nicht die Absicht hatte, ebenfalls zu kommen, habe er auf das Erscheinen Lenins bestanden. Dieser sei dann, begleitet von Dzierzynski und Swerdlow, auch erschienen, um sein Bedauern auszusprechen. Es sei für das taktische und machttechnische Denken Lenins bezeichnend gewesen, daß er als einziger den Tatort hätte sehen und den genauen Ablauf des Attentats hätte in Erfahrung bringen wollen, sachlich und kalt. Von der Person Lenins zeigte sich Riezler während seiner Erzählung mir gegenüber erkennbar tief beeindruckt. Er sei in seinem ganzen Leben keinem anderen Menschen begegnet, dessen Augen einen so starken Blickstrahl gehabt hätten wie die Augen Lenins. Auch auf größere Entfernung hätten sie gewirkt „wie zwei Diamanten".

Im August 1918 endete Riezlers Zeit in Rußland. Er bekleidete in den folgenden Jahren noch einige Ämter, bevor die politische Phase seines Lebens ganz zum Abschluß kam. Unter der Regierung des Prinzen Max von Baden war er Kabinettschef des Staatssekretärs des Auswärtigen, bevor der Kaiser abdankte. Schon in Moskau hatte er hinter den Kulissen der deutschen Gesandtschaft gegenrevolutionäre Bewegungen insgeheim unterstützt. Lenin hatte davon Kenntnis. Natürlich war der altbayerische Großbürger Riezler kein Kommunist. Er benutzte nur die russische Revolution für das, was er und andere als im deutschen Interesse liegend erachteten. Als dann in Deutschland nach Kriegsende die Arbeiter- und Soldatenräte nach bolschewistischem Vorbild entstanden, fühlte sich Riezler zur Abwehr dieser radikalen revolutionären Erhebungen aufgerufen. Als im April 1919 eine Räteregierung in Bayern proklamiert wurde, entsandte die Reichsregierung Riezler als den im Umgang mit der Revolution erfahrenen Mann nach München mit dem Auftrag einer militärischen Intervention des Reiches und „mit einem Koffer voll Geld", wie Harry Graf Keßler in seinen *Tagebüchern* unter dem Datum des 5. April 1919 zynisch, aber wahrheitsgemäß vermerkt. Riezler war zweifellos ein Realist und, wenn es sein mußte, auch ein Zyniker der Macht. Das bringt im übrigen der Umgang mit Macht zwangsläufig mit sich, wie Kant richtig bemerkt, weshalb weder zu erwarten noch zu wünschen sei, „daß Könige philosophieren oder Philosophen Könige würden"[1]. Jedenfalls waren Riezlers Initiativen in München nicht folgenlos. Am Ende stand der Sturz der Räteherrschaft in Bayern, herbeigeführt durch das Eingreifen herbeigerufener preußischer Freiwilligentruppen, denen Riezler mehr vertraute als der bayerischen Miliz. Es gab Gewalttaten und Widerstand auf beiden Seiten. Das nahm Riezler billigend in Kauf. Über die Mechanismen des Ablaufs von Geschichte hatte er keine

---

[1] Immanuel Kant, *Zum ewigen Frieden. Ein philosophischer Entwurf.* 2. Zusatz. Königsberg 1795.

Illusionen. In dieser Hinsicht folgte der Antihegelianer Riezler durchaus der Auffassung Hegels darüber, wie Geschichte *in concreto* gemacht wird, nämlich nach der Devise, daß Friedenszeiten die leeren Blätter der Geschichte zu sein pflegen.

Ich hatte, sooft Riezler mir von der politischen Phase seines Lebens erzählte, das sichere Gefühl, daß Gesichtspunkte von Schuld oder Unschuld keine Kategorien seines politischen Denkens und Handelns waren. Auch nicht der Begriff der Reue, der in seinen Rückblicken gar nicht vorkam. Aber was ich deutlich spüren konnte, war ein Gefühl der Enttäuschung über Vergeblichkeiten, über Möglichkeiten, die sich am Ende doch in Unmöglichkeiten verwandelt hatten, und über Möglichkeiten, die nicht genutzt worden waren. Das verdichtete sich in eine Aura geistvoller Traurigkeit, die ihn umgab. Von Hoffnung auf bessere Zeiten keine Spur. Es ging jener Hauch von Schwermut von ihm aus, wie wir ihn von den antiken Porträtbüsten römischer Senatoren kennen: die Einsicht in das, was ist und wie das ist, was ist, wird bezahlt mit dem Verlust des Glaubens, daß die Menschen jemals glücklich oder die Verhältnisse, aufs Ganze gesehen, besser werden.

Sein letztes politisches Amt, im Rang eines Gesandten, war die Leitung des Büros des Reichspräsidenten Ebert, in das er im November 1919 berufen wurde. Danach hatte er noch die Kuratorstelle an der Frankfurter Universität bis zum Antritt der Naziherrschaft inne. Nach der Pogromnacht 1938 emigrierte er mit seiner Frau nach Amerika. Sein Schwiegervater, der Berliner Malerfürst Max Liebermann, Mitglied des Ordens Pour le mérite, starb 1935 achtundachtzigjährig in Berlin. Nur noch wenige Freunde, die zur Trauerfeier kamen, waren ihm geblieben, darunter die mutige und charakterstarke Käthe Kollwitz. Max Liebermanns Frau Martha war nicht mit emigriert. Sie wollte das Haus am Pariser Platz, den Nachlaß und das Grab ihres Mannes nicht im Stich lassen. Bald mußte sie aus ihrem Haus ausziehen, weil die Gegend um das Brandenburger Tor und Unter den Linden mit einem Judenbann belegt wurde. Sie wurde ihres ganzen Vermögens, aller Wertsachen und des Landhauses am Wannsee beraubt. Ab 1941 mußte die Dreiundachtzigjährige den Judenstern tragen. Internationale Versuche, noch ihre Ausreise zu erreichen, scheiterten an den immer höher geschraubten finanziellen Erpressungsforderungen des Reichswirtschaftsministeriums. Die alte Dame fungierte in der Nazibürokratie als „Devisensache Martha Liebermann". Im Frühjahr 1943 sollte Berlin auf Beschluß von Goebbels ‚judenfrei' werden. Als ein Kriminalbeamter Martha Liebermann morgens in der Frühe abholen wollte, nahm sie tödlich wirkende Tabletten ein, die sie für diesen Zweck bereitgehalten hatte. Auf der offenen Ladefläche eines Kleinlasters wurde die dreiundachtzigjährige alte Dame bewußtlos und sterbend quer durch Berlin ins Jüdische Krankenhaus wie ein Stückgut verfrachtet. Dort starb sie am 10. März 1943. Das Palais Liebermann am Pariser Platz ging wenig später bei einem Luftangriff auf Berlin unter.

Wie mir Riezler beiläufig in diesem Zusammenhang erzählte, war es ihm und seiner Frau bei ihrer Emigration 1938 noch möglich, zahlreiche Bilder Max Liebermanns mit nach Amerika zu nehmen. Das sei auch der Hauptgrund dafür gewesen, daß sie in der Emigration in den USA immer komfortabel hätten leben können. Wenn es finanziell eng wurde, entschloß man sich *nolens volens* zum Verkauf eines Bildes. Riezlers Leben stand unter einem guten Stern: er sah alle Höhen und Tiefen des menschlichen Lebens, aber die Tiefen immer aus sicherer Distanz. Seine Geschichtsphilosophie war Naturphilosophie. Sie paßte zu seinem pragmatischen Realismus.

Das, was wir Geschichte zu nennen pflegen, war für ihn nichts anderes als ein Teil des Naturprozesses, ohne Sinn, ohne Ziel, dirigiert von Zufälligkeiten, Kontingenzen, die aufeinandertreffen und sich zu weiteren Beliebigkeiten wieder trennen und wieder verbinden, wie ein Gletscher, dessen Eis zu Wasser schmilzt und wieder gefriert oder auch nicht, ein Entstehen und Vergehen von Kräften, die uns ein Schauspiel bieten, aber eben ein Spiel, das in der Sphäre des menschlichen Tuns entweder als tragisch oder als komisch empfunden werden kann, je nach dem, was wir als unseren Nutzen ansehen. Bei dem Wort ‚Soziologie‘ verzog sich Riezlers Gesicht zu einer verächtlichen Grimasse. Für ihn änderte sich der Mensch nicht, er ist immer derselbe und wird immer derselbe sein, motiviert durch seine sich gleichbleibenden Triebkräfte, die seine existentielle Situation in Zeit und Raum immer bestimmen werden, als da sind Eitelkeit, Geltungsbedürfnis, Wille zur Macht, Scham, Liebe, Haß, Ehrgeiz, Rache. An diesen anthropologischen, genetisch gesteuerten Konstanten werde sich nichts ändern, weil sich daran nichts ändern könne, betonte er immer wieder mit Nachdruck, wie er in seinem letzten Buch *Man: Mutable and Immutable. The Fundamental Structure of Social Life* (1950), in erklärter Frontstellung gegen die sogenannten Sozialwissenschaften ausführte, die das Humanum, das Menschliche am Menschen, nur zerredeten und dabei nicht einmal wüßten, was sie tun. Die Sozialutopien seien Lügen, in die Welt gesetzt zur Beruhigung der Massen – ein Narr, der daran glaube.

Politisch scharfsichtig und weitblickend, sah er früher als andere, schon im Schlachtenlärm des Ersten Weltkrieges, die Lösung in der Auflösung des Nationalismus und in einem Kosmopolitismus, von dem die Vereinigten Staaten von Europa ein integraler Bestandteil zu sein hätten. Ebenso scharfsichtig und mutig bewertete er in einem

Zeitschriftenartikel 1925 die Wahl Hindenburgs zum Reichspräsidenten: „Nichts ist politisch so dumm, daß es in Deutschland nicht geschehen könnte".[1] Eine der besten Charakterisierungen des Menschen
Riezler stammt von Theodor Heuss, dem lebenslangen Weggefährten
Riezlers. In seinem Gedenkwort zu Riezler erinnert er sich: „Die Bewunderung wurde zur Liebe, als wir Jahre hindurch in einem politischen Freundeskreis publizistische Dinge besprachen, berieten, in den
Jahren nach 1918; hier lernte ich den großen, illusionslosen Ernst
seines Urteils kennen, der die Phantasie, was denn das Wünschbare
sei, unter die Kontrolle der Nüchternheit nahm, was denn das Mögliche sei. Sein Temperament war durch die Verantwortung gezügelt,
auch in den Jahren, da er in keiner beamteten Verantwortung mehr
stand. Er sah die Dinge realistisch mit den Erfahrungen des Mannes,
der helläugig durch wichtige Jahre in der staatlichen Apparatur gestanden hatte und um die Grenzen ihrer Funktionsfähigkeit wußte."[2]

Mit seiner geschichtsphilosophischen Skepsis und seiner Kritik an
den Sozialwissenschaften blieb Riezler in Amerika ein Fremder. Auch
er blieb, wie die weit überwiegende Mehrzahl der geisteswissenschaftlichen Emigranten aus Deutschland, als Exilant in Amerika innerhalb der Grenzen der Denk- und Begriffswelt seiner intellektuellen
Herkunft. Er öffnete sich nicht eigentlich der Kultur seines Gastlandes
Amerika, wie das auch an Horkheimer und Adorno zu beobachten
war. Mit der amerikanischen Philosophie setzte sich auch Riezler
nicht auseinander. Das gilt auch für Leo Strauss und Hans Jonas,
Hannah Arendt und Paul Tillich. Dahinter stand der europäische Bil-

---

[1] Kurt Riezler, Hindenburgs Wahl. In: *Deutsche Nation* 6, H. 5, Mai 1925.
[2] Theodor Heuss, *Gedenkwort*, S. 15. Zitiert nach K.D. Erdmann: Kurt Riezler.
     Tagebücher. Aufsätze. Dokumente. Eingeleitet und herausgegeben von Karl Diet-
     rich Erdmann. Deutsche Geschichtsquellen des 19. und 20. Jahrhunderts. Bd. 48,
     Göttingen 1972, S. 131.

dungshochmut gegenüber der ‚Neuen Welt', deren philosophische Hervorbringungen man nicht ernst und infolgedessen nicht zur Kenntnis nahm. Riezler war auch hier insoweit eine Ausnahme, als er sich seines Vorurteils bewußt war und sich doch wenigstens einen oberflächlichen Eindruck von den Denkern des amerikanischen Pragmatismus verschaffte, der es ihm immerhin ermöglichte, mich auf die ihm fremd gebliebene Originalität und Qualität der amerikanischen Philosophen Charles Peirce, William James und John Dewey bei unseren vielen Gesprächen gelegentlich einmal hinzuweisen, allerdings erst auf Nachfrage von mir, als ich mich nach der Philosophie in Amerika erkundigte. Er sei, meinte er, als er 1938 mit sechsundfünfzig Jahren nach Amerika gekommen sei, schon zu alt gewesen, um sich auf die für ihn neue Denkweise einzulassen. Er habe nur ganz selektiv einiges von ‚diesen Leuten' gelesen. Das wenige habe ihn aber beeindruckt, besonders Peirce. Aus dem Mund von Riezler hörte ich den Namen von Peirce zum ersten Mal. Das ist der Grund, warum ich „Dem Andenken Kurt Riezlers" meine erste Publikation zu Peirce 1968 gewidmet habe.[1]

1954 verließ Riezler Amerika und zog nach Rom als seinen letzten Wohnsitz, mit einem weiten Blick auf die Ewige Stadt, jener ältesten und größten Machtanhäufung, die es auf Erden je gegeben hat, die Orgien der Lust und des Todes inbegriffen. Er sehnte sich nach den Pinien von Rom, von denen er melancholisch sprach. Hier erfüllte er

---

[1] Am Schluß des Vorwortes von 1967 schreibe ich: „Dieser Band sei Kurt Riezler (1882-1955) gewidmet, dem Altphilologen und Philosophen, dem Staatsmann und Universitätslehrer, dem deutschen Emigranten in Amerika. In den Jahren 1952 und 1953 war Riezler Gastprofessor in Frankfurt am Main, für uns Jüngere am Frankfurter Philosophischen Seminar ein unvergeßliches Ereignis. Riezler erzählte mir auch von Peirce. Damals hörte ich diesen Namen zum erstenmal." In: Charles S. Peirce, *Über die Klarheit unserer Gedanken* (How to Make Our Ideas Clear). Einleitung, Übersetzung und Kommentar von Klaus Oehler. Vittorio Klostermann Verlag, Frankfurt a. M. 1968, S. 10

sich einen Wunsch. Er fuhr nach Griechenland, dessen antike Denker ihn sein Leben lang beschäftigt hatten, buchstäblich bis zuletzt. Am 6. September 1955 starb Riezler in einer Klinik in München. Am Tag vorher hatte ihn sein Freund Kurt von Fritz, der Altphilologe, besucht, von dem Riezler für den nächsten Tag eine griechische Ausgabe von Platons Dialog *Timaios* erbat. Als Kurt von Fritz am nächsten Tag mit einer Ausgabe des Textes erschien, war Riezler in der Nacht gestorben. Er wurde dreiundsiebzig Jahre alt. Das war das Ende des Philosophen Kurt Riezler, das wie der Schluß eines Platonischen Dialoges anmutet. Es war das Ende eines Mannes, dessen Erscheinung mich begreifen ließ, warum bestimmte Lebensformen kultivierter Menschlichkeit nur in der Atmosphäre materieller Unabhängigkeit möglich sind. Über diese Wahrheit schweigt man sich in unserem sozialistischen Zeitalter aus. Aus ‚gutem‘ Grund. Der ‚gute‘ Grund ist der schlechte Grund: der pseudodemokratische Gleichheitswahnsinn. „Vater, vergib ihnen, denn sie wissen nicht, was sie tun" (Lukas 23, 34).

Promotion mit Hindernissen

Als ich mich, bevor ich Ende 1952 in die Weihnachtsferien fuhr, von Gerhard Krüger verabschiedete, wünschte er mir für das kommende Jahr alles Gute und vor allem eine erfolgreiche Promotion. Krüger und ich ahnten bei unserer Verabschiedung kurz vor Weihnachten 1952 nicht, daß wir uns erst nach mehreren Jahren und unter tragisch veränderten Umständen wiedersehen würden.

Als ich in den ersten Januartagen 1953 nach Frankfurt zurückkehrte, erhielt ich einen Anruf von Frau Krüger, in dem sie mir mitteilte, daß ihr Mann am zweiten Weihnachtstag an einem Gehirnschlag schwer erkrankt sei und auf vorläufig nicht absehbare Zeit stationär behandelt würde. Besuch war nicht möglich. Krüger hatte sein Sprechvermögen weitgehend verloren und war rechtsseitig gelähmt. Die Folge war schließlich nach langen Klinikaufenthalten die vorzeitige Pensionierung und das Ausscheiden aus dem Lehramt.

Horkheimer sicherte mir zu, daß ich meine Stelle am Philosophischen Seminar auf jeden Fall solange behalten könnte, bis ein geeigneter Nachfolger für Krüger gefunden sei. Komplizierter gestaltete sich für die Philosophische Fakultät in Tübingen die Suche nach einem Ersatz für Krüger in meinem Promotionsverfahren. Man einigte sich auf Wilhelm Weischedel, der damals noch in Tübingen lehrte, bevor er wenig später nach Berlin wechselte. Ich hatte mich seinerzeit während meiner Assistententätigkeit bei Krüger in Tübingen für Weischedel nicht sonderlich interessiert, eigentlich gar nicht. Ich hatte einige Vorlesungen von ihm gehört und war nicht beeindruckt. Das hatte ich alles schon besser gehört oder gelesen. Ich hatte kein gutes Gefühl, als mir mitgeteilt wurde, daß in meinem Promotionsverfahren Weischedel die Funktion von Krüger übernahm. Die Beziehung zwischen Weischedel und Krüger war nicht die beste gewesen. Ich erzählte Riezler die ganze Geschichte, der ja zu der Zeit in Frankfurt weilte. Ich fragte Riezler etwas naiv, was ich da in Sachen Weischedel machen könne. Er antwortete mir kurz und bündig: „Nix. Sie können gar nix machen. Sie könnten nur noch alles schlimmer machen. Ich werde mit meinem Freund Schadewaldt reden". Schadewaldt war zu jener Zeit Dekan der Philosophischen Fakultät. Außerdem verfaßte Schadewaldt das Zweitgutachten zu meiner Dissertation und war Prüfer im Fach Griechisch in meinem Rigorosum. Das Rigorosum war auf den 18. Juni 1953 festgesetzt. Irgendwann im Mai fuhr Riezler auf einer seiner gelegentlichen Reisen nach Süddeutschland nach Heidelberg, Freiburg und Tübingen. Dort besuchte er Schadewaldt. Als er wieder zurück in Frankfurt war, sprach er mit keinem Wort zu mir über seinen Ausflug ins Schwäbische. Er wahrte diplomatisch die Diskretion. Aber ich sollte schon bald merken, daß seine Missionsreise nicht vergeblich gewesen war.

In der mündlichen Prüfung im Hauptfach Philosophie, die eine Stunde dauerte, mit Weischedel als Prüfer, hatte sich Schadewaldt, wozu er als Dekan berechtigt war, als Beisitzer einfach dazugesetzt, was ganz ungewöhnlich war und auch heute noch wäre. Es sollte sich herausstellen, daß Schadewaldts Anwesenheit ein Glück für mich war. Weischedel wirkte mißmutig. Er veranstaltete mit mir eine gnadenlose Tour d'Horizon durch die Geschichte der Philosophie und fragte mich im Zusammenhang mit Kants Kategorienlehre nach dem Substanzbegriff bei Aristoteles. Als ich zurückfragte, ob er die Erste oder die Zweite Substanz bei Aristoteles meine, behauptete er gereizt, eine Unterscheidung zwischen Erster und Zweiter Substanz käme bei Aristoteles gar nicht vor. Als ich dann lakonisch auf das fünfte Kapitel der Aristotelischen *Kategorienschrift* verwies, bemerkte Schadewaldt zu Weischedel mit leiser Stimme und hochgezogenen Augenbrauen: „Ich glaube, Herr Kollege, da müssen wir Herrn Oehler Recht geben". Daraufhin erhob sich Weischedel mit hochrotem Kopf und zischte Schadewaldt zu: „Dann werde ich ja wohl hier nicht mehr benötigt", und machte Anstalten, den Raum zu verlassen. „Doch, bitte, ich brauche noch Ihre Unterschrift fürs Protokoll", erwiderte Schadewaldt sachlich kühl. In diesem Augenblick wurde mir klar, daß Riezler *via* Schadewaldt mich vor Schlimmerem bewahrt hatte.

Zum Wintersemester 1953/54 blieb ich noch am Philosophischen Seminar in Frankfurt. Ich lernte in dieser Zeit den Philosophen und Soziologen Helmuth Plessner und seine junge attraktive Frau Monika[1], eine Kunst- und Literaturwissenschaftlerin, kennen, die vor und nach Plessners Vorlesungen regelmäßig zusammen ins Seminar kamen. Plessner erzählte mir aus der Zeit seiner Emigration in Holland und wir redeten über seine Anthropologie und sein Buch *Die verspätete Nation*, das aktuelle Schlaglichter auf die deutsche Gesellschaft wirft. Auch der religiöse Sozialist und Religionsphilosoph Paul Tillich, der seine akademischen Wurzeln in Frankfurt hatte, stattete gelegentlich, wenn er in Deutschland war, dem Philosophischen Seminar und seinen alten Freunden Horkheimer und Adorno einen Besuch ab.

Die Anfänge der Peirce=Forschung in Deutschland: Jürgen von Kempski Rakoszyn

Eines Tages machte mich Adorno mit einem Mann von Anfang vierzig bekannt, klein von Statur, schwarzhaarig, mit einem interessanten, lebhaften Gesicht, der mir schon vorher dadurch aufgefallen war, daß er von Zeit zu Zeit in der Bibliothek des Philosophischen Seminars mit einem kleinen Koffer an der Hand auftauchte, regelmäßig sofort seine Jacke auszog und dann eigentlich nur noch durch seine damals etwas aus der Mode gekommenen Hosenträger auffiel, mit denen er da herumlief und die die Funktion hatten, seine reichlich zerknitterte Hose festzuhalten. Es war der Privatgelehrte Baron von Kempski Rakoszyn, den Adorno mit der Dissertation *Charles S. Peirce und der Pragmatismus*, die ein Jahr zuvor, 1952, im Kohlhammer Verlag in Stuttgart erschienen war, promoviert hatte. Adorno bekannte mir gegenüber einige Tage später, als wir alleine waren, er habe Herrn von

---

[1] Ihre geistvollen Erinnerungen an das intellektuelle Klima der Bundesrepublik in den fünfziger und sechziger Jahren beleuchten auch kenntnisreich die Frankfurter Szene. Vgl. Monika Plessner, *Die Argonauten auf Long Island. Begegnungen mit Hannah Arendt, Theodor W. Adorno, Gershom Sholem und anderen*. Rowohlt: Berlin 1995.

Kempski zwar promoviert, weil er ihn für einen sehr klugen Mann halte, aber von seiner Dissertation habe er keinen einzigen Satz verstanden. Er drücke sich so umständlich aus. Aber dieser „Mr. Pierce", von dessen Philosophie die Dissertation handele, sei wohl auch kein Muster an Klarheit gewesen. Adorno sprach den Namen von Peirce falsch aus. Damals wußte ich, abgesehen von dem Hinweis von Riezler, über Peirce noch so gut wie nichts. Später lernte ich begreifen, daß die Dissertation des Jürgen von Kempski den Anfang der Peirceforschung in Deutschland markiert, an den wir Späteren ab der zweiten Hälfte der sechziger Jahre alle angeknüpft haben, wie Max Bense, Elisabeth Walther, Karl-Otto Apel, Jürgen Habermas und ich. Kempski stellte nicht nur die grundlegende Beziehung von Peirce zu Kant heraus, sondern zeigte auch die Peircesche Erweiterung des klassischen Systems der Schlußfiguren durch den abduktiven Schluß auf. Kempskis Dissertation über den Peirceschen Pragmatismus war eine Pionierleistung in mehrfacher Hinsicht: sowohl in bezug auf die seriöse Einordnung der Philosophie des amerikanischen Pragmatismus in die Gesamtentwicklung der modernen Philosophiegeschichte als auch in bezug auf die Methodologie der Logik, die sich im ausgehenden 19. Jahrhundert in einem revolutionären Umbruch befand. Zweifellos wußte Adorno nicht, was er tat, als er Kempski mit dieser Arbeit promovierte. Aber daß er es tat, spricht für den sicheren Instinkt Adornos für Qualität und Originalität. Dessen blieb ich mir immer dankbar bewußt, wenn ich in späteren Jahren Adorno manchmal nicht mehr folgen konnte auf seinem Weg in die Dogmatisierung und Verhärtung.

Jürgen von Kempski hat es sich selbst und anderen nicht leicht gemacht. Er war der geborene Außenseiter, vielseitig begabt und engagiert, ein Experte der modernen Sprachanalyse und Logik, klassisch humanistisch gebildet, politisch scharf urteilend und verurteilend, ein brillanter Unterhalter in kleinem Kreis, in seinen Alltagsgewohnheiten kauzig, ein Nonkonformist *par excellence*. Kurz: er verfügte über all die Eigenschaften, mit denen man vielleicht in England, aber todsicher nicht in Deutschland Karriere machen kann. Entsprechend verlief die berufliche Laufbahn dieses genialen Einzelgängers. Er machte ausgiebig Bekanntschaft mit der Einsamkeit, wie so oft der Preis für die Freiheit.

Er hatte vor dem Krieg Philosophie und Jura bei Jonas Cohn, Rudolf Smend und Carl Schmitt studiert. Während der Kriegsjahre war er im Auswärtigen Amt in Berlin tätig. Er besaß eine intime Kenntnis der Geistesgeschichte des 19. Jahrhunderts, insbesondere der linken und rechten Hegelschüler. Er kannte nicht nur Marx, sondern auch Gestalten wie Bruno Bauer, Feuerbach usw. und die Entwicklung der protestantischen Theologie. Sein Steckenpferd war der Versuch einer Formalisierung der gesamten Rechtstheorie. Er war Herausgeber bedeutender philosophischer Zeitschriften wie des *Archivs für Philosophie* und des *Archivs für Mathematische Logik und Grundlagenforschung*, die die philosophische Entwicklung in Deutschland in den Jahrzehnten nach dem Zweiten Weltkrieg maßgeblich mit bestimmten. Seit 1972 war er Honorarprofessor der Philosophie an der Universität Bochum und seit 1981 Direktor eines Instituts für Methoden- und Strukturforschung.

Seine philosophische Schriftstellerei erreichte glanzvolle Höhepunkte, beispielsweise bei Themen wie der Verhältnisbestimmung von Recht und Politik oder der fragwürdigen Grenzziehung und Vermittlung von Natur- und Geisteswissenschaft. Er ist der Autor einer tabulosen Analyse der Gründe des Scheiterns des deutschen Widerstandes am 20. Juli 1944. Mit Recht stolz war er auf seinen Essay *Versuch über Zärtlichkeit*, ein Thema, das philosophisch als erster behandelt zu haben er für sich in Anspruch nahm. Er war ein Meister des philosophischen Essays. Er durfte es noch erleben, daß seine Schriften in drei Bänden 1992 im Suhrkamp Verlag gesammelt erschienen.[1] 1998 starb er im Alter von achtundachtzig Jahren. Eine unvergessene Gestalt, ein großer Unangepaßter. Solche Leute berief man in Deutschland nicht gerne auf ordentliche Lehrstühle. Sie hätten ja die akademische Gemütlichkeit stören können. Die Mandarine blieben lieber unter sich. Daran hat sich auch nach der Universitätsreform in der sogenannten Gruppenuniversität im Prinzip nichts geändert. Das sieht bloß so aus. Nur die Couleur des Personals hat sich geändert.

Der erste Lehrauftrag

Im Frühjahr 1954 übernahm ich für zwei Semester einen Lehrauftrag am Seminar für Klassische Philologie an der Universität Marburg. Man suchte in Personalunion einen Philosophen und Klassischen Philologen. In Erinnerung sind mir noch ein Seminar über Ciceros philosophische Schriften, das ich veranstaltete, und ein Seminar über Ovid, dessen Dichtung ich wegen ihrer Reflektiertheit besonders schätze. Als Fünfundzwanzigjähriger konnte ich hier meine ersten Lehrerfahrungen sammeln. Viele der Studenten und Studentinnen, die vor mir saßen, waren so alt wie ich oder älter. Im großen Übungsraum, in dem die Bibliothek untergebracht war, hingen über den rohen Holztischen noch die uralten Leuchten mit den grünen Glasschirmen, unter denen schon viele Generationen vor uns die antiken Texte studiert hatten. Das Seminar für die alten Sprachen befand sich noch in

---

[1] *I Brechungen. Kritische Versuche zur Philosophie der Gegenwart; II Recht und Politik. Studien zur Einheit der Sozialwissenschaft; III Prinzipien der Wirklichkeit.*

dem Institutsgebäude ‚Am Plan 2' mit dem mittelalterlichen Brunnen davor. Da ich es nun inzwischen leid geworden war, in Untermiete zu wohnen, logierte ich mich in ein Hotel ein, und zwar in die Dependance des Bahnhofshotels in der Bahnhofstraße. Das machte vieles einfacher. Finanziell war das für mich gerade eben erschwinglich, aber durch die planmäßige Assistentenstelle und die Hörergelder, die es damals noch zusätzlich gab, wurde es möglich. Ich machte die Entdeckung, daß das Leben im Hotel als Dauergast eine komfortable und exklusive Sache ist, und ich nahm mir vor, das später so weiter zu praktizieren. Selbst eine gute Haushälterin ersetzt nicht die gute Einsamkeit in einem distinguierten Hotel. Leider bin ich meinem Vorsatz nicht treu geblieben, obwohl ich es mir immer hätte leisten können, so zu leben, und es meiner Natur zutiefst entsprochen hätte. Die größten Fehler im Leben macht man nicht so sehr, weil man falsche Entscheidungen trifft – das auch –, sondern vor allem dadurch, daß man sich nicht an frühe Einsichten hält und danach handelt.

Ich verdankte den Lehrauftrag in Marburg dem Gräzisten Friedrich Müller, der mich noch aus der Zeit meines Studiums in Marburg kannte. Sein weltberühmter Lehrer, der Altphilologe Werner Jaeger, der seit 1936 an der Harvard University tätig war, hielt im Sommer 1954 einen Vortrag in der Aula der Marburger Universität über das Bildungsideal der Griechen, aber er tat das zu meiner Enttäuschung in Begriffen, die mir seltsam unmodern und entrückt vorkamen. Werner Jaeger hatte in früheren Jahren das Programm des sogenannten Dritten Humanismus entwickelt, in dem er das antike griechische Bildungsideal der Paideia als das Zukunftsmodell einer Universalkultur empfahl. Er kam mir vor wie der typische deutsche Gymnasialprofessor. Das Programm stimmte, nur die Welt war nicht so, wie das Programm es voraussetzte. Eine tragische Figur. Aber er hatte und hat meinen

Respekt, denn er war ein Mann, der sich nicht mit der Historisierung der klassischen Bildungsgüter abfinden, sondern sie für eine zukünftige Menschheit lebendig erhalten wollte. Dabei kam er, als er in Marburg seinen Vortrag hielt, aus einer Welt, Amerika, in der er täglich schmerzlich erleben mußte, daß die klassische antike Wertewelt nur noch dekorative Bedeutung hat. Er hoffte auf Renaissancen, und auch uns in Europa wird mittlerweile nichts anderes übrig bleiben, als darauf zu hoffen. Eine inzwischen dürftig gewordene Aussicht. Aber wir dürfen diese Hoffnung nicht aufgeben, sonst wird im Zuge fortschreitender Globalisierung nur wenig von unserem antiken humanistischen Erbe überleben, obwohl es das im Wertevergleich mit anderem vorrangig verdient hätte. Daß es im Kampf um die globale Vorherrschaft zu einer Auseinandersetzung der Kulturen kommen wird, dafür sind die Vorzeichen bereits unübersehbar. Werner Jaeger gehörte zu den wenigen deutschen geisteswissenschaftlichen Emigranten in Amerika in den dreißiger und vierziger Jahren des vorigen Jahrhunderts, die das Menetekel sahen und die zivilisatorischen Gefahren für die Menschheit erkannten. Aber sein Lösungsvorschlag griff zu kurz.

KLAUSUR IN HINTERZARTEN

Die Jahre am Platon-Archiv

Nach dem Staatsexamen im Fach Klassische Philologie, das ich 1956 in Frankfurt ablegte, war jetzt endlich der Zeitpunkt gekommen, an dem ich mit der Verwirklichung meines schon seit langem gehegten Planes der Anfertigung einer philosophischen Habilitationsschrift beginnen konnte. Es traf sich günstig, daß mein Studienfreund aus den Tübinger Jahren, Hellmut Flashar, bei mir anfragte, ob ich daran interessiert sei, seine Stelle als Wissenschaftlicher Assistent am Platon-Archiv in Hinterzarten im Schwarzwald zu übernehmen, da ihm sein Lehrer Schadewaldt eine Assistentenstelle an dessen Lehrstuhl in Tübingen angeboten habe, aber der Direktor des Platon-Archivs, Georg Picht, ihn, Flashar, nur freigeben wolle, wenn er einen geeigneten Nachfolger stelle. Ich nahm das Angebot an, ans Platon-Archiv zu gehen, nachdem ich mich vorher versichert hatte, daß neben der Archivarbeit genügend Zeit für mich zur Abfassung einer Habilitationsschrift übrigbleibe. Die Bezahlung war demgegenüber zweitrangig; sie war ohnehin lächerlich niedrig: 250 Deutsche Mark monatlich. So siedelte ich kurz entschlossen für die nächsten drei Jahre nach Hinterzarten im Schwarzwald um, denn solange sollte der Aufenthalt dort dauern, wie die Zukunft lehrte.

Ich kam am 6. Februar 1956 in Hinterzarten mit der Eisenbahn an, das letzte Stück der Strecke von Freiburg durchs Höllental hoch, das Dorf tief verschneit, denn Hinterzarten war damals noch ein Dorf. Flashar holte mich vom Bahnhof ab und brachte mich zu meiner neuen Behausung, einem Zimmer in der Herchenmühle, verträumt am Bach der Zarte gelegen. Sanitäre Einrichtungen gab es nicht, kein fließendes Wasser, keine Heizung, statt dessen ein, früher so genannter, Kanonenofen, weil das lange Ofenrohr wie das Rohr einer Kanone aussah. Geheizt wurde mit Holz und Briketts. Es war das ehemalige Zimmer von Flashar, das ich nun praktischerweise gleich mit übernahm. Mietpreis 30 Mark monatlich. So war das damals in den guten alten fünfziger Jahren. Im Winter bei Frost waren morgens die Fensterscheiben zugefroren, der Ofen war inzwischen ausgegangen, und es war saukalt in der Bude. Eine Toilette befand sich unten im Treppenhaus. Trotz des mangelnden Komforts habe ich mich in der Herchenmühle, die inzwischen abgerissen worden ist, sehr wohl gefühlt, abgeschieden und still, die ideale Klause zum Arbeiten. Ich habe dort gelernt, was der Mensch zum Leben alles nicht braucht. Dafür bin ich dem Schicksal dankbar. Ich habe immer gern gut gelebt und bin dem Luxus nicht abgeneigt, aber man genießt vieles um so mehr, je bewußter einem ist, daß, wenn es sein muß, es auch anders geht, weil man diese Erfahrung ja schon einmal gemacht hat.

Das Platon-Archiv war ein von der Deutschen Forschungsgemeinschaft 1948 in Auftrag gegebenes Unternehmen zur Durchführung der Vorarbeiten für ein neues Platon-Lexikon, in deren Verlauf der Wortschatz Platons vollständig katalogisiert wurde, um so die Grundlage für das Lexikon zu schaffen. Bedauerlicherweise ist das Vorhaben, das nach dem Aufkommen der Computer-Technik ganz anders organisiert worden wäre, nicht zum Abschluß gebracht worden. Das in einer über zehnjährigen Arbeit zusammengestellte Material steht heute als Torso im Seminar für Klassische Philologie der Universität Tübingen und ist dort als Platon-Archiv den Platonforschern aus aller Welt zugänglich.

Leiter des Platon-Archivs in Hinterzarten war der Altphilologe und Pädagoge Georg Picht. Von den zwei Forschungsassistentenstellen des Archivs hatte die eine Wolfgang Kullmann, der schon seit mehreren Jahren am Archiv tätig war, die andere Hellmut Flashar, dessen Nachfolger ich 1956 wurde. Die Tätigkeit ließ, wie gesagt, genug Zeit für die eigene Forschungsarbeit. So konnte sich Kullmann 1957 an der Universität Freiburg i.Br. mit einer Untersuchung über die Quellen von Homers *Ilias* für das Fach Klassische Philologie habilitieren und Flashar wenige Jahre später in Tübingen bei Schadewaldt mit einem Kommentar zu der pseudoaristotelischen Schrift *Problemata Physica*. In der Rückschau sind die Hinterzartener Jahre eine Zeit des Durchatmens gewesen, eine Zeit der Besinnung und des Kräftesammelns vor dem Start in die akademische Laufbahn des Universitätslehrers. So sahen wir das, und so erlebten wir uns. Anders jedenfalls als die Generationen, die bald nach uns kamen und die Frage stellten: wozu überhaupt Habilitation? Und im übrigen waren die fünfziger Jahre gar nicht so muffig und miefig, wie manche, die sie nicht erlebt haben, heute gerne darstellen, weil ihnen die Adenauer-Welt politisch nicht in den Kram paßt. Ich jedenfalls bin in jeder Beziehung voll auf meine Kosten gekommen und kann nicht klagen.

Arbeit an der Habilitationsschrift

Der Gegenstand meiner Tübinger philosophischen Dissertation von 1953 war der Begriff der Noësis bei Aristoteles, das heißt des noëtischen Denkens, das man heute das intuitive, nichtpropositionale, nichtprädikative Denken zu nennen sich angewöhnt hat. Kernstück der Dissertation war der erkenntnistheoretische Aspekt der philosophischen Theologie des Aristoteles und in diesem Zusammenhang die logische Analyse des kosmologischen Gottesbeweises in der *Metaphysik* des Aristoteles, also jener Untersuchung, deren Ergebnis ich zuerst 1951 im Descartes-Seminar bei Gerhard Krüger vorgetragen hatte und das 1955 veröffentlicht wurde.

Schon während der Abfassung der Dissertation merkte ich, daß die Themenstellung zu eng gefaßt war und es auf diese Weise, also mit der Konzentration primär auf das noëtische Denken, nicht gelingen konnte, den Aristotelischen Begriff des Denkens und des Bewußtseins vollständig zu erfassen. Ich entschloß mich, die Untersuchung auf eine breitere Basis zu stellen, die Themenstellung auszuweiten, Platon miteinzubeziehen und das Ganze als einen Beitrag zur Erforschung der Geschichte des Bewußtseinsproblems in der Antike anzulegen. So kam es in den ersten Monaten in Hinterzarten nach langem Nachdenken zu der Gegenstandsbestimmung meiner Habilitationsschrift *Die Lehre vom Noetischen und Dianoetischen Denken bei Platon und Aristoteles*. Nach drei Jahren, im Frühjahr 1959, war die Arbeit fertig, das heißt ich hatte das Gefühl, jetzt mit meiner Darstellung des Themas aufhören zu können; denn in einem tieferen Sinne wird man nie „fertig" und kann an jedem Buch weiterschreiben ohne Ende. Das weiß jeder, der einmal ein Buch geschrieben hat. Auch so gesehen hat Platon natürlich Recht, wenn er im Siebten Brief sagt, daß es von seiner Philosophie oder über seine Philosophie niemals wirklich ein Buch geben werde, weder von ihm selbst noch von einem anderen geschrieben.

Gerhard Krüger hatte in einem Aufsatz von 1933, der heute zu den klassischen Dokumenten der Erforschung der Bewußtseinsgeschichte zählt, damit angefangen, in kritischer Auseinandersetzung mit dem neuzeitlichen Subjektivismus die Frage nach der Herkunft des philosophischen Selbstbewußtseins zu stellen. Er war bei dieser Rückfrage bei Descartes und Augustinus stehengeblieben. Krüger war, so meine Auffassung, zu kurz gesprungen, und ich wollte den Nachweis führen, daß bereits die klassische griechische Philosophie von Platon und Aristoteles die Bewußtseinsproblematik und die Reflexion der Erkenntnis auf das Erkennen selbst als Möglichkeit der Erkenntnis gekannt hat, daß sie aber auf die Frage nach dieser Möglichkeit eine andere Antwort gab als die Neuzeit.

Als Leitfaden bei meiner Untersuchung, die der Inhalt meiner Habilitationsschrift ist, diente mir die Unterscheidung der beiden Denkformen, die der Aristotelischen Erkenntnistheorie zugrunde liegt: das dianoetische Denken, das sich in Urteilen vollzieht und in Aussagen ausspricht, und das noetische Denken, das intuitive, vorprädikative Erfassen von Gegebenheiten. Dabei stellte sich mir die Selbstbeziehung der noetischen Denkform auf sich selbst in Aristoteles' Bestimmung des Unbewegten Bewegers der Welt als Noesis noeseos, als Denken des Denkens, als der höchste Punkt der Antiken Philosophie dar. Daran knüpften sich später weitere Forschungen zur philosophischen Bewußtseinsproblematik in der Antike an, insbesondere zu der Frage, wie sich für die klassische griechische Philosophie Selbstverhältnisse (wie etwa die Beziehung der Identität in der Relationenlogik oder die Selbsttötung als Problem der Ethik) darstellten und wie ihr Verständnis der Struktur der Selbstbeziehung aussah.

Aus dieser neuen Sicht der Entdeckungsgeschichte des Selbstbewußtseins ergab sich auch eine neue Ortsbestimmung Descartes' im Ablauf der Denkgeschichte. Descartes bildet nun nicht mehr nur einen Anfang, sondern auch das Ende einer Entwicklung, das unausgeschöpfte Denkmöglichkeiten für Jahrhunderte in Vergessenheit geraten ließ und zu Problemverkürzungen neuzeitlicher Denkansätze, insbesondere im deutschen Idealismus führte. Denn für die von Descartes installierte moderne Skepsis besteht die Realität allein noch in dem vom Bewußtsein Objektivierten. Dieser Standpunkt des Idealismus beruht auf der Überzeugung, daß das Bewußtsein seine von ihm selbst gezogenen Grenzen niemals transzendieren kann und alles Vorgestellte das Vorgestellte dieses Bewußtseins ist. In dieser Einstellung des Denkens sehe ich den natürlichen Sachbezug des Denkens verlorengehen, den die Philosophie in der Antike noch stets gewahrt hatte. Im Akt der menschlichen Erkenntnis des Seienden geht von dem Seienden eine Initiative aus, deren Anerkenntnis unterschlagen wird, wenn man von dem idealistischen Dogma der Apriorität überempirischer Bewußtseinsstrukturen ausgeht, von denen niemand sagen kann, wo sie herkommen. Der Wille zur Subjektivität ist da, wo er absolut gesetzt wird, ein Wille zur Willkür. Für Anhänger solchen Willkürwillens ist die Initiative des Seienden unerwünscht, und ein blinder Konstruktivismus tritt an ihre Stelle, vor dem wir aus Furcht vor den Folgen auf der Flucht sind, seit wir das Technikverständnis des Totalitarismus im Kommunismus, Faschismus und Nationalsozialismus kennengelernt haben.

Georg Pichts sich selbst erfüllende Prophezeiung der deutschen Bildungskatastrophe

Das Ambiente des Platon-Archivs war ungewöhnlich und bizarr. Da war zunächst der Leiter des Archivs, Georg Picht, 1913 in Straßburg geboren, Studium der Klassischen Philologie und Philosophie. Er promovierte 1943 in Freiburg i.Br. mit einer Dissertation über die Ethik des Stoikers Panaitios. Von 1946 bis 1956 war er Direktor des Landschulheimes Birklehof in Hinterzarten. Zugleich leitete er von 1948 an das Platon-Archiv, das auf dem Gelände der Schule Birklehof in einem alten ehemaligen Schwarzwälder Bauernhaus, dem Altbirklehof, untergebracht war, landschaftlich reizvoll gleich oberhalb des Höllentales gelegen, wo der Zug, von Freiburg hochkommend, in den Ort einbiegt. Eine romantische Idylle im Sommer wie im Winter, wo im Frühjahr oft noch Schnee liegt, wenn unten in Freiburg schon die Bäume grünen und die Blumen blühen. In späteren Jahren, ab 1965, war Picht Professor für Religionsphilosophie an der Theologischen Fakultät der Universität Heidelberg. Er starb 1982.

In dem privaten Landschulheim Birklehof setzte sich der Lehrkörper in jenen Jahren direkt nach dem Krieg bunt gemischt aus sehr interessanten, außergewöhnlichen Menschen zusammen, die keineswegs alle den Lehrerberuf erlernt und studiert hatten. Diese Offenheit, Liberalität und Toleranz imponierte mir. Nicht wenige Damen und Herren des Lehrkörpers waren von altem Adel, die kriegsbedingt und in den Wirren der Nachkriegszeit, von ihren Landsitzen im Osten Deutschlands vertrieben, in den Westen gekommen waren, oder es waren Witwen, deren Männer als hohe Offiziere an der Front oder im Widerstand gegen Hitler umgekommen waren, so Graf Kalkreuth, Graf und Gräfin Bassewitz, die Tochter von Bethmann-Hollweg, sowie Gräfin Schulenburg und Gräfin Eulenburg. Daneben gab es solche, die nach 1945 als politisch belastet galten und deshalb im staatlichen Schuldienst kein Unterkommen fanden oder solche, die gar nicht an einer staatlichen Schule unterrichten wollten, sondern nur an einer Privatschule, wie das Landschulheim Birklehof eine war. Die Schülerinnen und Schüler kamen aus allen Teilen der alten Bundesrepublik, viele, weil ihren Eltern die pädagogische Zielsetzung der Schule besonders zusagte oder weil die Eltern im Ausland lebten im Dienste des Auswärtigen Amtes etc. Die Pflege der alten Sprachen und der humanistischen Tradition war der Kern des schulischen Programms. Daneben kam der Pflege der Musik eine besondere Bedeutung zu. Die Frau von Georg Picht, Frau Edith Picht-Axenfeld, hatte eine Professur an der Musikhochschule in Freiburg. Der Birklehof war in jenen Jahren eine Bildungsoase, und obwohl das Platon-Archiv institutionell nicht in ihn integriert war, nahmen wir ,Platoniker', wie man uns nannte, doch indirekt an dem bunten Treiben auf dem Birklehof teil.

Georg Picht als offizieller Leiter trat in der täglichen Arbeit des Platon-Archivs gar nicht in Erscheinung. Die Organisation der Arbeit lag fast ausschließlich bei uns selbst. Einmal im Monat fand in der großen Bauernstube des Schwarzwaldhauses an dem langen Holztisch eine sogenannte Platon-Sitzung statt, die am frühen Abend begann und bis tief in die Nacht dauerte. Dann wurde gemeinsam, zusammen mit allen daran Interessierten des Birklehofes, der griechische Text eines Platonischen Dialoges gelesen und diskutiert. Die einzige Flüssigkeit, die man zwischendurch zu sich nahm, war ein starker schwarzer Tee, Darjeeling-Hochgewächs. Picht war schon bald in eine dicke Tabakwolke eingehüllt, die ihn für uns fast unsichtbar machte, denn er rauchte unentwegt Pfeife, die er auch beim Sprechen nur selten aus dem Mund nahm. Man las den Text der Oxford-Edition von Burnet, verglich grüblerisch die verschiedenen überlieferten Lesarten des Textes, zog Parallelstellen heran, und dann wartete man darauf, daß Picht, mehr Platonschwärmer als Platonforscher, nach langem, tiefsinnigem Schweigen, mit sorgenzerfurchtem Gesicht, als ob das Schicksal des Abendlandes auf seinen Schultern läge, etwas sagte: „Ungeheuer dicht mal wieder, diese Stelle. Über die wenigen Sätze hier könnte man ein ganzes Buch schreiben", stellte er dann fest. Aber leider wurde dieses Buch nie geschrieben, auch nicht das legendäre Platon-Buch von Picht, über das man jahrzehntelang geheimnisvoll mit dem Gestus des Eingeweihten sich zuraunte, dieses Buch würde zum ersten Mal den wahren Platon sichtbar machen. Picht war mit eigenen Arbeiten über Platon nie hervorgetreten. Die einzige Publikation zu Platon, die es von ihm gab, war ein winziger, für die Platonforschung bedeutungsloser Essay in der Monatszeitschrift *Merkur* (1953) über Platons Lehre vom Wissen. Posthum erschien 1990 ein Band über Platons Dialoge *Nomoi* und *Symposion*, für die Platonforschung, soweit ich sehe, ebenfalls ohne erkennbare Bedeutung.

Pichts Tragik bestand in einem tiefen Selbstmißverständnis. Er war keine Forschernatur. Er war ein verhinderter Künstler, mit einem starken Drang zum Gestalten, Bilden, Formen, egal ob Menschen oder Institutionen. Deshalb ist auch sein Verdienst um das Platon-Archiv nicht sein Beitrag als Platonforscher, den es nicht gab, sondern die Initiative zur Gründung des Platon-Archivs als Institution und die Erzeugung einer Atmosphäre, eines spirituellen Umfeldes, in dem die Forschungsarbeiten anderer werden und wachsen konnten. Dafür bin ich Georg Picht dankbar.

Im übrigen hatten wir beide uns leider wenig zu sagen. Das hing wohl auch mit seinen bildungspolitischen Vorstellungen zusammen, die mich enttäuschten. Meine Vorstellungen von akademischer Bildung waren jedenfalls andere als die von Georg Picht, wie sich wenige Jahre später in aller Öffentlichkeit drastisch zeigen sollte, als er 1964 unter dem Titel *Die deutsche Bildungskatastrophe* das Ende der in aller Welt bewunderten, von Wilhelm von Humboldt geprägten deutschen Schul- und Hochschultradition einläutete. Doch über dieses Trauerspiel später.

Pichts Gesicht erinnerte mich, als ich ihn bei einem Besuch 1955 zum ersten Mal sah, an den Kopf eines Satyrs in der hellenistischen Kunst. Sobald er mit Menschen zusammenkam, fing er völlig unmotiviert an, laut zu lachen, wobei seine Zähne die Pfeife krampfhaft festhielten. Sein ständiges Gelache, die Karikatur eines göttlichen Gelächters, war gänzlich situationsunabhängig, gepaart mit einer osten-

tativen Überlegenheitsattitüde, die ihn in die Gefahr brachte, lächerlich zu wirken. Er hatte eine schöne Baritonstimme. Wenn er sprach,
drückte er seine Brust heraus wie ein strammstehender Soldat, was
eigentlich gar nicht zu ihm paßte. Eine unvergeßliche Gestalt. Eine
aus vielen Facetten bestehende Persönlichkeit. Möglicherweise wäre
er ein großer, berühmter Schauspieler geworden. Sein Jugendtraum
war es gewesen, wie er mir einmal erzählte, Dirigent zu werden. Das
ließ tief blicken. Wenn schon nicht Gott, dann wenigstens Kapell-
meister. In seinem Hauptwerk *Masse und Macht* hat Elias Canetti das
Phänomen des Orchesterleiters sozialtheoretisch auf den Punkt gebracht: „Es gibt keinen anschaulicheren Ausdruck für Macht als die
Tätigkeit des Dirigenten". Mit dem Taktstock in der Hand die Welt
regieren, Neugier erregen, Faszination und Medienrummel, die Spitze
verkörpern und Hoffnungsträger sein, von prägender Kraft sein, Charisma ausstrahlen, auf den nächsten Einsatz warten lassen, Gott oder
Magier, darunter geht nichts.

Was mich an Picht mit seinem wiehernden Lachen von Anfang an
störte, war die Lücke zwischen seinem Anspruch, mit dem er auftrat,
und seiner existentiellen Wirklichkeit. Im Schatten seines Lehrers
Heidegger stehend, versuchte er, den Philosophen zu geben, der er
nicht war, sondern nur mimte. Das war überdeutlich und trat im Laufe
der Jahre immer klarer in Erscheinung. Statt immer schon Verantwortung für das Ganze übernehmen und die „großen Zukunftsfragen"
prophetisch beantworten zu wollen[1], hätte er zuerst einmal Verantwortung für sich selbst und für die Aufgabenbereiche übernehmen sollen,
die ihm konkret anvertraut worden waren: Im Platon-Archiv jedenfalls, dessen von der Deutschen Forschungsgemeinschaft eingesetzter

---

[1] Man vergleiche die Titel seiner Bücher *Die Verantwortung des Geistes* (1965);
Mut zur Utopie (1969); *Hier und Jetzt. Philosophieren nach Auschwitz und Hiro-
schima* (1980), u.a.

offizieller Leiter er war, spürte ich von dieser Verantwortung nichts; wir waren uns selbst überlassen, was, in der Rückschau betrachtet, allerdings für unsere Arbeiten auch wohl besser so war. Sein Freund Carl Friedrich von Weizsäcker hielt in Nibelungentreue zu ihm. Was die beiden tiefer als alles andere miteinander verband, war das elitäre Wir-Gefühl der Stefan George-Gefolgschaft. Dieses elitäre Wir-Gefühl orientiert sich letzten Endes nicht an Leistung oder Bewährung, sondern an einem irrationalen Substanzstolz, wie Max Scheler dieses Phänomen genannt hat. Aber diese Zusammenhänge durchschaute ich erst viele Jahre später, als beide aus meinem Lebenshorizont verschwunden waren.

Daß Picht seine Schwierigkeiten mit der Philosophie hatte, davon legt auch noch der letzte Band der ‚Studienausgabe der Vorlesungen und Schriften‘ von Georg Picht unter dem Titel „Von der Zeit" (1999) ein beredtes Zeugnis ab. Geplant als die kritische Revision aller bisherigen Philosophie, überanstrengt er sich mit dem Unternehmen, sich einerseits auf Heideggers Fragestellung einzulassen, und sich andererseits von ihr zu befreien. Das ging nicht gut und scheitert schon bei dem bloßen Versuch, über die metaphysische Zeitphilosophie des abendländischen Denkens hinauszugelangen, und verunglückt vollends bei dem weiteren Versuch, die Zeit als Einheit von Vergangenheit, Gegenwart und Zukunft zu deuten, ohne eine Präsenz zu thematisieren, die in der Zeit nicht aufgeht, wie das schon Platon, Aristoteles und Augustinus gezeigt haben. Die Pichtschen Spekulationen sind im Kontext einer philosophischen Theorie der Zeit auch deshalb bedeutungslos, weil sie nirgendwo widerlegungsdefinit formuliert sind. Sie gleichen Wolken mehr als Argumenten. Der hohe Anspruch, mit dem Picht sein von ihm als Philosophie aufgefaßtes Unternehmen verbin-

det, und das Ergebnis desselben stehen in einem grotesken Mißverhältnis zueinander.

Eines aber hatte Picht begriffen und verinnerlicht: Wir leben in einem Zeitalter, in dem nicht mehr, wie zu seines Urgroßvaters Zeiten,
des berühmten Archäologen und Ausgräbers von Olympia, Ernst Cur-
tius, alle Macht vom Kaiser Wilhelm ausgeht, sondern die Allmacht
geht heute vom Volk aus – und im Medienzeitalter mehr denn je. Ich
verstand lange Zeit gar nicht, was Picht eigentlich damit meinte, wenn
er in Gesprächen mit mir immer wieder betonte, wie wichtig es sei,
die Ideen, die man habe, so zu transportieren, daß sie auch die breiten
Massen erreichen und erfassen. Die Zeit der stillen Gelehrtenstube
und der Dachkammerromantik sei vorbei. Bis ich eines Tages begriff,
daß er den Platonischen Traum träumte: daß des Elends in der Welt
kein Ende sei, solange nicht Könige philosophierten oder Philosophen
Könige würden. Er war also nicht der Ansicht Kants, daß diese Entwicklung durchaus nicht zu wünschen sei, weil der Besitz der Gewalt
das freie Urteil der Vernunft unvermeidlich verderbe. Und so suchte
Picht weiter und weiter, bis er endlich die Melodie gefunden hatte, mit
der er das Gemüt der deutschen Bildungsphilister betören konnte, so
sehr, daß danach, im Verbund mit anderen zeitgeschichtlichen Faktoren und in der Konsequenz seiner pädagogischen Propaganda, das
altbewährte deutsche Gymnasium und die altbewährte deutsche Universität, um die uns die Welt beneidete, *de facto* vernichtet und abgeschafft waren. Und viele der deutschen Bildungsbürger folgten ihm
wie die Kinder dem Rattenfänger von Hameln.

Ostern 1958 besuchten mich meine Eltern in Hinterzarten. Mein
Vater, leidenschaftlicher Automobilist seit seiner Jugend – Ende der
zwanziger Jahre hatte er mit seinem Bugatti an Autorennen auf dem
Nürburgring teilgenommen – kam auf der Durchreise mit seinem

neuen Wagen, den er in Stuttgart abgeholt hatte. Sie wohnten in Hinterzarten im Parkhotel Adler, wo wir am Ostersonntag gemeinsam frühstückten. Plötzlich fragte mich mein Vater, was ich mit meiner Arbeit am Platon-Archiv eigentlich verdiente. Dafür hatte er sich bisher nicht interessiert. Es war auch erst das zweite oder dritte Mal in neun Jahren, daß er mich, seit ich 1949 ins Studium gegangen war, überhaupt besuchte. Er interessierte sich nicht für die Zwischenstationen meines Weges, ihn interessierte nur das Resultat. Als ich ihm mein Gehalt von DM 250.- nannte, war sein Kommentar: „Das verdient in meiner Praxis eine ungelernte Sprechstundenhelferin". Zwei Tage vorher hatte er mich in meiner Klause in der Herchenmühle aufgesucht. Er wollte mal sehen, wo und wie ich wohnte. Es war Karfreitag. Das Zimmer hatte eine niedrige Holzdecke nach Art der alten Schwarzwaldhäuser, so daß er sich etwas bücken mußte, als er in der Mitte des Raumes stand. Er blickte sich um und sagte dann: „Es würde mich nicht wundern, wenn Du Dich hier aufhängst. So hätte ich in Deinem Alter nicht leben können". Dazu sah ich nun überhaupt keine Veranlassung, zumal ich von reizvoller Weiblichkeit bestens bei Laune gehalten wurde.

Bei besagtem Ostersonntagfrühstück machte mir mein Vater einen sehr vernünftigen Vorschlag. Er war ein praktisch denkender Mensch. Er fragte mich, wieviel Zeit ich noch für die Fertigstellung meiner Habilitationsschrift benötigte. Als ich ihm von schätzungsweise einem Jahr sprach, bot er mir an, mir monatlich 500.- DM zu geben. Dann könnte ich die Stelle am Platon-Archiv kündigen und mich uneingeschränkt der Arbeit an meiner Habilitationsschrift widmen. Damit war ich gerne einverstanden.

Ich kündigte im April 1958 offiziell meine Stelle am Platon-Archiv bei Picht. Da mein Kollege Kullmann ebenfalls zu diesem Zeitpunkt seine Stelle kündigte und ganz nach Freiburg zog, wo er sich ein Jahr zuvor habilitiert hatte, sah das Ganze nach einem abgekarteten Spiel aus, was es aber nicht war. Es war vielmehr ein zufälliges Zusammenfallen der Ereignisse. Von Picht kam keine Reaktion. Statt dessen lud mich Frau Picht zum Tee. Ich wurde im Musikzimmer empfangen, sie war so freundlich, wie sie immer zu mir gewesen war. Sie mochte mich. Wir hatten uns von Anfang an gut verstanden. Es war eine wechselseitige Sympathie. Ihre Kunst des Cembalo-Spiels war von hohen Graden, aber am meisten imponierte sie mir durch ihre geistige Strenge und Disziplin. Sie hatte eine Reihe von charakterlichen Eigenschaften, die ihrem Mann völlig fehlten, so auch diese. Sie versuchte mich zu überreden, doch zu bleiben, da sonst die Kontinuität der Arbeit im Platon-Archiv gefährdet sei.

Ich erklärte ihr, daß ich selbst bedauere, die Tätigkeit am Archiv aufgeben zu müssen. Aber ich sei gezwungen, mich möglichst bald zu habilitieren, um eine Dozentenstelle an einer Universität zu bekommen. Die Arbeit, an der ich säße, vertrüge keinen Aufschub und keine Verzögerung mehr, sie hätte für mich aus existentiellen Gründen absoluten Vorrang, was sie sicher verstehen würde. Dann kam der für mich höchst aufschlußreiche Satz von ihr, daß ihr Mann mir bezüglich meiner Habilitation natürlich nicht behilflich sein könnte. Das hätte er sehr wohl, aber das lag gar nicht in seiner Absicht. Er selbst war nicht habilitiert, war zu dieser Zeit noch an keiner Universität tätig, und die Tatsache, daß er ein halbes Jahr vorher zu der feierlichen Antrittsvorlesung seines eigenen langjährigen Mitarbeiters Wolfgang Kullmann in der Universität Freiburg nicht erschienen war, war mir ein deutliches Zeichen des Ressentiments, aus dem ich meine Schlüsse gezogen hatte. Obwohl ich zu diesem Zeitpunkt, April 1958, niemanden kannte, der mich habilitieren würde, schien es mir ein Gebot der praktischen Klugheit zu sein, in dieser Hinsicht nicht auf Picht zu setzen, von unserer wechselseitigen philosophischen Nichtbeziehung ganz zu schweigen. Auf die Hilfe derer zu warten, die selbst der Hilfe bedürfen, ist nicht ratsam. So verabschiedete ich mich von Frau Picht, wie ich gekommen war, mit höflicher Verbeugung und Handkuß, und während ich mich über ihre begnadete Künstlerhand beugte, wußte ich, daß sie das Gleiche dachte wie ich: ihre Mission im Auftrag ihres Mannes war gescheitert.

Befreit von der Archivtätigkeit, konnte ich jetzt die eigene Arbeit beschleunigen, die sich Ende 1958 ihrem Abschluß näherte. Um so drängender beschäftigte mich die Frage, wo und bei wem ich mich mit der Arbeit habilitieren könnte. Seit der krankheitsbedingt vorzeitigen Emeritierung von Gerhard Krüger hatte ich den Kontakt zu den Philosophischen Seminaren verloren, und ich kannte persönlich nur einige wenige Fachvertreter der Philosophie, die aber entweder zu jung oder zu alt waren. Habilitieren konnte sich damals nur derjenige, für den ein Lehrstuhlinhaber bei seiner Fakultät die sogenannte Vorfrage stellte, das heißt für dessen wissenschaftliche Arbeit er sich verbürgte. Im Normalfall kam der Habilitand aus dem unmittelbaren Schülerkreis des Lehrstuhlinhabers, der wenig oder keine Neigung hatte, darüber hinaus auch noch andere zu habilitieren. Daran waren normalerweise auch die Seminare nicht interessiert. In der alten Bundesrepublik der fünfziger und sechziger Jahre gab es für Philosophie im ganzen siebzehn Lehrstühle. Daran konnte man also seine Chancen berechnen.

Zu jener Zeit hatte der Physiker Carl Friedrich von Weizsäcker 1957 an der Universität Hamburg einen Lehrstuhl für Philosophie übernommen. Da ich von Hinterzarten aus Sonderdrucke meiner Aufsätze üblicherweise an potentiell Interessierte verschickte, erhielt auch Weizsäcker eines Tages einen Sonderdruck von mir, und zwar zufällig einen über die logische Struktur des Aristotelischen Beweises für den unbewegten Beweger. Nach der Lektüre desselben erkundigte er sich bei seinen Mitarbeitern in Hamburg nach mir, die ihm aber auch nicht mehr sagen konnten als das, was aus der Absenderadresse meiner Zusendung hervorging, nämlich daß ich in Hinterzarten wohnte. Daraufhin erkundigte er sich bei seinem Freund Picht nach mir, aber ohne daß dazu die Initiative von Picht ausgegangen wäre. Anfang Februar 1959 erreichte mich ein kurzes Schreiben Weizsäckers, in dem er mir mitteilte, er habe meinen Sonderdruck gelesen und würde mich gerne kennenlernen; ob ich ihn vielleicht mal in Hamburg besuchen könnte. Es ging um die Besetzung einer Assistentenstelle an seinem Lehrstuhl, denn Wolfgang Wieland, der Weizsäcker 1957 von Gadamer als Assistent empfohlen worden war, ging wieder zurück nach Heidelberg.

Mein Besuch bei Weizsäcker in Hamburg fand am 11. Mai 1959 statt. Ein strahlender Sonnentag. Zum ersten Mal war ich Ende 1944 als Flakhelfer mit einem Truppentransport auf der Durchreise in Hamburg gewesen, das ich nur als eine Trümmerlandschaft in Erinnerung hatte. Jetzt war Hamburg wieder eine blühende Stadt.

Einzug in den Hamburger ‚Philosophenturm'

Assistentur auf Anfrage

Der siebenundvierzigjährige Weizsäcker empfing mich in seinem im üblichen Nachkriegsstil reichlich dürftig ausgestatteten Dienstzimmer im Philosophischen Seminar am Bornplatz, heute Allendeplatz, im sogenannten Pferdestall. Das Gebäude, in dem Teile der Universität untergebracht waren und heute immer noch sind, hatte ursprünglich der Unterbringung der Pferde von Hamburger Fuhrunternehmen gedient. Bei Gründung der Universität Hamburg 1919 war es seinem veränderten Zweck gemäß umgebaut worden. Für ein neues Gebäude reichte es nicht, soviel war den Hamburgern ihre neue Universität nun doch nicht wert. Bei dieser Grundeinstellung Hamburgs zu seiner Universität ist es bis heute geblieben. Sie ist eine Institution ganz am Rande des Geschehens der Wirtschaftsmetropole, und früher kursierte das Bonmot, die Hamburger Senatoren hätten der Einrichtung einer Universität in Hamburg nur zugestimmt, um denen ihrer Kinder, die für das Wirtschafts- und Geschäftsleben unbegabt, „zu dumm", seien, auch ein Betätigungsfeld zu schaffen. Die Sozialdemokraten, die in den dreißig Jahren meines aktiven Dienstes in dieser Stadt (1960–1990) das Sagen hatten und politisch die Richtung vorgaben, haben die Sache noch schlimmer gemacht, indem sie über Schule und Universität auch noch ihre futuristischen Sozialutopien in die städtische Wirklichkeit umsetzen wollten.

Nach kurzem Gespräch machte Weizsäcker Anstalten, mir die Assistentenstelle an seinem Lehrstuhl zu offerieren. Darauf war ich vorbereitet. An einer Assistentenstelle allein, ohne gleichzeitige Habilitation, war ich aber nicht interessiert, was ich ihm auch in aller Offenheit sagte. Für eine Habilitation brauche man aber eine fertige Habilitationsschrift, meinte er etwas mokant. Er hatte das Wort ,Habilitationsschrift' noch nicht ganz ausgesprochen, da bückte ich mich zur Seite zu meiner Tasche, zog zwei Ordner heraus und legte sie vor ihm auf den Tisch mit der kategorischen Feststellung: „Das ist meine Habilitationsschrift". Ich hatte den ganzen Monat April damit zugebracht, das handgeschriebene Manuskript meiner Arbeit zu tippen und in eine vorzeigbare Form zu bringen: Mit diesem *fait accompli* hatte Weizsäcker offenbar nicht gerechnet und meinte sofort, über die Annahme der Arbeit als Habilitationsschrift könne er natürlich nicht allein entscheiden. Ich solle ihm die Arbeit dalassen. In circa sechs Wochen würde er mir seine Antwort schriftlich mitteilen. So verblieben wir. Ich hatte ein gutes Gefühl, als ich wieder zum Dammtor-Bahnhof zurückging.

Weizsäcker las die Arbeit und gab sie dann einigen Kollegen aus der Philosophie und der Altertumswissenschaft, darunter die Altphilologen Ernst Kapp, nach seiner Emigration in den USA damals in München lebend, und Bruno Snell, der Gräzist in Hamburg, beide berühmte Experten für antike Philosophie und Wissenschaftsgeschichte. Einige Wochen später schrieb mir Weizsäcker und teilte mir seine Bereitschaft mit, die Arbeit als Habilitationsschrift anzunehmen. Der Würfel war gefallen.

Habilitation und Antrittsvorlesung

Ernst Kapp, den ich später einmal in München besuchte, wo er zuletzt lebte, erzählte mir, warum er 1937 nach zehnjähriger Lehrtätigkeit an der Universität Hamburg von den Nazis in den Ruhestand versetzt wurde, obwohl er noch keine fünfzig Jahre alt war. Er konnte die ,arische Abstammung' seiner Ehefrau nicht nachweisen. Er wanderte

1939 in die USA aus, wo er in New York an der Columbia University tätig war, bis er 1955 nach Deutschland zurückkehrte. Ich erzählte Kapp von meiner Mutter und den Ängsten meiner Eltern wegen des nämlichen Problems während der Nazizeit. Er meinte, daß wir sehr großes Glück gehabt hätten, denn sein Schicksal und das seiner Frau zeige, daß es den Nazis mit dieser Frage nach der ‚arischen Abstammung' des Ehepartners tatsächlich blutiger Ernst gewesen sei, was sie zuerst nicht geglaubt hätten. Ernst Kapp, der auch Philosophie studiert hatte, war der kompetenteste Kenner der griechischen Grundlagen der traditionellen Logik und genoß weltweite Anerkennung. Mit Klaus Reich, der seine Arbeiten zur antiken Logik sehr schätzte, verband ihn eine enge Freundschaft. Reich hatte mich schon während meines Studiums in Marburg auf Kapps Arbeiten aufmerksam gemacht.

Daß auch Bruno Snell mit in der Habilitationskommission im Rahmen meines Habilitationsverfahrens saß, war ebenfalls ein besonders glücklicher Umstand, denn Snell gehörte, wie auch Ernst Kapp, in jener Zeit zu dem ganz kleinen Kreis von Wissenschaftlern, die Experten auf dem Gebiet der antiken Bewußtseinsgeschichte waren und sich durch eigene Forschungsbeiträge als Kenner der Materie international ausgewiesen hatten. Bruno Snell, 1896 in Hildesheim geboren, hatte während seines Studiums nach dem Ersten Weltkrieg an der Universität Leiden wegweisende Anregungen für sein Interesse an der Geistesgeschichte von dem niederländischen hegelianischen Philosophen Gerardus Bolland empfangen und wurde von dem Philosophen Georg Misch in Berlin zu seiner Dissertation *Die Ausdrücke für den Begriff des Wissens in der vorplatonischen Philosophie* (Berlin 1924), angeregt. Diese Arbeit war der Ausgangspunkt für Snells spätere Arbeiten in den gemeinsamen Jahren mit Ernst Cassirer, Aby Warburg und Ernst Panofsky in Hamburg und führte schließlich zu dem Buch, das ihn berühmt gemacht hat: *Die Entdeckung des Geistes. Studien zur Entstehung des europäischen Denkens bei den Griechen,* Hamburg 1948 in erster Auflage, danach noch in vielen Auflagen und Übersetzungen. Im Gegensatz zu anderen im Geiste Hegels Geistesgeschichte darstellenden Forschern hat Bruno Snell keine luftigen Spekulationen über seinen Gegenstand angestellt, sondern hart an den überlieferten Texten seine Beobachtungen gemacht und seine Schlußfolgerungen gezogen. Kennzeichnend für die Arbeitsweise Snells ist, daß sein Buch über die Griechische Metrik in der klassischen Altertumswissenschaft kanonische Geltung erlangt hat. Daß dieser kompetente Gelehrte in der Habilitationskommission sein gewichtiges Votum abgab und mir nach meinem Vortrag im Habilitationskolloquium als erster gratulierte, war mir eine große Genugtuung und entschädigte mich für so manchen einsamen Selbstzweifel, den ich bei der Anfertigung meiner Habilitationsschrift und bei der Ausarbeitung meiner Hauptthese gehabt hatte. Snell erbat sich meinen Vortrag für die Veröffentlichung in der von ihm gegründeten Zeitschrift *Antike und Abendland,* wo er dann schon ein Jahr später, 1961, erschien.

Am 1. Oktober 1959 hatte ich die Arbeit zusammen mit meinem Habilitationsgesuch bei der Philosophischen Fakultät der Universität Hamburg eingereicht. Am 28. Mai 1960 fand das Habilitationskolloquium vor den dreißig Ordinarien der Fakultät statt. Ich sprach über den Konsens von Meinungen als Kriterium der Wahrheitsfindung. Das Ergebnis der geheimen Abstimmung nach Vortrag und Diskussion lautete: *consensu omnium* bei einer Enthaltung. Damit konnte ich zufrieden sein. Einen Besserwisser gibt es ja immer. In der alten Kirchengeschichte galt der Abweichler als häretisch, als Ketzer. So sah ich das in dieser Situation auch. Frieden seiner Seele.

Am 20. November 1960 hielt ich im alten Hauptgebäude der Universität meine Antrittsvorlesung über Methodenprobleme der Philosophiegeschichtsschreibung, im besonderen über den Entwicklungsbegriff als heuristisches Prinzip. Der Dekan, der Kunsthistoriker Wolfgang Schöne, dem wir die berühmte Grundlagenstudie über das Licht in der Malerei verdanken, überreichte mir danach die Habilitationsurkunde, und dann ging es in einem Konvoi von Taxen zum Feiern in das Hotel Prem an der Außenalster bis spät in die Nacht. Elf Jahre nach dem Abitur die Habilitation. Ich fühlte mich endlich frei von all den Zwängen, Abhängigkeiten und Rücksichtnahmen, die meiner Natur eine große Selbstdisziplin abverlangt hatten. Lehrjahre sind keine Herrenjahre, wie das Sprichwort sagt. Wer ein Ziel will, muß auch die Mittel wollen und den Weg dorthin. Sonst darf man das Ziel nicht wollen.

Kooperation mit Carl Friedrich von Weizsäcker

Die Zusammenarbeit mit Weizsäcker entwickelte sich erfreulich und produktiv. Erst im Zuge der Auswirkungen der Studentenbewegung schieden sich die Geister. Ab 1966 trug er sich schon mit dem Gedanken, den philosophischen Lehrstuhl wieder aufzugeben, um der Lehrverpflichtung ledig zu sein. Es war sein erster ordentlicher Lehrstuhl an einer Universität, dazu an einer Großstadtuniversität wie Hamburg mit schon damals extrem intensiven Anforderungen in der Lehre, der Verwaltung, der Betreuung von Doktoranden, der Durchsicht von massenhaft anfallenden Prüfungsarbeiten und der Abnahme von Prüfungen im Rahmen des damals noch obligatorischen Philosophicums, das jeder Kandidat für das Höhere Lehramt in Form einer Klausurarbeit und einer mündlichen Prüfung ablegen mußte; die Anzahl der

Kandidaten ging jedes Semester in die Hunderte. Hinzu kam erschwerend die Bauplanung des neuen Philosophischen Seminars im ,Philosophenturm' am Von-Melle-Park und die Organisation des Umzugs des Seminars samt Bibliothek. Das alles und den damit verbundenen Verlust an Zeit, die von der Forschungsarbeit abging, hatte er vor der Entscheidung für Hamburg, als er noch Abteilungsleiter im Max-Planck-Institut bei Heisenberg in Göttingen war, so nicht gesehen. Dazu kam dann noch ab 1967 das für jeden ernsthaften Wissenschaftler zunehmend störend und lästig wirkende Theater der Studentenbewegung.

Weizsäckers Lehrerfolg in den großen Vorlesungen im Auditorium Maximum war außergewöhnlich und zog auch ein Laienpublikum aus der Stadt noch zusätzlich zu den Studenten an. Er war ein begnadeter Redner. Natur, Übung, Gewöhnung und Erfahrung waren in seiner Rhetorik ein einmaliges Bündnis eingegangen, wie ich es kein zweites Mal im Raum der Universität kennengelernt habe. Sie hatte den Zauber der Leichtigkeit. Aber solche Exoterik hat ihren Preis, und keiner wußte das besser als Weizsäcker selbst. Es macht einen Unterschied, ob ich dieselbe Sache vor zwanzig oder vor zweihundert oder vor zweitausend Hörern erläutere. Philosophie gerät dann leicht in die Gefahr, Popularphilosophie zu werden, und der Zuhörer verwandelt sich mit größer werdender Zuhörerschaft vom Zuhörer zum Zuschauer. Weizsäckers Entschluß, von Hamburg wieder wegzugehen, nachdem er so etwas nun auch mal gemacht hatte, das heißt, Philosophieprofessor zu sein, merkte derjenige, der täglich mit ihm zu tun hatte, ihm ab 1965/66 an, gelegentlich sprach er auch darüber. Für die Schnelligkeit der Umsetzung seines Entschlusses sorgten dann die Pöbeleien der Studentenbewegung, die Weizsäcker auch die letzten Zweifel an der Richtigkeit seiner Entscheidung, Hamburg wieder zu verlassen, nahmen und ihm das Weggehen sehr leicht machten. Ich konnte leider nicht weggehen. Ich mußte bleiben. Auf mich wartete nicht der sichere Hafen eines Max-Planck-Institutes.

Wer war Carl Friedrich von Weizsäcker? Mir war der Name Weizsäcker während meines Studiums zuerst in der Theologie begegnet, als ich Bücher von Carl von Weizsäcker las. Besagter Carl ist der Urgroßvater von Carl Friedrich von Weizsäcker, ein bedeutender Theologe des neunzehnten Jahrhunderts, der ein namhafter Kirchenhistoriker und Neutestamentler war und Kanzler der Universität Tübingen wurde. Mit seinen Büchern, beispielsweise seinem Werk *Das Apostolische Zeitalter der Christlichen Kirche* (1886), oder seiner in elf Auflagen erschienenen Übersetzung des Neuen Testamentes hatte ich selbst noch während meines Studiums gearbeitet. Einer seiner Söhne, der Großvater unseres Weizsäcker, war Württembergischer Ministerpräsident im Ersten Weltkrieg, und dessen Sohn, der Vater von Carl Friedrich, war Staatssekretär des Äußeren im Dritten Reich. Dessen Bruder Viktor von Weizsäcker war Mediziner und Mitbegründer der Psychosomatischen Medizin.

Als Naturwissenschaftler, Philosoph und politisch engagierter Denker vereinigte Carl Friedrich von Weizsäcker in sich das reiche geistige Erbe seiner Vorfahren. Bezieht man seinen jüngeren Bruder Richard von Weizsäcker, den späteren Regierenden Bürgermeister von Berlin und Bundespräsidenten der Bundesrepublik Deutschland, mit in diesen Überblick ein, so wird man zu der Feststellung geführt, daß diese Familiengeschichte ein integraler Bestandteil der jüngeren deutschen Geistesgeschichte ist. Vor diesem Hintergrund wird die außerordentliche Anstrengung besser verständlich, die Carl Friedrich von Weizsäcker unternommen hat, nämlich im 20. Jahrhundert, in einem Zeitalter der Spezialisierung und des Expertentums, den gigantischen Versuch zu wagen, Naturwissenschaft, Philosophie, Theologie und Politik im Zusammenhang zu sehen. Man könnte diesen Versuch ganz abstrakt auch als den Versuch bezeichnen, Theorie und Praxis des Menschseins in einer Einheit zu sehen. Es ist meines Erachtens der anspruchvollste und am höchsten greifende Versuch, der in unserer geistigen Situation gewagt worden ist. Über das Gelingen dieses Versuches ist damit kein Wort gesagt. Im Gegenteil, es gibt genügend Evidenzen dafür, daß bei allen glanzvollen Einzelleistungen Weizsäckers, darunter nobelpreiswürdige Arbeiten im Bereich der Theoretischen Physik, sein Entwurf im ganzen teils nicht konsistent, teils nicht widerlegungsdefinit formuliert, teils unentscheidbar, teils bloß spekulativ ist und daß die Größe Weizsäckers die Größe des groß Gescheiterten ist. Das ist aber zuwenig, denn solches Scheitern ist keine wissenschaftliche Tugend und darf auch nicht als solche propagiert werden. Für Descartes in der Vierten seiner *Meditationen* entstehen Irrtum und Falschheit immer dann, wenn der Wille weiter reicht als der Verstand, das heißt wenn wir der Versuchung nachgeben, mit unserer Urteilskraft, mit unserem Vermögen, Aussagen zu machen, die Grenzen unseres Wissens in der Hoffnung zu überschreiten, daß unsere subjektiven Einfälle, Vorstellungen und Wünsche durch Zufall das Richtige treffen. In diesem Jenseits unserer Wissensgrenzen sind intersubjektiv überprüfbare Aussagen nicht mehr möglich. Man könnte auch sagen: hier beginnt das Glauben, das, als solches genommen, durchaus seine Berechtigung hat, aber nicht als ein Modus des Wissens. Glauben ist nicht Wissen.

Wenn man über den späteren Weizsäcker redet, das heißt den Weizsäcker seit Übernahme der Philosophieprofessur in Hamburg im Jahre 1957, sollte nicht in Vergessenheit geraten, daß der junge Weizsäcker mit bahnbrechenden Arbeiten die damals neue Wissenschaft der Kernphysik durch Beiträge bereichert hat, die heute in jedem Lehrbuch der Physik verzeichnet sind. Dazu gehört die Weizsäckersche Massenformel, die er 1935 für die Kernbindungsenergie aufgestellt hat, und 1936 der Nachweis der Spinabhängigkeit der Kernkräfte. Auf dieser Basis entwickelte er 1937 eine Theorie der Energieproduktion in Sternen, die den Kohlenstoffzyklus zum Gegenstand hat, der als Weizsäckerscher Kohlenstoffzyklus bezeichnet wird, ein Zyklus von Kernreaktionen mit Kohlenstoff-, Stickstoff- und Sauerstoffkernen, auf dem die Energieerzeugung im Inneren von Sternen beruht. 1943 formulierte Weizsäcker eine Theorie der Entstehung des Planetensystems, die unter den Voraussetzungen der modernen Physik und Chemie an Kants Theorie der Planetenentstehung anschließt und später von Weizsäcker zu einer allgemeinen Theorie der Entwicklung von Sternen und Sternsystemen erweitert wurde.

Die Erkenntnisgrundlage der Naturwissenschaft ist nach Weizsäcker die Quantenmechanik, deren Prinzipien ein apriorischer Status für Naturerkenntnis zugeschrieben wird. Kants Eingrenzung der Erfahrung und die kategorialen Bedingungen der klassischen Physik müssen nach Weizsäcker in diesem Sinne für die Quantenmechanik erweitert werden. Das gleiche gilt nach Weizsäcker für den Bereich der traditionellen Logik im Hinblick auf eine Quantenlogik, deren fundamentale Gestalt eine Logik der Zeit ist, auf die Weizsäcker die Einheit der Physik gründen möchte.

Sein wissenschaftstheoretischer Entwurf bleibt wissenschaftshistorisch zwei Modellen verpflichtet, an denen er sich orientiert und an die er erinnert: erstens an Kants Transzendentalphilosophie durch den Anspruch auf Einheit und Letztbegründung in einer Logik der Zeit, zweitens an Platons Naturphilosophie, insoweit die Symmetrien der Natur als näherungsweise Entsprechungen zugrundeliegender Uralternativen im Rahmen eines Systems der Elementarteilchen gedacht werden. Auch in der Tendenz zu einer ganzheitlichen Komposition seiner Philosophie fungieren Platon und Kant – und Platon vielleicht noch mehr als Kant – als Vorbilder. Weizsäcker verband in seiner Spätphase naturwissenschaftliche, gesellschaftliche und religiöse Inhalte seines Denkens zu einer geschichtlichen Anthropologie und Friedenskonzeption, die sich zu einer Reflexion auf die Lebensbedingungen der wissenschaftlich-technischen Welt verdichten und ihren Abschluß in einer Theologie des Guten finden, für die Gerechtigkeit, Frieden und Bewahrung der Schöpfung Postulate einer praktischen Vernunft sind, in der die christliche Religion im Geiste der Bergpredigt und Elemente fernöstlicher Meditation sich zur Einsicht in das Eine, Gute und Wahre vereinigen, von dem aus als dem Höchsten und Ersten die Welt erkennbar werden soll.

Es ist klar, daß Weizsäcker mit solchem Totalprospekt auf das Seiende den Bereich dessen, was im strengen Sinne empirisch-analytischer Wissenschaft beweisbar ist, überschreitet und als Philosoph spricht, manchmal auch als religiös Glaubender. Solches Vorgehen blieb nicht unkritisiert und forderte Widerspruch heraus, weil oft unausgesprochen blieb, ob er als Physiker, ob als Philosoph oder ob als Christ argumentiert. Außerdem verübelten ihm neidische Kollegen, daß sein Prestige und seine Reputation als herausragender Experte, die er aufgrund seiner unbestrittenen Verdienste als Kernphysiker hatte, ohne weiteres auch auf Gebiete übertragen wurden, in denen er aufgrund seiner Berufsausbildung als Physiker nicht in gleichem Maße Experte beziehungsweise kein Experte war, nach dem Motto: prominent ist prominent – egal weswegen. So zum Beispiel, wenn er sich über Gegenstände der historischen Geisteswissenschaften, der Philologie, der Theologie, der Politologie etc. äußerte, als ob er mit der fachlichen Kompetenz spräche, die ihn als Physiker auszeichnete. Wir haben es hier mit dem Phänomen der Übertragung von akzidentellen Eigenschaften zu tun, denen oft ein *fundamentum in re* fehlt: Wer als Chirurg gut ist, ist es nicht ohne weiteres auch als Internist oder als Botaniker oder als Theologe und Exeget des Neuen Testamentes und als Interpret von Texten Platons. Als Carl Friedrich von Weizsäcker am 28. April 2007 starb, wurde er von vielen Journalisten in den Medien als der letzte Universalgelehrte apostrophiert. Das war er nicht. Der letzte dieser Art nach Gottfried Wilhelm Leibniz (1646–1716) war der amerikanische Logiker, Mathematiker und Naturwissenschaftler Charles Sanders Peirce (1839–1914). Wegen der beschleunigten Spezialisierung der Forschung ist der Typus des Universalgelehrten schon seit langem gar nicht mehr realisierbar.

Bei Weizsäcker, bedingt durch die spezielle Situation in Deutschland nach der Katastrophe des Zweiten Weltkrieges, angeheizt durch die Angst vor einem Dritten Weltkrieg in der Zeit des Kalten Krieges, kumulierten solche Übertragungen nach dem Gesetz der Kettenreaktion zu jenem Phänomen, das man das Phänomen Weizsäcker nennen kann. Er wurde ein Phänomen der Publizität. Der Atomphysiker, der Astrophysiker, der Christ, der Philosoph, der Friedensforscher, der Politiker, der Baron, der Träger eines berühmten Namens, der Freund des Dalai Lama, der Nahesteher der SPD, der Berater Willy Brandts, der Kirchentagsredner etc. etc. etc., wurde schließlich in Deutschland so etwas wie der Vater des Vaterlandes, er wurde eine moralische Instanz. Er wurde dafür gehalten, und weil er dafür gehalten wurde, war er es, nach den Regeln unseres Medienzeitalters. Dann wurde sein Bruder Richard Kirchentagspräsident, Regierender Bürgermeister von Berlin und Bundespräsident. Er wurde mit Preisen, Mitgliedschaften, Orden und Ehrenzeichen überhäuft, Mitglied des Ordens Pour le Mérite usw. usw. Er wurde, lange vor seinem Bruder, selbst zweimal inoffiziell von Herbert Wehner gefragt, ob er für das Amt des Bundespräsidenten, das höchste Amt im Staate, bereit sei (was er verneinte, weil er sich angeblich für zu jung dafür hielt, in Wirklichkeit wohl, um es für seinen Bruder freizuhalten). Hinter all dem stand die diffuse Sehnsucht der deutschen Bevölkerung, nach dem Untergang aller staatlichen Autoritäten wieder jemanden zu haben, an dem sie sich orientieren konnte, an den sie glauben konnte. Es war die Sehnsucht nach dem Erlöser aus der Dunkelheit und den Zwängen der Nachkriegszeit. So wurde Carl Friedrich von Weizsäcker der Mann der Stunde, eine Situation, an der er selbst nicht ganz unbeteiligt war, wie es sich versteht, und wie man weiß.

Was war nun eigentlich dasjenige, was Weizsäcker an meiner Habilitationsschrift über das Bewußtseinsproblem in der Antike interessierte und weswegen er mich 1959 an das Philosophische Seminar nach Hamburg holte? Er hatte 1955 im Rahmen seiner Beiträge zur Logik einen Aufsatz „Komplementarität und Logik" publiziert, wo er, von der modernen Physik ausgehend, Überlegungen zur Zweiwertigkeit der Logik formulierte. Die klassische Logik ist insoweit zweiwertig, als in ihr die Alternative wahr oder falsch gilt, das heißt in der klassischen Logik zwischen Wahrheit und Falschheit eine Symmetrie besteht: eine Aussage im Sinne der klassischen Logik ist entweder wahr oder falsch. Die dabei leitende Voraussetzung ist, daß jede Aussage eine an sich bestehende Eigenschaft des betrachteten Objektes intendiert. Diese Einstellung ist aber in der Quantenmechanik nicht möglich, weil ihre Aussagen nicht so aufgefaßt werden können, als ob das betrachtete Objekt zu jeder Zeit jede mögliche Eigenschaft an sich habe oder nicht habe, statt dessen kann in der Quantenmechanik den meisten Eigenschaften nur eine Wahrscheinlichkeit zugeordnet werden, daß bei einer empirischen Nachprüfung genau diese Eigenschaft gefunden wird. Wegen dieses die Quantenmechanik charakterisierenden Indeterminismus hat die Aussage in der Quantenmechanik eine andere formale Struktur als die Aussage nach den Regeln der klassischen Logik. In diesen Zusammenhang gehört auch die Unbestimmtheitsrelation zwischen Ort und Impuls gemäß der Heisenbergschen Formulierung. Das bedeutet, wie Weizsäcker in seinem Aufsatz „Komplementarität und Logik" ausführt, „daß die quantentheoretische Einführung des Begriffs der Wahrscheinlichkeit den logischen Gegensatz von Wahrheit und Falschheit so modifiziert, daß zwar der Satz vom Widerspruch, aber nicht der Satz vom ausgeschlossenen Dritten erhalten bleibt. Die Komplementaritätslogik erscheint unter diesem Aspekt als eine mehrwertige Modallogik."[1] Es gibt also Aussagen, die zwar wahr sein können, die aber in diesem Sinne der Wahrheit nicht als falsch bezeichnet werden können. Die klassische Definition der Aussage als das, was entweder wahr oder falsch ist, greift hier nicht. Die Wahrheit steht hier nicht in einem symmetrischen Verhältnis zur Falschheit. Vielmehr ist sie in der Weise wahr, wie die Wahrnehmung wahr ist, und in der Weise, wie wir etwas merken, spüren, gewahr werden. Akte dieser Vergewisserung unserer Umwelt sind spontan, ereignen sich plötzlich, und die Möglichkeit ihrer Falschheit taucht im Augenblick ihrer Aktualität gar nicht auf, und wenn sie überhaupt auftaucht, dann erst in einem anderen Kontext, nämlich dem der Reflexion. Auch für die Wahrscheinlichkeit oder Unwahrscheinlichkeit eines Ereignisses verfügen wir über eine Wahrnehmung, ein Gespür, eine Vermutung, eine Ahnung, eine Erwartung. Die Wahrscheinlichkeit als vorausgesagte relative Häufigkeit bedarf der empirisch prüfbaren Voraussagen von relativen Häufigkeiten. Die quantentheoretische

---

[1] Carl Friedrich von Weizsäcker, *Zum Weltbild der Physik*, Stuttgart[7] 1958, S. 283.

Wahrscheinlichkeit ist der Erwartungswert der relativen Häufigkeit. In diesem Sinne beschreibt die Quantenmechanik mit ihrer Wahrscheinlichkeitstheorie prinzipiell Möglichkeiten des Eintretens von Erwartungen, Möglichkeiten, die im Fall empirischer Bestätigung Wirklichkeiten werden beziehungsweise sind.

Meine Habilitationsschrift, die ich 1959 Weizsäcker vorlegte, führt nun den Nachweis, daß die antike griechische Philosophie seit Platon und Aristoteles in ihrer Erkenntnis- und Wissenschaftstheorie die Unterscheidung zweier kognitiver Funktionen vornimmt, der ein über die zweiwertige Logik hinaus erweiterter Wahrheitsbegriff zugrunde liegt. Dieser Aufweis und seine systematische Durchführung anhand der Platonischen und Aristotelischen Texte waren neu und überzeugten Weizsäcker. Die sich daran anschließenden Gespräche zwischen uns zählen mit zu den schönsten Erfahrungen meines philosophischen Denkens. Die Herstellung einer Beziehung zwischen der philosophischen Tradition und Problemen der modernen logischen Grundlagenforschung hat sich als außerordentlich fruchtbar erwiesen und hat es ermöglicht, die historische Unterscheidung der beiden Denkformen nicht nur als eine historische zu begreifen, sondern wieder als eine systematische Antwort auf eine Sachfrage zu verstehen.

Die Reflexion der philosophischen Erkenntnis auf das Erkennen selbst ist das zentrale Thema der Philosophie der Neuzeit. Die Frage, was in dieser Reflexion eigentlich geschieht und wie weit sie getrieben werden kann, war meine philosophische Leitfrage. Und aus diesem Sachinteresse heraus stellte sich für mich auch die historische Frage nach der Herkunft der Reflexion, nach den Motiven ihrer Entstehung und nach dem, was vorher an ihrer Stelle stand. Es war eine weit verbreitete Meinung, erst die Neuzeit habe einen durchdachten Begriff vom Selbstbewußtsein des erkennenden Subjekts ausgebildet.

Die Untersuchungen meiner Habilitationsschrift haben zeigen können, daß das Fragen in diese Richtung der griechischen Philosophie vertraut war, daß sie aber auf diese Frage eine andere Antwort gibt als die Neuzeit. Meine These, daß das für die neuzeitliche Philosophie zentrale Problem der Reflexion und des Selbstbewußtseins schon, wenn auch nicht in gleicher Weise, in der antiken Philosophie eine Rolle gespielt hat, gilt heute als allgemein akzeptiert. Die Begründung der These erfolgte durch die erstmalige Darstellung der Lehre vom noetischen und dianoetischen Denken bei Platon und Aristoteles. Das Komplementärverhältnis von Noesis und Dianoia in der Erkenntnislehre von Platon und Aristoteles hat durch die sich daran anschließende, in allen europäischen Sprachen ausdrückliche Unterscheidung von Intellekt und Ratio, Intuition und Diskursivität, Vernunft und Verstand, Evidenz (unmittelbare Gewißheit) und Kritik, Vertrautheit und Kontrolle seine bis in die moderne Wissenschaftstheorie hineinreichende Wirkung. Die modernen Untersuchungen zur mehrwertigen Logik im Zusammenhang mit der Quantenmechanik sowie die schon vorher von Charles Sanders Peirce vorgenommene Differenzierung des synthetischen Schließens in Abduktion und Induktion und seine Bestimmung der Bedeutung der Hypothesenfindung und Wahrscheinlichkeitsvermutung im Erkenntnisprozeß wie auch die Reichenbachsche Unterscheidung der Entdeckung von Theorien und der Bestätigung beziehungsweise Rechtfertigung von Theorien zeigen exemplarisch das Weiterwirken des alten Paradigmas der Komplementarität einer diskursiven und einer nicht-diskursiven Einstellung im Erkenntniskontext. Daß diese problemgeschichtlichen Zusammenhänge vor dem Hintergrund der philosophischen Interpretation der modernen Naturwissenschaft das besondere Interesse Weizsäckers fanden, ist klar.

AUF DEN SPUREN VON BYZANZ: ÜBER WASHINGTON NACH ISTANBUL

Studien zur Philosophie des griechischen Mittelalters am Dumbarton Oaks Research Center (Harvard)

Nach dreisemestriger Lehrtätigkeit in Hamburg ermöglichte mir von Dezember 1961 an ein zweijähriges Forschungs- und Reisestipendium der Fritz Thyssen Stiftung umfangreiche Studien zur Geschichte des Aristotelismus im griechischen Mittelalter, also in der byzantinischen Tradition des griechischen Ostens bis zum Untergang von Byzanz 1453. Von Ende 1961 bis zum Frühjahr 1963 war ich in der Research Library von Dumbarton Oaks in Washington D.C. tätig. The Dumbarton Oaks Research Library ist das byzantinistische Forschungsinstitut der Harvard University, das aufgrund einer privaten Schenkung des Grundstückes auf historischem Gelände in Washington D.C. inmitten einer herrlichen Parklandschaft seit 1940 lokalisiert ist. Es ist das führende Zentralinstitut für byzantinistische Studien. Hier in diesem Institut fanden 1944 die vertraulichen Beratungen der Konferenz von Dumbarton Oaks statt, auf der von Delegierten der USA, Großbritanniens, Rußlands und Chinas die Gründung der Vereinten Nationen (UNO) beschlossen wurde.

Von dem Forschungsstab des Instituts waren für mich im Hinblick auf meine Studien als Gesprächspartner wichtig Milton V. Anastos, dessen Forschungsgebiet die Philosophie in Byzanz war, und Francis Dvornik, der spezialisiert war auf die Beziehungen zwischen dem griechischen Osten und dem lateinischen Westen im Mittelalter. Durch die ständige Anwesenheit von Visiting Scholars war das wissenschaftliche und gesellschaftliche Leben interessant, anregend und abwechslungsreich. Die hier geknüpften Kontakte haben mir viele Wege in Amerika geebnet und künftige Begegnungen ermöglicht.

Zu meinen byzantinologischen Forschungen will ich hier nur das Folgende bemerken, um sie auch für diejenigen verständlich zu machen, die mit der Nennung des Namens von Byzanz nicht viel anzufangen wissen. Selbst bei denen, die sich für die antike griechische Philosophie interessieren oder gar sich professionell mit ihr befassen, ist es zur Gewohnheit geworden, die Geschichte der griechischen Philosophie irgendwann und irgendwo in der Spätantike abreißen zu lassen und den Faden dann irgendwann und irgendwo im lateinischen Mittelalter wieder aufzunehmen, ohne zu wissen, wie er inzwischen weitergelaufen ist. Ich muß gestehen, daß ich mich schon als Student äußerst unwohl fühlte, sooft ich dieser gedankenlosen Praxis auch bei meinen Lehrern begegnete. Während die geschichtliche Einheit der griechischen Philosophie zumeist unter dem Begriff der Einheit der antiken Welt gesehen wurde, belehrt uns der inzwischen erreichte Forschungsstand darüber, daß die griechische Philosophie, als Einheit gesehen, diesen Begriff sprengt. Das Ende der antiken Welt war nicht auch das Ende der griechischen Philosophie. Dieses schlichte Faktum war lange Zeit in der westlichen Welt in Vergessenheit geraten. Seine Wiederentdeckung fordert zu einer neuen Sichtweise in bezug auf den Ablauf der Philosophiegeschichte heraus und bekommt so überhaupt zum ersten Mal die Einheit der griechischen Philosophie ganz in den Blick. Neu bestimmt sich auch das Verhältnis von Philosophie und Christentum in der römischen Welt, das in dieser Perspektive überhaupt zum ersten Mal von seinen kirchengeschichtlichen Aspekten im engeren Sinne befreit und als ein Verhältnis innerhalb der Einheit des griechischen Denkens begriffen werden kann. Die veränderte Bewußtseinsstellung öffnet uns ein wesentlich erweitertes Blickfeld. Aus

178

dieser meiner gegenüber früher veränderten Sichtweise ergab sich ein philosophiehistorisches Programm, das ein weiträumiges und langfristiges Forschungsprojekt bezeichnete, das die Richtung angibt, in der die noch zu leistende Arbeit in der Zukunft Stück für Stück erfolgen muß. Das wird nicht von einer einzigen Generation von Forschern zu bewältigen sein. Denjenigen aber, die aus Gründen der Bequemlichkeit und aus Unlust an einer Veränderung ihrer Denkgewohnheit behaupten, Philosophie habe es in Byzanz nicht gegeben, empfehle ich dringend, ihren Begriff von Philosophie zu überprüfen.

Zu Besuch bei den jüdischen Emigranten Hans Jonas, Paul-Oskar Kristeller und Leo Strauss

Ich nutzte meinen ersten Aufenthalt in Amerika von 1961 bis 1963 dazu, mir einen Wunsch zu erfüllen, der in mir entstand, als ich noch Assistent von Gerhard Krüger in Tübingen und Frankfurt war. Krüger hatte mir oft von seinen jüdischen Freunden aus der Marburger Zeit erzählt, die dann nach der Machtergreifung Hitlers gezwungen waren, Deutschland zu verlassen. Ganz oben auf der Skala seiner Wertschätzung stand Leo Strauss, von dem er behauptete, die Philosophie in Deutschland hätte einen anderen Verlauf genommen, wenn Leo Strauss nicht zur Emigration gezwungen worden wäre. Solche Äußerungen von Krüger weckten in mir den Wunsch, Strauss und die anderen Emigranten aus dem alten Marburger Freundeskreis Krügers nun auch persönlich kennenzulernen.

Der erste, den ich besuchte, war aber umständehalber nicht Strauss, der damals schon in Chicago lebte, sondern Hans Jonas in New York, den ich bereits wenige Tage nach meiner Ankunft im New Yorker Hafen in seinem Haus in New Rochelle aufsuchte. Ich hatte mich in

Bremerhaven auf der ‚Bremen' nach New York eingeschifft, wo ich nach einer ziemlich stürmischen, achttägigen Seefahrt am 13. Dezember 1961 ankam. Der übliche Reiseverkehr nach Amerika war damals noch die Schiffspassage, die allerdings schon wenige Jahre später durch das Flugzeug abgelöst wurde. Da ich nicht seekrank wurde wie die meisten Passagiere, kam ich so noch, sozusagen an einer Epochenwende der Amerikatouristik, in den Genuß einer romantischen Schiffsreise über den Atlantik. Einen Massentourismus nach Amerika gab es in jenen Jahren noch nicht. Der setzte erst ganz allmählich in den späten achtziger Jahren ein, jahrelang gebremst durch einen mehr oder weniger latenten Antiamerikanismus, der in Deutschland nichts Neues ist, aber seit den sechziger Jahren von den entsprechenden politischen Kreisen und im Zuge der linken Studentenbewegung wieder angeheizt worden war.

Ich besuchte also Hans Jonas, der eine Professur an der New School for Social Research in New York City hatte, in dem New Yorker Vorort New Rochelle in seinem Haus, das zuvor dem amerikanischen Baseball Star Joe DiMaggio gehört hatte, dem zeitweiligen Ehemann von Marilyn Monroe. Aber auch er sei mit einer prächtigen Frau glücklich verheiratet, wie mir Jonas humorvoll und absolut überzeugend versicherte, als er mir seine Frau vorstellte, die mich dann darüber aufklärte, daß das Eheglück DiMaggios mit der Monroe nur neun Monate gedauert habe. Jonas war, als ich ihn besuchte, achtundfünfzig Jahre alt, sah aber jünger aus. Er war außerordentlich lebhaft und interessiert. Er stammte aus Mönchengladbach und hatte die typische Mitteilsamkeit des Rheinländers. Wir sprachen über seine Forschungen zur spätantiken Gnosis, die er als Student bei Bultmann in Marburg begonnen hatte, und natürlich über seinen Lehrer Heidegger, über den er in einer Mischung von Bewunderung und Verachtung sprach. „Ich will es mal so sagen", meinte er kurz und bündig in schöner rheinländischer Direktheit, „philosophisch war er ein Genie, menschlich ein schrecklicher, kleinkarierter Spießer, aber von der Sorte, die zum Fürchten ist". Jonas war seinerzeit der einzige in Marburg, der von der Liebesbeziehung zwischen Heidegger und Hannah Arendt wußte, weil diese ihn eines Tages davon in Kenntnis setzte, als Jonas dabei war, sich in seine Studienfreundin Hannah Arendt zu verlieben. An der Jahrhundertgestalt Heideggers als Philosoph ließ er mir gegenüber keinen Zweifel aufkommen. Jonas, den ich 1963 noch einmal besuchte, bevor ich Amerika wieder verließ, war damals schon intensiv mit seinen Studien zum Begriff des Lebens und mit Fragen einer Philosophie der Biologie beschäftigt, und ich hatte deutlich das Gefühl, daß da ein neuer Jonas im Entstehen begriffen war, von dem noch etwas Bedeutendes kommen würde. Das kam ja dann auch. Er schenkte mir beim Abschied ein Exemplar seines 1958 erschienenen Buches *The Gnostic Religion: The Message of the Alien God and the Beginnings of Christianity*. In diesem Buch faßt er seine Gnosis-Forschungen für ein englischsprachiges Publikum zusammen. Es war für ihn zugleich ein Abschluß, das konnte ich merken. Philosophisch hatte er sich längst den Lebens- und Überlebensfragen der Gegenwart zugewandt.

An der Columbia University in New York lernte ich Paul-Oskar Kristeller kennen, den berühmten Renaissance-Forscher, der vor seiner Emigration in Heidelberg bei Otto Regenbogen über die Ethik Plotins promoviert worden war. Seine Bücher über Marsilio Ficino, die italienischen Universitäten der Renaissance, über die italienischen Bibliotheken und seine anderen Werke sind Glanzlichter der historischen Wissenschaft. Sein Schlüsselerlebnis hatte er, als er sich Mitte der zwanziger Jahre bei Heidegger über den Florentiner Humanisten Marsilio Ficino habilitieren wollte.

Er stellte fest, daß die meisten Texte von Denkern der Renaissance, wenn überhaupt, nur ganz unzulänglich ediert waren. Daraufhin machte er es zu seiner Aufgabe, die humanistische Schriftwelt durch Textausgaben und Kommentare zu erschließen und zugänglich zu machen. Er erarbeitete seine Darstellungen des Renaissancehumanismus aus den Quellen selbst, die er zum Teil allererst auf seinen Forschungsreisen in entlegene Klöster Spaniens, Italiens und Frankreichs wiederentdeckte. So machte er sich mir gegenüber beiläufig lustig über das Renaissance-Buch von Ernst Cassirer, und meinte, die einzige Quelle, die Cassirer für sein Renaissance-Buch gründlich studiert habe, sei das Handbuch von Friedrich Ueberweg, *Grundriß der Geschichte der Philosophie*, gewesen. Berücksichtige man diesen Umstand, dann müsse man allerdings sagen, daß das Ergebnis gar nicht mal so schlecht sei. Das war natürlich blanke Ironie. Denn es war gerade Kristeller, der mit seinen richtungweisenden Arbeiten zur Renaissance dafür sorgte, daß weder Wilhelm Dilthey noch Ernst Cassirer für die Methodologie der professionellen Renaissance-Forschung heute weiterhin Muster abgeben. Er hat deren bloß narrative Darstellung durch eigene Handschriftenstudien und seriöse Feldforschung ein für allemal abgelöst und auf ein neues wissenschaftliches Niveau gehoben. Kristellers Name steht repräsentativ für diese Wende zur modernen Renaissance-Forschung.

Kristeller verließ 1933 Deutschland und lehrte zunächst in Italien, bis ihn auch dort die Rassegesetze vertrieben. Seit 1939 gehörte er der Columbia University in New York an, wo ich ihn mehrfach besuchte. Er zeigte mir dann jedesmal mit Entdeckerstolz seine neuesten Microfilme von Handschriften aus europäischen Klöstern, die er bei seinen letzten Reisen aufgestöbert hatte. Er zeigte sie mir mit der Begeisterung eines Schmetterlingssammlers, der seiner umfangreichen Sammlung das Exemplar einer neuen Species einverleibt hatte. Er lebte seit Jahrzehnten in New York in der Amsterdam Avenue in der Nähe der Columbia University in einem winzigen Appartement, in das er mich wiederholt zum Kaffeetrinken einlud und dessen spartanische Schlichtheit mich beschämte. Er war verheiratet mit einer Ärztin, die im Dienst der Stadt New York tätig war. Auf einer Europareise in den siebziger Jahren besuchten sie mich in Hamburg, und wieder zeigte er mir ganz stolz seine neuesten Handschriftenfunde. Er war wahrscheinlich der größte geisteswissenschaftliche Gelehrte seiner Art, dem ich begegnet bin. Sein Gemüt hatte sich die Fähigkeit bewahrt, sich noch wie ein Kind freuen zu können. Er starb 1999 vierundneunzigjährig in New York.

Die Begegnungen mit den Emigranten, die in den dreißiger Jahren aus Deutschland hatten fliehen müssen, haben mir drastisch vor Augen geführt, welchen Substanzverlust die deutschen Universitäten dadurch erlitten haben, und mir ist auch klar geworden, daß die deutschen Universitäten diesen Verlust niemals mehr kompensieren werden. Dieser Exodus wurde begleitet von dem blindwütigen Haß bildungsfeindlicher Proleten in brauner Uniform, für die jedes Buch, jedes Musikinstrument und jedes Stilmöbel eine Provokation war, die auch deswegen in der ‚Kristallnacht‘ 1938 von den Nazi-Rabauken bevorzugt aus den Wohnungen der jüdischen Bürger durch die Fenster hinunter auf die Straße geworfen wurden. So rächen sich sozial Benachteiligte im Zustand der Enthemmtheit und Aufgehetztheit für ihre Demütigungen. Auch hier zeigte sich wieder, wenn auch in extremer Vulgarität, der klassenkämpferische Zug der nationalsozialistischen Revolution als einer linken Bewegung. Jedenfalls markierte das Jahr

1933 die erste Station des Niedergangs der vormals in der Welt führenden deutschen Universitäten. Die zweite Station des Niedergangs wird durch das Jahr 1968 markiert. Das konkrete Ergebnis dieses Niedergangs ist, daß heutzutage ein immer größer werdender Teil der Jugend des politisch klarsehenden deutschen Bürgertums gleich in den USA oder England studiert oder während des Studiums oder nach dem Studium dorthin geht. Und das ist gutgetan. Dahinter steht in Deutschland der seit 1933 offenbar unaufhaltsame Sieg des Ungeistes über den Geist. Man könnte das auch soziologisch präziser ausdrücken. Man ist hierzulande keineswegs blind gegenüber dieser Entwicklung, aber die Mehrheit der Bewohner dieses Landes will es nicht anders, und deshalb geht es auf breiter Front weiter bergab mit dem ehemaligen Land der Dichter und Denker. Die antike Mythologie hat auch für dieses Phänomen ein bedeutungstiefes Symbol: Adonis, der schöne Jüngling, Liebling der Aphrodite, starb, indem er bei der Jagd von einem Eber, also einer ganz ordinären Sau, überrannt wurde. Bleibt uns nur, wie in der griechischen Sage, die Hoffnung auf ein Wiedererwachen. Aber Renaissancen sind selten.

Ende August 1962 besuchte ich Leo Strauss in Chicago, der mir, dem jungen Privatdozenten der Philosophie aus Hamburg, für meinen Aufenthalt die Präsidentensuite des Gästehauses der University of Chicago hatte ordern lassen und für mich im Kreise seiner Familie und Kollegen einen Empfang im Faculty Club gab. Ich war tief gerührt ob dieser Generosität. Leo Strauss stammte aus Kirchhain in Hessen, wo er 1899 geboren wurde. Sein Abitur hatte er 1917 am Gymnasium Philippinum in Marburg abgelegt, mit dem ich durch mein Graecum und Hebraicum ebenfalls Bekanntschaft gemacht hatte. Leo Strauss war 1921 von Ernst Cassirer in Hamburg mit einer Dissertation über das Erkenntnisproblem bei Friedrich Heinrich Jacobi

(1743-1819), der mit Lessing und Goethe befreundet war, promoviert worden. Dann ging Strauss nach Freiburg i.Br., um seine Studien bei Husserl und Heidegger fortzusetzen. Von 1925 bis 1932 war er Mitarbeiter der Akademie für die Wissenschaft des Judentums in Berlin und edierte und kommentierte im Rahmen der Moses Mendelssohn-Jubiläumsausgabe die philosophischen Schriften. Danach betrieb er Hobbes-Forschungen in Paris und England und übersiedelte 1938 in die USA, wo er zehn Jahre an der New School for Social Research in New York City lehrte, wo auch Kurt Riezler unterrichtete. Von 1949 bis 1967 lehrte er in Chicago als Professor für Politische Philosophie, danach bis zu seinem Tode 1973 am St. John's College in Annapolis, Maryland. Seine Bekanntschaft mit Gerhard Krüger, Karl Löwith, Hans-Georg Gadamer und Hans Jonas reichte bis in das Marburg der zwanziger Jahre zurück. Mit Krüger verband ihn eine besonders enge Freundschaft, da sie sich auch philosophisch sehr nahe standen. Bei der alljährlichen Bücherrevision im Philosophischen Seminar in Tübingen 1951 fragte mich Krüger, als mir plötzlich ein Buch von Strauss in die Hand fiel: „Wissen Sie, wer Leo Strauss ist?", was ich damals verneinen mußte. Daraufhin sagte er zu mir: „Wenn Leo Strauss nicht wegen der politischen Verhältnisse Deutschland hätte verlassen müssen, hätte die Philosophie in Deutschland einen anderen Verlauf genommen." Das war 1951. Wieviel wahrer ist diese Aussage Krügers erst aus heutiger Sicht, wenn wir an die Entwicklung nach 1960 denken. Krüger war zudem Briefpartner für Strauss, wie die Korrespondenz in seinen *Gesammelten Schriften* zeigt, die Heinrich Meier von der Universität München und Direktor der Carl Friedrich von Siemens-Stiftung seit 1996 mustergültig ediert. Heinrich Meier, der heute prominenteste Kenner des Strausschen Denkens, hat sich durch zahlreiche Publikationen große Verdienste um diesen aus Deutschland vertriebenen Philosophen erworben, zuletzt durch die

Paperback-Edition seines Buches *Leo Strauss and the Theological-Political Problem* in der Cambridge University Press 2007.

Die Philosophie von Strauss ist ein radikaler Antihistorismus. Wie die Menschen im Platonischen Höhlengleichnis in der Höhle von Vorurteilen, vagen Meinungen, Irrtümern und Täuschungen gefangen sind und erst, wenn sie die Höhle verlassen und ans Licht kommen, die Wahrheit der Dinge und die Wirklichkeit des Seienden erkennen, so ist es nach Strauss die Aufgabe der Philosophie, die bloßen Meinungen, Konventionen, Traditionen und historischen Verkrustungen, die sich im Laufe der Zeit wie ein Kokon um die menschliche Existenz gelegt haben, zu beseitigen und durch Wissen oder intuitive Erkenntnis zu ersetzen, weil die Sache der Philosophie genuin unhistorisch sei. Die Philosophie sei nicht, wie Hegel behaupte, der Geist ihrer Zeit und damit abhängig und relativ. Es komme darauf an, gegen die Einstellung des Historismus, der der Philosophie ihre Autorität geraubt und sie impotent gemacht habe, der Philosophie ihren von der Tradition verstellten ursprünglichen Horizont des Fragens nach der Wahrheit wieder zurückzugewinnen und sie von den Vorurteilen des Historismus zu befreien, für den die Philosophie nur ein Bereich neben Kunst, Religion, Politik und Wirtschaft und so weiter sei. Der Kampf gegen den Historismus müsse daher bei den mächtigsten Meinungen und Vorurteilen der Gegenwart ansetzen und sie in Frage stellen. Im Zeichen dieser Kampfansage stehen die großen Bücher von Strauss, wie *Die Religionskritik Spinozas* (1930), über *Hobbes' Political Philosophy* (1936), *On Tyranny* (1938), *Natural Right and History* (1953), *What is Political Philosophy* (1959), *Jerusalem and Athens* (1967), *Liberalism Ancient and Modern* (1968), *Persecution and the Art of Writing* (1952) und auch sein Spätwerk *Socrates and Aristo-*

phanes, *Xenophon's Socratic Discourse* (1970), und noch eine Reihe weiterer Bücher.

Die in diesen Werken von Strauss erarbeitete und demonstrativ zur Darstellung gebrachte Position ist der radikalste Angriff auf die phänomenalistische, subjektivistische, historistische und dekonstruktivistische Hermeneutik, die es gibt. Gegen das modernistische und modisch herausgeputzte Dogma, das heute aus Gründen der Faulheit und Bequemlichkeit so weit verbreitet ist, ein Interpret könne den Autor eines Textes nicht so verstehen, wie dieser sich selbst verstanden hat, sondern nur anders oder besser (– weshalb man sich die ganze philologisch-historisch-kritische Mühe von vornherein sparen könne –), setzt Leo Strauss das Axiom, daß die Aufgabe des Interpreten genau darin zu bestehen habe, einen Autor so zu verstehen, wie dieser sich selbst verstanden hat. Nur so sei es möglich, daß sich der Interpret von seinen eigenen Voreingenommenheiten und Vorurteilen befreie. Das wird nur möglich, wenn sich der Interpret den Intentionen und dem Wahrheitsanspruch des Autors öffnet, da nur dann die Chance bestehe, daß der Interpret sich auch auf eine Beschäftigung mit derjenigen Sache einläßt, um die es dem Autor geht. So wird verhindert, daß sich der Interpret nur mit sich selbst beschäftigt statt mit der Sache, um die es in dem Text geht. Diese Hermeneutik ist im Kern keine andere als diejenige, die Strauss in den zwanziger Jahren bei Rudolf Bultmann in Marburg praktiziert sah und die ebenso mich noch in den fünfziger Jahren in den Vorlesungen und Seminaren Bultmanns überzeugte und die ich nach wie vor für die einzige wissenschaftliche Methode im Umgang mit Texten halte.

In den sechziger Jahren kam dagegen der faule Interpretationssubjektivismus auf und wurde modern, für den die Frage nach der Absicht des Autors, der *intentio auctoris*, wie es seit Jahrhunderten richtig hieß, obsolet wurde, weil man sich die Mühe der Beantwortung dieser Frage ersparen wollte, und einige Jahre später vernebelte das alberne, dümmliche Motto ‚Anything goes' die Gehirne, und man fand es unheimlich schick, Hermann Cohen mit Cohn Bendit zu verwechseln. Zu meiner Beruhigung hörte ich jüngst, im Jahre 2004, von meinem Schüler Philipp W. Rosemann, Professor der Philosophie an der University of Dallas in Irving, daß die Hermeneutik von Leo Strauss beginnt, an den amerikanischen Universitäten und Colleges Früchte zu tragen und mehr und mehr Anhänger bei der von Strauss so kompetent gepflegten ‚Kunst des sorgfältigen Lesens' der klassischen Texte findet. In diesem Fall bestünde auch für unsere Universitäten in Deutschland noch Hoffnung. Gadamers Buch *Wahrheit und Methode* charakterisierte Strauss mir gegenüber als „verwässerten Heidegger". In bezug auf mich gab er in einem Brief vom 12. September 1962 an Gerhard Krüger, in dem er ihm von meinem Besuch berichtet, der Hoffnung Ausdruck, daß ich nicht unter den byzantinischen Handschriften begraben werden möge.[1] Ich glaube, ein gnädiges Schicksal hat mich davor bewahrt, obwohl ich mir vorstellen könnte, daß es nicht das schlechteste aller möglichen Begräbnisse wäre.

Reise durch die Neue Welt

Es gibt viele Möglichkeiten, ein Land kennenzulernen. Aber die zuverlässigste Methode ist doch immer noch die Autopsie. Natürlich wollte ich mehr von Nordamerika sehen als New York, Washington D.C., und Arlington im Bundesstaat Virginia, nahe bei Washington D.C. gelegen, wo ich während meines Aufenthaltes wohnte. Also

---

[1] Leo Strauss, *Gesammelte Schriften* Bd. 3, Stuttgart 2001, S. 453: "Let us hope that he will not be buried by Byzantine manuscripts."

entschloß ich mich zu einer zweimonatigen Reise durch die Vereinigten Staaten, durch Mexico und einen Teil von Kanada und startete Anfang Juli 1962 von Washington D.C. aus in Richtung Süden über Charlottesville, wo sich die von Thomas Jefferson gegründete University of Virginia befindet, nach New Orleans und passierte in Laredo die Grenze nach Mexiko.

Ich hatte das Glück, daß der erste Tag meiner Reise in Mexiko ein Sonntag war, denn dieser ist in allen Indianerdörfern der Markttag. Aus einer Entfernung von vielen Meilen kommen die Indianer mit ihren Familien zusammen, um nach uralter Tradition ihre Waren, darunter auch handwerkliche Erzeugnisse, anzubieten. Mich interessierten in Mexiko vor allem die archäologischen Zonen, das heißt die Monumente der Urbevölkerung, insbesondere der Azteken und der Mayas. So ging die Reise zu der Ruinenstadt Teotihuacán bei Mexiko City und von dort in den Südosten Mexikos, zu der Halbinsel Yucatan. Diese Reise auf dem Landweg war erst seit 1961 durch den Bau eines Highways und durch ein geregeltes Fährsystem möglich geworden. Die ältesten Maya-Pyramiden, die als Substrukturen von Tempeln dienten, stammen aus der Zeit von 600 v. Chr. bis 200 v. Chr.

Der Besuch der antiken Maya Städte im tropischen Dschungel von Yucatán ist ein Erlebnis. Die Maya-Bauten sind von blendendem Weiß, monumentaler Größe, harmonischen Proportionen und von klassischer Schlichtheit, so daß man gut verstehen kann, daß die ersten Europäer, die diese Bauten sahen, glaubten, die alten Griechen seien bereits hier gewesen. Dieser klassische Eindruck geht besonders von dem sogenannten ‚Palast des Gouverneurs‘ in Uxmal und von einigen Tempeln in Chichén Itzá aus. Zum Teil liegen die einzelnen Gebäude der Maya Städte so weit zerstreut und so tief versteckt im Dschungel, daß es nur mit Hilfe von Bewohnern der umliegenden Dörfer möglich ist, sie zu finden. Jedenfalls war das 1962 so, als ich da war. Der alte, lebendige Glanz der einst blühenden Städte ist dahin, und an die Stelle der ursprünglichen, Menschenopfer fordernden Religion der Maya ist ein mit uralter Magie durchsetzter schlichter Katholizismus getreten.

Von Mérida aus ging die Fahrt wieder zurück bis zum Isthmus von Tehuantepec und von da nach Oaxaca. Oaxaca ist eine reizvolle Provinzhauptstadt im Süden Mexikos. Einstmals ein Zentrum bedeutender indianischer Kulturen, ist sie noch heute eine Stadt, die kulturell mehr der indianischen Welt und der Kolonialzeit angehört als der Gegenwart. Die Menschen tragen ihre alten Trachten und sprechen noch die alten Indianersprachen. Die prachtvollen Kirchen Santo Domingo, Basilica de la Soledad und Catedral de Oaxaca sind Schöpfungen des 16. Jahrhunderts. Die große archäologische Zone von Oaxaca umschließt eine Gruppe von Bergen, von denen der zweitausend Meter hohe Monte Albán der eindrucksvollste ist. Mehrere Gebäudeteile, Reliefs und Grabkammern stammen aus vorchristlicher Zeit, bis 700 v. Chr., und lassen erkennen, daß hier schon eine Schrift und ein Kalendersystem existierten.

Die Reise durch die Pyramidenstädte des alten Mexiko zwingen jeden Europäer von jeher zum Umdenken, wie die Berichte von Cortez und Alexander von Humboldt schon früh belegen. Dies hat seine Ursache in dem Umstand, daß die herkömmlichen und üblichen, durch einen europazentristischen Bildungsbegriff motivierten kulturgeschichtlichen Kategorien hier vollständig versagen und der Wert der vergleichenden kulturgeschichtlichen Betrachtung evident wird.

Nach drei Wochen in Mexiko erreichte ich im Norden Richtung Arizona die Grenzstadt Nogales und setzte die Reise durch die Vereinigten Staaten über Los Angeles und San Francisco, Sacramento, Salt

Lake City, Madison nach Chicago fort, wo ich, wie schon erwähnt, Leo Strauss besuchte.

Bei dieser Gelegenheit zeigte mir Strauss sein Exemplar der Festschrift für Gerhard Krüger zum 60. Geburtstag, das ihm der Verleger Vittorio Klostermann Senior aus Frankfurt geschickt hatte. Ich hatte die Krüger-Festschrift infolge meiner Reise noch nicht gesehen, sah sie hier bei Strauss zum ersten Mal und war sehr froh, sie endlich als fertiges Buch in der Hand zu halten. Sie hatte mir sehr viel Arbeit gemacht. Ich hatte die Festschrift initiiert, Hans-Georg Gadamer für ein Vorwort gewonnen und sie zusammen mit Richard Schaeffler herausgegeben. Es bedeutete für Gerhard Krüger, der im Jahre 1962, als er sechzig Jahre alt wurde, schon zehn Jahre krank und von seinem Lehramt entpflichtet war, sehr viel, zu erleben, wie sich Kollegen, Freunde und Schüler um ihn versammelten und ihn durch ihre Beiträge als einen Philosophen ehrten, dessen Denken bleibende Spuren hinterlassen hat. Die Autoren der Festschrift, die den Titel *Einsichten* trägt, sind Wilhelm Anz, Rudolf Bultmann, Wolfgang Cramer, Hans-Georg Gadamer, Karl Jaspers, Wilhelm Kamlah, Helmut Kuhn, Karl Löwith, Hermann Lübbe, Klaus Oehler, Josef Pieper, Richard Schaeffler, Heinrich Schlier, Leo Strauss und Carl Friedrich von Weizsäcker. Der Beitrag von Jaspers handelt nicht zufällig über das Thema ‚Hiob'. Die Festschrift war damals ein philosophisches Ereignis und ist heute und in Zukunft eine würdige Erinnerung an einen Philosophen, der auf einzigartig radikale und mutige Weise im 20. Jahrhundert das Verhältnis von Wahrheit und Geschichte bedacht, besser: gedacht hat, das heißt der Wahrheit gedacht hat, die angesichts der wandelbaren Geschichte unsicher und ihrer selbst ungewiß geworden ist. Mit diesem Jahrhundertproblem hatte uns Gerhard Krüger immer wieder mit großer Eindringlichkeit konfrontiert. So war ich also glücklich, als ich bei Leo Strauss in Chicago das erste Exemplar der Krüger-Festschrift sehen konnte.

Von Chicago aus überquerte ich nach der Fahrt über Cleveland und Buffalo in Niagara Falls die Grenze nach Kanada, wo ich in Toronto die 1823 gegründete Universität sah und daselbst den berühmten Aristotelesforscher Joseph Owens besuchte, dessen Werk von 1951 über die Lehre des Seins in der Aristotelischen Metaphysik und über den griechischen Hintergrund des mittelalterlichen Denkens eines der besten Bücher über Aristoteles ist, das im 20. Jahrhundert geschrieben wurde, – Gott sei Dank noch völlig frei von den diversen interpretatorischen Modeströmungen, die bald danach aufkamen und Aristoteles als einen der ihren reklamierten, allen voran die sprachanalytische Richtung, für die Aristoteles zu einem Oxforder Ordinary-Language-Philosopher mutierte. Aber auch das ist heute schon wieder Vergangenheit, aber eine Vergangenheit, die die Zukunft in der Forschung unnötig lange verzögerte.

Das letzte halbe Jahr in Washington D.C. von September 1962 bis April 1963 war ausgefüllt mit der Planung meiner Reise in die Länder des östlichen Mittelmeerraumes, auf den Spuren griechischer Handschriften aus byzantinischer Zeit. Zum Abschluß meines Aufenthaltes in Washington D.C. hielt ich Ende März vor den Mitgliedern der Harvard Faculty in Dumbarton Oaks einen Vortrag über die Wirkungsgeschichte des Aristoteles in den Jahrhunderten des Byzantinischen Reiches und über seinen Einfluß auf die Philosophie, Theologie und Naturwissenschaft dieser Epoche. Sinnigerweise stand ich, ohne es zu merken, während meines Vortrags unter einem Gemälde von El Greco, das zu der Art Collection von Dumbarton Oaks gehört. Ich wurde in der anschließenden Diskussion von dem immer geistreichen griechischen Kollegen Milton V. Anastos darauf angesprochen und sah mich veranlaßt, improvisierend meine nur fragmentarischen kunsthistorischen Kenntnisse in bezug auf El Greco einigermaßen sinnvoll zu präsentieren. Irgendwo hatte ich gelesen, daß El Greco selbstbewußt seine Werke mit seinem Namen (Domenikos Theotoko-poulos) signiert hat, obwohl das in der byzantinischen Malerei unge-wöhnlich war. Was aber zu seinem betont persönlichen, geradezu expressionistischen Malstil paßte, und daß er unter den Zeitgenossen als großer Philosoph gegolten habe. Viel mehr wußte ich nicht über den in der byzantinischen Tradition aufgewachsenen Kreter El Greco. Aber um den Ball, den Anastos mir zugeworfen hatte, aufzufangen, genügte es. Der wohlwollende Beifall des Publikums war mir sicher. So endete mein erster Aufenthalt in der Neuen Welt nach anderthalb Jahren, und ich verließ am 30. April 1963 Amerika im Hafen von New York an Bord der ‚Independence‘ mit Kurs auf Genua, wo ich am 8. Mai eintraf und für einige Tage die historischen und gartenarchi-tektonischen Reize dieses geschichtsträchtigen Ortes genoß.

Anneliese Maier in der Biblioteca Vaticana

Von Genua aus reiste ich über Turin, Milano und Venedig, wo ich mehrere Tage in der Biblioteca Marciana, gleich am Marcusplatz ge-legen, verbrachte, nach Rom, dem Hauptziel meiner Aristotelis-musstudien. Ich arbeitete drei Wochen in der Biblioteca Vaticana. Sachkundige Hilfe in vielen Detailfragen leistete mir Anneliese Maier, die Tochter des früheren Tübinger Philosophieprofessors Heinrich Maier, dessen bis heute bedeutendes dreibändiges Werk *Die Syllo-gistik des Aristoteles* (Tübingen 1896-1900), ich von meinen eigenen Untersuchungen zu Aristoteles her gut kannte. Heinrich Maier war der Schwiegersohn des noch berühmteren Tübinger Logikers Christoph

Sigwart, dessen zweibändige *Logik* (1873-1878) vor dem Aufkommen der modernen Logik sehr einflußreich war, dann aber durch seine Annahme, die Logik beruhe auf der Psychologie, schlagartig antiquierte. Die Jüdin Anneliese Maier verließ Deutschland in den dreißiger Jahren und fand Zuflucht im Vatikan, wo sie in der Bibliothek tätig wurde. Als ich der eleganten, beeindruckenden Dame plötzlich gegenüberstand, wußte ich nicht, daß sie es war, denn ich hatte sie vorher nicht kennengelernt. Als ich mich ihr vorgestellt hatte, nannte sie ihren Namen, und dann fiel der Groschen. Sie war inzwischen Mitglied der Max-Planck-Gesellschaft geworden. Ihre Bücher waren mir wohlbekannt, besonders ihre Werke *Die Impetuslehre der Scholastik* (1940), und *An der Grenze von Scholastik und Naturwissenschaft* (1943). Ihre Forschungen auf dem Gebiet der Geschichte der Naturwissenschaft im Mittelalter waren bahnbrechend, Pionierleistungen auf diesem Gebiet, da alle ihre Publikationen aus dem Quellenstudium der originären mittelalterlichen Handschriften hervorgingen. Sie hat auch über die Handschriftenbestände und Codices der Vatikanbibliothek gearbeitet und publiziert. Daß ich ausgerechnet ihr rein zufällig im Handschriftensaal sozusagen in die Arme lief, war für mich ein großer Gewinn und hat mir viel Zeit gespart. Wir waren uns auf Anhieb, wie man so sagt, sympathisch, und sie hat mir bei unseren Zusammenkünften viele Interna aus ihrem jahrzehntelangen Leben im Vatikan erzählt. Ein guter Kriminalroman, ganz in dem Genre, wie ihn dann Umberto Eco mit seinem Welterfolg *Il nome della rosa* einige Jahre später, 1980, publizierte. Aber die Erzählungen von Anneliese Maier waren noch spannender und für mich authentischer.

Eine Papstwahl

Dazu kam nun auch noch das historische Ereignis, daß in jenen drei Wochen, in denen ich mich in der Biblioteca Vaticana aufhielt, zufällig eine Papstwahl stattfand. Papst Johannes XXIII., der Papst des II. Vatikanischen Konzils, war gestorben. Ich hatte das in jenen Tagen irgendwie nicht mitbekommen, weil ich sehr intensiv mit meinen byzantinischen Handschriften beschäftigt war. Erst als ich an dem Tag der Wahl des neuen Papstes einmal von meinen Codices aufblickte, stellte ich zu meinem Erstaunen fest, daß sich der Handschriftenlesesaal ganz geleert hatte und an den Tischen niemand mehr saß – außer mir; ich war der einzige, der nichts gemerkt hatte und noch an seinem Platz saß, mit seinen Gedanken nicht im 20. Jahrhundert, sondern irgendwo im byzantinischen Millennium. Ich wurde stutzig, denn so hatte ich den Handschriftensaal noch nie erlebt. Die hohen Fenster an der Seite zum Petersplatz waren geöffnet und vor und in ihnen waren die Menschen, die vorher an ihren Lesetischen gesessen hatten, dichtgedrängt versammelt, und plötzlich vernahm ich einen lauten Schrei, einen Jubelschrei: „Habemus papam". Aus dem Gebäude des Konklave stieg weißer Rauch in den blauen Himmel. Papst Paul VI. war gewählt worden. Inzwischen war auch ich zu einem der Fenster gegangen und sah unten den Petersplatz voll von jubelnden Menschen. Die Glocken der Ewigen Stadt läuteten. Ich war Zeuge einer Papstwahl. Die Ergriffenheit in einem Augenblick wie diesem hat mit religiöser Gläubigkeit primär nichts zu tun. Die Ergriffenheit, die einen erfaßt, hat ihre Ursache darin, daß man intensiver als gewöhnlich spürt, dass wir zeitlich in einer Kontinuität stehen, die uns umgreift, daß Geschichte eine Realität ist, der sich keiner entziehen kann. Auch wir sind Geschichte, jeder von uns ist eine Geschichte, seine Geschichte. Die Frage ist, was wir außerdem noch sind.

Meine Begegnung mit Anneliese Maier fand erst nach der Papst-wahl statt. Ich weiß nicht, wie repräsentativ ihre Meinung für das in-tellektuelle Personal im Vatikan war. Jedenfalls machte sie mir ge-genüber aus ihrem Wohlgefallen über das Ende der Ära von Johannes XXIII. kein Geheimnis. Für sie war er „der Bauer auf dem Papst-thron", und von den Neuerungen dieses Papstes war sie sichtlich nicht begeistert, vor allem nicht denjenigen, die das Vatikanische Innenle-ben betrafen. Die katastrophale Folge des II. Vatikanischen Konzils sah sie in dem Traditionsbruch, am klarsten für sie ablesbar an der Kritik der großen römischen Liturgie, wodurch den Gläubigen das Bewußtsein verloren gehe, daß die katholische Kirche einen subjekti-ver Willkür entzogenen, vielmehr apostolischer Überlieferung ent-stammenden Ritus als absolutes Fundament habe, so wie ihn die ver-schiedenen orthodoxen Kirchen bis in unsere Gegenwart als sicheren Schutzwall bewahrt hätten. Die katholische Kirche dürfe nach ihrer Meinung niemals das Konzept menschlicher Autonomie akzeptieren, wenn sie ihre Identität bewahren wolle. Und ein Rechtsstaat könne gemäß dieser Position immer nur ein Staat sein, der das von Gott of-fenbarte Recht schütze. Ihre Prognose bestätigte sich schon sechs Jahre später, 1969, als Papst Paul VI. durch ein sonderbares Netz von Klauseln die alte katholische Liturgie praktisch unmöglich machte. Es schien mir aufgrund ihrer Äußerungen so zu sein, daß der verstorbene Papst die Mehrheit der Intellektuellen im Vatikan nicht erreicht hatte. Das Ende der Ära von Pius XII. und die Wahl von Johannes XXIII. hatte ich 1958, als ich noch in Hinterzarten lebte, in der Presse und im Radio aufmerksam verfolgt. Um so mehr berührte es mich dann 1963 in Rom, den Wechsel auf dem Papstthron an dieser historischen Stätte des Urchristentums zu erleben, der mir durch mein Vertieftsein in Zeugnisse der byzantinischen Vergangenheit beinahe entgangen wäre.

In den Klosterbibliotheken auf dem Berg Athos

Anfang Juli 1963 setzte ich meine Studien in Griechenland fort, wo ich zunächst in der Nationalbibliothek in Athen und danach in Klosterbibliotheken auf dem Berg Athos gearbeitet habe. Durch freundliche Vermittlung des Metropoliten von Thessaloniki, Panteleämon, und den Professoren der Universität Thessaloniki Linos Politis und Vasilios Tatakis wurde mir der Zugang zum Berg Athos und zu den Klöstern möglich gemacht.

Vasilios Tatakis ist der Autor der bis heute einzigen Gesamtdarstellung der Byzantinischen Philosophie. Sein Werk, das inzwischen in mehreren Auflagen und Übersetzungen publiziert wurde, erschien zuerst in französischer Sprache: Basile Tatakis, *La Philosophie Byzantine* (Paris 1949). Ich schätzte mich glücklich, Tatakis, der damals Dekan der Philosophischen Fakultät der Universität Thessaloniki war, persönlich kennenzulernen und mit ihm über Probleme der Byzantinischen Philosophie und ihrer Darstellung sprechen zu können. Ich habe eine deutliche Erinnerung an unser Gespräch in seinem Zimmer in der Universität. Er war eine starke, dynamische Persönlichkeit, voller Unternehmungsgeist. Er erzählte mir von seinen neuen wissenschaftlichen Projekten und von seinen Plänen, das Studium der geisteswissenschaftlichen Fächer zu reformieren und neu zu organisieren. Die Begegnung mit ihm war für mein Studium der Byzantinischen Philosophie sehr wichtig und menschlich von bleibender Bedeutung.

Der Besuch des Berges Athos war zweifellos ein Höhepunkt meiner Reise auf den Spuren der Byzantiner. Ursprüngliches mönchisches Leben hat sich hier inmitten einer zauberhaften Landschaft auf dieser Felsenhalbinsel der Chalkidike seit dem 10. Jahrhundert entfaltet, seitdem Einsiedler, Anachoreten, den Berg zu ihrem Sitz erwählt hatten und sich dann zu Bruderschaften vereinigten und Klöster gründe-

197

ten, darunter die Große Lavra, deren Gründung im Jahr 963 die Keimzelle der Klosterrepublik von heute war. Danach erfolgte in rascher Entwicklung die Errichtung weiterer Klöster, wie Iviron, Vatepedi, Philotheou und andere, vierzig an der Zahl, beschützt durch die byzantinischen Kaiser und versorgt mit privaten Schenkungen und Ländereien, auch außerhalb Griechenlands. Alle orthodoxen Völker besaßen Klosterniederlassungen auf dem Athos: Serben, Bulgaren, Russen, kleinasiatische Griechen und solche der Balkanländer. Schon in den Anfängen der mönchischen Besiedlung des Athos war durch eine Bulle des Kaisers Konstantin Monomachos im Jahr 1060 ein Erlaß ergangen, daß der Zutritt des Heiligen Berges (Hagion Horos) für alle Zeiten untersagt sei: „jeglicher Frau, jeglichem weiblichen Tier, jedem Kind, jedem Eunuchen, jedem glatten Gesicht." Auch Hennen, Ziegen und Kühe findet man unter den Haustieren hier nicht, und es soll noch nicht hundert Jahre her sein, daß auch glattrasierte Besucher abgewiesen wurden. Die Eroberung der Türken ließ das Mönchsleben ungestört. Seit 1920 ist der Berg eine theokratische Republik unter griechischer Oberhoheit. Heute ist die Mönchsrepublik des Athos nur noch ein Schatten dessen, was sie einmal war. Die Anzahl der Mönche, im 16. Jahrhundert vierzigtausend, ist auf eine ganz geringe Zahl gesunken. Aber die wenigen Mönche, die noch da sind, tun ihr Mögliches, eine große Tradition vor dem Untergang zu bewahren und trotz aller Erschwernisse am Leben zu erhalten, nach einer über tausendjährigen Geschichte. Zum Vergleich, vielleicht der einzig wirklich mögliche Vergleich: die Akademie Platons in Athen existierte in direkter, kontinuierlicher Folge über neunhundert Jahre, bis sie unter Kaiser Justinian 529 n. Chr. geschlossen wurde, in dem Jahr, in dem im lateinischen Westen das Kloster Monte Cassino in Campanien durch Benedikt von Nursia gegründet wurde. Ich wünsche der Gemeinschaft der Mönche auf dem Athos noch eine lange Zukunft. Traditionen sind immer der Wechselhaftigkeit und Unbeständigkeit des Lebens abgetrotzt. Traditionen zu begründen und zu bewahren, ist nicht einfach. Um so mehr haben Traditionen dieser Größenordnung einen Wert in sich selbst und eine Qualität *sui generis*.

Das religiöse Leben in den Klöstern auf dem Athos folgt seit alters strengen Regeln. Die Mönche verbringen acht Stunden täglich im gemeinsamen Gebet: die Messe, die Vesper, die Andacht, den Nachtgottesdienst, die Vigilien und die Festämter. Die Mahlzeiten werden in den mit Fresken geschmückten, hallenartigen Refektorien eingenommen. Alle Mönche tragen die Zostiko genannte lange schwarze Tracht mit einem Ledergürtel. Ihr langes Haar ist meist in einem Knoten unter der schwarzen Mütze, der Skufia, verborgen.

Der Besuch des Berges Athos, der, wie gesagt, nur Männern erlaubt ist, setzt eine lange Reihe von Formalitäten voraus, bei deren Erfüllung einem die Lust auf die Reise vergehen kann. Aber wenn alle Hürden überwunden sind, wird man durch das, was einen erwartet, reich belohnt. Der Besuch des Berges geschieht per Fußmarsch oder Maultierritt. An jeder Klosterpforte ist das Bewilligungsschreiben des Erzbischofs von Thessaloniki, das man am Ende des Formalitätenprozesses erhalten hat, vorzuzeigen. Mit einbrechender Dunkelheit werden die Klosterpforten geschlossen. Vor der Pforte macht man sich durch das Klopfen mit der Simandra, einem Stück Holz, bemerkbar. Zur Begrüßung wird man mit einem Ouso und einem großen Glas reinen und frischen Wassers sowie einem Loukoum (einem Früchtegeleé mit Mandeln), das auf einem Teller gereicht wird, empfangen, eine Gabe, die man nach dem stundenlangen Marsch, den man hinter sich hat, gerne und dankbar annimmt.

Der Hafen des Heiligen Berges Athos ist Daphni, auf der Südseite der Halbinsel gelegen, wo man ankommt. Von dort geht es zunächst nach Karyes, wo man seine Aufenthaltsgenehmigung erhält. Von dort wanderte ich zuerst zum Kloster Iviron, in einem Tal gelegen, dessen Ausgang zur Küste dicht mit Ölbäumen, Kiefern und Zypressen bepflanzt ist. Ein herrlicher Blick über das Meer bietet sich hier, und man bemerkt bald das für den Athos und seine besonderen Lichtverhältnisse einmalige Farbenspiel am Horizont: das Blau des Himmels vereinigt sich in unbestimmter Ferne mit dem Blau des Meeres. Ein intensiver, würziger Duft liegt über der felsigen, blumenreichen Landschaft. Schmetterlinge, wie ich sie noch nie gesehen hatte, flattern umher, und Vögel erfüllen die Gegend mit ihrem Gesang. Weit und breit kein Mensch. Ein Ort, wie geschaffen fürs Meditieren. So erlebte ich den Athos im Juli 1963.

Nach Einblick in die reiche, uralte Bibliothek, mit ihren Handschriftenbeständen bis ins 9. Jahrhundert zurückreichend, wanderte ich nach drei Tagen weiter zur Großen Lavra, dem schönsten unter den vielen schönen Klöstern des Athos, gelegen auf einer Hochfläche einige hundert Meter über dem Meer, mit einer ebenfalls reichen Bibliothek mit zahlreichen Kostbarkeiten. Das Refektorium ist über und über mit Fresken ausgemalt, unter anderem das Konzil von Nikäa (325 n. Chr.) darstellend, und in der Mitte des Raumes befinden sich die hufeisenförmigen steinernen Tische, die noch eine Vorstellung von der einstmals großen Anzahl der Mönche des Klosters vermitteln.

Auf der langen, sechsstündigen Wanderung von Iviron zur Großen Lavra holte mich auf halbem Wege ein Mönch ein, der mich auf Englisch ansprach, mit erkennbar amerikanischem Akzent. Wir wanderten zusammen weiter und kamen in ein lebhaftes, interessantes Gespräch, in dessen Verlauf ich ihn fragte, wie er Mönch geworden und auf den Athos gekommen sei. Was ich dann erfuhr, war für mich ziemlich unerwartet. Er war zwölf Jahre vorher als junger Mann hierher gekommen und stammte aus New York. Sein Vater besaß dort mehrere Kaufhäuser, die er einmal erben sollte. Es ging ihm in jeder Hinsicht gut, und er führte ein flottes Leben, wie er sagte. Aber er fühlte eine Leere in sich, die er durch nichts überwinden konnte. Als er dann als Tourist auf den Athos kam, wurde er von der spirituellen Atmosphäre und der Aura des Ortes so ergriffen, daß er spontan beschloß, für immer hier zu bleiben. Er kehrte nicht mehr nach Amerika zurück und wurde Mönch auf dem Athos. Es war das erste und einzige Mal, daß mir ein Mensch wie dieser begegnete, der auf so abrupte und radikale Weise seinem Leben eine andere Richtung gab. Was mir besonders angenehm an ihm auffiel, war, daß er von seinem existentiellen Erlebnis überhaupt kein theatralisches Aufhebens machte, sondern ruhig, selbstverständlich und seiner selbst und seiner Bestimmung gewiß seinen Weg ging. Was da draußen in der Welt – in Amerika oder in Deutschland etwa – passierte, interessierte ihn offensichtlich nicht mehr im geringsten. Auch dieses Desinteresse demonstrierte er keineswegs ostentativ, sondern es erschloß sich mir aus dem, was er sprach, wie er sprach und worüber er nicht sprach.

Anfang August 1963 reiste ich in die Türkei weiter, wo ich in Istanbul in der Bibliothek des Topkapu Serai arbeitete. Hier hatte sich seit den Forschungen des Neutestamentlers Adolf Deissmann (1866–1937) in den zwanziger Jahren nichts geändert. Deissmann, der in Marburg, Heidelberg und Berlin lehrte, erwarb sich besondere Verdienste um die Philologie der griechischen Bibel. Sein Buch *Licht vom Osten* (1908) wurde berühmt. Ich stieß hier in der Bibliothek des Topkapu Serai noch auf Arbeitspapiere von ihm. So begegnet man sich über die Zeiten hinweg, auch ohne sich jemals persönlich begegnet zu sein.

Im Syrischen Nationalmuseum in Damaskus fand ich ganz wider Erwarten auch griechische Handschriften vor. Es handelt sich dabei um Restbestände einer Dotation, die, wie mir der Konservator der Abteilung für griechisch-römische Antiken, Dr. Beschir Zuhdi, erzählte, seinerzeit dem deutschen Kaiser gemacht und später teilweise wieder zurückgegeben worden ist. Die fehlenden dazugehörigen Stücke befinden sich möglicherweise noch in Berlin; es handelt sich um sehr frühe byzantinische liturgische Texte.

Von Damaskus aus fuhr ich dann über Amman nach Jericho, Jerusalem und Bethlehem. In Jerusalem besuchte ich unter anderem die American School of Oriental Research. Jerusalem war damals noch (1963) zweigeteilt: in einen jordanischen und in einen israelischen Teil. Die Altstadt, die ich sehen wollte, lag im jordanischen Teil. Wer Israel bereiste – was aus dem Reisepaß ersichtlich war –, konnte anschließend nicht in ein arabisches Land reisen. Auf diese Weise habe ich damals den israelischen Teil von Jerusalem nicht gesehen. Da es meine Absicht war, auch nach Ägypten zu reisen, bin ich nach Syrien zurück- und von da in den Libanon gefahren. In Beirut besuchte ich das Orient-Institut der Deutschen Morgenländischen Gesellschaft. Von Beirut aus flog ich Anfang September nach Kairo. Ich habe in Ägypten in der Nationalbibliothek in Kairo, im Koptischen Museum in Kairo und in der Universitätsbibliothek in Alexandria nach byzantinischen Aristotelica gesucht. Ende September flog ich nach Beirut zurück und trat von dort die Rückreise nach Deutschland an.

Abb. 1: Die Mutter. Wilhelmine Elisabeth Oehler, geborene Klostermann (1904–1988)

Abb. 2: Der Vater. Herbert Oehler (1903–1964)

Abb. 3: Das Elternhaus in Solingen

Abb. 4: Herbert Oehler mit Mitarbeitern

Abb. 5: Hotel Fürstenhof in Bad Wildungen

Abb. 6 (o. l.): Als Flakhelfer Januar 1944

Abb. 7 (o. r.): Auf dem Geschütz 'Dora'

Abb. 8 (u. l.): Klaus Oehler 1949 in Marburg

Abb. 9 (u. r.): Gerhard Prinz 1949 in Marburg

Abb. 10: Nicolai Hartmann (1882–1950)

Abb. 11: Rudolf Bultmann (1884–1976)

Abb. 12: Klaus Reich (1906–1996)

Abb. 13: Wolfgang Schadewaldt (1900–1974)

Abb. 14: Gerhard Krüger (1902–1972)

Abb. 15: Kurt Riezler (1882–1955)

Abb. 16 (o.): Jürgen von Kempski Rakoszyn (1910–1998)

Abb. 17 (u. l.): Platon-Archiv, Hinterzarten

Abb. 18 (u. r.): Wolfgang Kullmann und Klaus Oehler, 1956 (v. re.)

Abb. 19: Ernst Kapp (1888–1978)

Abb. 20: Carl Friedrich von Weizsäcker (1912–2007)

Abb. 21: Dumbarton Oaks, Washington D.C.

Abb. 22: The Institute for Advanced Study, Princeton N.J.

Abb. 23/24: Harold Cherniss (1904–1987) und Klaus Oehler

Abb. 25: Leo Strauss (1899–1973)

Abb. 26: Hellmut Flashar und Klaus Oehler 1998

Abb. 27: George F. Kennan (1904–2005)

Abb. 28: Max H. Fisch (1900–1998), Klaus Oehler, Kenneth L. Ketner (v. r.)

Abb. 29: Max Bense (1910–1990)

Abb. 30: Mit Johannes Strangas

Abb. 31: Linos Benakis (li.)

Abb. 32: Evanghélos Moutsopoulos (li.)

Abb. 33: Thure von Uexküll (1908–2004)

Abb. 34: Gerhard Prinz (1929–1983)

Abb. 35: Hans Krämer

Abb. 36: Hans-Peter Schwarz

RÜCKKEHR NACH HAMBURG

Veränderte Atmosphäre

Als ich nach zweijähriger Abwesenheit im Herbst 1963 im Philosophischen Seminar in Hamburg wieder auftauchte, begegnete mir
Weizsäcker, zu dem ich gerade unterwegs war, auf dem Flur. Wir
gingen zusammen zum Mittagessen ins Curio-Haus in der Rothen-
baumchaussee, damals eine Art Mensa der Professoren, und ich mußte
ihm natürlich von meiner langen Reise erzählen. Als wir wieder zurück ins Philosophische Seminar im ‚Philosophenturm‘ gingen, fragte
er mich plötzlich: „Und worüber wollen Sie in der nächsten Zeit Vorlesungen halten?" Ich nannte ihm einige Themen und sagte dann: „Ich
werde auf jeden Fall auch eine Vorlesung über Philosophie in Amerika halten". Daraufhin blieb er stehen, sah mich an und fragte dann:
„Gibt es das denn überhaupt: Philosophie in Amerika?" Als ich das,
verbunden mit einigen Ausführungen und Beispielen, entschieden
bejaht hatte, meinte er: „Na ja, das kann man ja auch mal machen".
Ich schenkte dem keine Beachtung, aber später habe ich an diese
Szene gelegentlich zurückdenken müssen.

Was mir bei meiner Rückkehr nach Hamburg auffiel, war eine gewisse Veränderung, die sich in der Zwischenzeit an den Studenten
vollzogen hatte, aber sich schwer bestimmen ließ. Es schien mir, als
ob die Studenten weniger als vorher auf ihr Studium fixiert waren, daß
sie weniger konzentriert studierten, daß sich eine schwer bestimmbare
Gleichgültigkeit in bezug auf die Lehrinhalte ausbreitete, eine Art von
Gelangweiltheit, nach dem Motto: Was soll das eigentlich alles? Was
hat das alles mit mir zu tun? Mit Protest und Obstinatheit hatte dieses
Verhalten noch gar nichts zu tun. Aber aus der Rückschau der späteren Entwicklung wissen wir heute, daß diese Veränderung der Atmo-

sphäre der Vorbote dessen war, was sich dann in den folgenden Jahren daran anschloß.

Die ‚Prophezeiung' erfüllt sich: deutsche Bildungskatastrophe und Studentenbewegung

Das Drama, vor dem sich der bundesrepublikanische Bühnenvorhang bald heben sollte, war das pseudopolitische Spektakel, das in den Geschichtsbüchern unter dem Titel ‚Studentenbewegung' oder ‚Studentenrevolte' firmiert. Zu diesem Drama gab es auch einen Prolog, und den sprach, man wird es kaum glauben, mit seiner melodramatischen Baritonstimme Georg Picht aus Hinterzarten, durchaus in der Manier eines Theaterdirektors. Er kündigte dem verehrten deutschen Publikum eine Katastrophe an, bei dem ihm Hören und Sehen vergehen werde. Diese Ankündigung allein schon verfehlte bei den auf Ruhe und Sicherheit in der Bundesrepublik Deutschland bedachten Bürgern ihre Wirkung nicht. Hatte man doch mit der Bewältigung der Folgen der letzten Katastrophe in Deutschland noch alle Hände voll zu tun. Nun sollte also schon die nächste Katastrophe vor der Türe stehen. Kurz: Die Leute hatten Angst. Genau damit hatte der Theaterdirektor gerechnet, als er 1964, vor dem Vorhang der Bühne des bundesdeutschen Theaters stehend, das ankündigte, was er ‚Die deutsche Bildungskatastrophe' nannte. So hieß das Stück, das jetzt zur Aufführung kam.

Was war geschehen? Georg Picht war von 1945 bis 1955 Direktor des Landschulheimes Birklehof in Hinterzarten im Schwarzwald. In den Jahren 1952 bis 1962 war er Mitglied des Deutschen Ausschusses für das Erziehungs- und Bildungswesen. Dieses Organ war eingerichtet worden, um einen bundeseinheitlichen Überblick zu haben über die

Entwicklung des Schul- und Bildungswesens, da gemäß der Verfassung die Kulturhoheit bei den Ländern liegt. Dieser Ausschuß wurde regelmäßig von den Behörden und Ministerien der Länder mit den für die Arbeit des Ausschusses relevanten Unterlagen, Statistiken und Zahlenmaterialien versorgt.

Dieses Material, die Schul- und Ausbildungsstatistiken, hatte Picht zehn Jahre lang beobachtet und dann daraus Schlüsse gezogen, die er zuerst im Frühjahr 1964 in einer Artikelserie in der Wochenzeitung *Christ und Welt* und dann im Herbst desselben Jahres in Buchform veröffentlichte. Er sagte damals den baldigen sicheren wirtschaftlichen Niedergang des Wirtschaftswunderlandes Bundesrepublik Deutschland voraus, wenn jetzt, fünf Minuten vor zwölf, nicht seinen Erkenntnissen gefolgt würde. Mit reichlich Zahlenmaterial unterfüttert, das bei Menschen, die nicht mit der Sache vertraut sind, um die es jeweils geht, immer den Schein der Objektivität und der Richtigkeit hervorruft, addierten sich seine drei Faktoren „zu wenig Abiturienten", „zu wenig Studenten", „zu wenig Geld für Bildung" aus Pichts Sicht zu einer Bankrotterklärung des neuen Staates Bundesrepublik Deutschland. Es fehle schon in Bälde an entsprechend qualifizierten Nachwuchskräften, um die Gesellschaft auf dem gewohnten Niveau einer modernen Industrie- und Kulturgesellschaft aufrechtzuerhalten. Das Gespenst einer Zivilisationssteppe tauchte am Horizont auf. Und das in Deutschland. Nach dieser düsteren Diagnose war die von ihm empfohlene Therapie klar: mehr Lehrer. Um das Überleben der Gesellschaft zu sichern, wenn das überhaupt angesichts der Lage noch möglich sei, müßte eigentlich auf viele Jahre hinaus jeder Abiturient den Beruf des Lehrers ergreifen, stöhnte unter Schmerzen und erfüllt von Sorgen um die Menschen in Deutschland die Kassandra aus Hinterzarten. Der scheinbar so ganz selbstlosen, nur das Wohl des Volkes im Auge habenden Anmahnung des Bildungsspekulanten Picht folgten in der westdeutschen Bevölkerung ein Aufschrei des Entsetzens und der Vorwurf an die Politiker, sie hätten geschlafen und die drohende Gefahr nicht erkannt. Eine heute nicht mehr vorstellbare Bildungshysterie brach aus, in der nahezu alles falsch gemacht wurde, was falsch gemacht werden konnte. Die Politiker, aus Furcht vor dem Verlust ihrer Mandate bei der nächsten Wahl, übertrafen sich gegenseitig in der Erfüllung der in dieser Situation auftauchenden Forderungen, durch deren Befolgung es in den nächsten zwanzig Jahren zu einer Explosion der öffentlichen Bildungshaushalte und alle paar Jahre zu einer Verdoppelung der Ausgaben kam. Das Studium als Karriereleiter nach oben für alle in der Gesellschaft, die noch nicht oben waren, wurde angepriesen von einer Partei, in der es Männer und Frauen mit Volksschulabschluß schon immer über die sozialistische Aufstiegsleiter im Namen der sozialen Gerechtigkeit zu etwas gebracht hatten, nun aber sollte auch noch die letzte Hürde genommen werden. In langer Tradition gewachsene und bewährte Strukturen im Bildungswesen galten jetzt plötzlich nichts mehr und wurden zertrümmert. Lehrerseminare stufte man zu Pädagogischen Hochschulen hoch, aus denen dann Wissenschaftliche Hochschulen wurden, die man schließlich einfach in die alten Universitäten integrierte (so zuerst in Hamburg), die doch für ganz andere Aufgaben bestimmt waren. Ebenso verfuhr man mit den Ingenieurschulen und anderen Institutionen. Namen für Ausbildungseinrichtungen wurden einfach einander angepaßt und gleichgeschaltet. Die Leistungsanforderungen des Abiturs wurden abgesenkt, um möglichst viele Studenten zu produzieren, die dann die Universitäten überfüllten und oft Fächer studierten, für die sie sich gar nicht interessierten, und oft genug war ihnen das Studieren überhaupt wesensfremd. Ich habe in den siebziger Jahren Studierende in meinen Sprechstunden gehabt, die mir auf die Frage, warum sie Philosophie studierten, die absolut glaubwürdige Antwort gaben: „Mir wurde von der Zentralstelle der Studienplatzvergabe in Dortmund empfohlen, als Studienfach Philosophie anzugeben". Zu solchen und anderen Auswüchsen hatte die Pichtsche ‚Bildungskatastrophe' geführt. Als Picht auf dem Höhepunkt dieser Entwicklung erkannte, welche Lawine er losgetreten hatte und daß er selbst unter dieser Lawine begraben würde, fühlte er sich, wie immer in solchen Fällen, natürlich mißverstanden und forderte scheinheilig für Schule und Hochschule, sie sollten nicht länger Verteilungsstation für berufliche Karrieren sein, sondern sollten sich als Wert an sich verstehen: ein aberwitziger Rat in einer Gesellschaft, in der der Weg zu halbwegs qualifizierten Positionen nur über Schulen, Prüfungen und Zertifikate läuft und noch niemand dazu eine vernünftige Alternative aufgezeigt hat. Politiker, die im Zuge dieser Entwicklung ihre eigenen politischen und sozialen Karrieren mit der Parole ‚Bildung ist Bürgerrecht' beförderten, mußten schon wenige Jahre später unter dem Druck der Berufsrealitäten kleinlaut nachbessern und erklären, das Studium an einer Universität garantiere hinterher keine feste Stelle beim Staat. Genauso aber waren die neuen Bildungsapostel von ihrer Klientel verstanden worden, die gemäß ihrem klassenbewußten Selbstverständnis natürlich nicht für die Bildung, sondern von der Bildung leben wollte. Die neueste soziale Errungenschaft dieser Entwicklung war der promovierte Taxifahrer.

An dieser Stelle zeigt sich so klar wie an keiner anderen, wie undurchdacht und wie im Kern nur auf den demagogischen Effekt berechnet das ganze bildungspolitische Konstrukt Pichts war. Dabei habe ich den Verrat, den Picht als Humanist und als Altphilologe an dem humanistischen Bildungsideal und an den humanistischen Institutionen (*nota bene*: dem Gymnasium) beging, von denen er selbst eine, nämlich die humanistische Internatsschule Birklehof in Hinterzarten, zehn Jahre als Direktor leitete, noch gar nicht in Ansatz gebracht, und auch nicht die Irrtümer in dem Zahlenspiel seiner Statistiken und internationalen Vergleiche, die ihm schon sehr bald von kompetenter Seite nachgewiesen wurden. Aber die schrecklichen Folgen seiner Fehler waren nicht mehr zu korrigieren. Die politisch von interessierter Seite gewollte Vernichtung des traditionellen deutschen Bildungs- und Ausbildungswesens war nicht mehr aufzuhalten. Und diese bildungspolitischen Horrorvisionen wurden von einem Menschen in Szene gesetzt, der selbst in seiner Jugend nur kurze Zeit eine öffentliche, staatliche Schule besucht und die längste Zeit nur Privatunterricht erhalten hatte.

Die ersten, die die undurchdachte drastische Erhöhung der Abiturientenzahlen und die in deren Gefolge einhergehende Niveauabsenkung der Leistungsanforderungen auf den Schulen, die in den einzelnen Bundesländern allerdings durchaus unterschiedlich ausfiel, zu spüren bekamen, waren die Universitäten und die dort tätigen Professoren und Dozenten. Sie durften sich im Grabenkrieg der Aufrechterhaltung ihrer Leistungskriterien mit der neuen Sorte der Studierenden auseinandersetzen und dabei oft vergeblich abarbeiten und zweckentfremdet mißbrauchen lassen. Die Abbrecherquote der Studierenden stieg in den Folgejahren und bis heute in früher nicht gekannte Höhen. Um die damit verbundenen privaten menschlichen Schicksale kümmert sich bis heute niemand. So wurde durch Picht – noch zusätzlich zu den seit Jahren anstehenden Strukturproblemen der deutschen Universitäten – das Vorfeld für das *mit* vorbereitet, was jetzt, am Ende der sechziger Jahre, auf die Universitäten zurollte: der Aufstand der Studierenden.

Begegnung mit Werner Heisenberg und Martin Heidegger

Im Sommersemester 1966 übernahm ich kommissarisch die Leitung des Philosophischen Seminars. Weizsäcker hatte ein Freisemester, das er bei Heisenberg am Max-Planck-Institut für Physik und Astrophysik in München verbrachte. Anläßlich einer Dienstreise, die ich zu ihm nach München machte, stellte er mich seinem Lehrer und Freund Heisenberg vor. Wir unterhielten uns über die Atomtheorie Demokrits und über die Funktion, die die Spekulation bei der Theoriebildung hat, und wie es kommt, daß eine rein spekulative Vermutung gelegentlich und gar nicht so selten das Richtige trifft oder in die richtige Richtung weist. Er meinte, ohne Phantasie sei man nicht nur in der Kunst, sondern auch in der Wissenschaft sehr arm dran. Er stellte mir die Frage, wie eine Natur aussähe, die nicht bestehe, sondern die man sich erst ausdenken müsse. Der Hinweis auf die Technik führe ja nicht weiter, da unsere Technik die Natur immer als Vorgabe zur Verfügung hatte und habe. Mich beeindruckte die trockene, schnörkellose, sachbezogene, lakonische Diktion Heisenbergs, die ohne alles rhetorisches Beiwerk war. Als er von Weizsäcker hörte, daß ich auch über die Philosophie des griechischen Mittelalters, Byzanz, arbeitete, fragte er interessiert nach dem Stand der gegenwärtigen Byzantinistik. Denn sein Vater, Adolf Heisenberg, war Professor für Byzantinistik gewesen. Ich erlebte übrigens Weizsäcker in der Gegenwart von Heisenberg zum ersten Mal im Modus einer fast schülerhaften Unterordnung. Diese Erfahrung war mir neu. Sie wiederholte sich mir nur noch ein einziges Mal, als ich ein halbes Jahr später Weizsäcker zusammen mit Heidegger erlebte. Es sind offenbar bei der Begegnung und beim Zusammensein von uns Menschen Kräfte am Werk, die stärker sind als wir, auf die wir keinen Einfluß haben und die wir nicht steuern können, auch wenn wir das wollen, Kräfte, die nicht einfach mit einer Psychologie der Anerkennung erklärbar sind.

Im Januar 1967 lud Weizsäcker zu einem Herrenabend in sein Haus. Der Anlaß war die Anwesenheit Heideggers, der während eines Aufenthaltes in Hamburg bei Weizsäcker wohnte. Es war meine erste und einzige Begegnung mit Heidegger. Nachdem wir uns zunächst ohne Heidegger im Wohnzimmer versammelt hatten – außer Weizsäcker und mir waren noch Weizsäckers Assistenten Klaus-Michael Meyer-Abich und Ewald Richter sowie der Anglist Rudolf Haas anwesend –, stand plötzlich Heidegger im Raum. Keiner hatte ihn kommen sehen. Er war von auffällig kleiner Gestalt. Seine stechenden Augen und seine ausgeprägte lange Nase waren die äußeren Merkmale, die mir zuerst auffielen, sodann die strengen, ernsten Gesichtszüge und seine leise, artikulierte Stimme, seine sparsamen Bewegungen. Eine ungewöhnlich starke Konzentration und Willensstärke gingen von ihm aus. Man merkte ihm an, daß er sich als eine historische Erscheinung verstand, als ein Mensch, durch den die Geschichte des Denkens, des Geistes hindurchgegangen war – nicht bloß Zeitgenosse, sondern Medium der Zeit. Als ich ihn sah, verstand ich besser, worauf seine enorme Wirkung beruht hatte: daß er es verstand, die fundamentalen, einfachen Phänomene des Lebens und der Menschenwelt, des Alltags und der scheinbaren Selbstverständlichkeiten zum Sprechen zu bringen und zu deuten, und zwar auf eine betont unkonventionelle, unakademische, originelle Art. In manchen Augenblicken des Gespräches mutete er mich an wie ein philosophischer Rasputin, ein Bauer aus dem Schwarzwald, der in einer überzivilisierten und technisierten Gesellschaft den Menschen die Geheimnisse des einfachen, unverfälschten Lebens, der Natur, des Seins offenbart und verkündet, eine Art Waldgeist, der die Menschen an etwas erinnern will, das sie vergessen haben oder dabei sind zu vergessen.

Er las Gedichte und Prosa von Johann Peter Hebel (1760–1826) vor und erzählte aus seinem Leben. Er erzählte unter anderem die bereits erwähnte Geschichte über Eduard Spranger, der als Begutachter von *Sein und Zeit* gemeint hatte, außer einer etwas ausgefallenen Sprache könne er nichts Besonderes feststellen. Als Weizsäcker mich als einen Schüler von Gerhard Krüger vorstellte, apostrophierte er Krüger, was ich schon erwähnte, als „den von meinen Schülern mit dem Berliner Scharfsinn" – Krüger stammte aus Berlin –, aber wichtiger als Scharfsinn sei in der Philosophie „das Sehen"; im Unterschied zu Krüger habe Gadamer von Anfang an „den Blick für die Dinge" gehabt. Heidegger hatte Krüger dessen Fundamentalkritik in dem dezidiert heideggerkritischen Aufsatz ‚Martin Heidegger und der Humanismus‘ in der *Theologischen Rundschau* (1950) nicht vergessen.

Als ich Heidegger im Laufe des Abends bat, mein Exemplar von *Sein und Zeit*, das ich dabei hatte, zu signieren, und ich ihm mein Exemplar, das ein solches der 5. Auflage aus dem Kriegsjahr 1941 ist, vorlegte, schaute er auf und sagte zu mir: „In dieser Ausgabe fehlt meine Widmung an Edmund Husserl. Aber ich habe Husserl auch in dieser Ausgabe gedacht und gedankt, in einer Anmerkung". Dann schlug er die Seite 38 meines Exemplars auf und zeigte sie mir. Er war spürbar irritiert und bemerkte noch: „Die Leute meinen, ich hätte die Widmung an Husserl in dieser 5. Auflage von mir aus weggelassen. Es verhält sich aber anders. Die Erwähnung Husserls als des Herausgebers vom ‚Jahrbuch für Philosophie und phänomenologische Forschung‘ ist, wie Sie sehen, auf der Titelseite beibehalten. Auch der 4. Auflage von ‚Sein und Zeit‘ aus dem Jahre 1934 ist die Widmung an Husserl vorangestellt. Erst als der Verleger, Herr Niemeyer, den

Druck der 5. Auflage von 1941 gefährdet und ein Verbot des Buches kommen sah, haben wir vereinbart, die Widmung in dieser Ausgabe wegzulassen". Ich sagte dann Heidegger, der nicht irrtümlich glauben sollte, ich hätte ihm dieses Exemplar der 5. Auflage absichtlich vorgehalten, um ihn in Verlegenheit zu bringen, wahrheitsgemäß: „Von all dem habe ich nichts gewußt. Ich habe dieses Exemplar Ihres Werkes mir noch als Schüler kurz nach dem Krieg in einer Buchhandlung in meiner Heimatstadt Solingen gekauft. Es war das einzige Exemplar, das da einsam im Regal stand". Bei der Verabschiedung drückte er meine Hand und sagte noch: „Grüßen Sie Gerhard Krüger von mir, den ein so schweres Schicksal getroffen hat".

Zweifellos war sein Verhalten im Dritten Reich die Achillesferse in Heideggers historischem Selbstbewußtsein. Davon hatte ich mich ja nun selbst überzeugen können. Es war nicht ohne Tragik, zu sehen, wie dieses Genie in seiner die Zeiten überdauernden Größe mit dem Bewußtsein seines Fehlers leben mußte. Daß er ihn nicht öffentlich bekennen konnte, zeigt ihn als Menschen in seiner Schwachheit, der aus tiefer Scham die Vergebensbereitschaft der Menschen unterschätzte. Jedenfalls aus unserer Sicht. Aber vielleicht dachte er auch in dieser Beziehung in anderen Kategorien als wir. „Alles Große ist zum Fallen geneigt" (Platon, *Politeia* 497 D 9). An seiner Größe als Denker ändert das nichts. Seiner Philosophie werden die Menschen sich noch erinnern, wenn die Namen seiner Kritiker längst vergessen sein werden.

Doppelruf nach Mainz und Hamburg

Im Frühjahr 1968 erhielt ich zwei Rufe kurz hintereinander, den einen auf das philosophische Ordinariat des emeritierten Fritz-Joachim von Rintelen in Mainz, den anderen auf das Ordinariat für Philosophie in Hamburg, die Professur, die zuvor Hans Blumenberg und dann Wolfgang Wieland innehatten. Ich entschied mich für Hamburg.

Es war die Zeit der Ostermärsche und der Notstandsgesetze. Die Unruhe an den Universitäten begann zu eskalieren. Angefangen hatte das Ganze in Amerika mit Studentendemonstrationen gegen den Vietnamkrieg, vor allem auf dem Campus der Universität von Berkeley in Kalifornien. Das inspirierte Studenten in Deutschland dazu, auch auf die Straße zu gehen, zuerst in Berlin und Frankfurt. Auslöser dieser Demonstrationen in Deutschland waren der Staatsbesuch des persischen Schahs und der Tod des Studenten Benno Ohnesorg. Während aber in Amerika der Protest der Studenten sich von Fall zu Fall wechselnd gegen jeweils konkrete politische Ziele *ad hoc* richtete, wendeten sich die studentischen Aktionen bei uns sehr bald nach innen, das heißt gegen die eigenen Institutionen. Die Organisatoren der studentischen Aktionen machten dabei die Erfahrung, daß viele der Professoren, Behördenvertreter und Politiker, also die Vertreter dessen, was man im Jargon jener Jahre das Establishment nannte, vor den Attacken, Provokationen, gezielten Formverletzungen und Unverschämtheiten nicht nur feige zurückzuckten, sondern auch noch Verständnis für diese gelenkten Aktionen heuchelten und in Gestus, Mimik, Frisur, Kleidung und der vulgären Sprechweise sich denen, von denen sie angegriffen wurden, anpaßten. Die Aktivisten vom SDS (Sozialistischer Deutscher Studentenbund) kalkulierten von vornherein das schlechte Gewissen vieler Angehöriger der älteren Generationen in ihre Aktionspläne mit ein, wenn diese sich in öffentlichen Anhörungen, sogenannten ‚Hearings', im Stile eines Volkstribunals und nach Art der Chinesischen Kulturrevolution danach befragen lassen mußten, was sie eigentlich in der Nazizeit gemacht und welche Art von Widerstand gegen Hitler sie geleistet hätten, wobei sie dann sehr oft belastendes Material dabei hatten, das dann, wenn es soweit war, genüßlich ausgebreitet und vorgeführt wurde, wozu ich bemerken möchte, daß ich mir aufgrund meiner zeitgeschichtlichen Erfahrung der Nazizeit viele der studentischen Aktivisten in SA-Uniform vorzustellen durchaus in der Lage war. Es waren nicht selten richtige SA-Typen.

Eskalation der Studentenrevolte: Die Hamburger Universität als Narrenhaus

Sogenannte Teach-ins und Sit-ins wurden zu den beliebtesten Kampfformen. Man besetzte Universitätsgebäude, Seminare und Institute, „sprengte" (so der offizielle Terminus jener Jahre) Vorlesungen und Fakultäts- und Senatssitzungen, setzte mißliebige Professoren durch Psychoterror bis hinein in die Privatsphäre und unter Einbeziehung der Familienangehörigen unter Druck und erklärte einfach Teile der Universität zu „rechtsfreien Räumen", in denen man dann machte, was man wollte. Gleichzeitig wurde von politisch interessierter Seite die Sex-Revolution ausgerufen beziehungsweise das, was diese Kreise darunter verstanden („Wer zweimal mit derselben pennt, gehört schon zum Establishment") und von Modepädagogen die antiautoritäre Erziehung propagiert. Das alles vermischte sich mit der 68er-Bewegung zu einem permissiven Lebensmilieu, das in eigens dafür hergerichteten Wohngemeinschaften ausgelebt wurde und sich partiell zur Hasch- und Drogenszene erweiterte. Daß in diesem Tollhaus, und es war ein

Tollhaus, die Studienzeiten immer länger und länger wurden, sofern man überhaupt noch einen Abschluß machte und zu einem Examen kam, dürfte verständlich sein. Aber das Studium war ja gebührenfrei, der Staat bezahlte.

Die anfängliche Behauptung der Funktionäre der 68er-Bewegung, sie wollten die Universität reformieren, erwies sich schon bald als fadenscheinig und war nur ein Vorwand. Die eigentliche Stoßrichtung der Bewegung war gegen den in seiner Verfassung verankerten freiheitlichen Rechtsstaat der Bundesrepublik Deutschland gerichtet. Man wollte einen anderen Staat, weil man eine andere Gesellschaft wollte. Als Hebel für diese Veränderung hatte man die Universität gewählt. Aber ohne die organisierte Arbeiterschaft war das nicht möglich, und es gelang der Studentenbewegung *partout* nicht – sie konnte anstellen, was sie wollte –, ihre Gesinnung und Einstellung auf die Arbeiterschaft zu übertragen. Im Gegenteil, die Arbeiterschaft stand ihr ablehnend gegenüber. Der Jargon einer neomarxistischen Soziologie, dessen sich die Funktionäre der Studentenbewegung bedienten, verlor sein Verführungspotential, das er in den Hörsälen entfaltete, vor den Fabriktoren völlig, weil die Arbeiter richtig und mit sicherem Instinkt erkannten, daß sich die im Gestus von Rebellen vor ihnen aufspielenden Studenten kleinbürgerliche oder großbürgerliche, je nachdem, Traumtänzer waren, die die Wirklichkeiten des Lebens nicht kennengelernt hatten, spätpubertäre verwöhnte Muttersöhnchen, die Probleme mit ihren Kommunardinnen und vor allem mit ihren Vätern hatten, weil sie deren Lebensleistungen nicht anerkennen wollten, aus der zutreffenden Ahnung heraus, daß sie Gleiches nicht würden erbringen können. An der Zurückweisung durch die Arbeiter scheiterte schließlich die Studentenbewegung, denn man wollte ja nicht nur die Universität, sondern gleich in einem auch die Arbeiterklasse befreien, mit der man zwar im Grunde gar nichts am Hut hatte, deren Massenbasis man aber für die eigenen Zwecke mißbrauchen wollte. Nun stellte man entgegen den eigenen marxistischen Erwartungen fest, daß die Arbeiter sich gar nicht ‚befreien' lassen wollten. Die Studentenbewegung splitterte sich in viele Gruppen und Sekten auf, die untereinander rivalisierten. Einige verschwanden im kriminellen Untergrund und organisierten den RAF-Terror der siebziger Jahre. Andere gingen auf den Indien-Trip, stiegen aus und bevölkerten die Szene mit den ersten Vorläufern der ‚Grünen' oder verfielen einfach dem *dolce vita* und faszinierten und beglückten Damen der feinen Gesellschaft, für die das Zusammensein mit einem Studentenguru einen angenehmen Gruseleffekt hatte. Man konnte schon damals, und tut es immer noch, nur den Kopf darüber schütteln, daß sich die 68er die Lösung der Probleme von der schon längst vor aller Welt abgewirtschafteten Ideologie des Marxismus und von der Basisdemokratie – angesichts des hochkomplizierten modernen Industriestaates eine Absurdität – versprachen. Diese Realitätsblindheit und diese Verachtung des politisch Möglichen zeichneten ja auch schon die nationalsozialistische Kampfbewegung aus. Sie feierten bei den 68ern eine fröhliche Auferstehung.

Mit dem falschen Alarm, das – völlig verfassungskonforme – Beharren der Organe der Bundesrepublik Deutschland auf ihre staatliche Autorität sei ein Rückfall in die Nazi-Diktatur, wollten die linken Betreiber des Umsturzes nicht nur die Autorität des jungen deutschen Staates der Bundesrepublik untergraben, sondern diesen gleich ganz abschaffen. Das war die eigentliche Intention, die hinter dem Diskussions- und Diskurstheater steckte. Der angebliche Kampf gegen die Verfassungsrealität war in Wirklichkeit gegen die Verfassung selbst gerichtet. Dieser Staat durfte nicht länger sein, er mußte weg.

Die seit 1969 regierende sozial-liberale Koalition aus SPD und
FDP setzte eine Bildungsreform durch, die sich auf weiten Strecken
als eine Umsetzung der Pichtschen Thesen verstand, ob zu Recht oder
zu Unrecht. Jedenfalls wäre ohne die Pichtschen Thesen keiner auf
diese Abart von Bildungsreform gekommen. Jeder vierte Schulabgän-
ger wurde zur Universität geschickt. Deren Niveau sank infolge der
Überfüllung zwangsläufig ab. Auf den Massenansturm war man nicht
vorbereitet, weder räumlich noch personell. Im Eilverfahren produ-
zierte man ‚Discount-Professoren‘, viele wurden ohne Habilitation
und ohne jemals einen Ruf auf eine andere Universität erhalten zu
haben, einfach zum ‚Professor‘ gemacht, das heißt, wie es so schön in
dem verräterischen Deutsch jener Jahre hieß, zum ‚Professor‘ „über-
geleitet“. Es bildeten sich in den Fachbereichen, in die man die alten
Fakultäten zerschlagen hatte, unter denen, die es anging, regelrechte
Seilschaften, mit deren Hilfe man die eigenen Leute, also die mit der
‚richtigen‘ politischen Gesinnung, auf Lebenszeitstellen, auf lebens-
lange Beamtenpositionen bugsierte. Da die meisten dieser so übergeleiteten ‚Professoren‘ in den folgenden Jahren bis zu ihrer Pensionierung nie einen Ruf an eine andere Universität erhielten, blockierten sie
auf ihren Stellen jahrzehntelang und bis heute den Aufstieg des oft
höherqualifizierten und höherbegabten Nachwuchses. Nichthabilitierte
Professoren dieser neuen Art entschieden nun mit über die Annahme
oder Ablehnung einer Habilitationsschrift und über die Habilitations-
leistungen anderer – Leute, die selber nie habilitiert worden waren und
von denen mit Sicherheit viele nie in einem ordentlichen Verfahren
habilitiert worden wären. In Hamburg geschah dies alles mit dem
Segen eines Universitätspräsidenten, Dr. Peter Fischer-Appelt, der als
nichthabilitierter Assistent (1961–1970) eines Theologischen Seminars und als Vorsitzender der Bundesassistentenkonferenz (1968/69)
mit den Stimmen der Mehrheit der Studenten, der Assistenten, des

217

nichtwissenschaftlichen Personals und einer Minderheit sich links gerierender Professoren 1969 zum Präsidenten der Universität Hamburg gewählt wurde und über zwei Jahrzehnte (1970–1991) ein sicherer Garant für den linken Kurs der Universitätsverwaltung in Hamburg war. Er paßte in die damalige politische Landschaft wie kein anderer und bekleidete nun eine Position an der Spitze der Universität, die vorher nur gestandenen Wissenschaftlern vorbehalten gewesen war. Natürlich konnte er nur durch entsprechende Konzessionen an die linke Mehrheit seine Position so lange halten. Mit einem Wettbewerb der Besten hatte das nichts zu tun.

Ihre revolutionären Illusionen, sofern sie jemals wirklich welche hatten, haben die „übergeleiteten" professoralen Kämpfer für soziale Gerechtigkeit, die Humanisierung der Gesellschaft und eine bessere Welt längst vergessen, begraben oder verdrängt. Es war einmal. Erst in diesem Jahrzehnt, dem ersten des 21. Jahrhunderts, verlassen sie wieder die Universitäten und gehen in Pension. Ihre Stellen werden von den Wissenschaftsbehörden der Bundesländer nicht mehr wiederbesetzt. Die dadurch freiwerdenden Finanzmittel werden anderweitig verwendet. Ein Musterbeispiel deutscher Universitätspolitik aus linker Gesinnung. Darum beneidet uns das Ausland nicht.

Wie war das alles – nur zwei Jahrzehnte nach 1945 – überhaupt möglich? Im Jahr 1945 war ich siebzehn Jahr alt und hatte von diesen siebzehn Jahren zwölf unter der Diktatur Hitlers gelebt. Von meinem zehnten Lebensjahr an, also ab 1938, war meine Generation sieben Jahre lang ständig mit der nationalsozialistischen Ideologie der sogenannten ‚Volksgemeinschaft' konfrontiert und obligatorisch, nicht freiwillig, in die nationalsozialistischen Jugendorganisationen bis zum Kriegsdienst als Flakhelfer eingebunden und hineingezwungen worden. Bei Jugendlichen, die versuchten, sich dem zu entziehen, wurden, wie ich bei Bekannten von uns erlebt habe, Repressalien gegen die Familie ausgeübt. Die ,Volksgemeinschaft' war eine politisch motivierte Sozialtherapie, die durch ihre Indienstnahme der Menschen rund um die Uhr ein unabhängiges Privatleben der Bürger, der ,Volksgenossen', verhinderte. Meine Allergie gegen ,Genossen', mit der ich geboren wurde, wurde durch die ,Volksgenossen' noch verstärkt. Ich bin kein Genosse und werde niemals ein Genosse sein. Aufmärsche, wöchentlich mehrfacher ,Dienst' in Jungvolk und Hitlerjugend, Geländespiele (als Spiele getarnte vormilitärische Übungen), Heimabende zwecks weltanschaulicher Indoktrination usw. usw. dienten einem Hauptzweck: die Menschen von einer eigenverantwortlichen, selbständigen Lebensführung wegzuhalten und sie daran zu hindern, Individuen zu werden und an ihrem Eigenleben mehr interessiert zu sein als an dem der Gemeinschaft. Ich formuliere das ganz bewußt so, wohlwissend, wie das in deutschen Ohren klingt – immer noch und trotz allem, was geschehen ist.

Wenn 1945, als das ganze Theater des Naziregimes vorüber war und die meisten Überlebenden froh waren, dem kollektivistischen Terror der Volksgemeinschaft entkommen zu sein, uns jemand gesagt hätte, daß in zwanzig Jahren in Deutschland eine neue Generation schon wieder Geschmack und Wohlgefallen an kollektiven Lebensformen finden würde, hätten wir einen solchen Menschen für verrückt erklärt. Daß dieses Phänomen und seine häßlichen Begleitumstände nur zwei Jahrzehnte nach dem Zweiten Weltkrieg überhaupt in Deutschland wieder möglich waren, war für mich und für viele meiner Generation das politische Schlüsselerlebnis der Nachkriegszeit, das meine Einschätzung der weiteren politischen Entwicklung in Deutschland nachhaltig beeinflußt, weil ich nach 1945 diese Kontinuität in der Mentalitätsstruktur der Menschen in Deutschland für ein

Ding der Unmöglichkeit hielt. Das unterscheidet das allgemeine Lebensgefühl der Menschen in Deutschland von dem amerikanischen Lebensgefühl, in dem im Konfliktfall die individuelle Freiheit vor der gesellschaftlichen Solidarität rangiert. Das widerspricht dem deutschen Lebensgefühl so radikal und ist ihm so fremd wie das Feuer dem Wasser. Deshalb ist der latente Antiamerikanismus unter Deutschen kein Zufallsprodukt der Geschichte, sondern er ist essentiell. Die deutschen Auswanderer nach Amerika waren und sind die Ausnahmen von dieser Regel. Sie hielten es aufgrund ihres individuellen Freiheitsbedürfnisses, egal wie es motiviert war, in der germanischen Dorfgemeinschaft, von der uns, wie bereits gesagt, schon Tacitus in der *Germania* („Über den Ursprung und die geographische Lage der Germanen", *De origine et situ Germanorum*) berichtet, nicht mehr aus. Von dieser urdeutschen primitiven Solidarmentalität profitiert die deutsche Linke bis heute.

Daß das Gefühl der Solidarität bei den Jugendlichen in den späten sechziger und frühen siebziger Jahren ein dominierendes war, und das weltweit, ändert nichts an dem Faktum, daß dieses Gefühl unter den jungen Leuten in Deutschland noch eine zusätzliche Qualität hatte, die es zu einem verschiedenen, besonderen machte, beeinflußt durch den eigenen historischen Hintergrund, in dem die Solidaritätseuphorie wurzelte, wie sie in den 68er Jahren in Deutschland zum Ausbruch kam, und zwar so radikal, daß die direkte Folge die neuen Universitätsgesetze von 1969 waren, also eine durch die deutsche Studentenbewegung initiierte neue Gesetzgebung, die den Universitäten hierzulande eine neue Verfassung gab: von der Ordinarienuniversität zur Gruppenuniversität, wie es hieß. Das hat es in keinem anderen Land der Welt gegeben, wo es ebenfalls Studentenunruhen in jenen Jahren gab. Nur hierzulande wurden deswegen die Gesetze geändert. Daß zu

Beginn der siebziger Jahre die Vertreter des nichtwissenschaftlichen Personals der Universitäten sogar gleichberechtigt mit den Professoren bei der Abstimmung über die Berufung neuer Professoren, also bei der Ergänzung des Lehrkörpers, gemäß der neuen Universitätsverfassung beteiligt waren, wurde erst später durch eine Grundsatzentscheidung des Bundesverfassungsgerichtes in Karlsruhe wieder rückgängig gemacht, weil man sich nicht dem Spott der Mitwelt und der Nachwelt aussetzen wollte. In der Raserei der Gleichheitswut hatte man alle Maßstäbe verloren. Und das nur 23 Jahre nach den Wonnen der Gewöhnlichkeit der nationalsozialistischen Volksgemeinschaft.

Das neue Universitätsgesetz wurde in Hamburg im Frühjahr 1969 von der Bürgerschaft der Freien und Hansestadt verabschiedet. Darin wurde die akademische Selbstverwaltung im Sinne der Mitbestimmung aller Universitätsmitglieder auf den drei Ebenen von Konzil und Senat sowie der Fachbereichsräte und der Institutsräte definiert. Die frühere weitgehende administrative Selbständigkeit der Professoren und Institutsdirektoren war damit abgeschafft. Eine ganze Reihe namhafter Gelehrter der alten Schule ließ sich daraufhin sofort in den vorzeitigen Ruhestand versetzen oder hielt Ausschau nach anderen Betätigungsfeldern außerhalb der Universität. Ich war zufällig in einer Besprechung mit Weizsäcker, als der damalige Ordinarius für Strafrecht und Kriminalpolitik Rudolf Sieverts ganz aufgeregt zu Weizsäcker ins Zimmer stürmte und ihm in meiner Gegenwart von einer Sitzung der Bürgerschaft im Rathaus berichtete, in der soeben grünes Licht für das neue Universitätsgesetz gegeben worden sei. Ich sah in sehr nachdenkliche, bedenkliche Gesichter dieser von mir geschätzten Mandarine der Hamburger Universität, die sich zu signalisieren schienen „Da kann man halt nix mehr machen". Zu diesem Zeitpunkt, Ende 1968/Anfang 1969, hatte Weizsäcker aber sein Schäfchen schon längst im Trockenen, das heißt bürokratisch und verwaltungstechnisch den Grundstein zu seinem Max-Planck-Institut mit dem etwas umständlichen Titel „zur Erforschung der Lebensbedingungen der Wissenschaftlich-Technischen Welt" gelegt, das die Arbeit am 1. Januar 1970 in Starnberg aufnahm. Ihn konnte das neue Universitätsgesetz nicht mehr meinen. Er hatte vorgesorgt. In dieser Zeit sprossen allenthalben soviel außeruniversitäre Forschungsinstitute wie noch nie wie Pilze aus der Erde. Einflußreiche Wissenschaftler mit Beziehungen zu Sponsoren aus der Wirtschaft schufen sich ihre selbständigen, universitätsunabhängigen Institute und Forschungsstätten, um der Gleichschaltung durch die neuen Universitätsgesetze zu entkommen und auf der Insel solcher Sinekuren bis zu ihrer Dienstaltersgrenze halbwegs angenehm und fern dem neuen Mitbestimmungstheater gentlemanlike zu überleben. Diese Mode der Institutsgründung fand meine volle Zustimmung und mein volles Verständnis, und ich hätte es gerne genauso gemacht, wenn ich über die dazu nötigen Verbindungen verfügt hätte. Ich mußte mir etwas anderes einfallen lassen.

Vorlesungssprengung

Für das Sommersemester 1969 hatte ich wie allgemein üblich schon ein Jahr im voraus, also im Sommer 1968, eine zweistündige Vorlesung über Staatsphilosophie angekündigt, in der ich einen Theorienvergleich hinsichtlich demokratischer und totalitärer Staatsentwürfe geplant hatte. Ich ahnte bei der Planung 1968 noch nicht, in welchen Hexenkessel ich wegen dieser Thematik 1969 kommen würde. Die Vorlesung fand montags von vierzehn bis sechzehn Uhr im Auditorium Maximum II statt mit einer Viertelstunde Pause zwischen den beiden Vorlesungsstunden. Nachdem ich mit der Vorlesung vor vollbesetztem Haus begonnen hatte, erschienen nach etwa drei Wochen zwei Studentenfunktionäre des SDS in meiner Sprechstunde und teilten mir höflich, aber bestimmt mit, daß ‚die Studenten' den Wunsch hätten, in meiner Vorlesung zu diskutieren statt zu hören. Als ich einwandte, daß die Studenten doch nicht meine Vorlesung diskutieren könnten, ohne sie vorher gehört zu haben, antworteten sie mir, daß mein Einwand unbegründet sei, denn wenn so viele Studenten, circa achthundert, die von mir *de facto* nicht gehaltene Vorlesung diskutieren würden, wäre nach den Regeln der Wahrscheinlichkeit doch mindestens in dem Diskussionsbeitrag e i n e s Studierenden der Standpunkt mit enthalten, den ich in meiner Vorlesung philosophisch einnehmen würde. Sie luden mich freundlich ein, an den Diskussionen im Rahmen meiner eigenen, aber nicht gehaltenen Vorlesung teilzunehmen, für den Fall, daß ich auch etwas sagen möchte. Als ich ihnen großzügig anbot, daß ich eine Stunde meine Vorlesung halten würde und wir in der zweiten Stunde diskutieren könnten, lehnten sie das als einen faulen Kompromiß ab und verwiesen darauf, daß es ihnen bei ihrer Forderung ums Prinzip gehe, um das Prinzip der Ersetzung des Vorlesungsmonologs durch die Institution Diskussion. Als ich mich darauf nicht einließ und deutlich machte, daß nicht nur sie einen Standpunkt hätten, sondern ich mir die Freiheit nähme, auch einen und zwar einen von dem ihren verschiedenen zu haben, der im übrigen auch noch der des Hamburgischen Dienstrechtes sei, zogen sie ab, nicht ohne mir zu drohen, daß ich schon bald sehen würde, was ich von meiner Mißachtung des allgemeinen Studentenwunsches hätte.

In der darauffolgenden Woche brach zu Beginn der nächsten Vorlesung im Hörsaal ein Höllenlärm los. Vertreter der linken Studentenorganisationen hatten tagelang vorher auf dem Universitätscampus des Von-Melle-Parks an der Schlüterstraße gegen meine Vorlesung mit

Lautsprechern und Plakaten und Handzetteln mobil gemacht. Auf den großen Plakaten stand: „Kommt massenhaft zu Oehlers Staatsphilosophie am Montag, 9. Juni 1969, um 14 Uhr im AudiMax II". Über diesem Text war eine geballte Faust, die einen Blitz hielt, gemalt. Vom Künstlerisch-Gestalterischen her gefielen mir die farbigen Plakate übrigens sehr gut. Ich bedaure heute, daß ich es damals in der Hektik jener Wochen versäumt habe, eines dieser Plakate als Souvenir an mich zu nehmen. Meine Kinder und Enkel hätten heute bestimmt ihre Freude daran.

Pyrmonter Exil im Kurhotel

Ich gab mich immer noch der törichten Hoffnung hin, die Mehrheit der Studenten im Hörsaal durch die Kraft der Argumente auf meine Seite zu bringen. Als ich den Hörsaal betrat und auf das Katheder zuging, hob mich ein Mann von etwa zwei Meter Länge an meiner Hüfte hoch in die Luft und rief in den Hörsaal: „Wollen wir ihn rein lassen?", wie beim Festkomitee im Karneval, wenn vom Vorsitzenden die Menge der Karnevalisten gefragt wird, ob man den nächsten Büttenredner in den Saal und in die Bütt lassen soll. Die Menge im Hörsaal schrie: „Diskutieren, – schick ihn weg". Als ich wieder auf dem Boden stand, trat ich unter dem Gejohle der Menge meinen Auszug aus dem Hörsaal an. Für mich war das Sommersemester 1969, obwohl es erst der 9. Juni war, beendet. Um mich und meine Familie vor Belästigungen wie Telefonterror, Sitzblockaden im Garten vor dem Haus etc., was damals gang und gäbe war, zu schützen, verließ ich für einige Wochen bis zum Ende der Vorlesungszeit des Sommersemesters Hamburg und zog mich ins Kurhotel nach Bad Pyrmont zurück, wo ich in dem angrenzenden wunderschönen Kurgarten täglich meine

Spaziergänge machte und mich in aller Seelenruhe in der Muße kurbadlicher Zurückgezogenheit mit meinen Forschungsarbeiten beschäftigte. Ich hatte Anlaß und Gelegenheit, über die alte Weisheit nachzudenken, daß alle Dinge zwei Seiten haben. Bevor ich in das Exil nach Bad Pyrmont aufbrach, hatte ich mir aus dienstrechtlichen Gründen von meinem Arzt, einem alten preußischen Militärarzt, der schon im Ersten Weltkrieg gedient hatte, meine momentane Dienstunfähigkeit wegen ‚nervöser Erschöpfung' bescheinigen lassen. Diese Bescheinigung erwies sich als außerordentlich kurtauglich.

So hatte ich also genügend Zeit, auch über meine Zukunft und deren Gestaltung unter den obwaltenden Verhältnissen nachzudenken. Das war genau ein Jahr nach meiner Berufung auf den philosophischen Lehrstuhl in Hamburg. In wenigen Wochen wurde ich einundvierzig Jahr alt. Das war leider entschieden zu früh, um sich von dem ganzen Zirkus zu verabschieden. Aber über die äußeren Bedingungen meines Lehramtes während der Jahre, die vor mir lagen, hatte ich keine Illusionen mehr. Daß solche Farce nur wenig mehr als zwei Jahrzehnte nach einer Weltanschauungsdiktatur bei uns von der öffentlichen und veröffentlichten Meinung toleriert wurde und man sich außerdem noch diese Toleranz gegenüber Umtrieben, die in ihren Formen faschistoide Züge hatten, als Verdienst zurechnete, erschien mir plötzlich symptomatisch für den geistigen Zustand unserer Gesellschaft und für die herrschende Verwirrung der Geister. Da war also schon wieder eine Jugend, die gesichertes Wissen zugunsten einer Ideologie entwertete und nur eine Wahrheit gelten ließ, die der Meinung dient, und in den Universitäten jenen Meinungsterror einführte, den bis dahin nur totalitäre Regime in Lehrveranstaltungen praktizierten.

Ich muß zugeben, daß ich an der Eskalation der Ereignisse in Lehrveranstaltungen insoweit nicht ganz unbeteiligt war, als ich gelegentlich die Funktion eines Katalysators übernahm. Anfänglich hatte ich die sich formierende Studentenbewegung durchaus mit Interesse und sogar Sympathie verfolgt, soweit sie mit Strukturverbesserungsvorschlägen für die Universität befaßt war und ich wirklich glaubte, es ginge auch den Studentenführern des SDS um die Verbesserung der universitären Strukturen im konventionellen Sinne. Solange ich das glaubte, war ich ein fairer Gesprächspartner und zur Mitarbeit bereit. Dann aber merkte ich mehr und mehr, daß das nur eine Fassade war, hinter der sich gesamtgesellschaftliche Veränderungsintentionen verbargen, die gegen die Verfassung unseres Staates gerichtet waren. Als die SDS-Funktionäre meine veränderte Einstellung ihnen gegenüber realisierten, mit anderen Worten, als sie erkannten, daß ich ihnen in die Karten geschaut hatte, war der Waffenstillstand zwischen uns sehr bald beendet und mein Partisanenkrieg begann. Da ich die Vorgehensweise der studentischen Aktivisten fast zwei Jahre lang gründlich observiert hatte, fiel es mir dann relativ leicht, ihre Provokationen mit entsprechenden Gegenprovokationen von meiner Seite zu beantworten. Am Ende solcher Spiralen steht stets, das muß einem von vornherein klar sein, der große Eklat. Die einzige Frage, die es in solchen Situationen noch zu beantworten gilt, ist die nach dem Zeitpunkt der Explosion.

In der Rückschau wundere ich mich, daß neben den hochschulpolitischen Aktivitäten jener Jahre doch auch noch die Zeit blieb für soliden Unterricht, für wissenschaftlich fruchtbare Zusammenarbeit mit Studierenden und Kollegen, für die Betreuung von Seminararbeiten und Dissertationen und die beratende Begleitung von Habilitanden. Einfach war das unter den wissenschaftsfeindlichen Umständen in jener Zeit nicht. Aber das Lehren bereitete mir trotz allem Unerfreulichen Freude, und ich weiß, daß man das auch merkte, weil es mir von vielen ehemaligen Schülern viele Jahre später, als sich der Sturm längst gelegt hatte, gesagt wurde.

Hinter der zum Herrschaftsmittel stilisierten Figur der Diskussion stand bei den putschenden Studenten eine elementare aggressive Konfliktbereitschaft, die zum Aktionsprogramm gehörte und folglich den Konflikt suchte. Die utopische Zurückweisung aller Aspekte der Realität nahm vor allem dann aggressive Züge an, wenn die Realität als ein Hindernis für das Ego empfunden wurde. So gesehen war die 68er-Bewegung eine spezielle Art des Narzißmus. Für den radikalen Egoisten nimmt letzten Endes alles die Form der Provokation oder der Beleidigung des Selbst an, und alles meint hier alles, was von diesem Selbst verschieden ist, was anders ist. Alles, was diese selbstbezügliche Welt des Egoisten stört, ist der Feind, der zerstört werden muß. Auf eine Formel gebracht: der Feind ist die Differenz. Die einzig mögliche Vermittlung mit der Welt, die konstruktive Arbeit, wird als eine unvernünftige Zumutung zurückgewiesen. Dem beruflich überdurchschnittlich erfolgreichen Vater, den man deswegen nicht ertragen kann, hält man vor, daß er ein Mitläufer der Nazis war; dem in aller Welt renommierten Professor wirft man vor, daß er Mitglied der NSDAP wurde – weil die Nazis sonst sein Institut geschlossen und ihn an die Front geschickt hätten. Millionenerben von Industriellen, die mit den Nazis Geschäfte gemacht haben, nehmen die Millionen ihrer Väter als ihr rechtmäßiges Erbe selbstverständlich in Empfang, beschuldigen aber gleichzeitig ihre Väter der Mitläuferschaft mit den Nazis. Solche und andere Verwirrspiele sind die Ohnmachtsgesten jener speziellen Art des Narzißmus, wovon soeben die Rede war, der

in Wirklichkeit nichts anderes ist als Dekadenz, die Dekadenz klein-
und großbürgerlicher Epigonen, je nachdem.

Dazu gehört auch die Pädagogik der Verweigerung, der die gerade
beschriebene Einstellung ebenfalls zugrundeliegt. Die pädagogischen
Experimente dieser Art reichten vom antiautoritären Kindergarten bis
zu den sich selbst unterrichtenden Studentengruppen, die sich von
ihren Professoren abwandten, weil diese angeblich das falsche Bewußtsein hatten. Man zog es vor, sein Wissen aus der Tiefe des eigenen Gemütes zu schöpfen. Was dabei herauskam, kann sich jeder
leicht vorstellen. Die von der Natur selbst gesetzten Unterschiede
zwischen Eltern und Kindern, Lehrern und Schülern wurden einfach
ignoriert. Die Pädagogik der Verweigerung erinnerte an die Geschichte vom Baron Münchhausen, wie er sich angeblich an seinen
eigenen Haaren aus einem Sumpf gezogen hat. Primitivste Gesetze der
Biologie und der Soziologie des Lernprozesses wurden für nichtig
erklärt. Alle diese Verrücktheiten verfolgten mit eiserner Konsequenz
nur das eine Ziel, den politischen Charakter der alten Bundesrepublik
Deutschland von Grund auf im Sinne des Sozialismus zu verändern.
Spricht man heute damalige Protagonisten jener Umtriebe, die sich
mittlerweile in Ministersesseln demokratisch regierender Parteien
rekeln, auf ihre früheren Aktivitäten an, wissen sie gar nicht, wovon
man eigentlich redet. Darüber hinaus ist heute anhand des historischen
Materials beweisbar, was wir damals vermuteten, aber nicht beweisen
konnten, daß durch viele Kanäle und Agenten aus der ehemaligen
DDR die Kulturrevolution der 68er-Bewegung in Westdeutschland
finanziell massiv unterstützt und ideologisch infiltriert wurde. Die
Stasi-Unterlagenbehörde (BSTU) hat die Namen von Abgeordneten
des 6. Deutschen Bundestages (1969–1972) bekanntgegeben, die beim
DDR-Ministerium für Staatssicherheit als IM (Inoffizielle Mitarbeiter)

registriert waren. Machen wir uns doch nichts vor: diese Kräfte, die damals im Osten wie im Westen Deutschlands die ‚Veränderung' des freiheitlichen Rechtsstaates der alten Bundesrepublik wollten, wollten einen anderen Staat als den, der schließlich nach der Wiedervereinigung der beiden Deutschlande dabei herausgekommen ist, und zu diesen Kräften von einst zählen nicht wenige, die diesen neuen Staat seitdem an repräsentativer Stelle in Berlin offiziell vertreten haben und vertreten, sogar als Abgeordnete im Bundestag. Im Interesse der Stabilität unseres heutigen Staatswesens und auch im Sinne christlicher Nächstenliebe und Vergebungsbereitschaft wird daran nicht gerührt. Aber vergessen wollen und können wir es nicht und auch nicht, was aus uns hier geworden wäre, wenn die Wiedervereinigung Deutschlands sich nicht im Zeichen des Westens, sondern im Zeichen des Ostens ereignet hätte. Noch heute wagt darüber keiner zu sprechen, geschweige denn ein Politiker. Mit Sicherheit wäre dann heute das ehemalige Gefängnis für DDR-Sträflinge in Bautzen kein Museum und der ehemalige STASI-Knast Hohenschönhausen keine Gedenkstätte.[1] Nach Gerechtigkeit sucht man in der Geschichte vergebens, es sei denn, sie habe sich durch Zufall in sie verirrt.

Vergessen sei auch nicht, wie Habermas in der Aufsatzsammlung „Stichworte zur ‚Geistigen Situation der Zeit'" (1979) das Projekt des „Geistes, der links steht" charakterisiert. In der Einleitung beklagt er das „Ende der kurzen Reformphase vor 1972" und die „dann einsetzende Restaurationsphase", und das, obwohl dies die Zeit einer sozialdemokratischen Koalitition vorwiegend unter dem Kanzler Helmut Schmidt und die Zeit der Herausforderung durch den Angriff der RAF-Terroristen auf den Rechtsstaat war. Man erkennt aus diesen

---

[1] Siehe dazu Hubertus Knabe, *Die Täter sind unter uns*. Propyläen Verlag, Berlin 2007.

Worten, welche Art von Bundesrepublik Deutschland Habermas lieber gewesen wäre. Wenn die Habermasschen Wunschvorstellungen damals in Erfüllung gegangen wären, kann man noch heute nur sagen: Armes Deutschland!

Die politische Ohnmacht der Hamburger Behörde

Die Verhinderung meiner Vorlesung im Sommersemester 1969 durch linksradikale Störtrupps hatte noch ein Nachspiel in der Öffentlichkeit. Auf dem Höhepunkt meiner Auseinandersetzung mit dem Pseudosozialismus der studentischen Linken erhob ich ihr gegenüber den Vorwurf des ‚roten Faschismus'. Dieser Vorwurf war zwar nicht ganz neu, jedoch für die Hamburger Szene damals schon. Ich hatte diesen Vorwurf, der noch ein langes juristisches Nachspiel haben sollte, das aber schließlich im Sande verlief, in der Tageszeitung DIE WELT in einem Offenen Brief an den Wissenschaftssenator und Zweiten Bürgermeister der Freien und Hansestadt Hamburg, Dr. Wilhelm Drexelius, erhoben. Die Überschrift, die die Redaktion der WELT meinem Offenen Brief vorangestellt hatte, lautete „Roter Faschismus an der Universität Hamburg". Dr. Drexelius antwortete mir eine Woche später, ebenfalls in einem Offenen Brief in der WELT. Der Antwortbrief von Dr. Drexelius war honorig, in Form und Inhalt fair, aber politisch hilflos und offenbarte die Ohnmacht der unter jahrzehntelanger SPD-Herrschaft stehenden Hamburger Behörde gegenüber dem Treiben auf dem Universitätscampus. Inzwischen war von vandalierendem Studentenpöbel im Hauptgebäude der Edmund-Siemers-Allee auch die Büste des Universitätsgründers Von Melle vom Sockel gerissen und in Scherben geschlagen worden. Dem allen sahen die Senatoren des politischen Senates der Stadt im Rathaus und die Universitätsverwaltung der Freien und Hansestadt Hamburg, während man noch mit Recht über die Vertreibung des Philosophen Ernst Cassirer durch die Nazis trauerte, mit dem Ausdruck des Bedauerns tatenlos zu und versuchten, wie Dr. Drexelius in seinem Offenen Brief an mich, mit der Ankündigung eines demnächst in Kraft tretenden Ordnungsrechtes für die Universität die Situation auf dem Campus zu beruhigen. Dieses Ordnungsrecht gibt es bis heute nicht.

Die politischen Wellen in Hamburg schlugen anläßlich des Oehler-Eklats so hoch, daß noch acht Jahre später die BILD-Zeitung auf der ersten Seite ihrer Ausgabe anläßlich eines neuen Skandals um den Anglistik-Professor Johannes Kleinstück diesen in Erinnerung brachte. In der Ausgabe von BILD am 26. Januar 1977 heißt es auf Seite 1: „Chaos an Hamburgs Uni". Kleinstück griff in einem Offenen Brief den Universitätspräsidenten und den zuständigen Senator an. Seit 1968 herrschten chaotische Verhältnisse an der Universität. Sie würden weder vom Uni-Chef Fischer-Appelt noch von Kultursenator und Bürgermeister Biallas bekämpft. Fischer-Appelt sei verpflichtet, den Terror zu stoppen. Als er, Professor Kleinstück, wie von BILD berichtet, überfallen wurde, seien nicht einmal die Personalien der Täter aufgenommen worden. Kleinstück rügte, daß der Terror gegen Professoren und Dozenten reihum gehe. Auch die Professoren Oehler, Sanmann, Schwarz und ein Dutzend anderer seien von Extremisten terrorisiert worden. Die Folge sei, daß alle Studenten durch die Störungen mindestens ein Semester verlören, und zwar auf Kosten der Steuerzahler. Diese 1977 erfolgte Darstellung der Folgen eines relativ späten Ausläufers der Studentenrevolte von 1968 auf der ersten Seite von BILD kann vielleicht noch einen Eindruck von dem Ausmaß der Turbulenzen vermitteln, wie sie sich auf dem Höhepunkt der Studentenrevolte von 1968 bis 1971 ereigneten. Und das geschah alles in unserem Rechtsstaat, ohne daß die Ordnungsorgane des Staates von sich aus eingriffen, um die Professoren und Dozenten zu schützen.

Hamburg bot noch insoweit ein besonderes Szenario, als hier die SPD schon vierundvierzig Jahre lang regierte. In dieser Hafenstadt mit ihrem für die Menschen magischen Zauber vereingt sich vieles, zum Beispiel auch das proletarisch-kleinbürgerliche und bürgerliche Milieu mit der großbürgerlich-patrizischen Tradition. Man gebrauchte sich zweckmäßigerweise wechselseitig, und die Möglichkeiten dieser Kunstfigur auch im politischen Bereich hatte man sehr bald nach dem Zweiten Weltkrieg schneller als anderswo in der Freien und Hansestadt begriffen. Der etablierte Banker und der sich nach Höherem sehnende kleine sozialdemokratische Parteifunktionär gingen eine Symbiose ein, und dieser politisch unmoralische Deal funktionierte solange, eben vierundvierzig Jahre, bis in GEW und anderen Gewerkschaften plötzlich ein Funktionärstyp hochkam, der so kleinkariert war, daß er vor lauter Hass auf die da oben, das heißt auf die Exzellenz, die lange Zeit sich scheinbar bewährt habenden hanseatischen Spielregeln des politischen *Do ut des* außer acht ließ und im Sumpf des ideologischen Grabenkampfes versank und mit ihm die Herrschaft über die Stadt und den Stadtstaat. Ich weine dieser Entwicklung keine Träne nach, denn das alte opportunistische Bündnis von proletarischer Arbeitermütze und kapitalistischem Homburger erzeugte in der Freien und Hansestadt Hamburg lange eine Atmosphäre politischer Verlogenheit und Sterilität, in der vor allem die Schulen und Hochschulen der Stadt zu leiden hatten, den Kürzeren zogen und an den Rand des Geschehens weggedrückt wurden, und in der Universität richtete sich auf Dauer der gleiche Karrierismus ein wie im Rathaus. Als Folge dieser Zustände habe ich in Hamburg Professoren kennengelernt, die dem Tag entgegenfieberten, an dem sie einen Ruf an eine andere Universität erhielten, um dieser ‚Universitätsstadt' dann für immer den Rücken kehren zu können. In diesen Fällen oft gerade der Besten reichte auch der Reiz der Schönheit dieser Stadt nicht aus, um sie in Hamburg zu halten.

In jenen Wochen und Monaten des Jahres 1969, als ich im Zentrum der Krawalle stand und mein Faschismusvorwurf die Diskussionen der studentischen Gremien in der Universität beherrschte und die regionale und überregionale Presse beschäftigte, ging mir ein Licht auf, und ich konnte mir endlich die Frage beantworten, die mich schon viele Jahre beschäftigt und auf die ich keine Antwort gefunden hatte: wie es vor noch nicht einmal vierzig Jahren dem Adolf Hitler möglich war, auch die sogenannte Elite des Volkes in den eisernen Griff seiner totalen Herrschaft zu bringen. Hitler hatte durch lebendigen Anschauungsunterricht in seinen frühen Jahren gelernt, was ich nun durch meine Erfahrungen auch endlich begriffen hatte: Daß die meisten Menschen ungeachtet ihres sozialen Milieus von Natur feige sind und vor massiv auftretender Gewalt zurückweichen und kopflos davonlaufen. Dieses Verhalten ist elementar, genetisch bedingt und kann durch Erziehung und Bildung kaum beeinflußt werden. Nicht diese Meisten, die Vielen, die Masse sind gefährlich. Die entscheidende Bewegung geht von dem Einzelnen aus, der weiß, was er will, und der sich vor die Massen hinstellt und ihnen vorsagt, was sie wollen sollen. Hier liegt die Möglichkeit zum Guten, wie Männer wie Konrad Adenauer nach dem Zweiten Weltkrieg in Deutschland bewiesen haben, und die Möglichkeit zum Bösen, wie Hitler bewiesen hat. Das Böse ist genauso ein Teil des Menschen wie das Gute. Deshalb ist es unsinnig, Hitler zum Monster zu erklären, zu einem Gespenst, zu einem Außerirdischen, als ob er nicht auch ein Exemplar der Menschengattung gewesen sei. Das scheinen wir nach dem allzu optimistischen Menschenbild der Aufklärung aber erst wieder lernen zu müssen. Wir müssen akzeptieren, daß das Böse ein Teil des Menschen ist, wie das Gute. Das Christentum hat das immer gewußt, man lese nur die Briefe des Paulus. Dieser wahren Erkenntnis vom Bösen im Menschen kann man nicht dadurch ausweichen, daß man Hitler zu einem Nichtmenschen macht. Deshalb besteht auch jederzeit Wiederholungsgefahr. Was einmal möglich war in dieser Welt, ist immer wieder möglich. Es kommt nur auf die Umstände an. Insoweit ist die Annahme des Sozialismus, der Mensch sei von Natur aus gut und würde nur durch gesellschaftliche Verhältnisse schlecht gemacht, ein albernes Konstrukt von Theoretikern, die sich mit der Wahrheit des christlichen Menschenbildes nicht abfinden wollen, die Kant in die einfache Metapher gekleidet hat, daß der Mensch „ein krummes Holz" sei. Diese schlichte Einsicht verletzt natürlich die Selbstliebe und die Eitelkeit der Menschen zutiefst. Deshalb wird der Streit endlos weitergehen. Das ist unser Schicksal.

Ab Ende 1968 beruhte meine Strategie in den hochschulpolitischen Auseinandersetzungen in den verschiedenen Gremien, ob Institutsrat, Fakultätssitzung, Fachbereichsratssitzung und im Akademischen Senat, dem höchsten Leitungsgremium der Universität, sowie in den Diskussionen in und nach meinen Vorlesungen darauf, durch meine taktisch gezielten Thesen und Provokationen jeweils das Zustandekommen eines Konsenses unter den Linksradikalen zu verhindern, sowohl bei den Studenten als auch bei den jüngeren, meist ‚übergeleiteten' Professoren, die fast ausnahmslos radikal links eingestellt waren. Diese meine Strategie scheiterte. Es gelang mir nicht, eine ins Gewicht fallende Solidarisierung mit meiner Position zu erreichen, noch nicht einmal bei der Mehrheit der älteren Professoren. Aus Furcht, Feigheit, Schwäche, Opportunismus oder Bequemlichkeit blieb die Mehrheit passiv und wich den Hörsaalschlachten aus, während, wie ich gerne zugebe, die Lust an den Zusammenstößen, die bei konsequenter Haltung ja ohnehin nicht zu vermeiden waren, bei mir sich direkt proportional zu der Steigerung des Tohuwabohu vergrößerte. Ich sah einfach nicht ein, daß jemand wie ich, der die Nazizeit, den Krieg und die Nachkriegszeit heil überstanden hatte, vor dieser Horde verwöhnter und irregeleiteter Wohlstandskinder die Flucht ergreifen sollte. Das sehe ich auch heute noch so.

Das waren meine Erfahrungen. Es gab nur einige wenige Kollegen, die sich ebenfalls den Terror nicht gefallen ließen und sich den verhetzten Studentenmassen und deren linkem hysterischen Massenwahn entgegenstellten. Dazu gehörten der Theologe Helmut Thielicke, der Psychologe Peter R. Hofstätter, der Politikwissenschaftler Hans-Peter Schwarz, der Pädagoge Hans Wenke und der Anglist Johannes Kleinstück. Wenn ich hier vielleicht den einen oder anderen Kollegen nicht erwähne, dann nicht, weil er nicht genauso mutig wie die namentlich Genannten gegen den inneruniversitären Terror gekämpft hat, sondern aus meiner Unkenntnis, weil der damalige Blickwinkel meiner Aufmerksamkeit in dem allgemeinen Wirrwarr naturgemäß auch begrenzt war. Von den Genannten jedenfalls ist allgemein bekannt, daß es ihnen nicht anders erging als mir. An manchen Tagen und in manchen Situationen glaubten wir uns in das alte Rom versetzt, wenn man in den tobenden Hörsaal ging und von allen Seiten die feindlichen Blicke auf einen gerichtet waren, – denn als Professor waren wir ja gemäß der allgemein herrschenden Ideologie ,der Klassenfeind'. Hatte man im Hörsaal das Pult endlich erreicht, nachdem man über in Sitzblockade verharrende Studenten, die auf dem Fußboden saßen und gar nicht daran dachten, einem Platz zu machen, gestiegen war, dann konzentrierte man sich auf seine Vorlesung und seine Ausführungen, die oft schon nach den ersten Sätzen durch unqualifizierte Zwischenrufe und Geschrei unhörbar gemacht und gestört wurden. Es fehlte eigentlich in diesen Situationen nur noch der Ruf nach den Löwen, der wenigstens den Vorzug der Ehrlichkeit und der Nichtverschleierung gehabt hätte. Denn da wünschte man uns, die Professoren, die „das falsche Bewußtsein" hatten, alle hin: *ad leones.*

Weizsäcker auf der Flucht vor der ,volldemokratisierten' Massenuniversität

Anfang Juli 1969 gab Weizsäcker seine Professur in Hamburg auf. Mit Beginn des folgenden Jahres begann seine Tätigkeit als Direktor des Max-Planck-Institutes zur Erforschung der Lebensbedingungen der wissenschaftlich-technischen Welt in Starnberg. Dieser Wechsel von Hamburg an das Max-Planck-Institut war so abrupt und übergangslos nicht geplant. Anfänglich war daran gedacht, in einem sich längere Zeit hinziehenden Ping-Pong-Spiel zu pendeln und die Professur in Hamburg erst nach und nach aufzugeben. Dieser Plan eines moderaten Überganges, wie er der Natur Weizsäckers mehr entsprochen hätte, wurde bald fallengelassen, als Weizsäcker Anfang Juni 1969 an meinem Beispiel sehen konnte, daß sich die hochschulpolitische Situation zuspitzte und nicht mehr zu übersehen war, daß er selbst nach Oehler das nächste Ziel der studentischen Attacken sein würde. Ich selbst hatte ihn vorgewarnt, nachdem mir die Rädelsführer der Störaktionen und Vorlesungssprengungen ganz offen und unverblümt zu verstehen gegeben hatten, daß ich nicht der letzte „bürgerliche Philosoph" sei, den sie „hochgehen" ließen. Den „Hauptknaller" hätten sie sich bisher noch aufgespart. „Mit der Bombe leben" sei nicht ihre Sache. Das war der Titel der bekannten Artikelserie 1957 von Weizsäcker gewesen. Es gehörte also nicht viel Phantasie dazu, zu erraten, wer gemeint war. Es gab keinen Zweifel daran, daß in dem kommenden Wintersemester 1969/70 Weizsäcker „fällig" gewesen wäre, um es in dem damals üblichen Verkehrston jener studentischen Sturmstaffeln auszudrücken. Seine letzte Vorlesung hatte Weizsäcker am Ende des Wintersemesters 1968/69 im Februar 1969 gehalten, in der ich anwesend war. In der anschließenden Diskussion ging es schon unverkennbar aggressiv und provokant zu, und ich freute mich für Weizsäcker, daß er in dem kommenden Sommersemester ein Forschungsfreisemester hatte.

Weizsäcker nahm seine Lehrtätigkeit an der Universität Hamburg danach nicht wieder auf. Er hatte es plötzlich, nach meinem Eklat Anfang Juni 1969, ganz eilig mit der Leitung der Vorarbeiten für die Gründung seines neuen Institutes und bat Anfang Juli 1969 den Bürgermeister und Wissenschaftssenator Dr. Drexelius um seine Entlassung aus der Lehrtätigkeit der Hamburger Universität. Er werde noch Ende des laufenden Sommersemesters nach München gehen. Zu diesem Zeitpunkt war noch an München als den Standort des von Weizsäcker geplanten Institutes gedacht. Man verließ mehr oder weniger fluchtartig das sinkende Schiff.

Nun stand ich alleine auf weiter Flur, der einzige übriggebliebene Ordinarius am Philosophischen Seminar der Universität Hamburg, nachdem mein französischer Kollege Pierre Aubenque nach dreijährigem Hamburger Intermezzo wieder zurück nach Frankreich, an die Sorbonne in Paris, berufen worden war, diesem Ruf gerne folgte und danach auch Weizsäcker das Feld geräumt hatte. Zwei Lehrstühle waren also vakant, die neu zu besetzen waren, und das zum ersten Mal unter Mitwirkung der jetzt mitbestimmenden Studenten sowie der Sekretärinnen, Bibliothekare und des sonstigen offiziell sogenannten nichtwissenschaftlichen Personals, wie das neue Universitätsgesetz von 1969 es befahl. Wenn das Philosophische Seminar der Universität Hamburg im Zuge dieser Neuregelung nicht zu einer roten Kaderschmiede à la Berlin, Bremen und Marburg werden sollte, mußte ich mir etwas einfallen lassen. Angeschlagen durch die Attacken im vergangenen Sommersemester, zog ich nun in die Fortsetzung dieses universitären Bürgerkrieges.

Weizsäcker, der dazu noch durchaus in der Lage gewesen wäre, hatte nach den gegen mich gerichteten Aktionen der putschenden linken Studentengruppen im Juni 1969 bis zu seinem schließlichen Weggang von Hamburg seine Stimme für mich in der Öffentlichkeit nicht erhoben. Er schwieg zu den skandalösen Vorgängen. Aus seinem Schülerkreis sickerte zu mir durch, er habe sich dahingehend geäußert, daß er die Gründung seines neuen Institutes nicht mit einer hochschulpolitischen Hypothek aus Hamburg belasten wolle, indem er für mich in dieser prekären politischen Situation öffentlich Partei ergreife. Zur Selbstrechtfertigung seines diplomatischen Schweigens, wenn es denn ein solches war, lud er mich zu einem privaten Gespräch ein. In Verkennung seiner Absicht folgte ich der Einladung. Das Gespräch endete damit, daß er mir den Vorwurf machte, ich hätte mich den Studenten gegenüber falsch verhalten. Als ich ihm antwortete, ich sei Philosoph und nicht Psychiater oder Psychotherapeut und auch kein Seelenhirte für Schafe, die sich in die Universität verirrt hätten und dort am falschen Platz seien, war unser Gespräch beendet, für immer. Wir hatten uns nichts mehr zu sagen, was im übrigen schon seit längerer Zeit der Fall war. Was wir uns philosophisch geben konnten, hatten wir uns längst gegeben. An weiterer Kommunikation bestand nach zehn Jahren auf beiden Seiten kein Bedarf mehr.

Die Wahrheit ist, daß ich in meinen Konfrontationen mit den linken Revoluzzern keine Sekunde lang Hilfe durch ein öffentliches Wort von ihm erwartet hatte. Ich kannte sein von ihm mündlich und schriftlich mit dem Pathos des ehrlichen Bekenners bei entsprechenden Anlässen so effektvoll vorgetragenes Eingeständnis, er sei in der Nazizeit kein Held gewesen. Das hätte er gar nicht so stark und so oft zu betonen brauchen, denn etwas anderes nahm ohnehin niemand an, der ihn kannte. Das Unangenehme und peinlich Berührende an dem Geständnis war, daß man dabei immer den Eindruck hatte, er rechne sich jetzt, nach 1945, dieses offene Geständnis als ein moralisches Verdienst zu – wegen seiner ‚Offenheit‘.

Außerdem war ich während der Studentenrevolte an der Universität Hamburg Ende der sechziger Jahre nicht der erste von den linken Studentengruppen massiv unter Beschuß genommene Kollege, zu dem Weizsäcker schwieg. Darüber hat Helmut Thielicke, der Hamburger Theologieprofessor, wahrheitsgemäß in seinem Lebensrückblick berichtet. Er schreibt in seinen Erinnerungen *Zu Gast auf einem schönen Stern* (1984) im Zusammenhang mit den Unruhen in der Universität Hamburg: „Einer der Hauptleidtragenden war mein Kollege und Freund Hans Wenke, mit dem ich seit unserer gemeinsamen Tübinger Zeit verbunden war. Er kam als Schulsenator nach Hamburg und gründete später die Universität Bochum. Die radikalen Studenten bauten gleich neben seinem Dienstzimmer einen Stand mit Schmähschriften und Flugblättern gegen ihn auf, so daß der Gang zu seinem Raum stets ein Spießrutenlaufen war. Seine Vorlesungen im Audimax wurden (...) durch Hunderte von Eindringlingen immer wieder gewaltsam gestört. Er stand der kochenden Menge viermal auf seinem Katheder allein gegenüber, kam nicht zum Lesen und mußte den Saal jeweils unter höhnischem Geschrei und physischen Zudringlichkeiten verlassen, bis er nach tapferem Kampf aufgab (...). Als niemand ihm beistand – auch nicht in seiner Fakultät, auch nicht sein philosophischer Kollege, der über Jahre hin als Praeceptor Germaniae gepriesen wurde und zu dieser Zeit noch Einfluß gehabt hätte –, nahm ich mir vor, durch einen ostentativen Vorlesungsstreik öffentlich an seine Seite zu treten."[1]

Der „philosophische Kollege", von dem Thielicke hier redet, ist Weizsäcker, der sich ängstlich hütete – aus Furcht, selbst zur Zielscheibe der radikalisierten linken Studentenmassen zu werden –, sich vor Wenke zu stellen und zu seinen Gunsten das Wort öffentlich zu ergreifen. Nein, ein Held war Weizsäcker nun wirklich nicht, weder vor noch nach 1945.

Als ich Wenke noch wenige Tage vor seinem Tod 1971 besuchte – er ist nach dem Urteil seines Arztes infolge der studentischen Attacken an Herzversagen gestorben –, sagte er zu mir: „Bestellen Sie Herrn von Weizsäcker einen Gruß von mir und sagen Sie ihm, daß ich in letzter Zeit oft an die gemeinsam mit ihm im Nationalsozialistischen Dozentenlager verbrachte Zeit habe denken müssen. Ich wünsche ihm, daß es ihm besser ergeht als mir". Das NS-Dozentenlager war im Dritten Reich obligatorisch für alle angehenden Universitätsdozenten und diente der sogenannten weltanschaulichen Schulung. Ich habe Weizsäcker diesen Gruß nicht mehr ausgerichtet. Er war, als Wenke 1971 starb, nicht mehr in Hamburg. Ich habe Weizsäcker nur ein einziges Mal wiedergesehen, 1992, in einer öffentlichen Veranstaltung. Ich sagte nichts mehr, es wäre sinnlos gewesen. Zu diesem Zeitpunkt war das Repertoire unserer kommunikativen Gemeinsamkeiten längst restlos erschöpft. Die Zeit heilt alle Wunden, sagt man; aber einige sind tödlich, wie der Fall Wenke zeigt.

---

[1] Helmut Thielicke, *Zu Gast auf einem schönen Stern*, Hamburg 1984, S. 401 f.

Im Hintergrund des Philosophischen Seminars der Universität Hamburg und selbst für die Mitglieder des Seminars kaum erkennbar leitete Weizsäcker die 1959 von ihm gegründete ‚Vereinigung Deutscher Wissenschaftler' (VDW). Diese unterhielt eine kleine Forschungsstelle in Hamburg, die aus einigen wenigen Wissenschaftlern bestand und äußerst unauffällig über Probleme des Zivilschutzes, der Dritten Welt, der Abrüstung und der Beziehung von Politik und Strategie arbeitete. Wie sich diese Arbeit im einzelnen vollzog, blieb ein gut gehütetes Geheimnis. Seit 1966 suchte Weizsäcker einen größeren institutionellen Rahmen für diese Arbeitsgruppe. Mit der Gründung eines Max-Planck-Institutes zur Erforschung der Lebensbedingungen der wissenschaftlich-technischen Welt in Starnberg fand er den erweiterten institutionellen Rahmen. Weizsäckers Initiative zur Gründung dieses Institutes stieß im Vorstand der Max-Planck-Gesellschaft zuerst und relativ lange auf harten Widerstand, abgestützt durch Gründe, die sich später durch die negative Entwicklung des Institutes alle bewahrheiten sollten. Schon der Name und die Programmatik des gewünschten Institutes lösten bei den hartgesottenen, an konkrete wissenschaftliche Arbeit gewöhnten Naturwissenschaftlern verständlicherweise Befremden aus. Die Max-Planck-Gesellschaft hatte bei ihren früheren Institutsgründungen stets darauf geachtet, den Verlockungen und trügerischen Versprechungen der Interdisziplinarität zu widerstehen. Ihre Institutsgründungen wollten vielversprechende Forschungsrichtungen fördern, aber nicht Forscher auf vielbesprochene Gegenstände ansetzen. Weizsäcker mußte seinen ganzen Einfluß und sein weites Beziehungsnetz mobilisieren und aktivieren, um schließlich und endlich die Mehrheit des Vorstandes der Max-Planck-Gesellschaft für die Zustimmung zu dem von ihm geplanten Institut zu gewinnen – zu überreden mehr als zu überzeugen. Mit diesen Schwierigkeiten hatte er nicht gerechnet. Das verletzte sogar etwas seine

Eitelkeit. Er bevorzugte elegante Lösungen. Eine solche wollte sich in diesem Fall so gar nicht einstellen. Die Brechstange mußte diesmal her.

Ich verstand Weizsäckers Motive für den Weggang von Hamburg vollkommen und natürlich auch die diplomatische Zweckbestimmung der von ihm damals allseits in die Welt gesetzten Legende, die er später unzählige Male mündlich und schriftlich wiederholte, nämlich daß nur seine Sorge um die Gefährdung der Menschheit durch die Atombombe ihn veranlaßt habe, die ihn „voll befriedigende und ausfüllende Professur für Philosophie aufzugeben, um dieses ‚Institut für unangenehme Fragestellungen' zu gründen"[1]. In Wirklichkeit war ihm spätestens seit 1966, also neun Jahre nach Übernahme der Philosophieprofessur in Hamburg, die Gelangweiltheit und der Überdruß inmitten der Routine eines Lehrbetriebes, der ihn mit jedem Semester weniger interessierte, deutlich anzumerken. Im übrigen wurde ihm, wie auch anderen, zum Beispiel mir, die Nötigung durch die Studenten, bei jeder Gelegenheit auf deren Provokationen einzugehen und darüber mit ihnen stundenlang zu palavern und wertvolle Zeit für die eigene Arbeit zu verlieren, lästig. Dieser Leerlauf frustrierte ihn. Da war der Stellungswechsel an ein Max-Planck-Institut genau das Richtige, wo man wenigstens noch einigermaßen Herr der Lage war. Am Ende also doch die elegante Lösung.

Eine Abschiedsfeier, die das Seminar aus Anlaß des Wegganges Weizsäckers im November 1969 in einer Gaststätte am Elbufer in Finkenwerder veranstaltete, verlief ziemlich fad. Reden wurden gehalten, man erinnerte an gemeinsam Erlebtes, sprach von Hoffnungen für die Zukunft. Weizsäcker war abwesend anwesend, mit seinen

---

[1] Carl Friedrich von Weizsäcker, *Der bedrohte Friede (BFd). Politische Aufsätze 1945-1990*, München 1990, S. 451 f.

Gedanken schon in Starnberg. Hamburg war für ihn Vergangenheit. Alle spürten, daß von dem, was da zu Ende ging, auch keine Fortsetzung vorstellbar war. Sein Hauptziel jedenfalls hatte er mit der Hamburger Philosophieprofessur erreicht: daß die Öffentlichkeit zur Kenntnis genommen hatte, daß er nicht nur Physiker, sondern auch Philosoph war. Jahre später, nach dem Ende des verunglückten Starnberger Unternehmens, ließ er des öfteren verlauten, die Hamburger Zeit sei die glücklichste in seinem Leben gewesen. Das mag in seiner Rückschau ja sogar stimmen und vor allem wünschte ich, es sei so gewesen. Vor Ort sah es jedenfalls nicht selten anders aus. Aber was heißt das schon: die glücklichste Zeit im Leben? Mir ist solche Diktion fremd.

Weizsäcker ging nicht alleine nach Starnberg. Zu meiner Freude nahm er auch einige seiner Mitarbeiter am Philosophischen Seminar in Hamburg mit, darunter bezeichnenderweise die, die ihre geistige Heimat in der linksrevolutionären Szene hatten und bei dem neomarxistischen Theater in Universität und Seminar konspirativ aktiv tätig gewesen waren. Die Studentenrevolte in Westdeutschland war in ihrer inneruniversitären Auswirkung 1969 beim Weggang Weizsäckers von Hamburg auf ihrem Höhepunkt angelangt. Daher glaubte Weizsäcker, sich vor linken Angriffen auf sein neues Institut in Starnberg durch nichts besser schützen zu können als durch den Import seiner pseudosozialistischen Prätorianer von Hamburg nach Starnberg. Daß Habermas, nach dem Tod Adornos und der Emeritierung Horkheimers führender Vertreter der marxistisch imprägnierten Frankfurter Schule, 1971 von Weizsäcker als zweiter Direktor an das Institut in Starnberg gerufen wurde, paßt in dieses Bild einer politisch-diplomatischen Entscheidung, ganz unabhängig von der fachlichen Einschätzung von Habermas als Soziologe und Philosoph. Habermas, der wie ich und wie unsere Jahrgänge, in den späten dreißiger und frühen vierziger Jahren obligatorisch, ob er wollte oder nicht, ‚Hitlerjunge' gewesen war, hatte sich Anfang der siebziger Jahre längst zur 68er-Ikone stilisiert. Weizsäcker wußte, was er tat, als er Habermas damals nach Starnberg holte: er brauchte für sein neues Institut inmitten der politischen Turbulenzen jener Zeit ein linkes Feigenblatt. Selbstlos pflegte Weizsäcker bei Berufungsfragen im allgemeinen nicht zu sein. Sein jetzt angeblich so plötzlich erwachtes Interesse für gesellschaftliche Fragen hätte ja beispielsweise auch schon in den dreißiger Jahren ein reiches Betätigungsfeld vorgefunden. Aber erst die Studentenrevolte von 1968, ein Revöltchen im Vergleich zu früheren Ereignissen in Deutschland, vermochte dieses Interesse bei Weizsäcker zu wecken – als dieses Interesse natürlich auch politisch in die neudeutsche Landschaft paßte.

Glaubt man Hegels schönem Bild in der Vorrede zu den *Grundlinien der Philosophie des Rechts* von 1820, daß die Eule der Minerva erst mit der einbrechenden Dämmerung ihren Flug beginnt, so muß man feststellen, daß die Herren in Starnberg zu früh gekommen waren, um den Kurs des Weltgeistes zu bestimmen und „die Lebensbedingungen der wissenschaftlich-technischen Welt" auf Kommando zu erforschen. Die wissenschaftlich-technische Welt ist eine geschichtlich gewordene Welt, und eine geschichtlich gewordene Welt läßt sich nicht hinsichtlich ihrer „Bedingungen" wie eine mathematische Gleichung analysieren und erforschen. Denn für eine geschichtliche Welt gibt es keine „Weltformel". Dieser Starnberger Versuch am untauglichen Objekt wurde begleitet von Diskussionen zwischen Weizsäcker und Habermas und zwischen deren Mitarbeitern; Diskussionen, die, wenn man den zahlreich vorliegenden Berichten von Teilnehmern glauben darf, von punktuell fruchtbaren Einsichten abgesehen, im wesentlichen und zumeist an Kommunikationsschwierigkeiten litten, weil die methodischen, theoretischen, fächerspezifischen, politischen und weltanschaulichen Standpunkte der Institutsangehörigen so verschieden waren, daß man schließlich einer höheren Weisheit folgte und es bei einem mehr oder weniger unabhängigen Nebeneinander der Abteilungen höflich beließ. Man wahrte die Formen – eine praktische Notwendigkeit, schon im Hinblick auf den Senat der Max-Planck-Gesellschaft, der bei der Gründung dieses ominösen Institutes nur mißgelaunt und *nolens volens* Pate gestanden hatte.

Ich fragte mich schon im Jahre 1969, ob das neu gegründete Max-Planck-Institut zur Erforschung der Lebensbedingungen der wissenschaftlich-technischen Welt mehr sei als ein in der Zeit des Niederganges der alten deutschen Universität und des Aufkommens der neuen Mitbestimmungs- und Gruppenuniversität zweckvoll gewähltes Refugium, eine Sinekure auf hohem Niveau und in schöner Landschaft, zusätzlich finanziell versüßt durch Beraterverträge mit Bundesministerien in Bonn. Es war ja, wie gesagt, nicht das einzige Institut dieser Art in Westdeutschland, das auf diese Weise *de facto* eine Fluchtburg vor der neudeutsch ,volldemokratisierten' Massenuniversität war, obwohl dann im Laufe der siebziger Jahre auch die Max-Planck-Institute Ärger mit den ,Jungsozialisten' unter ihren Mitarbeitern bekamen, auch das in Starnberg, sehr zum Mißfallen des Senates der Max-Planck-Gesellschaft.

Was schon bei der Gründung des Starnberger Institutes auffällig war, ist das von Weizsäcker 1969 formulierte Programm für das Institut[1], das Fragen zur Aufgabe macht, die so groß und umfassend sind, daß sie von einem Forschungsinstitut nicht nur nicht gelöst, son-

---

[1] Carl Friedrich von Weizsäcker, *Der bedrohte Friede. Politische Aufsätze 1945–1981*. München 1981, S. 181ff.

dern noch nicht einmal wissenschaftlich sinnvoll „erforscht", geschweige denn widerlegungsdefinit formuliert und beantwortet werden können, selbst wenn alle seine Mitarbeiter die geistige Kapazität Einsteins besessen hätten. Das heißt aber doch mit anderen Worten, daß mit einer Einlösung des von Weizsäcker 1969 für das Institut entworfenen Programms vernünftigerweise niemand rechnen konnte, auch er selbst nicht, Habermas nicht, niemand. Also liegt der Gedanke nicht fern, daß auch das Scheitern von vornherein mit eingeplant war bei dem Stück, das dann als Einakter von 1970 bis 1980 in Starnberg zur Aufführung kam, einschließlich der finalen Rolle Weizsäckers als tragischer Held, der an der Größe seiner Aufgabe scheitert. Die Fanfarenstöße bei Gründung des Starnberger Institutes erinnerten auf fatale Weise an den publizistischen Trommelwirbel 1957 bei Weizsäckers Berufung auf den philosophischen Lehrstuhl in Hamburg, als man in der Presse lesen konnte, daß, wie Kant im 18. Jahrhundert die philosophische Grundlage zur Physik Newtons gelegt habe, so von Weizsäcker nun die zur modernen Physik einzig adäquate Philosophie zu erwarten sei. Weizsäckers Abschlußbericht von 1979[1] zur Arbeit des Starnberger Institutes weckt Assoziationen zur Untergangsstimmung im Musikdrama Richard Wagners. Die von Weizsäcker abschließend formulierten Einsichten hätte man bedeutend billiger haben können, vor allem: man hätte sie von Anfang an haben können und hatte sie ja auch von Anfang an. Die Eule der Minerva erhob sich in Starnberg nicht zum Flug. Vor soviel Flucht in den Heroismus und vor soviel Entschlossenheit zum Scheitern am gewollten Großen blieb sie in ihrem Versteck sitzen und rührte sich nicht. Wie sagt doch Martin Heidegger so schön, schlicht und ergreifend in *Der Feldweg*: „Das Einfache verwahrt das Rätsel des Bleibenden und des Großen". Das

---

[1] Ebd. S. 449 ff.

hatten die Herren in Starnberg übersehen. Als Weizsäcker altersbedingt ging, packte auch Habermas seine Koffer. Das Starnberger Unternehmen war ihm un-heimlich geworden.

Diese Götterdämmerung der Lebensbedingungsaufklärer von Starnberg hat ihre genaue Entsprechung im Kult der Verantwortung. Zu der Rolle des tragisch Gescheiterten gehörte die Rolle des bitter Enttäuschten, enttäuscht über das fehlende Echo seiner mannigfachen Initiativen zu einem Bewußtseinswandel in der Gesellschaft. So wie Picht die drohende deutsche Bildungskatastrophe beschworen hatte und damit die von ihm so heiß ersehnte Aufmerksamkeit der Öffentlichkeit endlich auf sich lenken konnte, so beschwor Weizsäcker die angeblich nahe bevorstehende Gefahr eines Dritten Weltkrieges unter den Bedingungen des Atomzeitalters. Im Unterschied zu Pichts prophezeiter und durch ihn selbst erst mit verursachter Apokalypse der deutschen Bildungskatastrophe erfüllten sich die Weizsäckerschen apokalyptischen Naherwartungen eines Menschheitsinfernos durch den Atomweltkrieg gerade dank des atomaren Patts und dank unvorhergesehener erfreulicher Weltumstände nicht. In den Jahren seit seiner Emeritierung, besonders nach 1985, betrieb Weizsäcker mit der eifernden Leidenschaft eines Wanderpredigers oder Sektenführers die Weltversammlung eines Friedenskonzils. *Die Zeit drängt* lautete der Titel einer von ihm 1986 veröffentlichten Schrift. Aber die Katholische Kirche zog nicht so recht mit und beteiligte sich nicht an der Weltversammlung. Sie sah, wie fast immer in der Geschichte, schon weiter in die nahe Zukunft und ahnte mit feinem, ihr eigenen Gespür die bevorstehende Veränderung der Weltlage durch den Umsturz in den Ländern des Ostblocks voraus. Durch diesen Umsturz erledigten sich dann in der Tat große Teile der Weizsäckerschen Militärpolitik und Friedensstrategie von selbst. Daß er natürlich nachträglich auch diese fundamentale Veränderung des weltpolitischen Koordinatensystems in sein Konzept noch unterzubringen versuchte, ist menschlich verständlich. Man will ja nicht zu den Verlierern gehören. Zur Rolle des an seinen zu großen Zielen Gescheiterten gehört nach Nietzsche das Unvermögen, „jene Ziele zu widerrufen" (Nietzsche, *Menschliches Allzumenschliches*. Erster Band, 540: „Zu große Ziele…"). Daß Weizsäcker, um nur ja seine persönliche Überzeugtheit von der konkreten Kriegsgefahr auch seinen deutschen Mitbürgern glaubhaft zu vermitteln, im Garten seines Privathauses in Starnberg einen atomsicheren Bunker bauen ließ, der dann später auch noch durch Wassereinbruch und technische Mängel absoff, ist die Satire zu der Tragödie. Daß diese Arche Noah außerdem einen ziemlich elitären Charakter hatte und gar nicht verallgemeinerungsfähig ist, lehrt schon das biblische Vorbild. Nicht alle paßten hinein. Nach uns die Sintflut! Daß man im Frühjahr 2006 ein nach Carl Friedrich von Weizsäcker benanntes interdisziplinäres ‚Zentrum für Naturwissenschaft und Friedensforschung' (ZNF) an der Universität Hamburg gegründet hat, ehrt ihn. Daß ihm in der Rückschau auf sein Leben der Nobelpreis für Physik allerdings lieber gewesen wäre, das glaube ich zu wissen.

REFLEXIONEN ÜBER BESCHÄDIGTES LEBEN

Mit Hitler am Verhandlungstisch?

Überblickt man die Publikationen Weizsäckers nach 1945, so zieht sich durch sie wie ein roter Faden das Problem der Verantwortung. *Die Verantwortung der Wissenschaft im Atomzeitalter* (1957) lautet der Titel einer seiner bekanntesten Schriften aus den fünfziger Jahren. Warum diese Demonstration der Verantwortung erst nach 1945? Gab es dazu vor 1945 keine Veranlassung? Beispielsweise in seiner Zeit als Professor und Rektor der ‚Reichsuniversität' Strassburg?

Weizsäcker gehörte seit Kriegsbeginn der Gruppe von Physikern an, deren Zweck die technische Nutzung der Kernenergie war, dem sogenannten Uranverein. Seine ihn leitende Vorstellung war dabei, wie er sie in späteren Darstellungen beschrieb, sein Expertenwissen über die Herstellung einer Atomwaffe bei politischen Entscheidungen in der gegebenen Situation zur Geltung zu bringen, unter Einschluß der Möglichkeit, bei Hitler selber vorstellig zu werden und politischen Einfluß zu nehmen. Noch im Juni 1992, an seinem 80. Geburtstag, bestätigte und bekräftigte er diese Version seiner von ihm schon früher oft genug vorgetragenen Absicht während der Zeit des Zweiten Weltkrieges: „Ja, das wollte ich. Ich habe subjektiv gefunden: Wenn man über Atomenergie arbeiten kann – und ich gehörte zu den paar Leuten in Deutschland, die das konnten –, dann soll man es nicht anderen überlassen. Mein Gefühl war: Ich muß so nahe dran sein, wie ich überhaupt kann, um die denkbaren Chancen wahrzunehmen und die Folgen zu durchdenken."[1]

---

[1] Michael Drieschner, *Carl Friedrich von Weizsäcker*, Hamburg 1992, S. 123 f.

In seiner biographischen Selbstdarstellung[1] nennt er den Grund, warum er sich am Widerstand gegen Hitler nicht beteiligte: „Der Widerstand, moralisch so verehrungswürdig, beruhte inhaltlich weitgehend auf dem Glauben an die ungebrochene Gültigkeit politischer, auch religiöser und kultureller Denksysteme, deren Brüchigkeit durch Hitlers Erfolg wie durch einen Blitz erleuchtet worden war". Gestelzter kann eine Argumentation kaum sein. Daß seine Aussage falsch ist, beweist das Faktum des Krieges der Alliierten gegen Hitler, ihr schließlicher Sieg und der Untergang des Diktators. Das wäre nicht möglich gewesen, wenn die „Denksysteme", auf die sich die Anti-Hitler-Allianz stützte, brüchig gewesen wären. Im Gegenteil, sie waren tragfähig und wiesen den Weg in die Zukunft. Insoweit ist Weizsäckers Begründung für seine Nichtbeteiligung am Widerstand eine Ausrede. Nicht die Denksysteme des Widerstands waren brüchig, sondern das im Widerstand ungeübte moralische Rückgrat des deutschen Bürgertums und der deutschen Oberschicht.

Was in jenem Uranverein der deutschen Atomphysiker während des Zweiten Weltkrieges wirklich passierte und wer mit welcher Absicht tätig war, darüber gehen die Ansichten und historischen Darstellungen auseinander. Offenbar überstieg die Möglichkeit des Baus einer deutschen Atombombe in mehr als einer Beziehung die Kapazität des Uranvereins. Raymond Klibansky, der bekannte deutsche Emigrant, Schüler von Heinrich Rickert und Ernst Cassirer, während des Zweiten Weltkrieges im Dienst des britischen Geheimdienstes, äußert sich in seinem Lebensrückblick *Erinnerung an ein Jahrhundert* (2001) wie folgt: „Von der psychologischen Seite her muß man sagen, daß diese Leute (*scil.* die deutschen Atomphysiker des Uranvereins)

---

[1] Ludwig J. Pongratz, *Philosophie in Selbstdarstellungen*, Bd. II, Hamburg 1975, S. 357.

sehr wohl den herrschenden Terror kannten. Selbstverständlich wußten sie nicht über alle Schrecken Bescheid, denn sie wollten nicht
darüber Bescheid wissen, aber die Schrecken existierten, und das
wußten sie alle. Selbstverständlich billigten sie sie nicht. Und so
konnten sie sich später sagen: ,Immerhin haben wir dieses Regime
nicht gewollt!' Aber während des Krieges spürte man nichts davon. In
ihren Forschungseinrichtungen in Hechingen taten sie ohne jeglichen
Vorbehalt ihr möglichstes, um die Arbeit an der Atomkraft voranzu-
treiben (...). Es ist leicht, heute so zu tun, als hätten sie es nicht gewollt. Sie versuchen ganz schlicht das ,Nicht--Können' in ein ,Nicht-
Wollen' zu verkehren."[1]

Die Meinungen darüber gehen weiterhin hin und her. Faktum jedenfalls ist, daß es den deutschen Atomphysikern des Uranvereins
nicht gelang, die Bombe zu bauen, aus welchen Gründen auch immer.
In den Abhörprotokollen, die die Briten von den Gesprächen der internierten deutschen Atomphysiker 1945 in Farmhall bei Cambridge
anfertigten und später publizierten, findet sich der Satz Weizsäckers:
„Wenn die (scil. die Amerikaner) im Sommer 45 fertig werden konnten, hätten wir mit ein wenig Glück im Winter 1944/45 fertig sein
können." Gewiß eine herbe Enttäuschung für den Forscher Weizsäcker, der schon 1941 eine Patentschrift zur Plutoniumbombe ein-
reichte. Aber wie weiter? Wie weiter, wenn die Deutschen „mit ein
wenig Glück" bereits 1944/45 die Bombe hätten bauen können? Was
wäre dann passiert? Niemand kennt die Antwort. Es ist zwar interessant, aber gleichwohl müßig, darüber zu spekulieren. Man pflegt zu
sagen, die Zeit dränge. Aber sie hat auch noch eine andere Eigenschaft. Sie geht mit ihrem langen Atem über alles, über buchstäblich

---

[1] Raymond Klibansky, *Erinnerung an ein Jahrhundert*, Frankfurt a. M. und Leipzig
2001, S. 126.

alles, einfach hinweg, als wäre es nie gewesen, indem sie permanent neue Gegenwarten hervorbringt. Niemand weiß, was gewesen wäre, wenn. Worin ich Weizsäcker in seiner Darstellung des damaligen Geschehens allerdings nicht folge, ist etwas anderes. Worin ich ihm nicht folge, weil ich es aufgrund meiner Wahrnehmung seiner Persönlichkeitsstruktur nicht kann, ist die Koketterie mit seiner Naivität rund um das damalige Geschehen. Das Geschichtchen von seiner Absicht, eventuell mit Hitler persönlich über die Verwendung der Atombombe zu verhandeln, und die Vorstellung eines Weizsäcker mit der Atombombe unter dem einen Arm und mit dem Text der Bergpredigt unter dem anderen Arm und eines Hitler auf der anderen Seite des Verhandlungstisches ist zwar irgendwie bühnenreif, aber so abgrundtief komisch, daß ich, sooft ich Weizsäcker darüber reden hörte, nicht verstanden habe, wie er so denken und reden konnte. Nur mit einem Charlie Chaplin in der Rolle Weizsäckers wäre in einem ironisch angelegten Film diese Situation unter Umständen vielleicht gerade noch zu retten. In späteren Jahren sah Weizsäcker in Hitler einen Dämon und einen Titanen. Das kommt der Sache ja schon näher. Konnte man die Gefährlichkeit Hitlers wirklich nicht schon viel früher erkennen? Zum Beispiel durch die Lektüre von Hitlers *Mein Kampf* (Bd. I 1925, Bd. II 1927)? Jedenfalls Thomas Mann hat ihn schon früh so gesehen und spricht schon in den dreißiger Jahren von der Überlegenheit Hitlers über die westlichen Staatsmänner. Aber, so kann man natürlich weiterfragen: was hätte denn diese Erkenntnis damals genützt oder verhindert? Wer verhindert Titanen?

Deutsche Hypermoral nach 1945

Was Menschen jüngerer Generationen, die die Nazizeit nicht erlebt haben, so schwer begreiflich zu machen ist, ist die Tatsache, daß es von einem bestimmten Zeitpunkt an, nämlich nachdem die Naziherrschaft fest etabliert war und die ersten großen Naziverbrechen einer breiteren Öffentlichkeit bekannt wurden und dann besonders nach 1938, es für die meisten Deutschen nur noch darum ging, die Zeit des Dritten Reiches, von der ja niemand wußte, wie lange sie dauern würde, zu überleben, nach Möglichkeit gesund zu bleiben und ohne alles Hab und Gut zu verlieren. Die mangelnde Widerstandsbereitschaft des Bürgertums beruhte nicht zuletzt auf der Nichtbereitschaft, all das aufs Spiel zu setzen, was eine Familie in Generationen hart erarbeitet und durch disziplinierte Lebensführung erreicht hatte. Das ist menschlich sehr verständlich, und niemand wußte, daß der ganze Nazispuk nach zwölf Jahren vorbei sein würde. Er hätte ja bei einer weniger aggressiven Außenpolitik als Terrorregime nach innen durchaus auch sechzig Jahre dauern, also die ganze Lebenszeit abdecken können.

Keine Moral verlangt, daß man den Helden spielt. Das Interessante und Eigenartige ist, daß keiner von sich und von anderen mit Sicherheit sagen kann, wie man sich selbst und wie andere sich in Situationen des Terrors und der Lebensgefahr verhalten würden oder werden. Die Erfahrung lehrt und hat auch mich gelehrt, daß Menschen, denen man in solchen Situationen nichts zutraut oder zutrauen würde, über sich hinauswachsen können und ihre Umwelt durch ihr Vorbild beschämen, und andere, denen man Großes und ein mutiges Verhalten zutraut, in eben solchen Situationen ein Bild des Jammers abgeben. Als die deutschen Atomphysiker 1945 in Farm Hall in England interniert waren, hat Weizsäcker sein Verhalten im Dritten Reich rückblickend in der literarischen Form von Sonetten reflektiert. Darin heißt es: „Ich ließ mit sehendem Aug' in dunklen Jahren schweigend gescheh'n Verbrechen um Verbrechen. Furchtbare Klugheit, die mir riet Geduld!" Ich finde diese Zeilen ergreifend, zu Herzen gehend und wahrhaftig. Sie sind keineswegs ein Zeugnis politischer Naivität, die nachträglich beklagt wird, vielmehr das Gegenteil, das einem das Bekenntnis des Paulus in Erinnerung ruft: „Denn was ich vollbringe, weiß ich nicht. Denn nicht was ich will tue ich, sondern das, was ich hasse, das tue ich. Wenn ich es aber wider Willen tue, so erkenne ich die Güte des Gesetzes." (Römer 7, 14-16.) Weizsäcker war zu keinem Zeitpunkt seines bewußten Lebens politisch naiv, konnte es aufgrund seiner Natur und seiner familiären Herkunft gar nicht sein. Er war immer auf seine Ziele und Zwecke ausgerichtet, in diesem Sinne ein teleologischer Charakter, und im übrigen war er das, was wir alle sind: ein Mensch. Picht brachte es mal mir gegenüber, im Laufe eines Gespräches dieser Art in die Enge getrieben und wegen meiner Penetranz verärgert, auf die simple, aber wahre Formel: „Wir wollen ja schließlich alle leben". Das war einer jener seltenen Augenblicke, wo ich mit Picht absolut *d'accord* war und seine ungewohnte Offenherzigkeit respektierte. Sein Lieblingstier war das Chamäleon.

Die moralisch relevante Frage ist doch in unserem speziellen historischen Kontext hier gar nicht die Frage, was ein Mensch im Herrschaftsbereich des Naziregimes getan oder nicht getan hat, um dieses Inferno zu überleben, sondern die eigentliche Frage muß lauten: ob ein Mensch, der unter Bedingungen einer Diktatur und eines totalen Staates kein Held war, in der Zeit danach und in einer Gesellschaft unter den Bedingungen eines demokratischen, liberalen Rechtsstaates dazu berufen sein kann, eine moralische Vorbildfunktion auszuüben, so ausgerufen zu werden und im öffentlichen Bewußtsein als *Prae-*

ceptor Germaniae zu gelten, wie es Helmut Thielicke formuliert hat. Das ist meines Erachtens nicht nur ein Problem für denjenigen, der sich diese Rolle gefallen läßt, sondern in allererster Linie eine Frage an die Gesellschaft, in der solches geschieht. Tatsächlich beantwortet das Volk diese Frage durch sein Verhalten ja faktisch auch selbst. Die überragende, exzeptionelle, von niemand angefochtene Stellung eines Adenauer, Schumacher, Reuter, Brandt, Horkheimer, Brauer, Weichmann – um nur diese für den so gekennzeichneten Kreis von Persönlichkeiten des öffentlichen Lebens in der deutschen Nachkriegsgesellschaft beispielhaft zu nennen – beruhte vor allem darauf, daß sie im zeitgeschichtlichen Umfeld des Nationalsozialismus auf je besondere, je eigene Weise Helden gewesen waren, und niemand zweifelte daran. Sie räsonierten nicht öffentlich über ihre Rolle im Dritten Reich. Die war allgemein bekannt. Das macht den Unterschied, den ein Mann wie Weizsäcker auch selbst gesehen hat. Am Ende eines langen Weges zitiert er zustimmend eine Feststellung seines Vaters Ernst von Weizsäcker, die dieser, 1950 zu Unrecht in Landsberg als Kriegsverbrecher inhaftiert, schriftlich niedergelegt hat: „Auf einem so wesentlichen und zugleich so schwer zugänglichen Gebiet wie dem der Kriegsverhütung darf man sein Wollen nicht einengen nach Erkenntnis und Vernunft. Man darf da vor dem Irrationalen nicht Halt machen, sondern muß es einbeziehen. (...) Was ich hätte tun sollen, war, das Unmögliche zu versuchen. Bleibt ein solcher Einsatz vergeblich, so ist er doch das packendere Vorbild für die Zukunft. Am nachhaltigsten förderte noch immer der seine Überzeugung, der sich ihr ganz opferte."[1]

Das bedeutet: auf wohlbedachte Weise Aufgabe der ewigen Vorsicht, der Geduld, des Zögerns und das Loslassen von Sicherheiten für

---

[1]   Carl Friedrich von Weizsäcker, *Der bedrohte Friede. Politische Aufsätze 1945–1981*. München 1981, S. 28.

den großen Sprung ins Ungewisse, wenn es soweit ist. Das bedeutet, daß die Wahrnehmung der Vernunft auch mit der Wahrnehmung der Affekte kooperiert und zu einer Gemeinsamkeit zielbewußten Handelns findet. Den Sprung ins Ungewisse, unter Einbeziehung auch des Irrationalen, macht der, der ihn wagt, auf eigenes Risiko, auf eigene Rechnung, hier endet alle Diplomatie, und Verantwortung kann man bei diesem Sprung nicht übernehmen. Irgendwann und irgendwo im innovativen Handlungsgeschehen ist es auch mit der Verantwortung für andere zu Ende. Dann ist man nur noch sich selbst verantwortlich. *Hic Rhodus, hic salta.* Natur und Geschichte sind keine Versicherungsanstalten auf der rationalen Grundlage der Gegenseitigkeit des Vertrauens und der Verantwortung. Weil die deutsche Oberschicht und das Bürgertum das glaubten und Hitler das nicht glaubte, war Hitler der Überlegene. Es ist eine der bitteren Erfahrungen des Phänomens Hitler, daß die demokratische Staatsverfassung sich gegen die Dämonie politischer Verführer nicht ausreichend schützen kann. Solche und ähnliche Gedanken müssen es gewesen sein, die den Berufsdiplomaten Ernst von Weizsäcker zu seiner eben zitierten tiefen Einsicht geführt haben. Leute wie ihn aus der alten Schule diplomatischer Vertreter des Deutschen Reiches hatte Hitler bewußt dazu benutzt und mißbraucht, dem Ausland gegenüber die Seriosität seines Regimes und seiner Absichten vorzugaukeln. Als sie langsam anfingen, das zu begreifen, wollten sie ihre Positionen dazu gebrauchen, Schlimmeres zu verhüten. Aber da gab es nichts mehr zu verhüten. Das Schlimmere war längst Wirklichkeit geworden.

Aber es gab auch Männer im deutschen diplomatischen Corps, das sollte nicht vergessen werden, die nicht erst am Ende ihres Lebens zu der eben zitierten späten Einsicht Ernst von Weizsäckers kamen, sondern sich gegenüber Hitler auf diplomatisches Versteckspiel nicht

einließen, vielmehr sogar an führender Stelle in der Widerstandsbe-
wegung tätig wurden, wie der Botschafter Ulrich von Hassel, der es
zum offenen Bruch mit dem nationalsozialistischen Regime kommen
ließ, was 1937 zu seiner Abberufung aus dem diplomatischen Dienst
führte. Nach dem Attentat vom 20. Juli 1944 wurde er von der Ge-
stapo verhaftet, vom sogenannten Volksgerichtshof zum Tode verurteilt und am 8. September 1944 in Berlin-Plötzensee hingerichtet. Er
bezahlte seinen Widerstand gegen die Diktatur Hitlers mit dem Leben.
Er hatte von Anfang an gemäß der Einsicht gehandelt, zu der Ernst
von Weizsäcker erst am Ende seines Lebens kam, als es zum Handeln
zu spät war. Unter dem Datum vom 1. November 1942 notiert
von Hassel in sein Tagebuch: „Der ganze Kreis um Weizsäcker zeigt
auf die Dauer immer mehr, daß er im Grunde schwach und beein-
druckbar ist. Etwas, das nach Handeln schmeckt, ist von dort nicht zu
erwarten."[1] Ernst von Weizsäcker lag das nach seiner anfänglichen
Ansicht viel zu unvorsichtige konspirative Vorgehen von Hassels
nicht. Er hielt das für lebensgefährlich, was es ja auch in der Tat war.
Am Ende aber und im nachhinein mußte er, wie seine eben zitierte
Feststellung zeigt, *in moralibus* die Überlegenheit der Handlungsma-
xime von Hassels anerkennen. Unvorsichtig war letzten Endes nicht
das Verhalten von Hassels, sondern Ernst von Weizsäckers: jeman-
dem wie Hitler, der seine Verhaltensnormen in der Wiener Unterwelt
gelernt hatte, mit dem Ehrencodex der älteren europäischen Diploma-
tenschule zu begegnen, ist in hohem Grade unpraktisch, lebensgefährlich, unzweckmäßig und führt nicht zum Ziel. Diese bittere Erfahrung
haben als erste die westlichen Staatsmänner in den dreißiger Jahren
machen müssen, die von Hitler gleich reihenweise aufs Kreuz gelegt

---

[1] Ulrich von Hassel, *Vom anderen Deutschland. Aus den nachgelassenen Tagebüchern 1938-1944.* Mit einem Geleitwort von Hans Rothfels. Ungekürzte Ausgabe.
Frankfurt a. M. und Hamburg 1964, S. 247.

wurden, bis er mit der Eröffnung des Zweiten Weltkrieges endlich an seinem Ziel angekommen war. Diesen Zweiten Weltkrieg, das ist meine nicht beweisbare Überzeugung, wollte er nur verursachen, nicht gewinnen, denn daß ein Krieg gegen die ganze Welt auf Dauer nicht zu gewinnen ist, war ihm immer klar. Er wollte als Verursacher dieses Weltenbrandes in die Geschichte eingehen und allerdings damit in eine bestimmte ideologische Richtung weisen. Das genügte seinem Ehrgeiz. Das dürfte ihm ja auch gründlich gelungen sein. Denn sobald werden die Menschen seinen Namen nicht vergessen. Das Rätselspiel über die Gewinnchancen seines Krieges überließ er getrost den Historikern, die das aber bis heute noch nicht begriffen haben.

Adenauers atomar ‚weiterentwickelte Artillerie' besiegt das messianische Selbstbewußtsein des linken Zeitgeistes

Als im August 1945 die amerikanischen Atombomben auf Hiroshima und Nagasaki abgeworfen worden waren, hatte es den Anschein, daß der daraufhin erfolgende Ausbruch von Verantwortungsbewußtsein und Schuldgefühlen als Folge eines schlechten Gewissens ausgerechnet bei denen am stärksten war, die gar keine Atombombe gebaut hatten: bei den zehn internierten deutschen Atomphysikern auf Farm Hall in England, die ungläubig und überrascht aus dem Radio die Nachricht von dem Atombombenabwurf in Japan empfingen. Die sich daran anschließenden Diskussionen unter den Mitgliedern dieser Gruppe, die von den Engländern heimlich mitgehört und aufgezeichnet, später auch publiziert wurden, lassen erkennen, wie sich in dieser Situation bei ihnen eine Stimmung des Einmal und Niewieder der Mitarbeit an derartigen Projekten bildete und stabilisierte.

Es ist nach dieser Vorgeschichte daher kein Wunder, daß sich die namhaften deutschen Physiker demonstrativ der Mitwirkung verweigerten, als die Regierung der Bundesrepublik Tendenzen erkennen ließ, auch über Atomwaffen verfügen zu wollen und der Bundeskanzler Konrad Adenauer in der ihm eigenen saloppen rheinländischen Tonart 1957 öffentlich von den Atomwaffen als einer modernen Weiterentwicklung der Artillerie sprach. Zugegeben: solche Redeweise war nun wirklich nicht dem blutigen Ernst der Materie angemessen, angesichts der vielen Toten und Verkrüppelten, die der Bombenabwurf in Japan, der definitiv das Ende des Zweiten Weltkrieges bedeutete, gekostet hatte. Das war auch Adenauer nicht unbekannt, und unbekannt war ihm auch nicht, daß die Atomwaffen eine neue Kategorie der Waffentechnik darstellten. Aber was die Ausstattung der Bundeswehr betraf, so war ihm aus außenpolitischen Gründen bei der innenpolitischen Durchsetzung seiner Pläne jedes rhetorische Mittel recht, auch das einer unangemessenen Verharmlosung. Er hatte sich in der Wortwahl gewaltig vergriffen.

Weizsäcker benutzte diese günstige Gelegenheit, eine Erklärung zu verfassen, die sogenannte ‚Göttinger Erklärung' von achtzehn Kernphysikern, mit der politischen Empfehlung: „Für ein kleines Land wie die Bundesrepublik glauben wir, daß es sich heute noch am ehesten schützt und den Weltfrieden noch am besten fördert, wenn es ausdrücklich und freiwillig auf den Besitz von Atomwaffen jeder Art verzichtet. Jedenfalls wäre keiner der Unterzeichneten bereit, sich an der Herstellung, der Erprobung oder dem Einsatz von Atomwaffen in irgendeiner Weise zu beteiligen."[1] Die Veröffentlichung dieser Erklärung vom 12. April 1957, die unter anderen von Max Born, Otto

---

[1] Carl Friedrich von Weizsäcker, *Der bedrohte Friede. Politische Aufsätze 1945–1981.* München 1981, S. 30.

Hahn, Werner Heisenberg, Walther Gerlach und den anderen berühmten Physikern unterzeichnet wurde, erfolgte aus Otto Hahns Büro in Göttingen (daher ‚Göttinger Erklärung') und erregte größtes Aufsehen in der Öffentlichkeit. Es war in dem Jahr, 1957, in dem Weizsäcker den Philosophischen Lehrstuhl in Hamburg übernahm.

Konrad Adenauer lud eine Delegation der Physiker, die die ‚Göttinger Erklärung' unterzeichnet hatten, zu einem eintägigen Gespräch nach Bonn ein. In seinen *Erinnerungen 1955-1959* legt er in dem Kapitel unter der Überschrift „Bundeswehr und atomare Bewaffnung" die Gründe dar, die seine Analyse der Lage damals bestimmten, und wer dieses Kapitel heute liest, kommt zu der Erkenntnis, daß die hellsichtigere Lagebeurteilung nicht die Weizsäckersche, sondern die Adenauersche war, und es charakterisiert die linkslastige innenpolitische Grundeinstellung der öffentlichen Meinung in der Bundesrepublik Deutschland bis heute, daß sich diese Erkenntnis nicht durchgesetzt hat. Wenn auch die Adenauersche Formulierung sprachlich verunglückt ist, so hat Adenauer doch mit dem von ihm Gemeinten hinsichtlich der Waffentechnikgeschichte und auch gemäß den Regeln der Logik der Definition einfach Recht. Die Atomgranate ist im Vergleich mit der vorher ausschließlich bekannten Sprenggranate der Sache nach eine Weiterentwicklung der Artillerie, ob einem dieser Sprachgebrauch paßt oder nicht, selbst wenn die Atomgranate die zerstörende Wirkung einer Atombombe hat. Auch Raketen, die von Basen auf dem Land und auch von U-Booten aus abgefeuert werden können, wären im Adenauerschen Sinn mit Recht als eine Weiterentwicklung der Artillerie zu bezeichnen. Im übrigen ist, was Adenauer bei seiner Formulierung im Auge hatte, ohnehin allen klar.

Adenauers geradlinige und konsequente Haltung, auch in der Einstellung zur Frage der atomaren Bewaffnung der Bundeswehr im

Rahmen der NATO, wie sie ihm vorschwebte, gab genau die Richtung an, die schließlich nach über drei weiteren Jahrzehnten mit den Kanzlern Schmidt und Kohl und wesentlich durch die Rüstungsanstrengungen der USA zum Bankrott der kommunistischen Staaten und zur Wiedervereinigung Deutschlands führte, nämlich als Folge eines Rüstungswettlaufs mit den USA, der Sowjetrußland ökonomisch in den Ruin trieb, genau wie das Adenauer vorausgesehen hatte.

An der fraglichen Stelle seiner Presseerklärung vom 5. April 1957 hatte Adenauer auf die Frage eines Journalisten, ob die Bundeswehr mit atomaren Waffen ausgerüstet werden soll, zwischen „den taktischen und den großen atomaren Waffen" unterschieden. „Die taktischen Waffen sind nichts weiter als die Weiterentwicklung der Artillerie. Selbstverständlich können wir nicht darauf verzichten, daß unsere Truppen auch in der normalen Bewaffnung die neueste Entwicklung mitmachen. Die großen Waffen haben wir ja nicht. Aber wie sehr die Entwicklung im Fluß ist, sehen sie daraus, daß Großbritannien erklärt hat, es wolle eine nukleare Macht werden. Die ganze Entwicklung ist im vollen Fluß. Wir Deutschen können die Entwicklung nicht stoppen. Wir können uns nur anpassen und sorgen, daß irgendwann und irgendwo eine Entspannung eintritt."[1]

Die klugen Differenzierungen und Richtigkeiten der Adenauerschen Antwort auf die Frage des Journalisten gingen in der deutschen Öffentlichkeit in einem hysterischen Sturm der Entrüstung unter. Man befand sich im Wahljahr 1957, in dem „der Begriff atomare Bewaffnung für die Bevölkerung in jedem Fall ein rotes Tuch bedeutet"[2]. Die vergröberte Berichterstattung und das Stichwort von Atomwaffen als

---

[1] Konrad Adenauer, *Erinnerungen 1955-1959*, (DVA) Stuttgart 1967, S. 296 f.; vgl. auch das Folgende.

[2] Ebd. S. 296.

der weiterentwickelten Artillerie genügten in dieser Situation natürlich vollkommen, um der Opposition und allen, denen seit 1949 die ganze Richtung der Regierungspolitik unter Adenauer nicht paßte, endlich schlagkräftige Argumente zu liefern, nach denen man sich so lange so verzweifelt vergeblich gesehnt hatte, Argumente, die bei den Leuten ankamen.

Daß Weizsäckers populistisches Selbstbekenntnis, womit er nach 1945 seine angebliche politische Naivität vor 1945 glaubhaft zu machen versuchte, nämlich die Geschichte von seiner Absicht, gegebenenfalls mit Hitler persönlich über Einsatz oder Nichteinsatz einer deutschen Atombombe zu verhandeln, im Vergleich mit Adenauers Stilblüte von der „Weiterentwicklung der Artillerie" der sehr viel größere, karnevalsreife Witz der Weltgeschichte ist, darüber dachte und lachte niemand in der alten Bundesrepublik, auch nicht die sonst immer zu Spott und Ironie aufgelegten Journalisten. Das beleuchtet die deutsche politische Szene von damals und mehr oder weniger auch noch die von heute.

Der Protest der achtzehn Atomwissenschaftler in der ‚Göttinger Erklärung' war von Weizsäcker initiiert und organisiert, der Text von ihm entworfen. Die Mehrzahl der Mitunterzeichner, weltweit anerkannte Gelehrte und Koryphäen ihres Faches, waren ihrer Persönlichkeitsstruktur nach zumeist unpolitisch denkende ältere Herren der alten Schule. Der politische Kopf war Weizsäcker. Daß er in dem für die deutsche Innen- und Außenpolitik so außerordentlich entscheidenden Wahljahr 1957 mit dieser öffentlichen Erklärung der Atomwissenschaftler mehr bezweckte als eine Stellungnahme der Physiker zur Frage der atomaren Bewaffnung der Bundeswehr, dürfte jedem klar sein, der Weizsäcker und seinen Kreis politisch gleichgesinnter Freunde damals kannte. Der von Weizsäcker geschickt eingefädelte

Coup war unter anderem mitgeplant als eine massive Wahlhilfe für die SPD, die allerdings in die Hose ging. Der Instinkt der westdeutschen Bevölkerung ließ sich durch die Herren Wissenschaftler nicht düpieren.

Adenauer war 1957 seit acht Jahren Bundeskanzler. Die Entwicklung, die die Bundesrepublik seitdem genommen hatte, stimmte keineswegs mit den Vorstellungen überein, die sich bestimmte Kreise in Deutschland von der Ausrichtung und Orientierung dieses neuen Staates 1945 gemacht hatten, als das Dritte Reich unterging und ein staatlicher Neuanfang auf der Tagesordnung stand. Nicht nur den Kommunisten und Sozialisten paßte die ganze Richtung nicht, die seit 1949 mit der Wahl Adenauers zum ersten Bundeskanzler der Bundesrepublik Deutschland eingeschlagen wurde. Auch Adlige, Großbürger und Offiziere, die am aktiven Widerstand gegen Hitler beteiligt waren, hatten eine Vorstellung von Staat und Gesellschaft, die alles andere als deckungsgleich war mit dem marktwirtschaftlich fundierten liberal-demokratischen Rechtsstaat, der da etabliert worden war.

Die Widerständler in ihrer Mehrheit waren weder Demokraten noch Republikaner und hatten nicht von der Bundesrepublik geträumt, auch hatten sie wenig Neigung zur Volkssouveränität und zur verbändestaatlichen parlamentarischen Demokratie, und einige von ihnen hatten auch an Verbrechen mitgewirkt wie Henning von Tresckow im „Säuberungs- und Sicherungs-Dienst" der Heeresgruppe Mitte, die mehr als 14.000 Juden umbrachte. Es ist dem Widerstand im geteilten Deutschland nicht gut ergangen. Seine geistigen Wurzeln und kulturellen Traditionslinien zwischen Weimar und Potsdam, denen die Stefan George-Jünger Claus und Berthold Stauffenberg ebenso zugerechnet werden können wie der Kreisauer Kreis der Moltke und Yorck, wurden hüben wie drüben gekappt. Mehr und mehr wurde auch erkannt, daß der verspätete Widerstand gegen Hitler gerade auch in den Kreisen adliger Offiziere, die anfangs und jahrelang ihres Führers grauen Rock in der Wehrmacht begeistert und ohne Murren durch die Länder Europas getragen hatten und die willigen Helfer des braunen Diktators gewesen waren, am Ende nur den Konsequenzen ausweichen wollten, sobald sie erkannten, daß ihre Illusionen sich verflüchtigt hatten. Da entdeckten sie den Widerständler in sich, plötzlich und unerwartet. Aber da war es zu spät, und es änderte an der Situation auch nichts, daß man in ohnmächtiger Wut (wohl vor allem über die Erkenntnis des eigenen Verführtwordenseins) an der Front im Unterstand im Kreise seiner Kameraden mit der Pistole auf das Führer-Bild ballerte, wie es uns unser Bundespräsident a. D. Richard von Weizsäcker so nachhaltig und eindrucksvoll in seinen Memoiren[1] schildert. Widerstand, der diesen Namen verdient, sieht anders aus. Bei dem Pragmatisten Adenauer allerdings, der Hitler von Anfang an richtig eingeschätzt hatte, hinterließen solche romantischen Reaktionen von der Art wie die von Richard von Weizsäcker geschilderte keine Spuren. Ihm ging es ja gerade in seiner Politik darum, die geistigen Wurzeln, die zu der Verblendung, der auch Weizsäcker zum Opfer gefallen war, geführt hatten, ein für allemal in Deutschland zu beseitigen.

Daß ihm das nicht immer und nicht vollständig gelang, beweist wiederum ausgerechnet Richard von Weizsäcker und ausgerechnet in seiner Rede als Bundespräsident am ersten Tag der deutschen Einheit, am 3. Oktober 1990, worin er „die Jugendrevolte am Ende der sechziger Jahre" zu einem Baustein der Erfolgsgeschichte der Bundesrepublik Deutschland erhob, da sie „zu einer Vertiefung des demokratischen Engagements in der Gesellschaft" beigetragen habe (Richard v.

---

[1] Richard von Weizsäcker: *Vier Zeiten. Erinnerungen*, Berlin 1997, S. 88.

Weizsäcker, Von Deutschland nach Europa, Berlin 1991, Seite 183). Genau dazu hat die 68er-Bewegung nicht beigetragen, auch nicht „allen Verwundungen zum Trotz" (S. 183), wie Richard v. Weizsäcker so medizinisch sachverständig betont, so daß der Verdacht aufkommen konnte, er spreche in Sachen „Jugendrevolte am Ende der sechziger Jahre" von einer zweiten, innergesellschaftlichen Wiedervereinigung, die sich im Herzen der westdeutschen Bevölkerung (West-Berlin eingeschlossen) vollzogen habe. Das genaue Gegenteil war der Fall: der Werteverfall nach der „Jugendrevolte am Ende der sechziger Jahre" setzte der Sache nach den Werteverfall durch die vom Nationalsozialismus mißbrauchte Ordnungstradition fort, nach dem Motto: mit den „Sekundärtugenden" wie Fleiß, Pünktlichkeit, Gehorsam, Sparsamkeit, Arbeit etc. kann man auch Konzentrationslager betreiben. Richard v. Weizsäckers tiefe, anpaßlerische Verbeugung vor dem linken Zeitgeist und sein Schönreden der Vergehen und der Verbrechen der 68er-Bewegung in seiner Rede am Tag der deutschen Einheit im Oktober 1990 war eine offizielle Unverschämtheit. Aber kehren wir noch einmal zurück zu den Anfangsjahren der alten Bundesrepublik.

Auch tonangebende Gruppen der evangelischen Kirche, man denke an Gustav Heinemann und seinen Kreis, waren mit Adenauers Kurs bald nicht mehr einverstanden und gingen gegenüber der betont westlich orientierten Politik der europäischen Integration auf Distanz. Spannungen zwischen katholischen und protestantischen Sichtweisen wurden spürbar. Hinzu kamen die Intellektuellen, die Lehrer, Pfarrer, Professoren, Journalisten, Theaterleute und die im weiten Sinne im kulturellen Bereich Tätigen. Viele von ihnen fanden ihre geistige Heimat nicht in dem, was schon bald von den Kritikern abfällig der Adenauer-Staat genannt wurde. Ganz langsam aber stetig zunehmend

wurde das politische Klima in der alten Bundesrepublik spürbar nega-
tiv beeinflußt auch durch die steuerliche Bevorzugung derer, die im
Sinne der Regierungspolitik ökonomisch ganz bewußt begünstigt
werden sollten, nämlich alle diejenigen, die durch Bautätigkeiten und
wirtschaftliche Initiativen steuerliche Abschreibemöglichkeiten erhielten, weil ohne diese Privilegierung – so die Meinung Adenauers
und Erhards – das am Boden liegende Land nicht alsbald wieder wirt-
schaftlich zu neuem Leben erweckt und die Städte und Fabriken wieder aufgebaut werden könnten. Diese Roßkur bewährte sich, wie wir
wissen, und bewirkte das in aller Welt bestaunte Wirtschaftswunder.
Aber es hatte eine Kehrseite und Schönheitsfehler, ohne die es nicht
abging. Denn es profitierten davon letzten Endes zwar alle, aber einige
etwas mehr. Es profitierten in erster Linie von der Entwicklung die
Freiberufler, die Ärzte, Rechtsanwälte, Unternehmer, Bankkreise,
Wirtschaftsführer, Politiker. An den abhängig Tätigen, ob Arbeiter,
Angestellter oder Lehrer und allen, die nicht in gleichem Maße an
dem Wirtschaftswunder ökonomisch partizipierten, floß der Strom des
großen Geldes jedenfalls vorbei. Es tat sich eine ökonomische Schere
auf, die am Ende der fünfziger Jahre schon deutlich sichtbar war. Die
dadurch entstehende Unzufriedenheit ging als Ferment mit in den
kulturrevolutionären Aufbruch ein, der 1968 und in den Folgejahren
Staat und Gesellschaft der alten Bundesrepublik verunsicherte und für
Unruhen sorgte, zu deren politischer Hintergrundmusik auch der auf
die beschriebene Weise entstandene Sozialneid vieler Intellektueller
gehörte.

Ohne Zweifel gehörte Carl Friedrich von Weizsäcker damals und
auch später zu den Leuten, denen der durch Adenauer, Erhard und
andere bewirkte Primat der Ökonomie in der Gesellschaft von Anfang
an nicht paßte. Geld erschien ihm immer nützlich und unentbehrlich,

aber bitte nicht an erster Stelle der Werteskala. Seine Philosophie des Geldes, die er mir gelegentlich erläuterte, war bestimmt durch das Motto: „Den Leuten soll es gut gehen, uns soll es besser gehen", und diese Philosophie des Geldes ist durchaus vereinbar – und darauf kam es ihm primär an – mit einer Oligarchie des Geistes, in der die besten, d.h. die leistungsstärksten und produktivsten geistigen und moralischen Kräfte in der Gesellschaft den Ton angeben, also herrschen und über Moral und Unmoral wertend und handelnd entscheiden. Denn Herrschaft muß sein. Seine Verehrung und Bewunderung Platons bezogen sich nicht nur auf die Naturwissenschaft und Kosmologie, sondern auch auf dessen Menschen- und Gesellschaftsbild und Staatstheorie, von Korrekturen *en détail* abgesehen. Gegen eine Diktatur des Guten im Sinne Platons hätte er, wenn sie möglich wäre, sicher nichts einzuwenden gehabt. Darüber dachte Karl Popper bekanntlich ganz anders. Und ich auch.

Aber es war natürlich nicht nur der Platonismus, der auf Weizsäcker prägend gewirkt hatte. Seine Mentalität war ein Amalgam aus Platonismus, Protestantismus, Preußentum, Goethetum, deutscher Jugendbewegung, Stefan George, moderner Physik und einem gehörigen Schuß Mystik. Ökonomie und Soziologie kamen in diesem Konstrukt nicht vor. Erst in seinem Starnberger Institut hat er sich zwangsläufig damit beschäftigt und sich darüber von seinen marxistisch geprägten oder angehauchten Mitarbeitern informieren lassen. Ich erinnere mich an einen Artikel der Herausgeberin der Wochenzeitung DIE ZEIT, Marion Gräfin Dönhoff, in dem die Gräfin die Bemerkung machte, Carl Friedrich von Weizsäcker sei zwar in vieler Hinsicht zweifellos ein brillanter Kopf, aber von Fragen der Wirtschaft verstünde er nun wirklich nichts. Das war wohl richtig gesehen.

Diesen mentalen Hintergrund muß man kennen, wenn man die Re-aktion Weizsäckers auf den sogenannten Adenauer-Staat verstehen will. Die Adenauer-Welt ließ wenig Platz für die Rolle, die sich Weiz-säcker und Picht nach 1945 für sich selbst in Deutschland ausgedacht hatten. Was Weizsäcker und Picht seit Jugendtagen verband, war un-ter anderem ihre Nähe zu Stefan George. Das erklärt vieles, vor allem ihr messianisches Selbstbewußtsein. In seinem Aufsatz „George, Derleth, Schuler in der deutschen Geschichte"[1] heißt es: „Am Neu-jahrsmorgen 1985, vor Sonnenaufgang, beginne ich diese Aufzeich-nung. Sie würde, wenn sie vollendet würde, eine Lücke meiner Besin-nung auf die deutsche Vergangenheit schließen. (...) Die drei Namen (*scil.* George, Derleth, Schuler) bezeichnen die Stelle, an welcher die deutsche Geschichte sich mit den schmerzhaftesten Prägungen meiner Jugend verflicht; zugleich die Stelle, welche die Deutschen noch kaum je anzusehen vermocht haben: die Geisterbewegung, die auch Hitler ermöglicht hat (...). Daß die drei Namen unbekannt sind, ist kein Zu-fall. Die drei Männer haben es, in gewisser Weise, so gewollt. Alle drei wandten sich an eine ganz kleine Auswahl von Menschen, an diejenigen freilich, denen allein sie zutrauten, Träger der Geschichte zu sein. Odi profanum vulgus et arceo. (...) Was bedeutet Stefan George heute? Für mich ist er zunächst noch immer der größte deut-sche Dichter der letzten hundert Jahre." Das ist sehr wahrhaftig ge-schrieben und formuliert eine Position, auf der Weizsäcker heute kei-neswegs so einsam ist, wie ihm das schien und wie er es auch wohl gerne gehabt hätte. Nicht immer war Weizsäcker nach 1945 so offen-herzig in seinem Bekenntnis zu Stefan George. Ich erinnere mich noch sehr genau an ein Gespräch mit ihm in der Hamburger Studenten-mensa Mitte der sechziger Jahre, wo er seine Affinität und Nähe zu

---

[1]   Carl Friedrich von Weizsäcker, *Zeit und Wissen*, München 1992, S. 991 ff.

George, auf den die Sprache kam, ausdrücklich verleugnet hat. Die Zeit damals erschien ihm wohl noch nicht reif für solche Offenheit. Auch für mich ist die Dichtung Georges ein Sprachereignis hohen Ranges, aber mehr nicht und jedenfalls nicht „die Stelle, an welcher die deutsche Geschichte sich mit den schmerzhaftesten Prägungen meiner Jugend verflicht".

Daß diese „Prägungen" nicht am 8. Mai 1945 ausgelöscht waren, sondern weiterwirkten, ist plausibel und würde auch von Weizsäcker heute nicht mehr in Abrede gestellt. Was da weiterwirkte, war das von George inaugurierte Selbstverständnis von Menschen, die sich dazu berufen und ausgewählt fühlten, die Menschheit zu verändern, zu erneuern und vor Irrwegen zu warnen. Der Zauber der Georgeschen Poesie hatte seinen ausstrahlenden Mittelpunkt in der Figur der großen Persönlichkeit, in der Gestalt, deren Bedeutung sich durch die Intensität ihres Bezuges auf neue, integrierende Werte bestimmt und sich in der inneren und äußeren Attitude zum Leben, zur praktischen Lebensführung offenbart und in den Anhängern, den Jüngern, fortgepflanzt wird. Daß diese natürlicherweise mit der Abwertung der breiten Masse, den Vielzuvielen, wie Nietzsche sagt, verbundene aristokratische Einstellung nicht gerade demokratieförderlich war und ist, dürfte sich von selbst verstehen. Schon George sah sich mit dem Vorwurf konfrontiert, sein Verhalten diene doch auch der Steigerung seiner Lebensmacht als Endzweck seiner Sendung. Mit einem diskreten Seitenblick auf Nietzsches Lehre vom Übermenschen, die man bejahte, wurde freilich dieser Vorwurf sofort als kleinbürgerlich desavouiert und dem Verdacht der Gleichmacherei überantwortet. Überhaupt läßt sich das Wertebewußtsein des Georgekreises ohne Schwierigkeiten als eine Art der Umsetzung von Nietzsches Philosophie der Werte verstehen. Es ist daher keine Überraschung, daß Platons Lehre vom Staat, d.h. sein Entwurf eines von Philosophen geleiteten Staatswesens, sich im Georgekreis besonderer Hochschätzung erfreute. Ebensowenig kann es überraschen, daß der Verfechter der Werturteilsfreiheit und Antipode der Werteauffassung des Georgekreises, Max Weber, in seinen Reden „Wissenschaft als Beruf" und „Politik als Beruf" die Unüberschreitbarkeit der Grenzen zwischen Wissenschaft und Politik vertreten und begründet und Platons Staatsauffassung als ein Konstrukt der Vergangenheit abgetan hat. Für ihn war die Wertehaltung des Georgekreises ein esoterischer Subjektivismus, der mit dem Geist moderner, objektiver Wissenschaft unvereinbar ist, ebenso das hierarchische Denken der Georgeaner, wie es sich beispielsweise in der Beziehung von ‚Meister' und ‚Jünger' spiegelte und bekundete. Auch Max Weber sah ganz klar, daß nicht alle Menschen gegen Versuchungen solcher Art gefeit sind.

Aber das eigentliche Faszinosum, das die Georgeaner vereinigte, zusammenhielt, am tiefsten prägte und bis heute für Außenstehende erkennbar macht, ist das Erfülltsein von der großen Gestalt, von dem ‚wesentlichen' Menschen, der charismatischen Persönlichkeit mit dem spezifischen Wertekanon des bedeutenden Individuums, dem sich die Masse freiwillig unterordnet, dem Menschen mit dem ruhigen Gestus des segnenden Priesters, der das Geheimnis der Erlösung kennt, dem Meister, der dem Jünger sagt, was er zu wollen hat, was er wollen soll. Der bekannte Physiker und Astrophysiker Reimar Lüst, Präsident der Max-Planck-Gesellschaft (1972–1984) und Direktor der Europäischen Weltraumforschung ESA (1984–1990), ein ehemaliger Schüler Weizsäckers, stellte sich mir, als er 1991 zum Mitglied der Joachim-Jungius-Gesellschaft der Wissenschaften in Hamburg gewählt worden war, unter anderem mit den Worten vor: „Ich war ein Schüler Weizsäckers, aber nicht sein Jünger, wie er es gerne gehabt hätte." Der

Menschenfischer hatte also keineswegs immer Erfolg, wie ich auch an mir selbst beobachten konnte. Es war übrigens Reimar Lüst, dem am Ende als amtierender Präsident der Max-Planck-Gesellschaft (1972–1984) die wenig beneidenswerte Aufgabe der Abwicklung des Weizsäcker/Habermas-Institutes zufiel.

Lange Zeit nach dem Zweiten Weltkrieg, am Ende der sechziger Jahre, am Tag nach der Bundestagswahl im September 1969, durch die die Sozialliberale Koalition mit Willy Brandt und Walter Scheel an der Spitze zustande kam, trafen wir uns, mehr zufällig, in einem kleinen Kreis von Kollegen in Weizsäckers Zimmer, und es entwickelte sich ein Gespräch, unter anderem mit Mutmaßungen über die wahrscheinliche Dauer der in der letzten Nacht gebildeten SPD/FDP-Regierung. Weizsäcker sagte eine circa fünfzehnjährige Regierungszeit dieser Koalition voraus und kam damit der Wahrheit am nächsten. Im Laufe dieses Gespräches, das das letzte in diesem Kreis war, bevor er drei Monate später Hamburg verließ und nach Starnberg wechselte, kam er im Zusammenhang dieses Prognosenwettstreites auf das zu sprechen, was er als eine seiner eigenen großen politischen Fehleinschätzungen in seinem Leben bezeichnete.

Angetan mit jenem „maßlosen Ehrgeiz und Hochmut"[1], die er sich attestierte, und erfaßt von jenem elitär-esoterischen Höhenrausch, in dem sich alle in die Mysterien des Georgekreises Eingeweihten befanden, trat er nach 1945 natürlich keiner Massenpartei bei. Man stelle sich das vor: Stefan George als CSU-, CDU-, SPD- oder FDP-Mitglied. Statt dessen entschied sich Weizsäcker für die Rolle des exzeptionellen Einzelnen, des Experten der Atomphysik, des Verantwortungsträgers der Menschheit, des Warners vor dem Dritten Weltkrieg,

---

[1] Vgl. Carl Friedrich von Weizsäcker, *Der Garten des Menschlichen. Beiträge zur geschichtlichen Anthropologie*, München 1977, S. 556.

des Mystikers eines Sendungsbewußtseins, der auf diesem Weg langsam aber sicher zur moralischen Instanz in Deutschland wurde und für
den es am Ende nur noch drei adäquate Gesprächspartner gab: Henry
Kissinger, der Papst und der Dalai Lama. Auf diesem Weg angemaß-
ter Allzuständigkeit wurden für das hehre Ziel des Weltfriedens und
der Völkerverständigung alle geeigneten und ungeeigneten sich an-
bietenden Institutionen instrumentalisiert: die Evangelische Kirche,
der Evangelische Kirchentag und die Evangelischen Akademien
ebenso wie die Europäische Versammlung für Frieden und Gerechtigkeit und andere Podien und Foren. So wurde er schließlich in den
Jahren nach 1985 zum Prediger in der Wüste, und durch den Umsturz
in den Ländern des Ostblocks und durch die Selbstkorrektur der weltpolitischen Lage nach der historischen Blamage des Kommunismus
wurde er zur tragischen Figur. Das Weltethos ließ sich nicht herbei-
zwingen. Die Zukunft blieb, was sie immer war: unerkannt und uner-
forschlich, und das „Weltgewissen oberhalb des Starnberger Sees",
wo Weizsäcker in seinen späten Jahren seinen Wohnsitz hatte, war bei
nicht wenigen zum Gegenstand des Spottes geworden. Das hatte er
nicht verdient. Aber Menschenkenntnis ging ihm auf eine so auffällige
Weise so nahezu vollständig ab, daß ich deswegen gelegentlich nicht
umhin kam, an seinem politischen Talent zu zweifeln, vielleicht zu
Unrecht; ich weiß es nicht. Vielleicht war es auch ganz anders und
überhaupt nie mehr als ein bloßes Tun-als-Ob, ein eitles Kokettieren
des Diplomatensohnes mit Politik. In dieser Perspektive rührt sich
Mitleid.

Was Weizsäcker uns gegenüber in jenem Gespräch am Tag nach
der Wahlnacht im September 1969 als eine seiner politischen Fehleinschätzungen nach 1945 bezeichnete, war, kurz gesagt, seine falsche
Annahme, daß man in einem demokratisch verfaßten Staat auch au-

ßerhalb der politischen Parteien als Einzelperson normativ Entscheidendes und fundamental Wichtiges bewirken könne, allein dadurch, daß man Moral als Macht einsetze. Weizsäckers Bruder Richard, der spätere Kirchentags-, dann Bundespräsident, hat den institutionell richtigen Weg gewählt und ist Mitglied der CDU geworden. Denn es sind die Parteien, die den entscheidenden Beitrag zur politischen Willensbildung leisten. Der Weg Carl Friedrich von Weizsäckers führte ihn, in Verkennung der tiefen Kluft, die, zumal in Deutschland, den Geist von der Macht, die Politik von der freien Intelligenz, die Intellektuellen von den Funktionären trennt, unvermeidlich in die politische Wüste, in der einem dann nur noch eines übrigbleibt: die Rolle des Propheten, des Warners vor Katastrophen. Sein Freund Picht ging den gleichen Weg. Er warnte vor der deutschen Bildungskatastrophe, die er durch seine Rezepte und Medikamente selbst erst so richtig mit verursacht hat. Seine Self-fulfilling Prophecy wurde unserer Schul- und Hochschullandschaft zum Verhängnis. Dagegen erfüllte sich Weizsäckers Wahrscheinlichkeitsprophetie in bezug auf den Dritten Weltkrieg bis heute Gott sei Dank nicht, was logischerweise keineswegs eine Sicherheitsgarantie für die Zukunft ist. Da hat Weizsäcker Recht. An seiner Argumentation habe ich nur das Folgende nie verstanden, nämlich wie man als Christ von der Prämisse ausgehen kann, daß im Kontext der Menschheitsgeschichte hienieden jemals die Kriege abgeschafft sein würden und ein Zustand des ewigen Friedens eintreten könne, wo doch die Schriften des Neuen Testamentes ohne Ausnahme von dem Gegenteil sprechen, z.B. 1. Thessalonicher 5, 3: „Wenn sie sagen: Friede und Sicherheit! dann kommt ein plötzliches Verderben über sie, gleichwie die Geburtswehen über die Schwangere; und sie werden nicht entfliehen". Das ist von Paulus in der Logik der Lehre vom Sündenfall ganz konsequent gedacht. Der Krieg als Institution gründet in der Sünde. Die Geschichte der Menschheit ist eine durch den Sündenfall korrumpierte, folglich kann mit einer Pazifizierung der unerlösten Welt nicht gerechnet werden. Der universale Friede ist eine eschatologische Idee, deren Realisierung das Ende der Zeiten zur Voraussetzung hat. Wer den ewigen Frieden will, will das Ende der Geschichte, weil der ewige Frieden das Ende der Geschichte zur Voraussetzung hat. Ein Ende der Geschichte der Menschheit im Zustand ihrer Unerlöstheit ist aber nicht vorstellbar, folglich gibt es keinen Fortgang der Geschichte ohne Krieg. Die Bedingung des ewigen Friedens ist das Ende der Geschichte, das aber nicht in Sicht ist, nirgendwo. Wer trotzdem in dieser Welt, wie sie aufgrund ihrer Korrumpiertheit ist, den dauerhaften Frieden herbeireden möchte, wünscht etwas Unmögliches. Denn, so die Offenbarung des Johannes: Erst nach der Auferstehung der Toten und nach dem letzten Gericht bricht die endgültige Seligkeit im neuen Jerusalem an (*Offenbarung* 20, 11-15; 21,1ff.: „Und ich sah einen neuen Himmel und eine neue Erde; denn der erste Himmel und die erste Erde waren vergangen").

Auch in seiner berühmten Artikelserie in der ZEIT im April 1957 unter der Überschrift „Mit der Bombe leben: Die gegenwärtigen Aussichten einer Begrenzung der Gefahr eines Atomkrieges" war Weizsäcker zu einer Fehldiagnose gekommen. „Das primitive Argument ‚Wir müssen so stark sein wie möglich' verfängt, soviel ich sehe, in der politischen Debatte noch immer". Genau dieses „primitive Argument", über das sich Weizsäcker mokiert, war es, durch dessen Befolgung der amerikanische Präsident Reagan Sowjetrußland in die Knie zwang, weil die kommunistische Welt der amerikanischen Rüstungsmaschine schließlich nicht mehr gewachsen war. Und das war auch gut so. Es war der Sieg des Seins über den Schein. Die besondere Pointe bei diesem welthistorischen Ereignis ist, daß die europäischen, insonderheit die deutschen Intellektuellen Reagan für einen Dumm-

274

kopf hielten, so wie sie jahrzehntelang Helmut Kohl für einen Dumm-kopf hielten. Selten ist der weltfremde Hochmut von Intellektuellen und besonders der Moralisten unter ihnen in so kurzer Zeit hinterein-ander so mitleiderregend schrecklich blamiert worden, wie durch die Taten dieser beiden Männer, Reagan und Kohl, deren Zeitzeugen wir waren. „Denn es steht geschrieben: ‚Ich will die Weisheit der Weisen vernichten, und den Verstand der Verständigen will ich hinwegtun‘. Wo ist der Weise? wo der Schriftgelehrte? wo der Schulstreiter dieses Zeitlaufs? Hat nicht Gott die Weisheit der Welt zur Torheit gemacht?“ (1. Korinther 1, 19-21). Die Schwäche der Intellektuellen ist ihre existentielle Beschränktheit und wird es immer bleiben. Das erklärt letztlich auch Phänomene wie die Möglichkeit des politischen Auf-stiegs von Menschen wie Stalin, Hitler und Mao Tse-tung. Man nennt sie dann, nachdem sie aufgestiegen sind, Titanen. Als ob das Phäno-men damit erklärt wäre. Man begreift es nicht. Das ist das Fazit, zu dem auch Joachim Fest am Ende seiner über tausendseitigen Hitler-Biographie kommt. Auch bei Kenntnis aller Fakten weigert sich unser Verstand, anzuerkennen, daß solches möglich war und Wirklichkeit geworden ist.

Da es in der Weltgeschichte von jeher üblich war, daß in Nach-kriegszeiten, wenn das massenhafte Töten auf allen Seiten vorüber ist, das moralische Bewußtsein der Menschen wiedererwachte, so kam es auch nach dem Zweiten Weltkrieg alsbald verstärkt zu einer Besin-nung auf moralische Werte und Normen und zu einer Reflexion auf das Wesen der Verantwortung, gerade auch bei denen, deren Aufgabe während des Krieges die Entwicklung, Herstellung und Bereitstellung kriegsentscheidender Waffen war oder jedenfalls auftragsgemäß hatte sein sollen. In dieser Beziehung unterschied sich nach 1945 Weiz-säcker nicht von vielen anderen Atomphysikern in der Welt, die im

Krieg mit der Ermöglichung des Baus einer Atombombe so oder so befaßt waren, erfolgreich, wie die Amerikaner, oder erfolglos, wie die Deutschen, – das blieb sich in der moralischen Quintessenz gleich, denn der Erfolg oder Nichterfolg in dieser Sache war in jenen Jahren mehr oder weniger eine Frage des Zufalls oder hing doch zumindest in vieler Hinsicht von zufälligen Faktoren ab, wie zum Beispiel von der ausreichenden Materialbeschaffung (Uran, Schweres Wasser) und so weiter. Es hätte unter gewissen Umständen auch durchaus anders herum kommen können. Das Schicksal pflegt oft die wichtigsten Ereignisse durch eine Kleinigkeit herbeizuführen. Wollte man die politisch-moralische Publizistik Weizsäckers in den Jahrzehnten nach dem Zweiten Weltkrieg auf einen gemeinsamen Nenner bringen, so wäre dieser gemeinsame Nenner ohne jeden Zweifel das Problem der Verantwortung der Wissenschaft. Aber was heißt das? Ich bin nicht davon überzeugt, daß es Weizsäcker gelungen ist, darauf eine Antwort zu geben, die unter den Bedingungen, unter denen heute Wissenschaft betrieben wird, bestehen kann.

Ontologische Bedingungen der Verantwortung

Die Frage nach der Verantwortung der Wissenschaft kann nicht unabhängig von der Frage beantwortet werden, was unter Wissenschaft verstanden wird und wie Wissenschaft betrieben wird. Die Anfänge dessen, was wir traditionsgemäß Wissenschaft nennen, finden wir bei den Griechen. Bei ihnen zuerst findet sich die Einstellung, die seitdem wissenschaftlich genannt wird, nämlich mittels eines Beweises Sachverhalte zu klären, die ohne Zuhilfenahme eines Beweises unklar bleiben. Mit dieser auf den Beweis zielenden Einstellung verband sich bei den Griechen eine mentale Distanznahme zur Welt, die in der Form der Kontemplation sich die Welt vergegenständlichte und auf dem Weg der Begründung zu Aussagen kam, die sich zu dem zusammenfügten, was sie Theorie nannten, die als solche distanzierte Einstellung sich von der handlungsorientierten Praxis unterschied. Vorausgesetzt war dabei, daß die Theorie von allen Zwecken und alltäglichen Interessen losgelöst war, rein um ihrer selbst willen konzipiert wurde, ohne auszuschließen, daß die Erkenntnisse der Theorie auch zur Anwendung gelangen konnten, aber das war nicht das Motiv der Theorie und der damit verbundenen theoretischen Einstellung. Die interesselose, zweckfreie, begründete und beweisförmige Erkenntnis dessen, was ist, das ist das, was die Griechen unter Wissenschaft verstanden und was den Ursprung der Wissenschaft bei den Griechen charakterisiert, ein Begriff von Wissenschaft, der in die Jahrhunderte und Jahrtausende ausstrahlte.

Diesem Begriff von Wissenschaft korrespondierte eine bestimmte Lehre vom Sein, wonach das Sein in seinem eigentlichen Sinne da am meisten Sein ist, wo es zu seinem Sein keines anderen bedarf, wo es selbständig ist. Das ist bei dem einzelnen, selbständigen Ding der Fall, das, was Aristoteles die Substanz nennt. Die so als Selbständigkeit bestimmte Wirklichkeit steht dem Menschen gegenüber, und der Mensch steht dieser selbständigen Wirklichkeit gegenüber. Beide Pole beeinflussen sich nicht und konstituieren und ermöglichen mit ihrer Unbeeinflußbarkeit und Selbständigkeit die Objektivität der Erkenntnis. Man sieht: dem griechischen Wissenschaftsbegriff entspricht eine ganz bestimmte, ihrem Ursprung nach ebenfalls griechische Ontologie, und beide, dieser altgriechische Wissenschaftsbegriff und der altgriechische Seinsbegriff, beherrschten zunächst auch noch die Wissenschaft der Neuzeit. Mit diesem Wissenschaftsbegriff und dieser Ontologie ging eine Anthropologie einher, wonach der Mensch in seiner Fähigkeit zum theoretischen Denken seine höchste Verwirklichung als Mensch erfährt. Die Betätigung dieser Fähigkeit macht seine ihm eigene Würde aus. Im Horizont dieses alten, unseres traditionellen Wissenschaftsbegriffes, kann es recht eigentlich gar keine Schuld des Wissenschaftlers geben. Denn worin sollte seine Schuld, die Schuld des reinen Erkennens, das nur um seiner selbst willen geschieht, denn bestehen? Die Frage nach der Verantwortung der Wissenschaft läuft hier ins Leere. Die Wissenschaft im Sinne des traditionellen Wissenschaftsbegriffes hat nur eine einzige Aufgabe, an der sie gar nicht schuldig werden kann: zu erkennen, was ist. Reflexionen auf die ethische Verantwortung des Wissenschaftlers können hier nur zu Albernheiten führen, die kein Mensch ernst nimmt.

Die Erfahrung der Wissenschaftler unter den Bedingungen der modernen Welt zeigt vor allem das eine, daß die heutige Wissenschaft da, wo sie prototypisch für unsere Zeit ist, sich nicht mehr in interesseloser Distanz zu ihrem Gegenstand befindet, weil sie überhaupt nicht mehr nur betrachtend sich verhält, sondern die Welt verändert, mehr noch: sie kann ihre Gegenstände nicht erkennen, ohne sie gleichzeitig zu verändern, wie uns zuerst die Physik lehrte und danach auch andere Wissenschaften. Das bedeutet: die Wissenschaftler stehen nicht mehr als Einzelne in Distanz zur Welt ihrer Gegenstände, sondern sind kooperativ integriert in einen Wechselbezug von Funktionen, der eingebettet ist in die Bedürfnisstruktur der Gesellschaft. In diesem System wechselseitiger Beeinflussung und Information gibt es keinen Platz mehr für den unbeteiligten Zuschauer und interesselosen Beobachter. Nicht nur der Mensch, auch als Forscher, verliert seine Selbständigkeit, sondern auch die Dinge verlieren jene Selbständigkeit, die sie unter dem Aspekt des Substanzbegriffes der alten Ontologie hatten. Die Dinge werden zu abhängigen Variablen der Untersuchung und die

Wissenschaftler zu Funktionären der Organisation und Planung der ihnen vorgegebenen Projekte. Wer für was verantwortlich ist, entscheidet sich nach den Regeln der Kooperation und des Teamworks. Wer dabei nicht kooperativ mitspielt, wird durch andere ersetzt, die mitspielen, wie das historische Beispiel J. Robert Oppenheimers zeigt, des verantwortlichen wissenschaftlichen Direktors des Atombombenprojektes der Amerikaner in Los Alamos, New Mexico, während des Zweiten Weltkrieges, der maßgeblich am Erfolg der Entwicklung der Atombombe beteiligt war, es aber aus ethischen Gründen nach dem Krieg ablehnte, sich auch an der Entwicklung der Wasserstoffbombe zu beteiligen, mit dem Ergebnis, daß dann eben an seiner Stelle Edward Teller die Wasserstoffbombe baute. So einfach geht das.

Wenn sich also, wie wir heute wissen, der Wissenschaftsbegriff und der Wirklichkeitsbegriff verändert haben und nicht mehr die alten sind und das Verständnis des Menschen als eines gesellschaftlichen Wesens in einem tiefgreifenden Wandel sich befindet, dann steht zu vermuten, daß auch die Ethik davon nicht unbeeinflußt bleibt. Wo sich die Struktur der Lebenswelt des Menschen verändert, verändert sich auch notgedrungen die Struktur seines Handelns.

In einer Lebenswelt mit übersichtlichen Strukturen, Dependenzen und Wirkungsverhältnissen hat ein ethischer Begriff wie der der Verantwortung eine andere Bedeutung oder Valenz als in einem weniger oder gar nicht überschaubaren Bereich wie dem der Großforschung, in dem es für den einzelnen kaum, wenn überhaupt etwas zu entscheiden gibt und er die gesellschaftlichen Folgen seines Tuns oder Unterlassens und auch die Bedeutung von Entscheidungen kaum noch selbst oder gar nicht mehr beurteilen kann. Der Zug ins Anonyme ist unaufhaltsam, weil sich die Natur der Sache und das Wesen des Erkennens gewandelt haben und damit ineins auch Voraussetzungen der alten Individualethik in diesem Bereich ihre Gültigkeit verlieren.

Wo Organisation und Planung ins Universale ausgreifen – man denke an die Raumfahrt oder die Forschungslaboratorien der Pharmaindustrie –, da greift der alte Begriff individueller Verantwortung nicht mehr. Es gibt keine Verantwortung ohne Zurechenbarkeit. Also muß der Begriff Verantwortung so verändert werden, daß von vornherein die Verantwortung als eine organisierte und geplante mit konzipiert wird und nicht erst hinterher nach einem Schuldigen gesucht wird. Wer war 1945 für den Abwurf der ersten Atombomben ‚verantwortlich'? Etwa Präsident Truman? Eine solche Behauptung ist ridikül. Truman war nicht frei bei seiner ‚Entscheidung', sondern unfrei. Niemand hätte später Truman einen eventuellen Nichtabwurf verziehen, wenn der Zweite Weltkrieg im Pazifischen Raum noch jahrelang weitergegangen wäre und noch mehr unzählige Tote auf beiden Seiten gefordert hätte. Jeder, der zu diesem Zeitpunkt Präsident gewesen wäre, hätte so gehandelt wie Truman gehandelt hat. Er stand unter Zwang. Er war in seiner Entscheidung nicht frei.

Aber auch der einzelne Wissenschaftler ist nicht mehr frei, sondern eingegliedert in ein System wechselseitiger Dependenzen. Es macht daher wenig Sinn, dem Forscher in der modernen Welt Beweise seines Freiheitsbewußtseins abzuverlangen, wenn Bedingungen der modernen Welt ein solches Bewußtsein nicht oder nur in Ausnahmefällen zulassen. Alles drängt dahin, daß gesellschaftsrelevante Entscheidungen als politische Entscheidungen verstanden und behandelt werden. Entscheidungen dieser Größenordnung, zum Beispiel ob Krieg sei oder nicht, gehören heute und in Zukunft vor die UNO und sind politisch zu entscheiden, einzig legitimiert durch ein demokratisches Verfahren. Dazu gibt es keine Alternative, so bitter diese Einsicht gerade auch angesichts der Unvollkommenheiten des demokratischen Entscheidungssystems ist. Aber alle anderen Entscheidungssysteme sind noch unvollkommener, wie Churchill richtig gesagt hat. Wir sind und bleiben Menschen, und das heißt, daß wir und unsere Institutionen unvollkommen und nur behelfsmäßige Hilfskonstruktionen sind. Auch die demokratisch nicht legitimierte Einzelstimme des Experten ist nicht die Alternative. Dieser ist lediglich anzuhören in einem dafür vorgesehenen Beratergremium. Die legitimierende Gewalt liegt einzig und allein bei der dafür vorgesehenen demokratisch gewählten Instanz. Das demokratische Prinzip darf niemals durchbrochen werden. Wir verlieren sonst die Kontrolle über unser demokratisch legitimiertes gesellschaftliches System und rutschen in ein unkontrollierbares Niemandsland selbsternannter Menschheitsbeglücker ab.

Wenn der Atomphysiker oder der Biogenetiker oder der Strahlenforscher oder der Experte für Weltraumfahrt und für den interplanetarischen Raum sich als Missionar für den Weltfrieden aufspielt, erliegt er der Versuchung, die Angst der Menschen in den Applaus für sich umzumünzen, indem er ihnen die Illusion vermittelt, er wisse Zeit und Stunde des nahenden Unheils – nach dem Motto ‚Die Zeit drängt' – und nur er könne aufgrund seines Spezialwissens der Menschheit sagen, was zu tun sei, bis hin zum demonstrativen Bau eines Atombunkers für sich und die Seinen im Garten hinterm Haus. So wird aus dem Spezialwissen das Spezialwesen, das mit Prophetengestus das Volk belehrt, angetan mit dem Charisma, das sich aus der Angst des Publikums nährt. Denn allem Anschein nach weiß nur er allein, wie man „mit der Bombe leben" kann.

Ein beliebter Ausweg aus dem Nichtvorhandensein einer verbindlichen Ethik der Verantwortung unter den genannten Voraussetzungen ist die Flucht in die Geschichtsphilosophie. Man sollte meinen, daß nach den blutigen Erfahrungen des 20. Jahrhunderts Spekulationen über den Sinn der Weltgeschichte, der Glaube an die idealistische Geschichtsmetaphysik sowie die marxistische Geschichtsideologie und ihre trostspendenden Verheißungen in bezug auf eine erlöste Zukunft die Attraktion für die Menschen verloren hätten, nachdem sich herausgestellt hat, daß die im revolutionären Geschichtskonzept vorgesehene sogenannte Periode des Übergangs eine solche nicht ist, sondern daß der Schrecken andauert und die Verheißungen unerfüllt bleiben. Georg Pichts Appell an den *Mut zur Utopie* – so der Titel seines 1969 erschienenen Buches über die „großen Zukunftsfragen" – ermutigte nur noch die Unbelehrbaren und verhallte schon kurz darauf in der verbitterten Resignation seines Verfassers. Weizsäcker meinte noch 1978: „Der Deutsche Hitler ist versunken; er ist heute fast nur noch als ein Angsttraum wirklich. Aber der Deutsche Marx ist zu einem der Titanen für unsere Gegenwart geworden."[1] Das war ein bißchen voreilig – die Wirkung des süßen Giftes seiner marxistischen Berater in Starnberg. Auch der zweite Teil seiner Aussage ist inzwischen schal geworden, würde Hegel sagen. Weizsäcker sieht den Ausweg aus den Aporien der Geschichtsphilosophie darin, Geschichte philosophisch als Zeit zu denken, das heißt eine Logik der Zeit zu formulieren, zu der er eine Reihe von Beiträgen geliefert hat. Ob er damit auch das politische Problem einer Ethik der Verantwortung löst oder nur ein weiteres spekulatives naturphilosophisches Räsonnement zur theoretischen Physik abgeliefert hat, das steht in den Sternen. Ein Ablenkungsmanöver, will mir scheinen, mehr nicht.

Mit Bezug auf die geschichtsphilosophische Perspektive des Problems der Verantwortung der Wissenschaft erscheint mir das Folgende nachdenkenswert. Jede evolutionistische Geschichtsideologie

---

[1] Carl Friedrich von Weizsäcker, *Wahrnehmung der Neuzeit*, München 1983, S. 22.

geht von der Voraussetzung aus, daß die Zukunft einen Sinn hat, der sich aus dem Geschichtsprozeß als einem Ganzen ergibt, und daß jeder Teilabschnitt des Geschichtsprozesses seinen Sinn als Teil dieses Prozesses hat. Das bedeutet: die Zukunft ist zwar unbekannt, aber nicht unbestimmt, sondern bestimmt. Diese Prämisse indes ist nicht bewiesen. Statt dessen lehrt alle Erfahrung der Geschichte, daß es in der Geschichte der Menschheit bis jetzt jedenfalls immer sehr natürlich zugegangen ist, so daß es naheliegend wäre, die Geschichte der Menschheit als eine Äußerungsform der Natur auf mehr oder weniger hohem Niveau, je nachdem, anzusehen, wobei der leitende Gesichtspunkt nicht etwas Unbekanntes, wie ein fiktives, utopisches, d.h. ortloses Ziel der Menschheitsgeschichte, sein sollte, sondern etwas uns bestens Bekanntes und Vertrautes, wie die Struktur unserer menschlichen Existenz beispielsweise, über die wir auf jeden Fall etwas mehr wissen als über das Ziel der Geschichte. Damit zumindest haben wir im Laufe der von uns überschaubaren Geschichtszeit einige Erfahrung gemacht. In dieser Zeit scheint sich, was die physische Grundausstattung des Menschen, seine Bedürfnisse, die Motive seines Handelns etc. betrifft, nicht viel geändert zu haben, so daß wir hier durchaus, auch wenn sich die Soziologen dagegen wehren, was für sich genommen nicht viel besagt, von anthropologischen Konstanten sprechen können. Nach wie vor wird die existentielle Situation des Menschen bestimmt durch Machtwille, Eitelkeit, Liebe, Haß, Rachegefühle, Ehrgeiz, Feigheit, Angst, Leidenschaft, Opferbereitschaft, Treue bis in den Tod, Freude, Schmerz und anderes mehr, was sich permanent wiederholt im Verhaltensmuster des Menschen, so wie der Mensch war, ist und immer sein wird, weil seine Natur immer dieselbe bleibt. Wenn die Menschheitsgeschichte aber nur ein weiteres Stück Naturgeschichte ist, mit allen Brüchen, Kontingenzen, Untergängen und Neuanfängen, dann sollte die Frage nach dem Sinn des Ganzen bescheidener, weniger hochmütig und weniger ehrgeizig gestellt werden, und auch die Frage nach der Verantwortung erscheint dann in einem anderen Licht. Wer ist verantwortlich für den Dreißigjährigen Krieg, wer für den Ersten Weltkrieg, wer für den Aufstieg Hitlers zur Macht, wer für die Entwicklung der Atombombe? Wer für den Terrorismus? Je mehr Fragen dieser Art gestellt werden, desto absurder klingen sie, so daß der Verdacht naheliegt, es seien falsch gestellte Fragen. Wer glaubt, in diesem Meer von Fragen und Meinungen durch einen Appell an ‚Bewußtseinswandel' die Menschheit vor Katastrophen oder vor dem finalen Chaos zu schützen, weil er auf diese Weise einer vermeintlichen Verantwortung, zu der er sich selbst berufen hat, genügen will, der verkennt die Natur der Sache, um die es geht. Es geht um den Prozeß der Geschichte als Naturgeschichte, von der auch die Kulturgeschichte nur eine Erscheinungsform ist. Könnte es nicht sein, daß wir als Menschen eine zu hohe Meinung von uns haben?

Was uns in dem Handlungsspielraum der je gegenwärtigen Situation mit ihren situationsbestimmenden Kräften zu tun übrigbleibt, ist ein Handeln gemäß einer Moral des ‚Als Ob', als ob wir zu vernünftigem Handeln frei wären. Es war Kant, der, nachdem er gezeigt hatte, daß es von Gott, Freiheit und Unsterblichkeit keine Beweise theoretischer Art geben kann, lehrte, man müsse daher so handeln, als ob wir wüßten, daß diese Gegenstände wirklich wären, was in jedem Falle besser sei als in Mystik und Schwärmerei zu verfallen.[1] Bei Kant findet das Bindewort ‚als ob' häufige Verwendung, und die erkenntnistheoretische Einstellung, die in dieser Sprechweise Kants andeutungsweise zum Ausdruck kommt, hat in der Philosophie des ‚Als Ob' (1911) von Hans Vaihinger (1852–1933) und in der Philosophie des

---

[1]   Vgl. Immanuel Kant, *Das Ende aller Dinge*, A 508 ff. Berlinische Monatsschrift 1794.

Pragmatismus ihre systematische Entfaltung gefunden. Danach ist die Rationalität des Menschen vor allem ein Mittel zum Überleben im Lebenskampf. Insoweit ist die Geschichte des Geistes eine Geschichte der Natur. Denken und Erkennen der Wirklichkeit sind biotisch nützliche Faktoren der Selbsterhaltung. Insofern sie die Dinge betrachten, als ob sie in bestimmter Weise beschaffen wären, sind sie bloße Fiktionen. Da wir fast nie sicher sein können, daß die Dinge so beschaffen sind, wie wir annehmen, daß sie es seien, und viele unserer Annahmen möglicherweise Fiktionen sind, kommt es darauf an, daß die Annahmen, die wir erzeugen, auch lebensfördernd sind. Darin besteht der von uns ihnen zugeschriebene Wahrheitswert. Die Kategorien sind Hilfsmittel, um die Sinnesempfindungen zu organisieren und zweckmäßig zu verwerten. Sie sind aus dem praktischen Bedürfnis der Orientierung in der Welt entstanden und entsprechen den Äußerungsformen des Seienden, denen sich der Mensch mit seinem Verhalten anpaßt. Von der Fiktion ist die Hypothese zu unterscheiden, mit der der Versuch gemacht wird, Wirklichkeit zu erkennen, indem sie an der widerstandsfähigen Wirklichkeit nachgeprüft wird, während die Fiktion von vornherein in dem Bewußtsein eingesetzt wird, daß sie keine Entsprechung der Wirklichkeit ist. Sie ist nicht verifizierbar. Sie ist handlungsorientiert im Sinne eines regulativen Prinzips, dem man lebensfördernde Nützlichkeit unterstellt.

Von der Art ist auch die Idee eines ewigen Friedens. Niemand kann gezwungen werden, an die Realisierbarkeit dieser schönen rationalen Idee zu glauben, wenn er von dem Irrationalen in Natur und Geschichte überzeugt ist und davon, daß davor das zum Selbstzweck gewordene rationale Denken versagt. Das rationale Denken ist nicht imstande, die unmittelbare Erlebniswirklichkeit total in theoretischer Erkenntnis zu erfassen. Das irrtümlich zum Selbstzweck gewordene rationale Denken ist auch nicht imstande, durch einen ‚Bewußtseins-wandel' ‚Bedingungen des Friedens' herbeizuzaubern, die möglicherweise im Widerspruch stehen zu den Bedingungen der Weltgeschichte als Naturgeschichte, die Philosophiegeschichte eingeschlossen, auch wenn „die Zeit drängt", wie Weizsäcker meint. Die Zeit drängt immer, sonst wäre sie nicht die Zeit. Das gehört zum Wesen der Zeit. Durch unser menschliches Gedrängel hat sich die Weltgeschichte noch niemals aufhalten oder beschleunigen oder korrigieren lassen. Sie hat ihr eigenes Maß, das nicht Menschenmaß ist. Den breiten und mächtigen und alles mitreißenden Strom des Schicksals hält niemand auf und lenkt niemand um. Die Propheten und die, die alles immer schon gewußt haben, stehen am Ufer des Schicksalsstromes und gestikulieren ein paar Weltsekunden lang, um sich bei ihren Mitmenschen und Zeitgenossen Gehör zu verschaffen. Aber niemand kann sie hören. Das gleichförmige Rauschen der Zeit übertönt alle menschlichen Nebengeräusche. Die Zeit ist das Sein, das Sein ist die Zeit. Von unheimlich anmutender symbolischer Bedeutung ist das Vorkommnis, das Harry Graf Kessler als Gast in der ‚Villa Silberblick', wo der kranke Friedrich Nietzsche in Weimar von seiner Schwester gepflegt wurde, erlebt hat. Der damals neunundzwanzigjährige Kessler notiert Anfang Oktober 1897 in seinem Tagebuch: „Ich hatte noch keine Viertelstunde das Licht ausgemacht, als ich plötzlich durch das laute Brüllen des Unglücklichen unten aufgeschreckt wurde. Ich stand halb auf und hörte noch zwei drei Mal die langen, rauhen, wie stöhnenden Laute, die er mit ganzer Kraft in die Welt hinausschrie; dann war wieder Alles still". Nietzsche, der größte, der tiefste, der scharfsichtigste, der ahnungsvollste, der bedeutendste Deuter der Moderne: nichts als ein gelegentliches Brüllen in der Nacht. Dann Schweigen. Das ist unser Leben, illusionslos betrachtet. Wir sollten bescheidener werden in dem, womit wir uns und den anderen Hoffnung machen.

Studien in Oxford und Cambridge. Wiedersehen mit Edward Craig und Hans-Peter Schwarz

Als ich im Wintersemester 1969/70 meine Lehrtätigkeit, die im Sommersemester gewaltsam durch linksradikale Studentengruppen gestört worden war und abgebrochen werden mußte, um Weiterungen auf dem Universitätsgelände zu verhindern, die die Universitätsleitung befürchtete, wieder aufnahm, hielt ich keine Vorlesung, was in Anbetracht neuer Störungen sinnlos gewesen wäre, sondern beschränkte mich auf die Veranstaltung von Seminaren, die unbehelligt blieben, da die Störer für ihre Aktionen die großen Vorlesungen bevorzugten, wo sie mehr Publikum hatten. Im darauffolgenden Sommersemester hatte ich in dem üblichen Turnus Anspruch auf ein Forschungssemester und verschwand sofort im Frühjahr 1970 nach England, wo ich in Oxford und Cambridge in den alten und sagenhaft guten Bibliotheken Vorarbeiten zu meinem Kommentar zur Kategorienschrift des Aristoteles durchführte. Die Gespräche mit englischen Kollegen, von denen ich einige schon von früher und aus meiner Zeit in Amerika kannte, waren mir sehr willkommen. Der Philosoph John Ackrill am Brasenose College hatte selbst vor Jahren einen Kommentar zur Aristotelischen Kategorienschrift verfaßt. Am Churchill College traf ich Edward Craig, der bei mir in Hamburg Anfang der sechziger Jahre studiert hatte und mir ein Freund geworden war. Etwa zu der gleichen Zeit studierte bei mir in Hamburg die amerikanische Studentin Mary Varney von der John Hopkins University in Baltimore, die mir der bekannte Medizinhistoriker und Altphilologe Ludwig Edelstein am Rockefeller Institute in New York empfohlen hatte. Edelstein war Emigrant aus Heidelberg und Schüler von Otto Regenbogen. Mary Varney blieb etwa anderthalb Jahre am Hamburger Philosophischen Seminar. Sie setzte danach ihr Studium in Amerika fort, wurde später Professorin der Philosophie in Buffalo, N. Y., und Ehefrau von Richard Rorty (1931–2007). Edward Craig wurde 1998 in Cambridge als Nachfolger solcher Zelebritäten wie William Whewell, Henry Sidgwick, Charlie Dunbar Broad und Bernhard Williams zum Knightbridge Professor of Philosophy berufen. Edward Craig führte mich bei meinem Aufenthalt 1970 in Cambridge in die Arkana des englischen Universitätswesens ein.

In Oxford traf ich auch meinen Hamburger Kollegen, den Politikwissenschaftler Hans-Peter Schwarz, der zu der Zeit am St. Andrews College eine Gastprofessur wahrnahm. Wir machten zusammen mit seiner Familie einen schönen Ausflug nach Windsor Castle. Hans-Peter Schwarz gehörte zu den wenigen mutigen Kollegen in der alten Hamburger Philosophischen Fakultät, die im Sommersemester 1969 nach meinem massiven Eklat mit den radikalisierten Studenten auch öffentlich für mich eintraten und meine Position verteidigten, als die meisten anderen Kollegen feige schwiegen aus Angst, sie würden das nächste Opfer des Studententerrors werden. Hans-Peter Schwarz schrieb mir damals in einem mich ermutigenden Brief: „Zutiefst empört habe ich von den Ausschreitungen erfahren, deren Ziel Sie geworden sind. Die Nachricht von Ihrer Erkrankung ist bestürzend. Durch Ihren Widerstand haben Sie allen, die in den nächsten Wochen und Monaten Ziele ähnlicher Angriffe sein werden, ein Beispiel gegeben."[1] Jeder, der weiß, wie man sich in solcher Situation wie der, in der ich mich damals in den Hörsaalschlachten in Konfrontation mit den entzivilisierten Studentenhorden befand, fühlt, weiß auch, was ein

---

[1] Brief v. 10. Juni 1969.

Mut zusprechendes Wort von anderen einem dann bedeutet. Es kommt bekanntlich nie von denen, von denen man es erwartet, sondern immer von denen, an die man nicht gedacht hat. Um so weniger aber vergißt man es. So ist das Leben. Hans-Peter Schwarz verließ 1973 die Universität Hamburg, um einen Ruf nach Bonn, später nach Köln anzunehmen. Er wurde durch seine grundlegenden Bücher der Maßstäbe setzende Historiker der Bundesrepublik Deutschland und ist der Biograph des Gründungskanzlers Konrad Adenauer geworden. Er war mir in seiner Hamburger Zeit und damals in Oxford ein wichtiger Gesprächspartner.

Der Aufenthalt in Oxford und Cambridge, wo natürlich heile Welt war, weil man sich von der Studentenhysterie, die damals vielerorts in der Welt *à la mode* war, nicht hatte infizieren lassen, gab mir ausreichend Muße, zum ersten Male seit vielen Jahren über meinen Weg nachzudenken – und das aus der Distanz angelsächsischer *coolness*. Das tat gut. Mir war sonnenklar, daß das, was sich in den letzten Jahren an den deutschen Universitäten abgespielt hatte und immer noch abspielte, *de facto* den Untergang der alten deutschen Universität bedeutete. Das war ja auch das erklärte Ziel der politischen Linken insgesamt. Wer die alte Höhere Schule und Universität ruinierte, ruinierte das deutsche Bürgertum beziehungsweise das, was davon nach zwei Weltkriegen 1945 noch übrig war. Für den an den Folgen von 1968 verstorbenen Patienten namens ‚alte deutsche Universität‘ wird es keine Wiederauferstehung geben, trotz „Exzellenzinitiativen" und „Spitzenuniversitäten", beschwörende Vokabeln, mit denen man zudecken will, was nicht wieder gutzumachen ist.

Das Philosophische Seminar der Universität Hamburg blieb auch in den siebziger Jahren auf hohem philosophischem und wissenschaftlichem Niveau stabil. Dazu haben wesentlich die Berufungen von Reiner Wiehl, Kuno Lorenz, Wolfgang Bartuschat, Christos Axelos, Wolfgang Detel, Lothar Schäfer, Herbert Schnädelbach, Ulrich Steinvorth, Wolfgang Künne und Bernhard Taureck beigetragen. Insoweit im Laufe der Jahre alte Leistungsstandards nicht mehr in gewohnter Weise gehalten werden konnten, lag das nicht an uns Professoren, sondern daran, daß die nachrückenden Jahrgänge der Studierenden nicht mehr die Schulbildung mitbrachten, die früher von uns als selbstverständlich vorausgesetzt werden konnte. Das führte automatisch zu längeren Studienzeiten und den bekannten Begleiterscheinungen. Während ich in Oxford und Cambridge selten einen Studenten gesehen hatte, der älter als vierundzwanzig Jahre alt war, wurde bei uns der dreißigjährige Student zum Regelfall. Nicht nur die beruflichen Folgen dieser Entwicklung sind verheerend, die menschlich-persönlichen sind es nicht minder. Inmitten der tobenden Hörsaalschlachten und der Institutsbesetzungen, wie sie noch bis Mitte der siebziger Jahre an der Tagesordnung waren, kamen Augenblicke, wo man in der „Gruppenuniversiät", dieser neuen „Errungenschaft", als Einzelner, als Individuum, nicht mehr zählte und nicht mehr zu Wort kam. Das waren die Augenblicke, wo ich mich fragte, wo ich eigentlich hingehörte und ob ich meine geistige Heimat überhaupt noch in der deutschen Universität hatte.

EINLADUNG NACH PRINCETON

Das Institute for Advanced Study

Die Erlösung von diesem existentiellen Zweifel, in den ich gefallen war, kam für mich völlig überraschend. Nach meiner Rückkehr von England im Sommer 1970 erhielt ich einen Brief von Harold Cherniss, Professor für antike griechische Philosophie am Institute for Advanced Study in Princeton, New Jersey, USA, mit der Anfrage, ob ich daran interessiert sei, in naher Zukunft für die Dauer eines Jahres als *Visiting Member* über ein Thema meiner Wahl am Institute in Princeton zu arbeiten. Ich nahm die Einladung mit großer Freude für das akademische Jahr 1973/74 an und begann meine Tätigkeit dort im September 1973. Das Jahr in Princeton am Institute for Advanced Study verschaffte mir eine Distanz zu meinem ganzen bisherigen Leben. Ich war jetzt fünfundvierzig Jahre alt. Das Gefühl, daß nun etwas Neues in meinem Leben seinen Anfang nahm, war sehr stark.

Daß die Einladung von Harold Cherniss ausging, war kein Zufall. Seit meiner Zeit am Platon-Archiv stand ich mit ihm in einem wissenschaftlichen Briefwechsel, und während meines Forschungsaufenthaltes in Dumbarton Oaks in Washington D.C. Anfang der sechziger Jahre hatte ich ihn zweimal in seinem Office im Institute in Princeton besucht. Seitdem tauschten wir uns regelmäßig schriftlich über unsere Arbeiten aus. Harold Cherniss, Mitglied der American Philosophical Society seit 1949, war siebzig Jahre alt, als ich am Institute arbeitete. Er war einer der größten Gelehrten der letzten zweihundert Jahre auf dem Gebiet der Geschichte der antiken griechischen Philosophie und gewiß der größte, den Amerika auf diesem Gebiet bisher hatte. Er war der Sohn polnischer jüdischer Einwanderer, geboren 1904 im Mittelwesten, in Missouri, und hatte in Los Angeles, Berkeley und Chicago

Griechisch, Latein und Sanskrit studiert. Er war Schüler von Paul Shorey, eines bekannten amerikanischen Platonforschers jener Zeit. In Deutschland hatte Cherniss sein Studium in Göttingen bei Hermann Fränkel und in Berlin bei Werner Jaeger und Ulrich von Wilamowitz-Moellendorff fortgesetzt. Als Professor lehrte Cherniss in Baltimore und Berkeley und seit 1948 war er als Forschungsprofessor am Institute in Princeton tätig. Seine Berufung nach Princeton verdankte er vor allem seinem sensationellen Buch über die Kritik des Aristoteles an Platon und seiner Schule, das 1944 erschien und in dem Cherniss die verrückte These vertritt und verficht, daß Aristoteles, der größte Geist der antiken Philosophie und Wissenschaft, der zwanzig Jahre lang Schüler Platons in der Akademie war, seinen Lehrer Platon in dessen wichtigstem Lehrstück, der Ideenlehre, nicht verstanden, sondern mißverstanden habe. Diese These von Cherniss, die damals für viel Aufregung sorgte, war genial vorgetragen und durchgeführt, aber sie ist in der Sache falsch, wie heute feststeht. Immerhin beweist Cherniss' Buch eindrucksvoll, wie ein Autor auch durch eine falsche These berühmt werden kann. Aber der Ruhm von Cherniss beruht nicht nur auf dem Buch mit der falschen These, sondern auf einer Reihe anderer Werke, die heute zu den wichtigsten Beiträgen der Erforschung der Philosophie der Antike im 20. Jahrhundert zählen.

Cherniss hatte sich damals, als ich in Princeton war, von dem gesellschaftlichen Leben schon vollständig zurückgezogen. Man konnte ihn nur in seinem Office erreichen, nach längerer vorheriger Anmeldung bei seiner Sekretärin. Es war im Institute allgemein bekannt, daß er niemanden privat zu sich nach Hause einlud. Auch mir war das nicht unbekannt geblieben. Um so größer war meine Überraschung, als ich, ungefähr nach einem halben Jahr, von Mr. and Mrs. Cherniss eine kurze schriftliche Einladung zum Dinner in ihr Haus erhielt. Ich dachte natürlich an ein Dinner in einem größeren Kreis. Als ich dann zum Dinner erschien, wurde mir bald klar, daß ich der einzige Gast war. Ich war mit dem Ehepaar Cherniss allein. Es war ein opulentes Mahl, das Mrs. Ruth Cherniss da für uns bereitet hatte. Sie hatte ihren Mann während ihres Studiums in Berkeley kennengelernt, und seit 1929 waren sie verheiratet, kinderlos. Es schien mir einer der seltenen Fälle einer bis ins Alter wirklich glücklichen Ehe zu sein. Der Abend verlief recht unterhaltsam. Cherniss erzählte von seiner Zeit als Freiwilliger der amerikanischen Armee während des Zweiten Weltkriegs in Europa. Er hatte den Einmarsch in Paris mitgemacht. Ein Land zu befreien sei etwas anderes als ein Land zu erobern, meinte er. Die Amerikaner hätten nur einmal in der Geschichte ein Land erobert: ihr eigenes. Seitdem müßten sie immer andere befreien. „Wer wird uns mal befreien?", fragte er.

Als ich am nächsten Tag ins Institute kam, hatte sich das Ereignis meiner Einladung bei Cherniss dort bereits herumgesprochen und wurde als lokale Sensation betrachtet. Fast ungläubig erkundigte man sich bei mir und ließ sich die Kunde bestätigen. Für nicht wenige im Institute war Cherniss ein Kauz und Sonderling, mit dem der Umgang als schwierig galt. Meine Wahrnehmung seiner Persönlichkeit war eine andere. Ich konnte allerdings bemerken, daß für ihn persönlich die große Zeit des Institute for Advanced Study in Princeton die Zeit seiner Freundschaften und des täglichen Umganges mit Albert Einstein, John von Neumann, Hermann Weyl und J. Robert Oppenheimer gewesen war, die alle schon gestorben waren. Er bezog sich in seinen Gesprächen oft auf sie. Wenige Tage nach meiner Ankunft im Institute ging er mit mir über das Institutsgelände und führte mich in das frühere Arbeitszimmer von Einstein. Als wir beide in dem Zimmer standen, sagte er nur: „Daß er nicht mehr unter uns ist, spüre ich jeden

Tag. Bevor ich Albert kennenlernte, hatte ich mich manchmal gefragt, woran man eigentlich ein Genie erkennt. Danach wußte ich es." Es umgab Cherniss eine Aura von Melancholie und Einsamkeit. Meine Zusammenarbeit mit ihm war eine schöne und philosophisch reiche Zeit. Durch Cherniss lernte ich den Freund Einsteins kennen, der damals noch lebte, den Logiker und Mathematiker Kurt Gödel (1906–1978), dessen geniale Leistung darin besteht, gezeigt zu haben, daß jedes widerspruchsfreie System unvollständig ist und seine Widerspruchsfreiheit nicht mit den in ihm formalisierten Mitteln bewiesen werden kann. Dieser geniale Beweis bedeutete einen Wendepunkt in der Geschichte der mathematischen Grundlagenforschung. Daran schlossen sich in späteren Jahren noch andere wichtige Entdeckungen an. Aus Angst vor Erkältungen trug er immer einen langen Wintermantel mit hochgeschlagenem Kragen und eine Skimütze mit Ohrenklappen, auch im Hochsommer.

Ich verfaßte während dieser Zeit neben einigen anderen Arbeiten die Abhandlung „Aristotle on Self-knowledge", wovon ich einen kleinen Abschnitt den Mitgliedern des Institute und des Philosophy Department der Princeton University am 6. Februar 1974 vortrug. Die vollständige Abhandlung erschien im Dezember 1974 in den *Proceedings of the American Philosophical Society*. Es ging bei dieser Untersuchung, deren Ergebnisse ich in meinem Vortrag behandelte, um Aristoteles' Lehre vom Unbewegten Beweger, dem im System des Aristoteles höchsten und vollkommensten Seienden, dem *ens perfectissimum*. Diesmal aber ging es nicht um den Beweis von dessen Existenz, sondern um die Frage, was denn der Unbewegte Beweger, den Aristoteles als einen reflexiven Denkprozeß definiert, nun eigentlich und tatsächlich denkt (was also der Inhalt seines Denkens ist): entweder den Kosmos und dessen immanente Strukturen oder nur sich

selbst in reiner Anschauung – ein seit zweieinhalbtausend Jahren un-
gelöstes Problem, dessen Auflösung ich mit Hilfe der Logik der Relationen, zu der es Anfänge bei Aristoteles selbst gibt, meine zeigen zu
können. Cherniss war der erste, den ich von meiner Lösung überzeugte.

Andere Untersuchungen während der Zeit am Institute bezogen
sich auf meine Kommentierung der *Kategorienschrift* des Aristoteles,
die mich schon seit meiner Studienzeit in Marburg bei Klaus Reich
beschäftigte. Eine Reihe der hier anstehenden Fragen konnte ich ebenfalls mit Harold Cherniss erörtern. Ein weiterer glücklicher Umstand
war, daß sich zu jener Zeit am Institute auch Lorenzo Minio-Paluello
aus Oxford aufhielt, der die Edition des griechischen Textes der *Kategorienschrift* besorgt hatte, erschienen in Oxford 1949. Ich konnte
also auch Minio-Paluello konsultieren. Desgleichen waren Gespräche
mit Michael Frede, der 1961 noch als Student in Hamburg meine
Vorlesung über Descartes gehört hatte und 1973 als Gastprofessor an
der Princeton University weilte, heute in Oxford lehrt, nützlich.

Das Institute for Advanced Study in Princeton erlebte ich als die
optimale Verwirklichung der Idee einer Gemeinschaft von Wissenschaftlern. Ich hatte bis dahin so etwas noch nicht erlebt und hielt
infolgedessen so etwas auch nicht für möglich unter den Bedingungen
der Welt, in der wir leben (müssen). Eingebettet in eine der schönsten
landschaftlichen Regionen von New Jersey, auf traditionsreichem
Boden des amerikanischen Bürgerkrieges und früher Siedler der Pio-
nierzeit, liegt das Institute auf einem weiten, parkartig angelegten
Gelände. Form, Funktion und Zweckbestimmung des Institute hat
vielleicht niemand besser beschrieben als der Physiker J. Robert Oppenheimer, der, nachdem er von 1943-45 das Atombombenprojekt der
Vereinigten Staaten in Los Alamos wissenschaftlich geleitet hatte, von

1947-66 Direktor des Institute in Princeton war. Bei meinem Besuch bei Harold Cherniss 1962 in dessen Office begegnete ich Oppenheimer. Er erzählte mir beiläufig von seiner Promotion als Dreiundzwanzigjähriger in Göttingen 1927 und sagte zum Schluß: „Those were other times". J. Robert Oppenheimer schreibt in seinem Vorwort zu dem Jubiläumsband, der aus Anlaß des fünfundzwanzigjährigen Bestehens des Institute 1955 erschien: „The immediate effects of the Institute's work are in knowledge and in men. The new knowledge and the ideas find their way into the worldwide communities of science and scholarship, and the men take their part throughout the world in study, in teaching, in writing and in discovering new truth. History teaches – and even the brief history of the Institute confirms – that new knowledge leads to new power and new wisdom, and alters the destiny and heightens the dignity of man. The new knowledge itself is disseminated in many ways – through lectures and seminars and intimate conversation, through letters and syllabi and notes. But the primary and the formal and the decisive means is publication, which is for the scholar both the definitive act of formulation, and the performance of his duty to his colleagues and to the world of science and of man. It has thus seemed appropriate to mark this anniversary by a record of what the members of the Institute have published, a literal record of the Institute's primary work. What has come of these ideas, what has become of the men who have held them or discovered them, how these have molded the present and the cast of the future, later historians may discover."[1]

Dieses großartige Plädoyer Oppenheimers für die freie wissenschaftliche Forschung, die freie wissenschaftliche Publikation und für

---

[1]   In: „A Community of Scholars. The Institute for Advanced Study. Faculty and Members 1930-1980". Published by the Institute for Advanced Study Princeton, New Jersey. Princeton University Press 1980, S. XII.

das Junktim von Wissen und Macht ist völlig frei von jenem hasenfüßigen deutschen Muckertum und jenem im Grunde wissenschaftsfeindlichen deutschen Kulturpessimismus, garniert mit einem gehörigen Schuß Antiamerikanismus, der immer dazugehört. Was ich in meiner Zeit am Institute in Princeton neben den anderen Vorzügen regelrecht genoß, war die Abwesenheit all jener künstlich gepflegten Katastrophenmythen, mit denen die Menschen in Deutschland am aufrechten Gang gehindert werden.

George F. Kennan – der Mann, der Stalins Europapolitik stoppte

Seit meiner Ankunft am Institute in Princeton lag mir an einer Begegnung mit George F. Kennan, der seit 1956 *Permanent Member* der School of Historical Studies des Institute war. Der Diplomat und Historiker George F. Kennan, Jahrgang 1904, einem ländlichen Milieu der amerikanischen Ostküste entstammend, hatte an der Universität in Princeton studiert und wurde im diplomatischen Dienst der Vereinigten Staaten von Amerika über Stationen im Baltikum zum führenden westlichen Rußlandexperten, dessen große Stunde kam, als er während des Krieges in Moskau stationiert war. 1952 wurde er amerikanischer Botschafter in Moskau. Früher als andere erkannte er im Krieg, daß die Anti-Hitler-Koalition nicht halten würde und Rußland daranging, den europäischen Kontinent zu beherrschen. Für die amerikanische Regierung konzipierte er den Plan, der die westdeutsche Bevölkerung nach dem Krieg vor Verelendung und Hungersnöten bewahrte; es war der Plan, der dann unter dem Namen des damaligen US-Außenministers George C. Marshall in die Geschichte eingegangen ist. Aber der Vater dieses Planes war George F. Kennan. In der Zeitschrift *Foreign Affairs* im Juli 1947 schrieb Kennan, der damals Planungschef des State Department war, einen Aufsatz „The Sources of Soviet Conduct", der sofort die Aufmerksamkeit der politischen Elite in Amerika auf sich zog und das politische Denken der Nachkriegszeit äußerst wirkungsvoll beeinflußte. Kennan trat in diesem stark beachteten Aufsatz für eine Strategie der ‚Eindämmung' (*containment*) der Sowjetmacht ein, was dazu führte, daß der Ausdruck ‚*containment*' im folgenden Jahrzehnt zum geflügelten Wort des politischen Vokabulars wurde. Kennans Konzeption der Eindämmung der Sowjetmacht war ganz wesentlich mit Veranlassung dafür, daß die amerikanische Regierung so bald nach dem Krieg ihre Deutschlandpolitik entwarf, die dann *nolens volens* ein Element der harten Konfrontation und des Kalten Krieges wurde, der die Weltpolitik jahrzehntelang bestimmte. Kennans Aufsatz von 1947, den er übrigens nicht mit seinem Namen gezeichnet hatte, sondern mit „Mr. X", obwohl er sehr schnell als der wirkliche Autor erkannt wurde, hat ihn weltberühmt gemacht. In Moskau war er 1952 als Botschafter natürlich *Persona non grata* und wurde von Stalin ausgewiesen, weil er öffentlich die Verhältnisse in der Sowjetunion mit jenen in Nazi-Deutschland verglich. Nicht viel anders erging es ihm wenige Jahre später als amerikanischer Botschafter in Belgrad. Er wurde dann als Professor für ‚Diplomatic History' an das Institute for Advanced Study in Princeton berufen, war daneben aber weiterhin in Washington D.C. als Ratgeber viel gefragt. Er ist der Autor bedeutender Standardwerke zur politischen Geschichte des 20. Jahrhunderts. Herausragend in bezug auf die Geschichte Deutschlands sind seine Analysen des Niedergangs des Bündnissystems Bismarcks und seine Ursachenforschung zur Auslösung des Ersten Weltkrieges. Seine Antwort auf diese viel erörterte Frage weicht von dem Mainstream der Historiker ab, ist originell und hat viel für sich. Seine Sicht der Dinge, kurz gesagt, sieht so aus: die Russen hatten es auf die Zerstörung Österreich-Ungarns abgesehen, die Franzosen auf die Rückgewinnung von Elsaß und Lothringen. Deutschland und Österreich-Ungarn verteidigten den Ist-Zustand Europas. England gelang es nicht mehr, das europäische Gleichgewicht zu bestimmen, ergriff in seiner Not selbst Partei und gab damit seine überlegene Rolle gegenüber den europäischen Mächten auf. Dann kam die Katastrophe, ausgelöst durch einen zufälligen Anlaß, nach dem alle schon lange gesucht hatten, ohne ihn zu finden, nämlich das Attentat von Sarajevo am 28. Juni 1914, das über die Julikrise zum Ausbruch des Krieges führte. Diese Erklärung klingt sehr viel plausibler als die These unseres Hamburger Historikers Fritz Fischer von Deutschlands *Griff nach der Weltmacht. Deutsche Kriegszielpolitik 1914/18* von 1961, eine These, die heute nur noch von denen geglaubt wird, die aus ideologischen Gründen daran glauben wollen. Fritz Fischers Argumentation zugunsten der These seines Buches, das damals in der linken Szene der deutschen Intellektuellen ein nachhaltiges Echo fand, ist ein eklatantes Beispiel für das Buch eines professionellen Schreibtischhistorikers, der von der Politik, und wie sie gemacht wird, keine Ahnung hat.

Als ich 1973 an das Institute in Princeton kam, hatte ich George Kennans *Memoirs* (1967), in der deutschen Ausgabe von 1968 *Memoiren eines Diplomaten* gelesen. Darin hatte mich unter anderem, aber ganz besonders, seine Schilderung der Person Stalins beeindruckt. Da ich zwanzig Jahre vorher in Kurt Riezler einen Augenzeugen Lenins als Gesprächspartner gehabt hatte, den ich nach dem Menschen Lenin befragen konnte, wollte ich mir nicht die Gelegenheit entgehen lassen, in George Kennan einen Augenzeugen Stalins über dessen Eindrücke zu hören. Ich möchte dem Leser das Porträts Stalins von George Kennan, zumal es trotz seiner Tiefenschärfe und physiognomischen Prägnanz relativ kurz ist, nicht vorenthalten und rücke es daher hier ein:

„An dieser Stelle scheint mir ein Wort über Stalin angebracht. Die persönliche Begegnung mit einem Mann der Öffentlichkeit vermittelt natürlich einen anderen – und viel weniger klaren – Eindruck als ein gründliches Studium seiner Laufbahn. Über den Staatsmann Stalin habe ich an anderer Stelle gesprochen. Hier ein paar Bemerkungen zu seiner Person:

Von Gestalt war er gedrungen und ziemlich kurz, weder besonders dick noch dünn, aber eigentlich eher schlank. Sein eckig geschnittener Rock schien immer ein wenig zu groß für ihn; man spürte den Wunsch, die Schmächtigkeit der Gestalt zu korrigieren. Die Gesichtszüge, grob, aber gutgeschnitten, deuteten auf ruhige, gesammelte Kraft. Die Zähne waren verfärbt, der Schnurrbart ungepflegt und zottig. Das gab ihm, zusammen mit der pockennarbigen Haut und den gelben Augen, das Aussehen eines alten, kampferprobten Tigers. Sein Benehmen, wenigstens uns gegenüber, war einfach, ruhig und unaufdringlich. Er war nicht auf Wirkung aus. Er machte wenig Worte. Meist klangen sie vernünftig und verständig; sie waren es auch oft. Ein uneingeweihter Besucher hätte nie erraten, welche Abgründe von Berechnung, Ehrgeiz, Machtgier, Eifersucht, Grausamkeit und hinterlistiger Rachsucht hinter dieser unauffälligen Fassade lagen.

Stalins Verstellungskunst war ein wesentlicher Teil seiner Größe als Staatsmann, genau wie seine Gabe, sich simpel, einleuchtend und scheinbar völlig harmlos auszudrücken. Obwohl völlig unoriginell im schöpferischen Sinne, war er immer ein außerordentlich gelehriger Schüler gewesen. Er besaß ein unglaublich entwickeltes Beobachtungs- und, wenn es ihm paßte, auch Nachahmungstalent (und wenn er seine Lehrmeister anschließend umbrachte, was er meistens tat, dann war das im Grunde ein Zeichen seiner Hochachtung). Gleichzeitig war er natürlich selbst ein großer, wenn auch fürchterlicher (teilweise gro-

ßer, weil fürchterlicher) Lehrmeister der Politik. Das Allereindrucks-
vollste an ihm aber war seine unerhörte, diabolische Geschicklichkeit.
Einen größeren Meister in der Kunst der Taktik hat es in der Neuzeit
noch nicht gegeben. Die unauffällige, ruhige Fassade, so unschulds-
voll entwaffnend wie der erste Zug des Schachweltmeisters, war Teil
dieser genialen, beängstigenden taktischen Überlegenheit.

Kollegen, die ihn öfter sahen als ich, haben berichtet, daß sie gelegentlich auch andere Seiten an ihm beobachten konnten: das Auf-
leuchten der gelben Augen in einem Anfall von Wut und Drohung,
wenn er sich zwischendurch an irgendeinen unglückseligen Untergebenen wandte; die teuflische Freude am Quälen, die bei den großen
Diplomatenessen der Kriegszeit aus den höhnischen Trinksprüchen
klang, mit denen er seine Untergebenen in Anwesenheit der Ausländer
demütigte, nur um seine Macht über sie zu zeigen. Ich selbst habe
solche Dinge nicht erlebt. Aber als ich ihm zum erstenmal begegnete,
war ich schon lange genug in Rußland, um einigermaßen Bescheid zu
wissen. Doch zweifelte ich während meiner Besuche keinen Augenblick daran, daß ich einen der bedeutendsten Männer dieser Erde vor
mir hatte – groß vor allem im Bösen, wenn man so will: unbarmher-
zig, schamlos, gerissen, unendlich gefährlich; und bei alledem: einen
der wahrhaft Großen unserer Epoche."[1]

Obwohl ich schon im September 1973 in Princeton angekommen
war, traf ich George Kennan im Institute erst Anfang 1974, da er längere Zeit verreist war. Ich kannte ihn bis dahin nicht persönlich. Als
ich eines Tages in die Cafeteria des Institute ging, waren alle Tische
besetzt, als ich mit dem Tablett in der Hand einen Platz suchte.
Schließlich erspähte ich noch einen freien Platz an einem Tisch, an
dem ein älterer Herr saß. Er winkte mich, als er mich sah, freundlich

---

[1] Aus: George F. Kennan, *Memoiren eines Diplomaten*, Stuttgart 1968, S. 282 f.

heran, und ich nahm dankend Platz. Wir kamen dann ins Gespräch, und ich begriff bald, mit wem ich es zu tun hatte. Als er hörte, daß ich aus Hamburg sei, fragte er mich, ob ich die Gräfin Dönhoff kenne. Damit konnte ich nun nicht dienen. Außerdem paßte mir in jenen Jahren die politische Ausrichtung der Wochenzeitung DIE ZEIT überhaupt nicht, die die Gräfin maßgeblich bestimmte. Die Gräfin und ich hatten uns einmal auf dem Hamburger Flughafen Fuhlsbüttel in einer Lounge morgens um 7 Uhr eine halbe Stunde lang in einem Abstand von höchstens sechs Metern alleine und schweigend gegenübergesessen, als wir auf den Abflug warteten. Uns trennten Welten. Wir kannten uns nur von Photos in der Presse. Mein Konterfei ging im Zusammenhang mit den Studentenkrawallen in Hamburg im Sommer 1969 fast täglich durch den Blätterwald. Ich spürte auch deutlich, daß sie wußte, wer ich war. So etwas fühlt man. Wir verharrten in konstantem Schweigen. Ich war wohl nicht ganz nach ihrem Geschmack, hatte ich den Eindruck. Sie war von ihrer ostelbischen Gutsherrinnenzeit her an vorauseilende Devotion gewöhnt. Als Rheinländer liegt mir dergleichen gar nicht. In ihr Redaktionsteam aufgenommen zu werden, hätte ich deshalb wohl nie eine Chance gehabt. Ich sagte also George Kennan auf seine Frage wahrheitsgemäß, daß ich sie nicht kenne. Ich wußte, daß die Gräfin und Kennan befreundet waren. Marion Gräfin Dönhoff, die Journalistin, führte einen prominenten Gesprächszirkel an, zu dessen diskreten Treffen auch Helmut Schmidt, Carl Friedrich von Weizsäcker, der Bankier Alwin Münchmeyer, der Erste Bürgermeister von Hamburg Herbert Weichmann und andere Honoratioren regelmäßig erschienen, meist im Wohnzimmer der Gräfin, wie der Altbundeskanzler Helmut Schmidt zu berichten weiß[1], versicherten sich gegenseitig der hanseatischen Partnerschaft und machten sich

---

[1] Helmut Schmidt, *Weggefährten*, Berlin 1996, S. 143.

unter anderem über die rheinische Frohnatur Konrad Adenauer und über den in ihren Augen Gottseibeiuns Franz Josef Strauss Luft. Mir genügte, daß ich mich jede Woche nach Erscheinen der ZEIT, in der ein muffiger Altmarxismus dominierte, über die gräflichen Anbiederungen an den linken Zeitgeist ärgern mußte. Die von ihren Gefolgsleuten und Bewunderern ihr nachgerühmte sogenannte Charakterstärke war nichts anderes als der in Kreisen des Adels extraordinär stark ausgebildete Hang zum Überleben durch Anpassung. Auch ich schätze diese Fertigkeit, aber ich bin weit davon entfernt, darin einen sittlichen Wert, eine Tugend zu sehen. Menschen dieser Prägung fühlen sich, so meine Erfahrung, in meiner Gegenwart, von Ausnahmen abgesehen, unwohl, und es befällt sie ein Gefühl, das man in der englischen Sprache *uneasiness* nennt. Vor diesem Gefühl versagt ihre Verstellungskunst, was meine psychologische Erkenntnisarbeit immer bedeutend erleichtert hat.

Im Laufe des Gespräches mit George Kennan vereinbarten wir einen Termin für ein weiteres, längeres Gespräch am 30. Januar 1974, wieder in der Cafeteria. Nach diesem zweiten Gespräch fertigte ich mir eine Notiz auf einem Briefbogen des Institute als Erinnerungsstütze an. Bei der Vorbereitung dieses Buches hier holte ich jetzt diese Notiz nach dreißig Jahren hervor und las sie zum ersten Mal seit jener Zeit wieder durch. Sie lautet: „NOTIZ. 30. Januar 1974. Ich habe heute in der Cafeteria des Institute mit George F. Kennan geluncht. Wir waren hinterher allein. Gesprächsthemen waren: seine Begegnungen mit Stalin, der Korea-Krieg, die Person General MacArthurs, Elemente der politischen und militärischen Beziehung zwischen USA und UDSSR, der strategische Fehler Hitlers, der darin bestand, bei seinem Angriff auf Rußland nicht sofort Moskau im Direktgang zu erobern. Fehler Roosevelts bei den Verhandlungen mit Stalin in Jalta.

Der Einfluß des Byzantinischen Herrscherkultes auf das Zarentum; Nachwirkungen im kommunistischen Rußland: Ikonen – Herrscherbilder – Politische Propaganda – Absolutismus; Theologie und Ideologie. Für mich am interessantesten war seine politische Einschätzung der Lage in Westdeutschland. Er sieht für die nächsten Jahrzehnte keine direkte Bedrohung aus dem Osten. Die eigentliche Gefahr für Westdeutschland seien die Westdeutschen selber. Die geistige und moralische Instabilität der jüngeren Generationen sei die größte Gefahr für das Überleben dieses Staates. Er könnte sich die Stimmung und das Verhalten großer Teile der Jugend in Westdeutschland nur durch ein Versagen und durch Fehler der älteren Generationen nach dem Zweiten Weltkrieg erklären. Keinen Mut zur Autorität nach den Nazijahren." Mehrere Stunden waren inzwischen während unseres Gespräches vergangen. Wir waren schon lange die einzigen, die noch in der Cafeteria saßen.

Als wir uns schließlich vor der Fuld Hall des Institute am Haupteingang voneinander verabschiedeten, war es schon später Nachmittag. Es war ein herrlicher, sonniger Wintertag. George Kennan ging auf der langen Straße vor dem Institute in Richtung Olden Lane. Im Schatten einer Platane stehend, sah ich diesem bedeutenden Mann sinnend nach, bis er meinem Blick entschwunden war. Er ging seinen Weg kerzengerade, so wie sein Charakter war, aufrecht, geradeaus, einfach, ohne alle Verzierung und Prätention, unbekümmert um den äußeren Schein, eigensinnig, ähnlich einem alten Bauern, der über sein Feld geht, so schritt er aus, ohne jedes Falsch, ein wahrhaftiger Patriot, ein ordnungsliebender Konservativer, ein Humanist der alten Schule. Mehr als sein Bild, das er sich von Stalin gemacht hatte, beschäftigte mich in diesen Minuten, in denen ich ihm nachblickte, die Frage, was für ein Bild sich wohl Stalin von diesem aufrechten und grundehrlichen Amerikaner gemacht hat, sooft er mit ihm zu tun hatte. Ich glaube nicht, daß Menschen wie Stalin Menschen wie Kennan als einfältig verachten; vielmehr glaube ich, daß sie mit ihrer machtorientierten Sensibilität durchaus das ganz Andere in Menschen wie Kennan sehr genau erkennen und sogar vor sich selbst anerkennen, ohne das allerdings jemals ihre Umgebung merken zu lassen. Sie sehen das Andere ihrer selbst klar vor sich, das sie selbst nicht sein können, weil ihre Lebensbedingungen und geschichtlichen Voraussetzungen andere waren und andere sind. Kennan war es, der sich 1967 im Auftrag der amerikanischen Regierung der in Amerika Asyl suchenden Stalintochter Swetlana annahm. An so etwas, so steht zu vermuten, hat Stalin bestimmt nicht gedacht, wann immer sein Blick im Kreml auf George F. Kennan fiel. George F. Kennan ist ein Historiker, der nicht nur dicke Bücher von bleibendem Wert geschrieben, sondern auch selbst Geschichte gemacht hat. Darin gleicht er Kurt Riezler, obgleich dessen politisches Handeln vor, im und nach dem Ersten Weltkrieg anders als das konzeptionelle Handeln George F. Kennans nicht immer das helle Licht der Öffentlichkeit erreicht hat.

In dem Augenblick, da George Kennan nach unserer Verabschiedung meinem sinnenden Blick entschwunden war, dachte ich an das, was mir zwanzig Jahre vorher Kurt Riezler von seinen Erlebnissen als deutscher Botschafter in Moskau erzählt hatte. Wieviel vitaler, realistischer, geschichtsmächtiger und überzeugender nahmen sich für mich doch die Berichte des Erlebten dieser beiden Männer aus als die konjunkturbedingten Wolkenschiebereien unserer Nachkriegshelden und -heldinnen in Deutschland nach dem Untergang Hitlers.

Die Gespräche mit Riezler und Kennan haben mich in meiner Auffassung darüber bestärkt, was die sogenannten Titanen der Menschheitsgeschichte wie Lenin, Stalin, Hitler, Mao und andere dergleichen eigentlich zu dem macht, was sie sind. Man wird immer wieder auf die vier gleichen Faktoren geführt: (1) Eine überragende, primär intuitive Intelligenz; (2) eine außergewöhnliche Willensstärke; (3) eine absolute Amoralität, mit der sie sich außerhalb des Gesetzes stellen und nur aus Gründen der Opportunität sich legalistisch geben, was ihnen von vornherein ihre Überlegenheit über die Mehrheit aller rechtschaffenen, redlich denkenden und gesetzestreuen Menschen verschafft; (4) ein gesellschaftliches Umfeld, in dem aus Feigheit niemand den Mut hat, sie von vorne oder von hinten einfach zu erschießen und anschließend sich selbst. Diesem Mangel an Zivilcourage ist es zuzuschreiben, daß die meisten dieser Titanen im Bett sterben oder erst durch eigene Hand. Auch der Aufstieg vieler dubioser Politiker in parlamentarischen Demokratien verdankt sich allein dem Umstand, daß ihnen im Parlament niemand mutig in die Parade fährt und das Handwerk legt. So kommt es leider immer wieder zu der traurigen Erscheinung, daß gebildete Großbürger und Angehörige der Oberschicht sich von ehemaligen Straßenkämpfern und Steineschleuderern regiert sehen, weil sie selbst sich für das ‚schmutzige Geschäft' der Politik zu fein sind. Die schreckliche Hilflosigkeit beispielsweise hoher Generale, Diplomaten, Bankiers, Industrieller, Wissenschaftler und Geistlicher auch und gerade im persönlichen Umgang mit Hitler, wovon übereinstimmend berichtet wird, ist doch der Beweis einer erbärmlichen Weltfremdheit und Menschenunkenntnis dieser sozialen Schicht, wovon natürlich der skrupellose Hitler gänzlich frei war. Das muß keineswegs zwangsläufig so sein, sondern war speziell in Deutschland nur möglich geworden durch einen pseudobürgerlich verkürzten und deformierten Begriff dessen, was wahre Bildung ihrem Wesen nach ist und zu sein hat, gemessen an ihren antiken Vorbildern. Ein Alexander, ein Hannibal, ein Catilina, ein Sulla, ein Caesar, ein Cicero wären auf einen Hitler nicht hereingefallen. Noch Napoleon hätte ihn in einem Frühstadium einfach erschießen lassen, so wie er den Herzog von Enghien in einem Festungsgraben bei Morgengrauen erschießen ließ. Das war vielleicht ein Fehler, wie Talleyrand feinsinnig meinte, aber die Erschießung Hitlers wäre kein Fehler gewesen. Bildung muß nicht identisch sein mit bürgerlicher Feigheit. Das ist nur ein deutsches Vorurteil. Je gebildeter, desto feiger – das jedenfalls scheint die Devise gewesen zu sein, nach der Hitler die deutsche Elite einschätzte und entsprechend behandelte. Sein Erfolg schien diese Einschätzung zu bestätigen. Der deutsche Widerstand gegen Hitler formierte sich erst zu einer halbwegs handlungsfähigen Gruppe, als man sah, daß man sich getäuscht hatte und sich gemeinsam mit Hitler auf einem untergehenden Schiff befand. Nicht nur die deutsche Nation war eine verspätete, der deutsche Widerstand war es auch. Die nachträglichen Begründungen und Entschuldigungen für diese Verspätung des Widerstandes sind nur Ausreden aus dieser historischen Peinlichkeit.

Morton G. White als mein Wegweiser in die richtige Richtung

Wenige Wochen nach meiner Ankunft im Institute suchte ich Morton G. White in seinem Office auf. Er war Professor für Philosophie und Amerikanische Geistesgeschichte und war vor seiner Berufung nach Princeton an der Harvard University Professor gewesen. Er war genau der richtige Mann für die Auskunft, die ich haben wollte. Ich erhielt sie von ihm sofort. Darüber gleich mehr.

Meine erste Publikation über den Begründer der amerikanischen Philosophie des Pragmatismus, Charles Sanders Peirce, war 1968 im Verlag Vittorio Klostermann in Frankfurt a.M. erschienen. Es handelte sich um meine Übersetzung, mit Einleitung und Kommentar versehen, jener Schrift von Peirce, die man die Geburtsurkunde der Philosophie des modernen Pragmatismus nennt: „How to Make Our Ideas Clear" von 1878. Ich ließ sie in der deutschen Übersetzung erscheinen unter dem Titel *Über die Klarheit unserer Gedanken*. Mein englischer Schüler und Freund Edward Craig aus Cambridge, der Mitte der sechziger Jahre bei mir in Hamburg studierte und seit seiner Schulzeit ausgezeichnet deutsch spricht, half mir bei der Übersetzung. Dank seiner Assistenz ist sie bis heute die beste Übersetzung dieser Schrift ins Deutsche.

Die Auskunft, die ich von Morton White erbat, war, wie ich am besten mit den amerikanischen Philosophen Kontakt aufnehmen könnte, die auch über Peirce arbeiteten. „Das ist ganz einfach", erwiderte er. „Die Peirce Society trifft sich am 26.-28. Oktober 1973 in Milford, Pennsylvania, einem kleinen Ort, wo Peirce die letzten Jahrzehnte seines Lebens gelebt hat. Ich gebe Ihnen eine Empfehlung an Max mit, der das Treffen leitet." Wer „Max" war, erfuhr ich dann später in Milford. „Max" war Professor Max H. Fisch, der Initiator der modernen Peirceforschung und der bis heute größte Peirce-Experte.

Morton Whites Hinweis auf das Treffen der Peirce Society in Milford, Pennsylvania, war für mich ein Glücksfall – einen Monat nach meiner Ankunft in Princeton im September 1973. Denn dort waren die sogenannten Peirce People aus ganz Amerika an einem Ort versammelt, und ich hatte so kurz nach meiner Ankunft die Gelegenheit, sie in einer relativ frühen Phase meiner Beschäftigung mit Peirce persönlich kennenzulernen. Viele von ihnen leben heute nicht mehr, wie auch Max Fisch, der 1998 achtundneunzigjährig starb.

Nach einer langen Autofahrt entlang der alten Dutch Road, die einst die holländischen Siedler genommen hatten, von Princeton, New Jersey, nach Milford, Pennsylvania, kam ich an einem herrlichen

Spätoktobertag dort an. Wer jemals den sogenannten Indian Summer in Amerika erlebt hat, jenes eigentlich jahreszeitwidrige warme Wetter im späten Oktober und November im Osten der Vereinigten Staaten mit wolkenlosem weißblauen Himmel und einer zauberhaften, phantastischen Verfärbung des Laubs der Bäume und Sträucher, in einer Intensität der Farben, wie wir sie in Europa so nicht kennen, der weiß, wovon ich rede. Hier in der Einsamkeit der Wälder des nordöstlichen Pennsylvaniens lebte Peirce (gemäß der Familientradition spr.: pörß) von 1887 bis zu seinem Tod 1914.

Wer war Charles Sanders Peirce?

Er ist der größte Philosoph, den Amerika hervorgebracht hat. Er wurde 1839 in Cambridge, Massachusetts, geboren, wo sein Vater Benjamin Peirce an der Harvard University Professor für Mathematik war. Mit diesem begann die mathematische Forschung in Amerika, die er sogleich zu international beachteter Höhe führte. Von seinem Vater erhielt Charles bereits als Kind eine mathematische Ausbildung, die begleitet war von Übungen zur Konzentration und zur Schärfung des Unterscheidungsvermögens. 1855 trat er in das Harvard College ein und studierte Mathematik und Naturwissenschaften, Philosophie sowie neue und alte Sprachen. Er las später griechische und lateinische Texte im Original. Seine Lehrtätigkeit begann er 1864 am Harvard College mit einem Lehrauftrag für Logik und Geschichte der Logik. Er hatte eine Mitarbeiterstelle beim United States Coast and Geodetic Survey, dem staatlichen Vermessungsdienst zur Bestimmung der Erdgestalt und der Erdschwere sowie zur Erstellung von Land- und Seekarten, der zu jener Zeit wichtigsten Forschungseinrichtung der Vereinigten Staaten von Amerika auf dem Gebiet der

Naturwissenschaften, mit großer Bedeutung auch für die industrielle Entwicklung des Landes. Dieser staatlichen Institution des amerikanischen Vermessungsdienstes gehörte Charles Peirce bis 1891 an. In ihrem Auftrag führte er auf zahlreichen Reisen nach Europa an verschiedenen Orten Pendelversuche durch und nahm als amerikanischer Delegierter an internationalen Geodätischen Konferenzen teil.

Im Herbst 1877 fuhr er zum dritten Mal nach Europa, um an der Geodätischen Konferenz in Stuttgart teilzunehmen. Mit dieser dritten Europareise hatte es für den philosophischen Schriftsteller Peirce eine ganz besondere Bewandtnis, die sich philosophisch als außerordentlich folgenreich erweisen sollte. Während der Schiffsreise über den Atlantik verfaßte er die Abhandlung, die heute als die schon erwähnte Geburtsurkunde des Pragmatismus gilt und unter dem Titel „How to Make Our Ideas Clear" 1878 in der Zeitschrift *The Popular Science Monthly* erschien. Unter dem Datum vom 2. November 1877 schreibt Peirce seiner Mutter: „Auf der Reise nach Europa waren wir in der Ersten Klasse nur fünf Passagiere: zwei Damen, beide allein, und drei Herren, ebenfalls allein. Einer der Herren war während der ganzen Reise krank. Der andere widmete sich den Damen. Daher hatte ich den Rauchsalon für mich und machte meine Untersuchungen". Man sieht, Mr. Peirce liebte es komfortabel, und dafür war er, auch wenn er knapp bei Kasse war, bekannt.

Als Ausgangspunkt seiner Überlegungen, die ihn zu der Philosophie des Pragmatismus führten, wählte er die Frage, wie wir dazu gebracht werden, eine Aussage für wahr zu halten, mit anderen Worten, wodurch in uns der Zustand des Zweifelns durch den Zustand des Für-wahr-Haltens (*belief*) abgelöst wird. Die Untersuchung verschiedener Methoden der Meinungsbildung führte Peirce schließlich zur Methode der Wissenschaft, deren Prinzipien die intersubjektive Überprüfbarkeit, die Revidierbarkeit und die Vorläufigkeit aller Ergebnisse sind. Es gibt viele Möglichkeiten, zu Meinungen zu kommen, aber die einzige Möglichkeit, zu einer vernünftig begründbaren, allgemein kontrollierbaren und allein durch den Aufweis der Fakten gewaltlos erzwungenen Zustimmung und Übereinstimmung der Menschen zu kommen, ist für Peirce die wissenschaftliche Methode, die er auch die experimentelle Methode nennt.

Meinungen bestimmen unser Handeln, und deshalb ist das, was wir für wahr halten, handlungsrelevant. Die Verbindung von Denken und Handeln, von Theorie und Praxis, die im Zentrum des von Peirce konzipierten Pragmatismus steht, wurde zwar nicht von ihm zuerst entdeckt, aber die Art und Weise, wie er sie zum Dreh- und Angelpunkt seiner Philosophie macht, war neu. In seiner Schrift „How to Make Our Ideas Clear" erfährt der Grundgedanke seiner pragmatistischen Philosophie seine erste klassische Formulierung in der These, daß der allein zureichende Grund jeder wichtigen Unterscheidung des Denkens in dem liegt, was sich als praktisch relevant erweist. Der Unterschied der Bedeutung besteht in einem Unterschied der Praxis. Das heißt, wir besitzen einen klaren Begriff einer Sache, wenn wir die Wirkungen dieser Sache kennen, mithin die Sache an ihren Wirkungen erkennen. Das ist die Quintessenz seiner in „How to Make Our Ideas Clear" formulierten *Pragmatischen Maxime.* Was diese Maxime regelhaft ausdrückt, steht systematisch mit der Peirceschen Zeichentheorie in engster Verbindung, denn die wahrnehmbaren Wirkungen einer Sache sind die Zeichen, an denen sie erkannt wird. Da das Überzeugtsein von einem Satz aufgrund von Erfahrungsdaten kein absolutes sein kann, sondern die Intensität von Überzeugungen verschieden ist, muß die Wahrscheinlichkeit bestimmt werden, und das führt zu der Frage, was Wahrscheinlichkeit ist und wie der Unterschied zwischen Graden der Wahrscheinlichkeit definiert werden kann. Diesen und verwandten Problemen geht Peirce in weiteren Untersuchungen nach.

Im Jahre 1879 erhielt Peirce eine Stelle als Dozent für Logik an der Johns Hopkins University in Baltimore, mit der Aussicht auf eine Professur. Mit größtem Erfolg übte er seine Lehrtätigkeit aus. Unter seinen Schülern waren spätere Berühmtheiten wie John Dewey, Fabian Franklin, Joseph Jastrow, Christine Ladd-Franklin, Allan Marquand, O. M. Mitchell, Josiah Royce, William Story. Einige seiner ehemaligen Studenten veröffentlichten nach seinem Tod ihre Erinnerungen an den Lehrer in einem Peirce-Sonderheft des *Journal of Philosophy, Psychology, and Scientific Methods* (1916) unter dem Titel „Charles S. Peirce at the Johns Hopkins". In Dankbarkeit und mit Bewunderung gedenken die Schüler ihres Lehrers, für den jene Jahre als Forscher und Lehrer besonders erfolgreich waren.

In den Publikationen dieser Zeit finden vor allem logische und mathematische Untersuchungen ihren Niederschlag. 1880 publizierte er im *American Journal of Mathematics* die Abhandlungen über die Algebra der Logik. Eine Fortsetzung dieser Abhandlung erschien 1885. Zu den wichtigsten Erträgen seiner logischen Algebra gehört die Entwicklung der Logik der Relative und die Einführung der Quantoren in die Logik, die Gottlob Frege (1848–1925) etwa um dieselbe Zeit vornahm. Viele der Peirceschen Neuerungen und Entdeckungen wurden allerdings erst mit erheblicher zeitlicher Verzögerung von der Fachwelt zur Kenntnis genommen. Bochenski notiert in seinem Werk *Formale Logik* (1956), daß Peirce in seiner Zeit nahezu unbemerkt geblieben sei, und vergleicht ihn mit Gottlob Frege, dem es auch nicht viel besser ergangen sei. Bochenski stellt in seiner Darstellung der Entwicklung der formalen Logik Peirce in eine Reihe mit Bolzano, De

Morgan, Boole, Peano und Frege und läßt mit Peirce die formallogische Forschung in Amerika beginnen.

Peirce' Lehrtätigkeit an der Johns Hopkins University in Baltimore, die so ertragreich war und so verheißungsvoll verlief, endete abrupt mit einer persönlichen Tragödie, als im Januar 1884 der Vertrag mit ihm von den dafür zuständigen Universitätsgremien in Baltimore ohne Angabe von Gründen nicht verlängert wurde. Die Sache ist bis heute nicht wirklich aufgeklärt. Als die wahrscheinlichste Version gilt heute die, daß die Ursache für die Nichtverlängerung des Anstellungsvertrages von Peirce im Zusammenhang steht mit der Scheidung von seiner ersten Frau Harriet Melusina Fay Peirce am 24. April 1883 und der Wiederverheiratung zwei Tage später am 26. April 1883 mit einer Frau unbekannter nationaler und sozialer Herkunft, Juliette Annette Pourtalai, die Peirce in Frankreich kennengelernt und mit der er seitdem in Baltimore zusammengelebt hatte. Wir befinden uns im Viktorianischen Zeitalter, nicht zu vergessen. Aber nach allem, was wir von dem eigenwilligen, unangepaßten und arroganten Charles Peirce wissen, steht zu vermuten, daß er durch seine Ungeschicklichkeit und sein unkonventionelles Verhalten zu dem Desaster selbst mit beigetragen hat. Wir wissen nichts Genaueres.

Es war die schicksalhafte Wende im Leben des Charles Sanders Peirce. Ein eingelegter Widerspruch nützte nichts, die Rettungsversuche seiner Freunde waren zwecklos. Die Entscheidung der Universitätsverwaltung war endgültig. Er verlor seine Stelle, und es gelang ihm nicht, jemals wieder eine Stelle an einer Universität zu bekommen. Er war erst fünfundvierzig Jahre alt. Als er erkannte, daß seine Hoffnungen auf eine Universitätskarriere aussichtslos waren, zog er 1887 mit seiner zweiten Ehefrau Juliette nach Milford, Pennsylvania, wo sie sich zwei Meilen vor dem Dorf ansiedelten. Hier verbrachte er die Jahre bis zu seinem Tod 1914, angefüllt mit großer wissenschaftlicher, philosophischer und publizistischer Aktivität. Er starb in Armut, wie noch heute die Nachfahren der damaligen Dorfbewohner bezeugen, wenn man sie, wie ich es 1973 getan habe, nach den äußeren Lebensumständen von Charles und Juliette Peirce fragt.

Joseph Jastrow, der Schüler von Peirce aus den Jahren in Baltimore, verfaßte zwei Nachrufe, den einen nach dem Tod von Peirce, den anderen nach dem Tod von Juliette. In beiden Nachrufen gelang es Jastrow, das Wesentliche in Worte zu fassen. Er schrieb: „Ich weiß nicht, ob Herr Peirce eine andere akademische Stelle als die Dozentur für wenige Jahre an der Johns Hopkins University innehatte. Daß das am persönlichen Temperament lag, das wohl schwierig genannt werden darf, sei zugegeben; von der Art ist der Sinn des Genies".[1] Nach dem Tod von Juliette Peirce, zwanzig Jahre später, schrieb er: „Ihre späteren Jahre waren ein pathetischer Epilog zu der Tragödie eines wahrhaft großen Mannes, mit dessen Schicksal sie ihr eigenes in rührender Loyalität verband. Denn es ist eine Tragödie, daß einer, der zur auserwählten Galaxie der meisterhaften Geister zählt, einen so abseitigen, so fast ausgeschlossenen Platz im akademischen Bereich gefunden hat."[2] Was die Persönlichkeit von Charles Peirce betrifft, so war er nach allem, was wir wissen, wohl wirklich für die meisten, die mit ihm zu tun hatten, ein schwieriger Mensch. Auftreten und Verhalten drückten eine geistige Souveränität und gesellschaftliche Unabhängigkeit, ein Freiheitsbewußtsein, aus, was ihm von vielen als Arroganz und Taktlosigkeit ausgelegt wurde. Es wird berichtet, daß er die mit ihm etwa gleichaltrigen Assistenten seines berühmten Vaters wie Domestiken behandelt hatte, die sich später im Leben, als sie in hohen

---

[1] Joseph Jastrow, The Passing of a Master Mind. In: *The Nation*, 14.5.1914.

[2] Joseph Jastrow, The Widow of Charles S. Peirce. In: *Science* 80, Nr. 2081, 1934, S. 440 f.

akademischen Stellungen waren, an ihm rächten. Ganz sicher ist, daß er nicht der Typus des angenehmen Kollegen war. Manche, wie sein Freund William James, hielten ihn in Sachen kultivierter Umgänglichkeit für einen hoffnungslosen Fall. Er neigte zum Jähzorn, war ungeduldig mit Menschen, die nicht sofort begriffen, was er meinte, und er war, obwohl witzig und faszinierend im Vortrag, geistreich und unterhaltsam im Gespräch mit Gleichrangigen, im Grunde ein ungeselliger und einsamer Mensch. Aber so wird man nicht, so ist man geboren.

In den Weihnachtsferien 1914 reiste der spätere Professor für Physik, Victor Lenzen, damals Graduate Student der Harvard University, im Auftrag des Philosophy Department nach Milford. Die Witwe Juliette Peirce hatte das Department in Cambridge, Mass., wissen lassen, daß sie die nachgelassenen Manuskripte und einen Teil der Bücher ihres Mannes der Harvard University übergeben wolle. Victor Lenzen hat seine Winterreise mit dem Pferdeschlitten in dem stimmungsvollen Aufsatz „Reminiscences of a Mission to Milford"[1] geschildert. Mit den in Kisten verpackten Manuskripten (über hunderttausend Blatt) und Büchern trat er am 29. Dezember 1914 die Rückreise nach Cambridge, Mass., an. Von Milford ging es zunächst bis zur sieben Meilen nördlich gelegenen Bahnstation Port Jervis mit einem Pferdeschlitten, von da mit der Eisenbahn nach New York und von New York per Schiff nach Boston. Von dort wurde alles in das Arbeitszimmer von Josiah Royce im Philosophy Department der Harvard University transportiert. Das Jahr 1914, das Todesjahr von Charles Peirce, neigte sich dem Ende zu. Die Geschichte seiner Nachwirkung konnte beginnen. Was ihm in seinem Leben nicht beschieden war, Anerkennung,

---

[1]   Victor Lenzen, Reminiscences of a Mission to Milford. In: *Transactions of the Charles S. Peirce Society*, Vol. 1, 1965, S. 3 ff.

das sollte ihm in reichem Maß von der Nachwelt zuteil werden. Peirce wurde zum Klassiker der Philosophie.

In den Jahren 1931 bis 1935 erschienen die *Collected Papers of Charles Sanders Peirce*, Volumes I-VI, herausgegeben von den damals jungen Assistenten Charles Hartshorne und Paul Weiss, und 1958 noch Volumes VII-VIII, herausgegeben von Arthur W. Burks, Harvard University Press, Cambridge, Mass. Diese Ausgabe, nach systematischen Gesichtspunkten geordnet, war trotz ihrer Mängel eine großartige Leistung der beiden jungen Herausgeber, wenn man bedenkt, daß die über hunderttausend Manuskriptseiten vorher nur ganz oberflächlich gesichtet, mehr ungeordnet als geordnet waren und es noch keinen brauchbaren, orientierenden Katalog zu den handschriftlich verfaßten Konvoluten und Blättern gab, wie später der mustergültig gearbeitete Katalog meines Freundes Richard S. Robin, *Annotated Catalogue of the Papers of Charles S. Peirce* (1967), der die Arbeit bedeutend erleichtert. Die Originalmanuskripte von Peirce befinden sich heute im Handschriftenarchiv der Houghton Library der Harvard University.

Mein Besuch bei den Peirce People in Pennsylvania und die historische ‚ARISBE Conference‘

Als sich die Peirce Society, deren Mitglied ich alsbald wurde, Ende Oktober 1973 in Milford traf, war das nicht irgendein beliebiges Familientreffen der Peirce People. Auf dieser Konferenz ging es vielmehr um die Planung und Organisation einer neuen Peirce-Ausgabe, die den Anforderungen der neuen Peirce-Forschung entsprechen würde, und um die wichtige Frage, ob die neue Ausgabe wieder, wie die *Collected Papers*, systematisch gegliedert oder aber chronologisch angelegt sein sollte. Eine deutliche Mehrheit sprach sich bei der Abstimmung, an der teilzunehmen ich nachdrücklich von allen Mitgliedern aufgefordert wurde, für die chronologische Anordnung aus. Diese Lösung hatte vor allem das Argument für sich, daß die einzelnen Papers nicht unter systematischem Aspekt auseinandergerissen würden, wie das sehr zum Nachteil der Übersichtlichkeit in der alten Ausgabe geschehen war. Anwesend bei der entscheidenden Abstimmung waren von den damals schon namhaften amerikanischen Peirceforschern Richard Bernstein, Thomas Cadwallader, George Clark, Carolyn Eisele, Matthew Fairbanks, Max H. Fisch, John Fitzgerald, Douglas Greenlee, Charles Hardwick, Peter Hare, Carl Hausman, Kenneth L. Ketner, Victor Lowe, David Merrill, Edward Moore, Vincent Potter, Don Roberts, Richard Robin und Richard Tursman.

Für die Durchführung der Editionsarbeit wurde das Institut des *Peirce Edition Project* mit Sitz in der Indiana University in Indianapolis, Indiana, gegründet, dessen erster Direktor der Philosophieprofessor und Vice-Chancellor der Indiana University Edward C. Moore war, ein durch mehrere bedeutende Bücher ausgewiesener Peirce-Kenner. Der erste Band der neuen Ausgabe *Writings of Charles S. Peirce. A Chronological Edition*, erschien 1982. Bisher sind sechs

Bände erschienen. Der letzte Band erschien im Jahr 2000. Die erschienenen Bände dokumentieren Peirce' Werk von 1857 bis 1890. Ich war von Anfang an Mitglied des Advisory Board der neuen Peirce Edition.

Die für die neue Edition konstituierende Konferenz, die im Oktober 1973 in Milford, Pennsylvania, stattfand, ging als die sogenannte ‚ARISBE Conference' in die Geschichte der Peirceforschung ein, nach dem Wohnsitz von Charles und Juliette Peirce in Milford benannt. Charles Peirce hatte diesem Wohnsitz den Namen „Arisbe" gegeben, in Erinnerung an den in Homers *Ilias* erwähnten Ort nahe dem von Heinrich Schliemann ausgegrabenen Troja, in dessen Nähe Peirce während seiner ersten Europareise 1870 mit dem Schiff und einem Exemplar der *Ilias* in der Ausgabe seines Griechischprofessors Cornelius C. Felton in der Hand vorbeigefahren war.

Auf der ‚ARISBE Conference' hielt ich auf allgemeinen Wunsch der Anwesenden spontan, da ich darauf gar nicht vorbereitet war, einen Vortrag über Geschichte und Gegenwart der Peircestudien in Deutschland, dessen Inhalt unter dem Titel „Peirce Research in Germany" im Dezember 1973 im *Charles S. Peirce Newsletter* resumiert und in erweiterter Fassung unter dem Titel „On the Reception of Pragmatism in Germany" 1981 in den *Transactions of the Charles S. Peirce Society* publiziert wurde. Auf Einladung des Institute for Studies in Pragmatism an der Texas Tech University in Lubbock, Texas, hielt ich mich im März 1974 an diesem Institut auf, dessen Direktor Kenneth L. Ketner ich in Milford kennengelernt und der mich an sein Institut eingeladen hatte. Auch Carolyn Eisele und Max Fisch waren zu jener Zeit Gäste des Institutes. Hier am Institute for Studies in Pragmatism der Texas Tech University wurden die ersten praktischen Vorarbeiten für die neue Peirce Edition durchgeführt.

Carolyn Eisele, Professorin der Mathematik am Hunter College in New York City, war zu jener Zeit Präsidentin der Peirce Society. Die weltberühmte Mathematikerin, die in ihrer frühen Jugend eine erfolgreiche Karriere als Opernsängerin absolviert hatte und in ihren späteren Jahren auch als Lehrerin der Philosophie und Mathematik immer noch ein von ihrer geistvollen und vitalen Persönlichkeit hingerissenes und applaudierendes Publikum fand, starb hochbetagt im Jahre 2000 in ihrer Geburtsstadt New York im Alter von achtundneunzig Jahren. Sie war auch eine bedeutende Mathematikhistorikerin. Ihre Editionen von Peirce' mathematischen und wissenschaftsgeschichtlichen Schriften und ihre eigenen Arbeiten sind längst klassische Instrumente der Forschung. Wenn sie in ihren völlig frei gehaltenen Vorträgen über Peirce sprach, nannte sie ihn nicht bei seinem Namen, sondern sagte zur steten Erheiterung des Publikums immer nur „My Baby", und jeder wußte, wer gemeint war.

Die Begegnung mit den Peirce People in Milford im Oktober 1973 verschaffte mir zahlreiche Kontakte mit amerikanischen Wissenschaftlern in allen Teilen der Vereinigten Staaten und war der Anfang einer bis heute andauernden lebendigen Kommunikation. Zu jener Zeit, 1973, war ich für die amerikanische Peirce Society, die 1946 gegründet worden war, der erste Sendbote der europäischen Peirceforschung, der persönlich in Amerika Verbindung mit der Peirce Society aufnahm. Seit 1965 hatte die Peirce Society auch ihr eigenes Publikationsorgan in der Zeitschrift *Transactions of the Charles S. Peirce Society. A Quarterly Journal in American Philosophy*. Diese Zeitschrift ist nicht nur Untersuchungen zu Peirce gewidmet, sondern veröffentlicht auch Beiträge zu anderen amerikanischen Philosophen und zur Philosophie in Amerika generell. Jedes Jahr Ende Dezember hält die Peirce Society zusammen mit der American Philosophical

Association ihre Jahresversammlung ab, die von wissenschaftlichen Vorträgen begleitet wird. In den folgenden zwei Jahrzehnten, in den siebziger und achtziger Jahren, habe ich fast jedes Jahr an diesen Treffen teilgenommen. Dabei unterstützte mich finanziell zumeist die Deutsche Forschungsgemeinschaft (DFG), was ich an dieser Stelle dankbar erwähnen möchte.

Nach Ende der ARISBE-Konferenz statteten wir, die Konferenzteilnehmer, dem Grab von Charles und Juliette Peirce auf dem Friedhof in Milford einen Besuch ab. Eine Autokolonne setzte sich mit uns auf der Fahrt dorthin in Bewegung, und man fuhr, wie in Amerika üblich, mit den Autos auf den Friedhof und bis unmittelbar an das Grab. Nur keine Umstände. Am Grab stellten wir uns in einem Halbkreis auf, mit gefalteten Händen und in stillem Gedenken. Nach höchstens zwei Minuten ertönte plötzlich in die Stille der andächtig Versammelten hinein die Stimme von Edward Moore, dem Organisator der Konferenz, die uns mitteilte: „That's enough. Let's go." Das wurde wie ganz selbstverständlich als Zeichen verstanden, nun wieder zu den Autos zurückzukehren. Nur keine falschen Sentimentalitäten. That's America. Zuerst war ich von diesem Stil etwas überrascht. Aber dann sagte ich mir: warum eigentlich nicht so?

Mein Aufenthalt in Princeton wurde mir noch zusätzlich zu allem anderen Erfreulichen dadurch angenehm gestaltet, daß mein alter Freund aus der Tübinger Zeit, Walther Ludwig, der Klassische Philologe, Neulateiner und Humanismusforscher, mit seiner Familie in Princeton wohnte. Er hatte zu jener Zeit eine Professur an der Columbia University in New York inne, wohin er von der Universität Frankfurt aus berufen worden war. In seinem gastlichen, schönen Haus in Princeton verbrachte ich viele unvergessene Stunden geselligen Beisammenseins und des Gespräches, das wir schon bald in Hamburg fortsetzen konnten, wohin er von New York aus berufen wurde. Ich verließ Princeton im Sommer 1974 und kehrte nach Hamburg zurück. Bundeskanzler war nicht mehr Willy Brandt, sondern Helmut Schmidt.

BÜNDNISSE FÜR DEN PRAGMATISMUS

Kooperation mit Max Bense und Elisabeth Walther:
Gründung der Zeitschrift *Semiosis*

Ihren ersten internationalen Kongreß hielt die Peirce Society im Juni 1976 in Amsterdam ab, an dem zum ersten Mal Peirce-Forscher aus aller Welt teilnahmen. Ich fuhr zusammen mit meinen damaligen Schülern von Hamburg nach Amsterdam, wo wir unsere ersten öffentlichen Vorträge über Peirce und die Philosophie des Pragmatismus hielten. Dort lernte ich den aus Ungarn stammenden amerikanischen Sprachwissenschaftler und Zeichentheoretiker Thomas A. Sebeok kennen, der über die Kommunikation der Tiere semiotisch neuartige Untersuchungen durchgeführt hatte. Ich lud ihn für das nächste Jahr zu einer Vorlesung nach Hamburg ein.

Auf dem internationalen Peirce-Kongreß in Amsterdam waren auch Max Bense und seine Schülerin Elisabeth Walther vom Institut für Philosophie und Wissenschaftstheorie der Universität Stuttgart. Zwischen dem Stuttgarter Institut und dem Philosophischen Seminar der Universität Hamburg hatte sich in den beiden vorausgegangenen Jahren eine intensive Zusammenarbeit entwickelt, die 1976 zur Gründung einer gemeinsamen Zeitschrift führte, der wir den Namen *Semiosis. Zeitschrift für Semiotik und ihre Anwendungen* gaben, herausgeben von Max Bense, Gérard Deledalle (Universität Perpignan), Elisabeth Walther und mir, Agis-Verlag Baden-Baden. Sie war die erste Zeitschrift in Deutschland, die es sich zur Aufgabe machte, die Erforschung der Grundlagen und Abläufe sprachlicher, kommunikativer, informationeller, ästhetischer und wissenschaftlicher Darstellungs- und Erkenntnisprozesse nicht nur in den Spezialperspektiven von Logik und Linguistik, sondern im Horizont der allgemeinen Zeichenlehre, der Semiotik, wie Peirce sie verstand, thematisch werden zu lassen. Ein speziell der Zeichenthematik in ihrer theoretischen und praktischen Dimension gewidmetes Publikationsorgan war damit geschaffen. Es entsprach genau dem Gebot der Stunde, das heißt der philosophischen und wissenschaftstheoretischen Situation der Zeit. Das Informationszeitalter mit seinem Zentralbegriff des Zeichens hatte begonnen.

Das griechische Lehnwort ‚Semiosis‘, das der Zeitschrift als Namen diente, war durch Peirce zum Terminus technicus für den Zeichenprozeß gemacht worden, das heißt für die Gesamtheit der Vorgänge, die sich vollziehen, wenn etwas von etwas als etwas bezeichnet wird. Dabei war eine Zielsetzung dieser Zeitschrift auch die Erweiterung der ursprünglichen Peirceschen Basistheorie der Semiotik und ihrer philosophischen, wissenschaftlichen und pragmatischen Konzeption. Darüber hinaus war mit dieser Zeitschrift auch der Anwendungsbereich der Semiotik in den exakten Wissenschaften und im Zeichendesign, in der Architektur- und Designsemiotik, in der semiotischen Ästhetik, im Modedesign und in der Kunstpädagogik mit einbezogen. Die Dreisprachigkeit der Zeitschrift (deutsch, englisch, französisch) diente der bereits vorhandenen Internationalität der semiotischen Forschung. Die Zeitschrift ist ein großer Erfolg geworden und trug wesentlich dazu bei, die Semiotik als Methode, als Forschungsansatz und als Theorie auch in den Einzelwissenschaften bekannt und anschlußfähig zu machen.

Max Fisch auf den Spuren von Peirce in Hamburg

Nach dem Kongreß in Amsterdam 1976 besuchte mich Max Fisch in Hamburg und hielt einen Vortrag über die Entwicklung der Peirceforschung in Amerika und die Arbeit am Peirce Edition Project an der Indiana University in Indianapolis. Er benutzte den Aufenthalt in Hamburg, um in dem Hamburger Stadtarchiv den schriftlichen Nachlaß der Firma Repsold & Söhne zu sichten, die die zu Peirce' Zeiten und lange danach weltweit führende Firma im Bau von naturwissenschaftlichen Präzisionsinstrumenten war. Peirce war 1875 in Hamburg gewesen, um ein bei Repsold in Auftrag gegebenes Pendel für seine Tätigkeit im American Coast Survey in Empfang zu nehmen. Das Pendel wurde von Peirce für seine Messungen der Gravitation der Erde an verschiedenen Standorten der Welt benutzt. Wir fanden im Firmennachlaß von Repsold nicht nur Teile der Korrespondenz der Firma mit Peirce, sondern sogar noch die ölverschmierten Konstruktionszeichnungen, nach denen die Techniker der Firma das Pendel für Peirce gebaut hatten. Das von Peirce auf mehreren Forschungsreisen benutzte Pendel steht heute als Ausstellungsstück im Museum des Smithonian Institution in Washington D.C. Peirce war noch ein zweites Mal in Hamburg, 1883, in Begleitung von Juliette.

Kolloquium über die Kommunikation von Mensch und Tier. Thomas A. Sebeoks Vorlesung über den ‚Klugen Hans'

Im Januar 1977 veranstaltete das Philosophische Seminar der Universität Hamburg ein ganztägiges Kolloquium über Semiotik, das zu einem viel beachteten Erfolg wurde. Das nur für einen ganz kleinen Kreis von Interessenten geplante Kolloquium zog mehr als siebenhundert Besucher an. Es fand im ‚Philosophenturm' der Hamburger Universität im Kokoschka-Hörsaal statt, so benannt nach dem in diesem Hörsaal hängenden Triptychon *Die Thermopylen* von Oskar Kokoschka. Da dieser Hörsaal die Zuhörer bei weitem nicht faßte, erfolgte eine Videoübertragung in einige andere Hörsäle. Ich stellte das Thema der Tagung vor und sprach über die Frage „Was ist ein Zeichen?" Darauf folgte der Vortrag des von mir eingeladenen Thomas A. Sebeok, Direktor des Research Center for Language and Semiotic Studies an der Indiana University in Bloomington, Indiana. Sebeok sprach über das Thema „Clever Hans: A Case of Semiotic Equitation", ein glänzender und spannender Vortrag voll von Witz und Humor, in dem es um das in der Psychologie unter dem Namen „Der kluge Hans" bekannte Phänomen des ‚zählenden Pferdes' des Herrn von Osten ging, das für seine Fähigkeit berühmt wurde, Aufgaben der Multiplikation und des Dividierens dadurch zu lösen, daß es durch Aufstampfen auf den Boden die richtige Antwort gab.

Im Jahre 1907 veröffentlichte ein Mitarbeiter des berühmten Berliner Psychologen Carl Stumpf, Oskar Pfungst, ein Buch über dieses Phänomen, gedacht als ein Beitrag zur experimentellen Psychologie von Tier und Mensch. Die Lösung des Problems wird gesehen in der unfreiwilligen, unbewußten Zeichengebung durch minimale unbeabsichtigte Bewegungen, die von dem Herrn des Pferdes ausgehen. Das führte Thomas Sebeok zu seinen Ausführungen über die Kommunikation zwischen Mensch und Tier und über nichtverbale Informationskanäle, speziell solche außerhalb des Bereiches der menschlichen Sinneswahrnehmung. Die außergewöhnlich lebhafte Diskussion nach dem Vortrag wurde geleitet von der Direktorin des Hamburger Seminars für Allgemeine und Vergleichende Sprachwissenschaft, Els Oksaar, und leitete über zu dem Vortrag von Roland Posner von der

Technischen Universität Berlin, der über Standpunkt und Perspektive und die pragmatische Interpretation der Syntax sprach, gefolgt von einer Diskussion kommunikationstheoretischer Fragen aus dem Publikum, die von meinem Kollegen am Philosophischen Seminar, Wolfgang Detel, geleitet wurde.

Dieses Kolloquium über Semiotik im Januar 1977 wurde in den folgenden Jahren von gleichgearteten öffentlichen Veranstaltungen über Semiotik und Pragmatismus, die von unserem Philosophischen Seminar organisiert wurden, fortgesetzt. Eine Vorgängerveranstaltung dieses Kolloquiums war die Wissenschaftliche Tagung im Oktober 1974 unter dem Titel „Symbolische Formen" gewesen, die das Philosophische Seminar Hamburg in Verbindung mit dem Warburg Institut der Universität London und mit der Hamburger Joachim Jungius-Gesellschaft anläßlich des hundertsten Geburtstages von Ernst Cassirer organisiert hatte. Mein Kollege Reiner Wiehl und ich hatten diese Tagung initiiert, und es gelang uns, auch führende Vertreter der Symboltheorie aus England und Amerika als Vortragende zu gewinnen, so Ernst Gombrich (London), Nelson Goodman (Harvard) und John Searle (Berkeley).

Übrigens war Thomas Sebeok 1977 nicht mit leeren Händen nach Hamburg gekommen. Er brachte ein Gastgeschenk mit in Gestalt eines Semesterstipendiums an seinem Forschungsinstitut für Sprache und Semiotische Studien an der Universität Bloomington. Er übertrug mir die Aufgabe, ihm einen Studierenden meiner Wahl vorzuschlagen für den Aufenthalt an seinem Institut. Ich bot damals meinem Schüler Helmut Pape das Stipendium von Sebeok an und glaubte, ihm damit eine besondere Freude zu machen, zumal er an einer Dissertation über Peirce arbeitete und noch nicht in Amerika gewesen war. Ich dachte daran, wie sehr ich mich darüber gefreut hätte, wenn man mir während meines Studiums nach dem Krieg einen Studienaufenthalt in Amerika angeboten hätte. Aber Pape zeigte sich an dem Angebot zuerst gar nicht interessiert. Er meinte: „Was soll ich in Amerika?" Diese Einstellung war zeittypisch für die deutschen Studenten in den siebziger und achtziger Jahren. Die Ideologie der Studentenbewegung tat ihre Wirkung: Amerika? Nein, danke. Erst als ich Pape klarmachte, daß Peirce schließlich Amerikaner gewesen sei und es doch auch von daher naheliege, daß er als Doktorand, der über Peirce arbeite, in Amerika mit amerikanischen Kollegen über Peirce zu diskutieren ein Interesse haben sollte und ich darauf bestand, daß er das Gastgeschenk Sebeoks annahm, ließ er sich zur Annahme des Stipendiums bewegen. Er war mir später für meine Hartnäckigkeit in dieser Sache herzlich dankbar und wurde einer der weltweit besten Kenner von Peirce und der amerikanischen Philosophie des Pragmatismus, die er in zahlreichen, viel beachteten Büchern in seinem Sinne weiterentwickelte. Daneben publizierte er auf der Grundlage der Manuskripte von Peirce zusammen mit dem damaligen Direktor des Instituts des Peirce Edition Project an der Indiana University in Indianapolis, Christian J. W. Kloesel, im Suhrkamp Verlag eine dreibändige Ausgabe der Semiotischen Schriften von Peirce in deutscher Übersetzung. Eine Meisterleistung. Diese Reihe forschungsgeschichtlich und philosophisch aktueller Arbeiten zum Pragmatismus wurde später auch von anderen fortgesetzt, die ich bei ihren Studien zum Pragmatismus beratend begleiten konnte, zuletzt Nicola Erny, Kai-Michael Hingst und Maria Liatsi. Hingsts philosophisches Denken heute weist in die Richtung eines Pragmatismus der Zukunft.

Weltkongreß über Aristoteles in Thessaloniki 1978
und die Exkursion nach Stagira

Im August 1978 fand in Thessaloniki der Weltkongreß über Aristoteles aus Anlaß seines zweitausenddreihundertsten Todesjahres statt. Der Kongreß stand unter der Schirmherrschaft des griechischen Staatspräsidenten Konstantinos Tsatsos und der UNESCO. Es war die größte Versammlung von Aristoteleskennern aus aller Welt, die es jemals gegeben hatte und die sich vermutlich auch so bald nicht wiederholen wird. Ein Jahrhundertereignis. Der Kongreß war der weltweiten Bedeutung des Philosophen und der Wirkung seines Denkens bis in unsere Zeit gewidmet. Dem Organisationskomitee gehörten Linos Benakis, Direktor des Forschungszentrums für griechische Philosophie an der Akademie von Athen, an sowie Evangelos Moutsopoulos, Rektor der Athener Universität, und Johannes Theodorakopoulos, der Generalsekretär der Akademie von Athen, und weitere Zelebritäten der griechischen Wissenschaftswelt. Theodorakopoulos starb nur wenige Jahre später. Mit Linos Benakis und seiner Frau Anna Benakis, Juraprofessorin an der Athener Universität und Politikerin, seit der letzten Wahl Präsidentin des griechischen Parlamentes, verbindet mich seit dem Aristoteles-Kongreß 1978, wo wir uns kennengelernt haben, eine in vielen Jahren bewährte Freundschaft. Das gleiche gilt für Evangelos Moutsopoulos, der mich wiederholt in Hamburg besuchte.

Aus dem Beiprogramm des Weltkongresses über Aristoteles 1978 sind zwei Ereignisse unvergessen: zum einen die Exkursion nach Stagira, dem heute nur noch aus wenigen Häusern bestehenden Geburtsort des Aristoteles auf der Chalkidike, der waldreichen Halbinsel in Makedonien, auf einer gebirgigen Landzunge mit weitem Blick über das Ägäische Meer; zum anderen der Vortrag des berühmten griechischen Archäologen Manolis Andronikos, der über seine kurz vorher gemachte Entdeckung und Ausgrabung der sensationellen Funde von Vergina berichtete, mit anschließender Führung im Archäologischen Museum von Thessaloniki durch die Ausstellung dieser Funde, die mit dieser Führung eröffnet wurden.

Es handelte sich um die erstmalige, der Öffentlichkeit zugängliche Ausstellung der großartigen Funde, die Andronikos bei den Ausgrabungen ein Jahr vorher, 1977, in den Makedonischen Königsgräbern, darunter vermutlich das Grab von Philipp II., des Vaters von Alexander dem Großen, gemacht hatte. Seit 1952, zuerst als Assistent seines Lehrers K. A. Rhomaios, hatte Andronikos in Vergina Grabungen vorgenommen. Die Funde in den Gräbern der königlichen Familie von Makedonien erweitern auch unsere Kenntnis der Siedlungsgeschichte dieser ganzen Region erheblich, über die wir bis dahin fast ausschließlich durch literarische Quellen informiert waren, die aus Athen stammen, der einzigen ernsthaften politischen Rivalin Makedoniens, und die Tendenz haben, den historischen Beitrag des feindlichen Makedoniens zur Entwicklung der griechischen Welt zu verzerren und zu verunglimpfen, zum mindesten vor dem Aufstieg Alexanders des Großen war das so. Die topographische Lage von Vergina ist identisch mit der ersten Hauptstadt der Makedonier, Aigai, dem Zentrum ihrer Macht. Die archäologische Bedeutung der Ruinen von Vergina wird verglichen mit der Bedeutung der Ruinen von Pompeji.

Bei der Eröffnung der Ausstellung im Archäologischen Museum von Thessaloniki am Sonntag des 13. August 1978 war die ganze Stadt Thessaloniki auf den Beinen und umlagerte das Museum in der Erwartung, hineinzugelangen, und wir Teilnehmer des Weltkongresses über Aristoteles hätten wohl kaum bei dieser Eröffnung eine Chance gehabt, in die Ausstellung zu kommen, wenn wir nicht nach dem Lichtbildvortrag von Andronikos in der Kongreßhalle des Messegeländes bevorzugt und direkt unter Polizeischutz als erste, im wahrsten Sinne des Wortes als Privilegierte, in die Ausstellung geführt worden wären, um der einzigartigen Schönheit der ausgegrabenen Schätze ansichtig zu werden. Ein unvergeßliches Erlebnis. In Augenblicken wie diesem hält man inne und wird sich der übergeschichtlichen Bedeutung der klassischen Altertumswissenschaften besonders intensiv bewußt; übergeschichtlich deshalb, weil die historischen Zeugnisse der Menschheitsgeschichte Kunde geben von etwas, das mehr ist als Geschichte und eine Dimension tangiert, die wir überzeitlich nennen dürfen.

Auf der Busfahrt nach Stagira machte ich 1978 die Bekanntschaft mit einer jungen Doktorandin des Philosophischen Seminars der Universität Thessaloniki, Dimitra Sfendoni-Mentzou, die über die Naturphilosophie von Peirce arbeitete, wie ich bald von ihr erfahren konnte. Frau Sfendoni-Mentzou ist heute Professorin der Philosophie in Thessaloniki und die Autorin bedeutender Werke zur modernen Wissenschaftstheorie.

Philosophie unterrichten in Texas

1977 war ich zum Mitglied des Institute for Studies in Pragmatism der Texas Tech University gewählt worden. Die ordentliche Mitgliedschaft in diesem Institut machte mich automatisch auch zum Mitglied der Fakultät dieser Universität auf unbegrenzte Zeit, so daß ich dort auch lehren konnte, wovon ich aber wegen meiner übergeordneten Verpflichtungen in Hamburg nur einmal Gebrauch machte. Das war von September bis Dezember 1978 der Fall. Das Institute for Studies in Pragmatism war 1971 zu dem Zweck gegründet worden, alle auf

Peirce' Leben und Werk bezüglichen Forschungsarbeiten organisatorisch zu koordinieren, publizistisch zu fördern und durch Forschungsaufenthalte von Wissenschaftlern am Institute zu unterstützen, was dadurch möglich ist, daß das ganze dafür relevante Material in Form der Peirceschen Primär- und Sekundärliteratur etc. in diesem Institute zur Verfügung steht, dazu die Peirce Papers vollständig in Kopie.

Mein Aufenthalt dort im Herbstsemester 1978 wurde zusätzlich durch meine Lehrtätigkeit interessant und abwechslungsreich gestaltet, da es für mich eine neue Erfahrung war, in englischer Sprache zu unterrichten und, was noch erschwerend hinzukam, das „Englisch" der Studenten aus Westtexas zu verstehen. Aber nach etwa drei Wochen waren die Anfangsschwierigkeiten überwunden, und es entwickelte sich eine erfreuliche Zusammenarbeit, mit einer großen Abschiedsparty am Schluß. Ich unterrichtete zwei Klassen, in der einen behandelte ich Kants Schrift *Grundlegung der Metaphysik der Sitten*, in der anderen Fichtes *Bestimmung des Menschen*. Ich konnte beobachten, wie den meisten meiner amerikanischen Studenten und Studentinnen die transzendentale Erkenntnisstellung Kants, auch dann, wenn sie sie endlich begriffen hatten, künstlich und skurril vorkam. Eine Erkenntnis, die sich nicht mit Gegenständen, sondern mit der Erkenntnisart von Gegenständen beschäftigt, insoweit diese Erkenntnisart *a priori* möglich sein soll, erzeugte deutliches Befremden wegen des apriorischen Charakters der Erkenntnisart im Subjekt der Erkenntnis. Woher hat das Subjekt denn seinen apriorischen Besitzstand? „Isn't it funny?" hörte ich eine hübsche junge Dame in Cowboystiefeln sagen, die von einer Farm bei El Paso stammte, – „mindestens fünftausend Rinder wert" – wie mich hinterher ein Student mit Kennermiene aufklärte. Solche Unterrichtserfahrungen waren durchaus erfrischend und dazu geeignet, meine in Marburg eingeübten transzendentalen Gewißheiten in einem anderen Licht erscheinen zu lassen, eben dem der Sonne über Texas, die bedeutend heller ist als die über Marburg. Ich wäre gern noch länger dort geblieben, statt mich wieder dem langweiligen Hamburger Schmuddelwetter auszusetzen. Ich versprach damals, bald wiederzukommen. Aber bisher ist es nur bei dem Versprechen geblieben.

Die internationale Institutionalisierung der Semiotik mit Hilfe von Umberto Eco

Der Aufenthalt in Texas hatte mir ausgiebig Gelegenheit geboten, meine Verbindungen mit der *Semiotic Society of America* zu vertiefen, an deren erster Jahresversammlung im September 1976 in Atlanta, Georgia, ich teilgenommen hatte. Dort lernte ich den kanadischen Semiotiker David Savan kennen, der mich einige Jahre später nach Toronto zu einem Vortrag einlud. Nachdem einsichtige Kreise von Philosophen, Logikern und Linguisten begriffen hatten, daß noch fundamentaler als das Phänomen und der Begriff der Sprache das Phänomen und der Begriff des Zeichens sind, kam es in den siebziger Jahren, unter führender Beteiligung von Umberto Eco, allenthalben endlich zu einer Renaissance der Lehre von den Zeichen, der Semiotik, die in Antike, Mittelalter und früher Neuzeit einen festen Ort im universitären Wissenschaftsbetrieb gehabt hatte und erst im 19. Jahrhundert zusammen mit dem bis dahin allgemein verbreiteten Lehrfach der Rhetorik aus dem Unterricht der Schulen verdrängt worden war. Erst unter dem Eindruck der Einseitigkeiten und Problemverkürzungen der sprachanalytischen Philosophie begannen einige hellsichtige Köpfe in der zweiten Hälfte des 20. Jahrhunderts, sich auf die Fundamentalität und Universalität der Semiotik zu besinnen, und bei dieser Rückbesinnung spielte die Vorgängerschaft von Peirce eine führende Rolle, der gegen Ende des 19. Jahrhunderts der aus Antike und Mittelalter überlieferten Semiotik eine ganz neue, moderne Theoriegestalt gegeben hatte, die bis heute gültig ist. Auf dieser Nähe in der Sache beruhte auch von Anfang an die institutionelle Nähe zwischen der Peirce Society und der Semiotic Society of America sowie der International Association for Semiotic Studies. Zum 2. Kongreß dieser Internationalen Vereinigung für Semiotik trafen wir uns im Juli 1979 in der Universität Wien. Der Vorstand der Internationalen Vereinigung für Semiotik bestand damals aus Cesare Segre (Italien), Roman Jakobson (USA), Jurij Lotman (Rußland), Umberto Eco (Italien), Julia Kristeva (Frankreich) und Thomas Sebeok (USA). In Verbindung mit diesem Kongreß in Wien fanden auch Veranstaltungen der Peirce Society statt, die Max Fisch geplant hatte und möglicher Kritik an Peirce' Theorie gewidmet waren. Die bewußt kontrovers angelegten Vorträge über Peirce zogen daher große Aufmerksamkeit auf sich. Das Pro und Contra schlug hohe Wellen auf diesem Forum international bekannter Experten und bildete den Höhepunkt des Wiener Kongresses über Semiotik.

Gründung der deutschen Gesellschaft für Semiotik und der *Zeitschrift für Semiotik*

In diesen Jahren kam es auch zur Gründung der Deutschen Gesellschaft für Semiotik. Gegen Ende der sechziger Jahre hatten sich nach Initiativen von Umberto Eco in Italien und Jurij Lotman in Rußland die Semiotiker zahlreicher Länder in der International Association for Semiotic Studies (IASS) zusammengeschlossen. Sie hat 1974 in Mailand den Ersten Internationalen Semiotik-Kongreß mit über fünfzehnhundert Teilnehmern veranstaltet.

Die deutschen Teilnehmer dieses Kongresses planten auch für die Bundesrepublik eine Organisationsform für die Semiotik, und es kam im Oktober 1975 an der Technischen Universität Berlin unter der Leitung von Roland Posner zu einem ersten deutschen Semiotischen Kolloquium mit über dreihundert an der Semiotik interessierten Wissenschaftlern. Dort wurde beschlossen, eine deutsche Gesellschaft für Semiotik zu gründen, die der International Association for Semiotic Studies (IASS) affiliiert sein sollte, und es wurde zugleich angeregt, eine deutsche Zeitschrift für Semiotik zu gründen, die als Organ der Deutschen Gesellschaft für Semiotik (DGS) und als Publikationsorgan für alle deutschen Semiotiker dienen sollte. Nach dem Berliner Semiotischen Kolloquium 1975 fand das Zweite Kolloquium der Deutschen Gesellschaft für Semiotik 1978 in Regensburg statt. Die Vorbereitung eines ständigen Publikationsorgans konnte ein Jahr später erfolgreich abgeschlossen werden. Das erste Heft des ersten Bandes der neu gegründeten *Zeitschrift für Semiotik. Organ der Deutschen Gesellschaft für Semiotik e.V.* erschien 1979. Die Herausgeber waren Roland Posner (Berlin), Tasso Borbe (Wien), Annemarie Lange-Seidl (München), Martin Krampen (Ulm) und ich. Bald erschienen auch Beihefte zu der Zeitschrift, die im Stauffenburg Verlag in Tübingen erscheint und seitdem eine feste Größe in der internationalen semiotischen Forschung ist.

Das Eröffnungsheft von 1979 konzentrierte sich thematisch auf semiotische Klassiker des 20. Jahrhunderts: Charles Peirce, Ferdinand de Saussure, Jakob von Uexküll, Charles Morris und Georg Klaus. Es war so erfolgreich, daß es in erweiterter Form als Buch unter dem Titel *Die Welt als Zeichen* im Verlag Severin und Siedler in Berlin

1981 erschien, ergänzt um die Semiotiker Louis Hjelmslev, Roman Jakobson, Karl Bühler und Thomas A. Sebeok, ergänzt auch um die Mitautorschaft des Buches durch Thure von Uexküll, der schon in dem Eröffnungsheft unserer Zeitschrift 1979 den Beitrag über seinen Vater unter dem Titel „Die Zeichenlehre Jakob von Uexkülls" verfaßt hatte. Umberto Eco hatte den Beitrag über Roman Jacobson übernommen. 1987 erschien der Band in englischer Übersetzung in Plenum Press, New York, unter dem Titel „Classics of Semiotics" in der Serie *Topics in Contemporary Semiotics*. Mein Eröffnungsbeitrag in der deutschen Ausgabe lautet „Idee und Grundriß der Peirceschen Semiotik", in der englischen Version kurz und bündig „An Outline of Peirce's Semiotics".

Das erste Heft unserer Zeitschrift war ausschließlich Theoretikern der modernen Semiotik gewidmet. Die Zeitschrift war aber von Anfang an nicht nur als ein Forum der semiotischen Theoriediskussion konzipiert, sondern sollte auch der praktischen Anwendung der empirisch-theoretischen Forschung und der Angewandten Semiotik dienen. Darüber bestand Konsens unter uns Herausgebern. Denn nur über die diversen Felder der Anwendung konnte ein allgemeines Interesse an der Semiotik als Disziplin geweckt werden, das in den siebziger Jahren in der publizistischen Öffentlichkeit noch keineswegs bestand. Dafür wollten wir werben, gemäß dem Diktum von Peirce „Was immer etwas sonst noch sein mag – es ist auch ein Zeichen." Die Semiotik, die als Disziplin und als Terminus der Wissenschaftssprache bis zum Ende des 18. Jahrhunderts neben Logik und Rhetorik in den Universitäten fest etabliert war und danach in Vergessenheit geriet, mußte zu neuem Leben wiedererweckt werden. Dafür wollten wir sorgen.

Thure von Uexküll als Verbündeter

Bei der Vorbereitung unserer Zeitschrift für Semiotik war uns Thure von Uexküll eine sehr große Hilfe. In seinem Haus in Freiburg in der Sonnhalde hatten mehrere mehrtägige Vorbesprechungen und Konferenzen der Herausgeber stattgefunden, ohne die das baldige Erscheinen der Zeitschrift und der sofortige durchschlagende Erfolg mit dem ersten Band 1979 nicht möglich gewesen wäre. Thure von Uexküll wurde 1908 in Heidelberg als Sohn des Biologen Jakob von Uexküll geboren, des Begründers der modernen Umweltforschung. Dieser definierte als erster die Lebewesen nicht als Objekte, sondern als Subjekte, die untrennbar mit ihrer Umwelt verbunden sind und in ständiger Wechselwirkung mit ihr stehen. Sein Sohn Thure studierte in Hamburg Medizin, war einige Zeit als Schiffsarzt auf der Transatlantikroute tätig und wurde kurz vor dem Zweiten Weltkrieg Assistenzarzt an der Berliner Charité. Er hätte mit Leichtigkeit schon im Dritten Reich eine Hochschulkarriere machen können, wenn er, was er aus tiefster Überzeugung ablehnte, der Hitler-Partei beigetreten wäre. Als ich ihn einmal nach den Gründen seiner Verweigerung fragte, bekam ich zur Antwort: „Das waren doch Proleten". 1955 wurde er Leiter der medizinischen Universitäts-Poliklinik in Gießen und dann der Abteilung für Innere Medizin und Psychosomatik an der neu gegründeten Universität Ulm als Ordinarius für Innere Medizin.

Neben seiner ärztlichen Tätigkeit interessierten ihn insonderheit Fragen aus den Grenzgebieten der Medizin. Zusammen mit seinem Vater veröffentlichte er 1945 eine Arbeit über Johannes Müller, den Begründer der modernen Physiologie und Zeitgenossen Goethes. 1953 erschien von ihm eine naturphilosophische Schrift unter dem Titel *Der Mensch und die Natur*, 1963 ein Band über *Grundfragen der Psychosomatischen Medizin* und 1979 unter seiner Maßstäbe setzenden Herausgeberschaft das Standardwerk *Psychosomatische Medizin,* das inzwischen in der sechsten Auflage erschienen ist. Es ist heute das maßgebliche Lehrbuch für dieses Gebiet. In den ersten fünf Kapiteln wird eine Theorie der Medizin entworfen, in der die Bedeutung der Semiotik für die psychosomatische Medizin aufgezeigt wird. 1980 veröffentlichte er bei Ullstein eine Sammlung der Schriften seines Vaters unter dem Titel *Kompositionslehre der Natur,* in der in einer Einleitung die Zeichentheorie der Umweltlehre Jakob von Uexkülls dargestellt wird.

Thure von Uexkülls Gedankensystem war ein Interpretationswerk, das von einem Menschenbild bestimmt wurde, das im erklärten Gegensatz zu dem physikalistisch-mechanistischen Modell einer Menschenmaschine stand. Seine Vorstellung des menschlichen Körpers war die eines sich selbst, andere und die Umwelt integrativ erlebenden Körpers. Arzt und Patient waren für ihn Teile eines umfassenden Zeichensystems, das der Interpretation bedarf. Der Arzt, so Uexküll, ist das am häufigsten verwendete Medikament, und er sollte sich über seine Wirkung, aber auch über Risiken und Nebenwirkungen der eigenen Handlungen im Patientengespräch bewußt sein. Er sorgte dafür, daß in den siebziger Jahren in der neuen Approbationsordnung für Ärzte Fächer wie Psychologie, Psychosomatik und Soziologie erstmals in der Studienordnung der deutschen Medizinstudenten aufgenommen wurden. Eine kurze, übersichtliche Zusammenfassung seines ganzen Gedankengebäudes hat er in dem Band *Gedankenzeichen,* der Festschrift zu meinem sechzigsten Geburtstag 1988, gegeben unter dem Titel „Semiotik und Naturwissenschaft. Gedanken zur Grundlegung einer Biosemiotik". Er starb 2004 im Alter von sechsundneunzig Jahren.

Thure von Uexküll verfügte über jenes *Savoir vivre*, für das jede Art von Moralismus das Laster kleiner Leute ist. Er erzählte mir aus seinem bewegten Leben, von der Zeit als Schiffsarzt und als junger Arzt an der Charité. Er empfahl und lieh mir ein Buch seines Vorfahren Boris Uxkull, eines zaristischen Offiziers: *Armeen und Amouren. Ein Tagebuch aus Napoleonischer Zeit. Von Boris Uxkull.* Bearbeitet und herausgegeben von Jürgen-Detlev Freiherr von Uexküll. Rowohlt Verlag, Reinbek bei Hamburg, 1968. Das Buch hält, was der Titel verspricht, und sei hier wärmstens weiterempfohlen.

Thure von Uexküll gehörte zu den wenigen Menschen, die mir begegnet sind, die von ihrem Vater mit ehrlicher Begeisterung sprachen und keinen Vaterkomplex mit sich herumtrugen. Vater Jakob, der Begründer des Instituts für Umweltforschung in Hamburg, in Estland geboren und in seiner Villa Discopoli auf Capri, Italien, 1944 gestorben, war eine farbige, starke und originelle Persönlichkeit, von der mir noch ältere Damen und Herren der Hamburger Society Anekdoten erzählten, die seinen gepflegten Nonkonformismus eindrucksvoll, anschaulich und erheiternd bezeugten. Er war 1864 in Estland als russischer Staatsangehöriger geboren. Seine Mutter, Sophie von Hahn, stammte aus Kurland. Sein Vater, Alexander von Uexküll, war viele Jahre ehrenamtlich Stadtoberhaupt von Reval (Tallinn). 1917 verlor die Familie durch die russische Revolution und die Enteignung der Güter in Estland ihr gesamtes Vermögen. 1918 erwarb er die deutsche Staatsangehörigkeit. Er studierte Biologie und Physiologie. 1924 erhielt er als Sechzigjähriger (!) das Angebot der Medizinischen Fakultät der Universität Hamburg, eine Stelle als ‚wissenschaftlicher Hilfsarbeiter' (!) mit der Aussicht auf eine Honorarprofessur anzunehmen und übernahm die Leitung des Aquariums, das in den folgenden Jahren zum ‚Institut für Umweltforschung' umgebaut wurde, das er von

1925 bis 1940 leitete. 1940 siedelte er nach Capri in die elegante Villa Discopoli über, die seine Frau, Gudrun Gräfin Schwerin, von ihrer Tante, Freifrau Alice Irmgard Faehndrich, geerbt hatte. Dort weilte auch Rilke gelegentlich und genoß die Gastfreundschaft, die ihm hier zuteil wurde. Bis zum Zweiten Weltkrieg war Capri ein Zentrum der mondänen Welt und ein Treffpunkt prominenter Künstler wie Theodor Fontane, Maxim Gorki, Graham Greene, Alberto Moravia, Pablo Neruda, Elsa Morante und vieler anderer. Auch Lenin und Alfred Krupp standen auf der Besucherliste einer längst versunkenen Welt eines frühen Sehnsuchtstourismus der damaligen Eliten. Auch Bertolt Brecht, der Verkünder des Proletkults, der allzeit wußte, wo es sich gut leben läßt, fehlt natürlich nicht auf der Liste. Hier hatte der schwedische Arzt und Schriftsteller Axel Munthe seinen Alterssitz, der durch den Bestseller *The Story of San Michele* (1929) weltberühmt wurde. Jakob von Uexkülls Frau, Gudrun von Uexküll, übersetzte diese Autobiographie von Axel Munthe ins Deutsche: *Das Buch von San Michele* (1931). Er war Ehrendoktor der Universitäten Heidelberg, Kiel und Utrecht. Zweimal war Jakob von Uexküll von medizinischer Seite für den Nobelpreis vorgeschlagen worden. Vor diesem familiengeschichtlichen Hintergrund wurde mir die Zusammenarbeit mit Thure von Uexküll zu einem unvergeßlichen Erlebnis. Er war kein Weltverbesserer und kein Friedensapostel. Er wußte zuviel von der Welt, um so etwas für sinnvoll zu halten. Er hatte als Arzt nur eins im Sinn: dem leidenden Menschen als Individuum zu helfen, soweit man helfen kann. Das Wort ‚Menschheit' habe ich aus seinem Mund nie gehört. Mit Abstrakta dieser Art beschäftigte er sich nicht. Seine äußere Erscheinung verriet den Ästheten. Er strahlte innere Ruhe und Sicherheit, Güte und ein großes Selbstbewußtsein aus. Vielleicht waren gerade diese Eigenschaften auch der Grund dafür, daß ihm Eitelkeit fremd war. Er war, der er war. Das genügte ihm. Er war autark. Er brauchte keine Bewunderer und keine Jünger.

Inzwischen sind die Bedeutung von Zeichen, im weitesten Sinne, und die Brauchbarkeit, Nützlichkeit und Unentbehrlichkeit der Semiotik für die Analyse sowie für die Produktion von Kulturerscheinungen auch im Bewußtsein der Medienöffentlichkeit erkannt und anerkannt. Der zeitliche Zusammenfall der Renaissance der Semiotik als Wissenschaft mit dem Beginn des Computerzeitalters ist ja kein Zufall. Es geht in der Semiotik nicht nur um die Sinneswahrnehmungen in Körperkommunikation und Eßkultur, Industriedesign und Umweltgestaltung, nicht nur um bloß akustische (Musik) oder visuelle Kommunikation (Malerei, Graphik, Design), sondern auch um multimediale Zeichenprozesse (in Theater, Film, Oper, Tanz und Sport), nicht nur um literarische Kommunikation (Literaturproduktion, Literaturinterpretation und Textkritik), sondern auch um Zeichenprozesse in Wirtschaft, Verwaltung und Rechtswesen und um das Zeichenverhalten auch in seiner historischen Genese, das heißt in seiner geschichtlich-zeitlichen Dimension. Diesem Programm ist die *Zeitschrift für Semiotik* in ihrer nun bald dreißigjährigen Geschichte treu geblieben. Es ist eines ihrer ganz großen Verdienste, an dem philosophischen, wissenschaftlichen und öffentlichen Bewußtseinswandel mitgewirkt zu haben, der schließlich dazu geführt hat, daß die Fundamentalität und Universalität des Phänomens und Begriffs des Zeichens noch diesseits des Phänomens und des Begriffs der Sprache endlich gesehen und eingesehen worden ist. Längst sind auch die Zeichenprozesse zwischen Tieren in der Zoosemiotik, von Pflanzen in der Phytosemiotik und innerhalb von Organismen niederer Stufe in der Endosemiotik Gegenstand der Forschung und erweitern den Perspektivenbestand der Untersuchungen der Zeichenprozesse zwischen Menschen in der Humansemiotik. Die *Zeitschrift für Semiotik* ist seit ihrem Bestehen dieser Themenvielfalt dadurch gerecht geworden, daß sie in jedem Heft in einem thematischen Teil jeweils wissenschaftliche Abhandlungen kompetenter Autoren bringt, die auf eine gemeinsame semiotische Themenstellung bezogen sind.

‚Zeichen und Realität': Das Dritte Semiotische Kolloquium in Hamburg 1981

Für das Jahr 1981 wurde ich zum Präsidenten der Deutschen Gesellschaft für Semiotik gewählt. Das bedeutete, daß ich das Dritte Semiotische Kolloquium dieser Gesellschaft seit ihrem Bestehen auszurichten hatte. Durch meine Wahl war klar, daß das Kolloquium diesmal in Hamburg stattfinden würde, und zwar vom 4. bis 8. Oktober 1981. An ihm nahmen über siebenhundert Personen teil. Einhundertfünfundfünfzig Referenten aus sechzehn Ländern lieferten Beiträge. Der Verlauf des internationalen Kolloquiums wurde von Anfang bis Ende von der Öffentlichkeit stark beachtet und fand in der Presse ein nachhaltiges Echo und eine ausführliche Berichterstattung.

Das Kolloquium stand unter dem Rahmenthema ‚Zeichen und Realität'. Ich hatte das Thema bewußt so formuliert, weil ich eine philosophische Problemstellung damit verband. Der Zweck dieses Kongresses sollte sein, die Vermittlungsfunktion der Zeichen zum Gegenstand der Erörterungen zu machen. Die Differenz von Wirklichkeit und Wirklichkeitserfahrung sollte im Mittelpunkt der Beiträge stehen. Da der Mensch es nie nur mit Realität allein zu tun hat, sondern immer auch damit, wie sie ihm gegeben ist, spielen die Vermittlungsformen, das heißt die Zeichen, bei dem Zugang zur Wirklichkeit die entscheidende Rolle. Unsere Lebenswelt ist nicht die Wirklichkeit der

Dinge, wie sie für sich selbst sind, sondern eine durch Zeichen er-
schlossene und gedeutete, verstellte oder entstellte, in jedem Fall geprägte Welt. Insofern ist mit dem Thema ‚Zeichen und Realität' eine
fundamentale Struktur der menschlichen Existenz angesprochen. In
dem Maße, wie im vergangenen Jahrhundert unsere Lebenswirklich-
keit mehr und mehr durch die Medien vermittelt und gefiltert und die
Indirektheit unserer Wirklichkeitserfahrung der Allgemeinheit bewußt
geworden ist, einschließlich der Gefahr der Manipulation, in dem
gleichen Maße ist die Semiotik eine Grundlagenwissenschaft geworden, auf deren Erkenntnisse heute keine Einzelwissenschaft mehr
verzichtet. Das gilt für die Geistes- und Sozialwissenschaften ebenso
wie für die Naturwissenschaften. Aber auch die Unterhaltungsindu-
strie, der Film, das Nachrichtenwesen, die Werbung, die politische
Propaganda, die Rhetorik, das Design, die Mode und andere Agentu-
ren der Beeinflussung bedienen sich seit langem der Forschungser-
gebnisse der modernen Zeichentheorie. Dieser Situation entsprechend
hatte das Dritte Semiotische Kolloquium in Hamburg die Beziehung
von Wirklichkeit und Wirklichkeitserfahrung in den verschiedenen
Lebensbereichen des Menschen zum Gegenstand gemacht. Es war ein
Gebot der Stunde.

Die Vielfalt der Vorträge und Referate konnte den Eindruck entstehen lassen, es fehlte der Vielheit die Einheit. Dieser Eindruck verwies auf ein systematisches Problem der Semiotik als Wissenschaft.
Die moderne Semiotik befindet sich, trotz ihrer bereits über hundertjährigen Geschichte, immer noch in der formativen Phase. Der Hinweis darauf ist kein Einwand, sondern spricht deutlich für die Größe
und Bedeutung der Aufgabe der Semiotik als einer Grundlagenwissenschaft. Entsprechend langsam und zögernd vollzieht sich der Prozeß ihrer Selbstfindung und Selbstbegründung. Die Menge der ge-

genwärtigen Theorieansätze in der Semiotik läßt sich nicht per Dekret vereinheitlichen. Die methodologische Selbstreflexion braucht ihre Zeit. Manches deutet darauf hin, daß diese Entwicklung sich im Geist der Philosophie des Pragmatismus vollziehen wird, des Geistes, dem die moderne Semiotik auch ihren Ursprung verdankt.

Aus Anlaß dieses semiotischen Kongresses präsentierte das Ensemble des Deutschen Schauspielhauses Hamburg auf der Bühne im Auditorium Maximum der Universität eine Veranstaltung unter dem Thema ‚Zeichen und Realität des Theaters. Zum Verhältnis von Rolle und Identität in der Arbeit des Schauspielers. Szenisch dargestellt und erläutert‘, wo unter anderem anschaulich gemacht wurde, wie zum Beispiel ein Text, derselbe Text, von denselben Schauspielern gesprochen, seine Bedeutung allein schon dadurch verändert oder variiert, daß die Schauspieler ihren Text in der Wiederholung von verschiedenen Standorten auf der Bühne sprechen. Die Hamburger Schauspieler und ihr damaliger Intendant Niels-Peter Rudolph unterstützten unseren semiotischen Kongreß mit großem Engagement. Während der Dauer des Kongresses gab es eine Ausstellung mit Text- und Photodokumentation ‚Bauwerke als Zeichen. Die Jarrestadt in Hamburg‘. Max Bense (Stuttgart), Israel Scheffler (Harvard), Thure von Uexküll (Freiburg i.Br.) und Klaus Hartung (Hamburg) hielten Plenarvorträge über zentrale Aspekte der Semiotik.

Im Rahmen des Dritten Semiotischen Kolloquiums ehrte der Vorstand der Deutschen Gesellschaft für Semiotik am 4. Oktober 1981 durch eine Kranzniederlegung im Foyer des ‚Philosophenturmes‘ der Universität vor der Büste des Philosophen Ernst Cassirer das Andenken dieses bedeutenden Denkers, der von 1919 bis zu seiner Vertreibung durch die Nazis 1933 Ordinarius der Philosophie in Hamburg gewesen war. Geehrt wurde der Begründer der Philosophie der Symbolischen Formen, der Analytiker der Mythen und Bilder und der mutige, politische Bekenner seiner demokratischen Überzeugung.

Meine persönliche Hochschätzung des Menschen Ernst Cassirer und meine Anerkennung seines Grundgedankens der symbolischen Repräsentation, die er als die Hauptfunktion bewußten menschlichen Lebens bestimmt – der Mensch als symbolverwendendes Lebewesen (*animal symbolicon*) –, wovon wir alle Wesentliches gelernt haben, können mich heute gleichwohl nicht übersehen lassen, daß der theoretische, systematische Kern seiner Philosophie der Symbolischen Formen einer Fehleinschätzung unterliegt, zumal in Deutschland. Als Cassirer in den zwanziger Jahren des 20. Jahrhunderts in Hamburg seine Philosophie der Symbolischen Formen konzipierte und niederschrieb, wußte er nichts von der modernen Zeichentheorie des Charles Sanders Peirce, die dieser im letzten Viertel des 19. Jahrhunderts und bis zum Ersten Weltkrieg in Amerika entworfen hatte, weil diese Theorie in Europa erst durch die Harvard Edition der Peirceschen *Collected Papers* in den dreißiger Jahren teilweise zugänglich wurde, eigentlich aber überhaupt erst nach der Kommunikationslücke durch den Zweiten Weltkrieg seit den fünfziger Jahren den philosophischen Kreisen in Europa nach und nach bekannt wurde, in vollem Umfang in Deutschland sogar erst durch die dreibändige Suhrkamp-Ausgabe der Semiotischen Schriften von Peirce durch Helmut Pape in Verbindung mit Christian J. W. Kloesel (1986-1993).

Ernst Cassirers antiquierte Philosophie der Symbolischen Formen

Die Peircesche Semiotik ist die heute maßgebliche Zeichentheorie, die mit den Mitteln der modernen Logik eine minutiöse Analyse der Struktur des Phänomens des Zeichens vornimmt. Auf dem hohen und abstrakten Niveau dieser Theorie haben die Wörter ‚Symbol' und ‚symbolisch' nur noch eingeschränkte, wiewohl ganz präzise definierte, operationalistische Bedeutung, die längst Eingang in die moderne Sprachwissenschaft und Symbolforschung gefunden hat. Cassirers Philosophie der Symbolischen Formen ist, daran gemessen, zu unscharf, zu unspezifisch und war schon zur Zeit ihrer Entstehung eine durch die Peircesche Zeichentheorie überwundene Stufe philosophischer Reflexion. Aber damals, das heißt zur Zeit Cassirers, fehlte aus den genannten Gründen die Möglichkeit eines Vergleiches. Heute ist das anders, und diejenigen, die auch heute noch an dem überholten philosophischen Gerüst von Cassirers Symboltheorie festhalten und es propagieren, könnten es eigentlich besser wissen. Cassirers Philosophie der Symbolischen Formen hält in ihrem rein theoretischen Teil den heutigen Anforderungen nicht stand. Am besten und vielfach unüberholt, weil unüberholbar, sind Cassirers Beiträge zur Kulturphilosophie und Anthropologie sowie seine politischen Applikationen und sein letztes Wort, sein *An Essay on Man* (New Haven 1944).

Das treffendste Porträt Ernst Cassirers ist in Deutschland so gut wie unbekannt. Es stammt nicht von irgendwem, sondern von einem philosophischen Kopf, der der erste Doktorand Cassirers in Hamburg war und später weltberühmt wurde, dessen Name heute jedem Philosophiestudenten und Politikwissenschaftler bekannt ist. Es ist Leo Strauss. In seinem Nachruf auf Kurt Riezler schreibt Leo Strauss in Erinnerung an das Streitgespräch zwischen Heidegger und Cassirer in Davos 1929:

„Riezler hielt seinen Vortrag über ‚Gebundenheit und Freiheit im gegenwärtigen Zeitalter' vor einem Publikum, in Davos, das gerade Zeuge einer Debatte zwischen Heidegger und Cassirer geworden war. Riezler trat ohne Zögern auf die Seite von Heidegger. Es gab keine

Alternative. Allein schon das Gespür für Größe lenkte Riezlers Wahl. Cassirer repräsentierte die etablierte akademische Position. Er war ein distinguierter Professor für Philosophie, aber er war kein Philosoph. Er war ein Mann von Bildung, aber er hatte keine Leidenschaft. Er war ein Autor, der klar schrieb, aber seine Klarheit und Ruhe alleine reichten nicht aus für die Probleme. Er war ein Schüler von Hermann Cohen gewesen, er hatte Cohens philosophisches System, dessen Zentrum die Ethik war, transformiert in eine Philosophie der symbolischen Formen, aus dem die Ethik stillschweigend verschwunden war. Heidegger, auf der anderen Seite, bestritt explizit die Möglichkeit einer Ethik, weil ihm bewußt war, daß ein beleidigendes Mißverhältnis besteht zwischen der Idee einer Ethik und den Phänomenen, von denen man glaubt, daß Ethik sie artikuliere."[1]

Dieses Urteil von Leo Strauss über seinen Doktorvater Ernst Cassirer hat Gewicht. Es ist deutlich, und es ist klar. Es stammt von einem Mann, der dafür berühmt war, daß er kein Blatt vor den Mund nahm, und es stammt von einem Mann, der auf nichts und niemand Rücksicht zu nehmen brauchte, ein Mann, der sich die Wahrheit leisten konnte. Wem außer einem Mann wie Leo Strauss würde man heute dieses Urteil über Ernst Cassirer abnehmen? Keinem.

Ich zitiere in diesem Zusammenhang das, was mir selbst Kurt Riezler über das Davoser Gespräch von 1929 berichtet hatte: „Jeder Kellner im Hotel spürte, wer von den beiden, Cassirer oder Heidegger, der Mann der Zukunft war. Cassirer war der typische Stehkragengelehrte des 19. Jahrhunderts." Ich bin diesem inzwischen ausgestorbenen Gelehrtentypus auch einmal persönlich begegnet, nämlich in der Gestalt von Eduard Spranger. Die seit einigen Jahren von entspre-

---

[1] Leo Strauss: *Kurt Riezler, 1882-1955.* In: Social Research 1956, S. 3-34 (18). Übers. von K. Oe.

chend interessierter Seite unternommenen krampfhaften Versuche, die historische Gesprächssituation der Davoser Debatte zwischen Cassirer und Heidegger nachträglich umzudrehen und umzulügen und Cassirer zum Sieger dieser Debatte zu erklären, sind alberne Versuche am untauglichen Objekt. Sie werden von Nachgeborenen dieser historischen Ereignisse unternommen, die an ihrer apriorischen Geschichtskonstruktion basteln und ihrem politischen Weltbild einen Gefallen tun wollen.

Ein weiterer Zeuge der Davoser Begegnung von Cassirer und Heidegger war Joachim Ritter, Ordinarius für Philosophie in Münster i.W., der mir ebenfalls seine differenzierten Eindrücke noch persönlich erzählt hat. Er teilte mir seine Erinnerungen beiläufig in einem Gespräch mit, das am Rande der Tagung des Engeren Kreises der Gesellschaft für Philosophie in Deutschland Ende 1959 in Hamburg stattfand, bei einem Zusammensein im Curio-Haus. Ritter war, wie Leo Strauss, Schüler und Doktorand von Ernst Cassirer gewesen.

Als Präsident der amerikanischen Peirce-Society

Auf der Jahreskonferenz der Peirce Society im Dezember 1979 in New York City war ich für 1980 zum Geschäftsführer, für 1981 zum Vizepräsidenten und für das Jahr 1982 zum Präsidenten der Peirce Society gewählt worden. Das bedeutete, daß ich im Jahr meiner Präsidentschaft die Jahreskonferenz, die in Baltimore, Maryland, stattfinden sollte, vorzubereiten hatte. Vizepräsident war Nicolas Rescher von Pittsburgh. Mir wurde damit, und ich war mir dessen bewußt, eine große Verantwortung aufgebürdet. Ich war in der Geschichte der amerikanischen Peirce Society der erste nicht-amerikanische Präsident, und daß die Jahreskonferenz im Jahr 1982 in Baltimore stattfand, war von tieferer Bedeutung. Denn genau hundert Jahre vorher, Dezember 1882, hatte Peirce, der von 1879 bis 1884 Dozent für Logik an der Johns Hopkins University in Baltimore gewesen war, das Vorwort zu dem von ihm herausgegebenen berühmten Werk *Studies in Logic. By Members of the Johns Hopkins University* geschrieben, das 1883 erschien und zukunftsweisende Beiträge von ihm selbst und seinen damaligen Studenten in Baltimore enthielt, darunter der Aufsatz des späteren Princeton-Professors Allan Marquand über eine Maschine (*Logical Machine*) zur Erzeugung logischer Schlüsse sowie die Abhandlung von Peirce über eine Theorie des Wahrscheinlichkeitsschlusses und die Arbeit von Christine Ladd-Franklin über die neue Algebra der Logik. Das Jahr 1982 war auch insofern in der Geschichte der Peirceforschung signifikant, als der erste Band der neuen Peirce-Ausgabe im Juli erschienen war: *Writings of Charles S. Peirce. A Chronological Edition*. In meiner Rede zu Beginn des aus Anlaß der Konferenz stattfindenden Dinners im Baltimore Hilton Hotel gab ich meiner Zuversicht Ausdruck, daß die Kooperation der Philosophen von beiden Seiten des Atlantiks und aus aller Welt in der Zukunft und in der Kontinuität der Peirce Society eine feste Basis haben werde.

Zu Vorträgen in der wissenschaftlichen Sitzung hatte ich Karl-Otto Apel (Frankfurt), Arthur W. Burks (Michigan), Helmut Pape (Hamburg) und Roland Posner (Berlin) eingeladen. Arthur W. Burks, ein Pionier und Veteran der amerikanischen Peirceforschung, hatte 1958 die beiden letzten Bände (VII-VIII) der alten Harvard Peirce-Ausgabe der *Collected Papers* ediert. Er arbeitete und lehrte sowohl als Physiker wie auch als Computerwissenschaftler. Von 1943 an hatte er zusammen mit anderen Wissenschaftlern am Bau eines elektronischen Computers gearbeitet und an jener Maschine, die ENIAC hieß. Sie wurde 1946 fertiggestellt, als Arthur W. Burks an das Institute for

Advanced Study in Princeton ging, um dort mit dem aus Ungarn stammenden Mathematiker und Physiker John von Neumann an dem Entwurf der Maschine zu arbeiten, die heute als der ‚Von-Neumann-Computer' bekannt ist. Burks gehörte zu der kleinen Gruppe von Wissenschaftlern, die John von Neumann 1946 am Institute in Princeton zusammenstellte und leitete, um einen elektronischen Hochgeschwindigkeitscomputer als Instrument zu entwickeln und zu konstruieren, das als ein neues Werkzeug für den Mathematiker dienen konnte. Robert Oppenheimer war damals der Direktor des Institutes in Princeton. 1952 wurde der Bau dieser Computermaschine fertig. Diese Maschine war der Prototyp für eine Anzahl solcher Rechenmaschinen, die im Anschluß daran auch in anderen Ländern für die Zwecke großformatiger Administration gebaut wurden. Diese IAS (Institute for Advanced Study) Maschine war bis 1958 in Gebrauch. Seit 1960 steht sie in der ‚Smithsonian National Museum of American History's Computer History Collection' in Washington D.C.

Erst Jahre später, so berichtet Burks, lernte er, daß Peirce sich für Computermaschinen interessiert hatte. Peirce sah voraus, daß logische Schaltungen von elektromechanischen Relais ausgeführt werden könnten, und er gab zu verstehen, daß die Maschine von Charles Babbage (1792-1871) mit Relais gebaut werden könnte. Peirce interpretierte auch das System der menschlichen Sinnesempfindung als eine in der Form von Urteilen und Schlüssen operierende Maschine. Burks schrieb: „In this, too, Peirce was at least 50 years ahead of his time!"[1] Peirce handelt darüber in seinem Manuskript von 1900 unter der Überschrift „Our senses as Reasoning Machines"[2]. Aber im Unterschied zu manchen heutigen Artificial-Intelligence-Begeisterten bleibt

---

[1] Arthur W. Burks, Reflecting on Editing Peirce. In: *Transactions of the Charles S. Peirce Society*, Vol. XXVIII, 1992, S. 92.

[2] MS 1101, Robin Catalogue.

Peirce in seiner Einschätzung nüchtern und konstatiert, daß, obgleich eine Maschine all das leisten könnte, was viele hervorragende Mathematiker leisten, sie doch im eigentlichen Sinne nicht eine Denkmaschine (*reasoning-machine*) genannt werden könne: „Sie denkt nicht; sie verfährt nur nach einer Regel der Erfahrung" („It does not reason; it only proceeds by a rule of thumb"). Das heißt: die Maschine funktioniert nur nach der Vorgabe eingefahrener Vorgehensmuster.

Auf meine Einladung hin sprach Arthur W. Burks auf der Konferenz der Peirce Society in Baltimore 1982 über den Versuch, die Peircesche Konzeption der Naturteleologie mechanistisch zu interpretieren. Er stellte seinen Vortrag unter das Thema „The Reduction of Peirce's Teleology to Mechanism". Sein Vortrag machte Peirce zu einem gegenwärtigen, quasi anwesenden Partner eines Gespräches über das Problem der künstlichen Intelligenz, wie es sich heute für uns darstellt. Das war nicht nur anregend, sondern aufregend und spannend.

Mit der Dinner Party im Baltimore Hilton Hotel nach der wissenschaftlichen Sitzung der Konferenz ging am Abend des 28. Dezember 1982 meine Präsidentschaft der Peirce Society in angenehmster Atmosphäre zu Ende, und ich reichte den Stab an meinen Kollegen Nicholas Rescher weiter, den Präsidenten des kommenden Jahres. In diesem nun zu Ende gehenden Jahr waren mir neue Freundschaften in Amerika zugewachsen, die bis heute dauern und zu den schönsten Früchten dieses für mich ereignisreichen Jahres gehören. Aber auch in Griechenland war dieses Jahr für mich voll von neuen Begegnungen und Ereignissen gewesen.

Antrittsvorlesung vor der Akademie von Athen

Im April 1982 hatte ich meine seit langer Zeit überfällige Antrittsvorlesung vor der Athener Akademie gehalten, in die ich schon 1977 aufgenommen worden war. Die Aufnahmeurkunde trägt neben der Unterschrift des Akademiepräsidenten Petros Charis die des griechischen Philosophen Johannes Theodorakopoulos, der damals der Generalsekretär der Akademie in Athen war, ein Mann, der die geistige Tradition Griechenlands besonders eindrucksvoll und wirkungsvoll durch seine Persönlichkeit verkörperte. Er lehrte über drei Jahrzehnte als Philosoph an den Universitäten von Thessaloniki und Athen und gründete ‚Pletho: Eine freie Schule der Philosophie' in Magula in Sparta nahe Mistras. Ich sah ihn zuletzt auf dem großen internationalen Aristoteles-Kongreß 1978 in Thessaloniki, wo er mich zusammen mit Gadamer, der auch Mitglied der Athener Akademie war, zu einem Abendessen in ein winziges, aber ausgesucht stilvolles Lokal in der Innenstadt von Thessaloniki, fern dem Trubel des Weltkongresses in der Universität, einlud. Er erzählte von seinem Studium in Heidelberg nach dem Ersten Weltkrieg, über die Entstehung seiner Heidelberger Dissertation *Platons Dialektik des Seins* (1927), und viele Anekdoten über seinen Lehrer Heinrich Rickert, die Gadamer natürlich kenntnisreich und schmunzelnd zu unserer Erheiterung ergänzen konnte. Es war ein richtiges Symposium in des Wortes wahrer Bedeutung und dauerte bis spät in die Nacht. Leider traf ich Theodorakopoulos nicht mehr im Kreis der Akademiemitglieder, vor denen ich im März 1982 in Athen meine Antrittsvorlesung hielt. Er war 1981 einundachtzigjährig gestorben. Ich sprach vor der Akademie über das Thema „Selbsttötung als philosophisches Problem". Wie meist bei meinen Vorträgen in Griechenland sprach ich am Anfang und am Schluß neugriechisch, was sich aber „sehr altgriechisch" anhören soll, wie mir mal ein Grieche verriet und mir damit wohl vorsichtig andeuten wollte, daß er mein Griechisch nur teilweise verstanden hatte. Zum Glück sprach der Grieche sehr gut deutsch. Der Grieche war mein eigener Schüler Johannes Strangas aus Athen, Jurist und Philosoph, der bei mir in Hamburg studiert hatte und der sich bei uns im Fachbereich Philosophie und Sozialwissenschaften 1982 mit einer Arbeit zur Kritik von Kants Rechtsphilosophie habilitiert hatte. Mit Johannes Strangas und seiner Familie verbinden mich viele gemeinsame schöne Erinnerungen. Er war zunächst Professor der Rechtsphilosophie an der Universität Komotini in Thrazien und lehrt heute in Athen. Er hatte als Student in Hamburg im Zusammenhang mit seinen Kantstudien die Sprache Kants und die deutsche Gelehrtensprache des 18. Jahrhunderts so sehr verinnerlicht, daß er auch in seiner normalen Umgangssprache Deutsch so sprach wie Kant. So redete er auch im alltäglichen Leben mit den Leuten auf der Straße in Deutschland. Das führte nicht selten zu sonderbaren Situationen, aus denen ich ihn gelegentlich unter den merkwürdigsten Umständen befreien mußte, indem ich den Leuten, die sich manchmal verulkt vorkamen, beschwichtigend sagte, daß er ein Philosoph sei. Er sprach das kantische Deutsch fehlerfrei und ohne anzustoßen. Er konnte ganze Kapitel von Kants *Kritik der reinen Vernunft* wörtlich zitieren. Er ist als Denker von beeindruckendem Scharfsinn, sowohl in der Jurisprudenz als auch in der Philosophie. Er wurde mir ein Freund.

Das Gebäude der Akademie von Athen mit dem weißen Marmorboden, dem dunklen Holzgestühl, der erhöhten Rednerkanzel und den feierlichen Leuchten ringsum wirkt im Innern wie eine in mystisches Halbdunkel gehüllte Kapelle, fast gottesdienstlich. Um so makabrer der Vorfall, der sich nach meinem Vortrag während der Diskussion ereignete. Nach mehreren Rednern, die sich zu Wort gemeldet hatten, stand noch ein Akademiemitglied auf und trat aus der Sitzreihe in den Mittelgang, um von dort seine Frage an mich zu stellen. Das griechische Wort für Selbsttötung ist ‚autoktonía'. Er sprach zwei Sätze, und als er seinen dritten Satz mit dem Wort ‚autoktonía' beginnen wollte, hörte er plötzlich nach den ersten beiden Silben (‚auto--') auf zu sprechen und fiel hinterrücks der Länge nach hin und schlug mit seinem Hinterkopf auf den Marmorboden auf. Er war sofort tot. Ein herbeieilender Arzt aus dem Publikum konnte nur noch den Tod durch Herzversagen feststellen. Wir bildeten einen Kreis um den Toten am Boden, und ein kurzes Gebet wurde gesprochen. Das tote Akademiemitglied war der Rechtsgelehrte Johannes Zontis. So endete meine Akademievorlesung leider abrupt, und wir sahen uns alle schon am nächsten Tag auf dem Friedhof am Grab des Verstorbenen wieder. Die Athener Zeitungen berichteten ausführlich, weniger über meinen Vortrag als über das traurige Ereignis danach. Ich muß gestehen, daß ich, als ich bei der Beerdigung mit am Grab stand, nicht ganz frei von einem Anflug von Schuldgefühl war, obwohl mein Verstand mir sagte, daß das Unsinn sei, weil das eine doch nicht die Ursache des anderen gewesen war. So dachte ich, während ich die Stimme des Priesters am offenen Grab hörte, über das Geheimnis des Kausalitätsprinzips nach und über mögliche Arten von Kausalität, von denen wir vielleicht gar nichts wissen. So endete meine Antrittsvorlesung vor der Akademie von Athen auf einem Athener Friedhof.

Abschied von einem Freund: Gerhard Prinz

Am 30. Oktober 1983 erreichte mich die Nachricht, daß mein Freund, Schulkamerad und Studiengefährte Gerhard Prinz im Alter von vierundfünfzig Jahren im Fitneßraum seines Hauses in Stuttgart plötzlich und ohne alle Vorzeichen an einem Gehirnschlag tags zuvor gestorben war. Seit der gemeinsamen Schulzeit waren wir enge Freunde gewesen. Wir waren 1949 nach dem Abitur zusammen zum Studium nach Marburg aufgebrochen und über die Studienzeit hinaus engste Weggefährten geblieben. Von Zeit zu Zeit tauschten wir uns über unsere Erfahrungen aus und machten wiederholt gemeinsam Ferien, meist in der Schweiz. Ich war auf seiner Hochzeit 1953, und unvergessen war auch das große Fest in Tonbach aus Anlaß seines fünfzigsten Geburtstages, wo ich zum ersten Mal die Spitzen des deutschen Wirtschaftslebens persönlich kennenlernte. Ein Jahr später, 1980, war Gerhard Prinz als Nachfolger von Joachim Zahn zum Vorstandsvorsitzenden der Daimler Benz AG in Stuttgart gewählt worden, wo ich ihn in den folgenden Jahren mehrere Male besucht und in seinem Haus, das ringsum von Sicherheitskräften streng bewacht war, gewohnt hatte. Es waren die Jahre nach der Ermordung von Hanns Martin Schleyer, des Präsidenten des Bundesverbandes der Deutschen Industrie, durch Mitglieder der Baader-Meinhof-Bande, um die Freilassung inhaftierter Terroristen zu erpressen. Auch weitere Wirtschaftsführer waren Opfer von Anschlägen der RAF geworden. Die Sicherheitsvorkehrungen wurden verschärft. Das bekam auch ich zu spüren, sooft ich meinen Freund besuchte.

Bei der Abfahrt vom Mercedes-Werk in Untertürkheim zu seinem Haus und zurück fuhren regelmäßig mehrere Mercedes-Limousinen hintereinander in einer Kolonne, und Prinz wechselte bei jeder Fahrt den Wagen, in dem er saß. Wir trugen schwarze Tücher um den Hals, damit nicht das Weiß der Hemden eine Zielscheibe bieten konnte. Die Scheiben waren geschwärzt. Gerhard Prinz, den ein trockener Humor mit gelegentlich auch sarkastischem Einschlag auszeichnete, sagte, als ich das erste Mal in dieser Kolonne mitfuhr und neben ihm saß, zu mir: „Da staunste wohl, Klaus? Was? Jetzt siehste mal endlich, wie das ist, wenn man richtig berühmt ist.“ Dabei lachte er sein schalkhaftes Jungenlachen, eine Mischung aus Ernst und Ironie, das ich so sehr an ihm mochte und von frühesten Begegnungen her kannte. Auch unsere Lehrer in der Schule waren davor nicht sicher gewesen. Ich wollte ihm bei diesem tête-à-tête im Auto nichts schuldig bleiben und erwiderte: „Paß Du mal lieber auf, daß Dich Deine Pistole in Deinem Hosenbund nicht ins Bein schießt oder sonst wohin“. Darauf bemerkte er, fast triumphierend: „Die ist doch gar nicht geladen.“

Gerhard Prinz, als Erbe einer alten Solinger Industriellenfamilie und Eigentümer einer Stahlwarenfabrik mit fünfhundert Mitarbeitern finanziell unabhängig, hatte nach seinem Studium der Jurisprudenz und der Volks- und Betriebswirtschaft und nach seiner juristischen Promotion eine geradlinige Karriere hingelegt. Tätigkeiten in der Stahlindustrie bei Mannesmann und anderen Konzernen folgte der Eintritt in den Vorstand des Volkswagenwerkes in Wolfsburg und von da in den Vorstand der Daimler Benz AG, wo der damalige Daimler Chef Joachim Zahn in Gerhard Prinz den geeigneten Nachfolger für sich erblickte. Nach einigem Stühlerücken setzte sich Prinz bei der entscheidenden Stichwahl gegen seinen Rivalen Edzard Reuter, Sohn des Berliner Frontstadt-Bürgermeisters Ernst Reuter, mit Unterstützung der Banken und mit dem Segen von Hermann Josef Abs, dem Königsmacher damals in dieser Branche und Ehrenvorsitzenden der Deutschen Bank, durch. Die Deutsche Bank war Hauptaktionär bei Daimler Benz. Dem Sozialdemokraten Edzard Reuter wollten sich die Herren des großen Geldes denn doch nicht so ohne weiteres kampflos ausliefern. Ihr Instinkt und der Stallgeruch des Fabrikantensohnes Gerhard Prinz waren ihnen näher und vertrauter als die Visionen des Sozialdemokraten, der ihnen wesensfremd war und blieb. Mit gutem

Grund, wie sich später zeigen sollte, als Reuter, endlich am Ziel seiner ehrgeizigen Wünsche angekommen, nicht mehr länger zu verhindern war und er Daimler Benz in bis dahin in der Geschichte dieses Unternehmens beispiellose finanzielle Verlustzonen führte und einen weiteren traurigen Beweis dafür erbrachte, daß die Linken mit großem Geld nicht umgehen können, außer wenn sie ausgeben und umverteilen, was andere erarbeitet haben. Gerhard Prinz dagegen entwickelte in der kurzen Zeit, die ihm vom Schicksal für die Leitung der Daimler Benz AG von 1980 bis 1983 zugeteilt war, diesen Konzern zum umsatzstärksten deutschen Automobilunternehmen, das es bis dahin gegeben hatte, bevor dann unter der Regie seiner Nachfolger eine kapitalvernichtende Talfahrt des Konzerns ihren Lauf nahm.

Seine bestimmenden Charaktereigenschaften waren ein Sinn für Härte und eine zielstrebige Verbindlichkeit, gepaart mit einem männlichen Charme. Sein Auftreten und sein Erscheinungsbild wirkten eher britisch als deutsch. Wenn er gereizt war oder ihm etwas gegen den Strich ging, konnte er auch zynisch werden. Dann war höchste Vorsicht geboten. In seinen schönen, tiefgründigen, nachdenklichen Augen blitzte dann für Sekunden ein Machtwille auf, der signalisierte, daß er über die Natur seiner Artgenossen keine Illusionen hegte und über seinen jeweiligen Widerpart mehr wußte, als er aussprach. Er hatte das Herrschaftswissen, das beispielsweise auch ein Mann wie Adenauer besaß und praktizierte, indem er davon Gebrauch machte, wenn es nicht anders ging (Man denke z.B. an Adenauers berühmtberüchtigte Frage an ein widerborstiges Kabinettsmitglied: „Weiß eigentlich Ihre Frau, daß Sie eine Geliebte haben?"). Prinz hatte ein gut entwickeltes Verhältnis zur Macht. Seine Überlegenheit über seine Managerkollegen beruhte auf seiner angeborenen Fähigkeit zu analytischem und zugleich konstruktivem Denken von hohen Graden. Er verfügte über eine große literarische und musikalische Bildung. Er beschäftigte sich mit der Kompositionskunst Bachs, den er besonders schätzte und bewunderte. Unter den Philosophen gehörte seine Vorliebe Kant, mit dessen drei kritischen Hauptschriften er vertraut war. Auf Aktionärsversammlungen brillierte er als kluger, besonnen formulierender Redner, der allseits respektiert wurde. Er hatte Gegner, aber er hatte keine Feinde. Er hielt den gesamten Vorstand einschließlich der Arbeitnehmervertreter, die ihn übrigens in der entscheidenden Sitzung 1979 mit zum Vorstandsvorsitzenden gewählt hatten, solidarisch zusammen. Man anerkannte die Kraft seines Verstandes, die Logik seiner Argumente und die Integrität seiner Person.

Am Tag seiner Beerdigung, einem schneidend kalten 4. November, stand eine große Menschenmenge dicht gedrängt vor der Aussegnungshalle des Stuttgarter Waldfriedhofs, bevor wir hineingelassen wurden. Als ich so da, eingezwängt zwischen den vielen prominenten Trauergästen aus aller Welt, auf die Trauerfeier wartete, hörte ich plötzlich die vertraute Stimme meines Freundes Gerhard Prinz, die im Dialekt unserer Heimat, des Bergischen Landes, wieder zu mir sagte: „Siehste, Klaus, so is dat, wenn man so richtig berühmt is". Ich blickte in den stürmischen Novemberhimmel und nickte ihm anerkennend zu.

Er war ein Frühvollendeter und hatte auch unter uns Schülern auf dem Gymnasium immer schon wie ein Erwachsener gewirkt. Er wirkte älter als wir Gleichaltrigen, eigentlich schon damals fertig. Er war ein Jahr jünger als ich, Jahrgang 1929. Vor der Aussegnungshalle fiel mir ein Erlebnis ein. Es muß in den Jahren 1946 oder 1947 gewesen sein, als wir in die Unterprima gingen. Gerhard hatte in einer Tageszeitung die Annonce einer Wahrsagerin gelesen, die ihre hellseherische Kunst anbot. In einer Pause auf dem Schulhof beschlossen wir beide, sie am Nachmittag aufzusuchen. Sie hauste in der Dachkammer eines alten, mehrstöckigen Wohnhauses. Eine Frau von etwa vierzig Jahren, eine außergewöhnlich attraktive Erscheinung, dunkelhaarig und erkennbar keine Deutsche. Sie sprach mit einem russischen oder polnischen Akzent. Wir wollten sie über unsere Zukunft hören. Wir mußten ihr unsere Handflächen zeigen. Sowohl das, was sie Gerhard Prinz, als auch das, was sie mir voraussagte, ist im Verlauf der folgenden Jahrzehnte in unser beider Lebensläufen eingetroffen. In beiden Fällen handelte es sich um die Voraussage ganz präziser, singulärer, eindeutiger Ereignisse, die keiner nachträglichen Interpretation bedurften, um mit der Voraussage in Übereinstimmung gebracht werden zu können. Wir hatten in späteren Jahren nie wieder über unseren Besuch bei der Wahrsagerin miteinander gesprochen. Nach fast dreißig Jahren ereignete sich im Leben von Gerhard ein gravierender Vorfall. Einige Tage danach erhielt ich von ihm einen Telephonanruf. Wir sprachen über das, was sich ereignet hatte ausführlich, und dann fragte er mich übergangslos: „Kannst Du Dich noch erinnern, was die Wahrsagerin damals zu mir gesagt hat?" Ich konnte; ich hatte schon daran gedacht, bevor er mich anrief. Ihre Aussage in bezug auf mich bewahrheitete sich erst zwanzig Jahre später. Aber da konnte ich meinen Freund Gerhard nicht mehr anrufen. Er lebte nicht mehr.

Als wir schließlich in die Aussegnungshalle eingelassen wurden, war das, wie ich bald erkennen konnte, eine Versammlung aller führenden Männer der deutschen Wirtschaft und der Banken, dazu zahlreiche Politiker. Die Überschrift der WELT AM SONNTAG vom 6. November 1983 lautete „800 Trauergäste von A wie Abs bis Z wie Zahn". Wirtschaft und Politik gaben dem Verstorbenen das letzte Geleit. Ich sah zum ersten Mal Hermann Josef Abs, Friedrich Karl Flick, Wilfried Guth, Alfred Herrhausen, Otto Graf Lambsdorff, Lothar Späth, Franz Josef Strauß und viele andere. Ließen die RAF-

Terroristen jetzt im Keller der Aussegnungshalle eine Bombe hochgehen, so dachte ich damals bei mir im Anblick der Trauergemeinde, so wäre das Chaos im Lande gar nicht auszudenken. Aber es passierte nichts. Gerhard Prinz eignete sich nicht zum Buhmann der radikalen Linken, obwohl er viel konsequenter und radikaler kapitalistisch dachte als mancher von denen, die ihr Opfer wurden.

Wilfried Guth, der damalige Vorstandssprecher der Deutschen Bank und Aufsichtsratsvorsitzende von Daimler Benz, hielt die Trauerrede. Sie war klassisch schlicht in der Form, ergreifend im Inhalt und der Situation angemessen. Axel Springer würdigte drei Wochen später in einer öffentlichen Ansprache in Berlin die Leistungen des verstorbenen Daimler Benz-Chefs Gerhard Prinz und nannte ihn einen ‚bedeutenden Mann‘. Ich hatte einen bedeutenden Freund verloren. Dafür gibt es keinen Ersatz. Was bleibt, ist einzig die Erinnerung.

Autorentreffen am Müggelsee in der DDR

Nach neun Jahren brachte ich 1983 meine Arbeit an der *Kategorienschrift* des Aristoteles, übersetzt und kommentiert, für die Deutsche Aristoteles-Gesamtausgabe im Akademie-Verlag, Berlin, endlich zum Abschluß. Diese Werkausgabe in zwanzig Bänden wurde von dem längst verstorbenen Berliner Altphilologen Ernst Grumach begründet und wird seitdem herausgegeben von dem Münchener Altphilologen Hellmut Flashar. Die Reihe begann ihr Erscheinen 1956 mit dem von Franz Dirlmeier bearbeiteten, inzwischen in zehnter Auflage erschienenen Band der Nikomachischen Ethik des Aristoteles. Die meisten der zwanzig Bände der Ausgabe liegen vor, und der Abschluß dieses Großunternehmens nach fünfzig Jahren ist abzusehen, eine imponierende Leistung der historischen Geisteswissenschaft, aber auch des Herausgebers Flashar sowie des Verlages. Es war eines der ganz wenigen gesamtdeutschen wissenschaftlichen Projekte vor der Wiedervereinigung Deutschlands. Bis dahin wurde die Ausgabe vom früheren Ostberliner Akademie-Verlag betreut, der seitdem zur Oldenbourg-Verlagsgruppe gehört.

Druck und Herstellung der Bände dieser Ausgabe unter DDR-Bedingungen waren nicht einfach, die ganze Technik der Buchherstellung war veraltet; die Drucklegung erfolgte noch bis zuletzt im Handsatz von oft wechselndem, nur im Nebenberuf als Setzer tätigem Personal, meist Frauen, in Druckereien in der DDR-Provinz (wenn diese Differenzierung überhaupt möglich ist), und das Papier der fertigen Bände duftete nach deutschem Wald und war durchzogen von braunen Holzfasern. Der einzige Vorteil war, daß die Autoren solange Korrekturfahnen anfordern konnten, bis der Text in Ordnung war. Man kann sich vorstellen, was das bei umfangreichen Bänden dieser Ausgabe bedeutete, bei denen auf vielen Seiten griechischer Text zitiert werden muß. Bei dem von mir bearbeiteten Band waren es schließlich fünf, für einige Passagen sieben Korrekturabzüge. Geduld war das oberste Gebot; die habe ich dabei gelernt. Die Autoren der Bände dieser Reihe nach der Wende können sich gar nicht vorstellen, wie die Arbeit an den Bänden unter den alten Bedingungen vor sich ging. Das Erfreuliche war, daß es von seiten der Ostberliner Akademie auch nicht den Hauch eines Versuches einer politischen Beeinflussung der Autoren aus Westdeutschland gab, was freilich bei dieser Gruppe von Autoren auch ganz zwecklos gewesen wäre. Dann wäre diese gesamtdeutsche geisteswissenschaftliche Zusammenarbeit – eine Rarität in der Zeit des Kalten Krieges – sofort zusammengebrochen bzw. gar nicht zustandegekommen.

Auf Einladung des Akademie-Verlages Berlin der Akademie der Wissenschaften der DDR fand sogar einmal ein Treffen der Autoren der Aristoteles-Gesamtausgabe, von denen die allermeisten Westdeutsche waren, am Müggelsee statt, im September 1986. Die Sitzungen fanden im „Salon I des Restaurants ‚Rübezahl' " statt, wie mir kurioserweise noch in Erinnerung ist, wahrscheinlich wegen des für meine Ohren sonderbaren Stilbruchs in der Raumbezeichnung: ‚Salon' und ‚Rübezahl' passen für mich nicht so recht zusammen. Wir haben uns trotzdem dort wohlgefühlt. Für die Autoren gab es eine Exkursion nach Potsdam mit einer Führung durch die Ausstellung „Friedrich II. und die Kunst" und eine Besichtigung von Sanssouci. Das lief alles sehr korrekt ab. Aber man spürte eine schwer zu beschreibende Befangenheit der Gastgeber uns gegenüber. Jedenfalls ich spürte sie. Es umgab sie ein gewisses Unbehagen in bezug auf sich selbst und die eigene Situation in der DDR, für die sie ja gar nicht verantwortlich waren. Niemand von uns ahnte auch nur im geringsten, daß schon drei Jahre später die Mauer fallen und in der Folge der historischen Ereignisse der Akademie-Verlag den Eigentümer wechseln und in westliche Hände übergehen würde.

KONKLUSIONEN ZWISCHEN MYTHOS UND LOGOS

Das Sprachverständnis des Aristoteles und seine zehn Kategorien

Mit der Abfassung meines Kommentars zur der Schrift des Aristoteles über die *Kategorien* hatte ich 1974 während meines Aufenthaltes am Institute for Advanced Study in Princeton begonnen. Er erschien in erster Auflage 1984 als Band I 1 der Deutschen Aristoteles-Gesamtausgabe und war nach Adolf Trendelenburgs Werk von 1846 der erste deutsche Kommentar zu der Aristotelischen *Kategorienschrift*. Trendelenburg (1802–1872) war der große Antipode Hegels im 19. Jahrhundert, einflußreicher Professor der Philosophie in Berlin seit 1833, dessen nicht minder einflußreicher Schüler Franz Brentano durch sein Buch von 1862 *Von der mannigfachen Bedeutung des Seienden nach Aristoteles* nach eigener Bekundung Heideggers auf dessen Ontologieentwurf eingewirkt hat. Außerdem war Trendelenburg auch der Lehrer Edmund Husserls. Trendelenburg entwickelte eine antihegelianische, von Aristoteles' Seinslehre maßgeblich bestimmte teleologische ‚organische Weltanschauung', in der Denken und Sein durch eine gemeinsame Bewegung verbunden sind. Friedrich Adolf Trendelenburg ist der in seinem Einfluß auf die Philosophie des 20. Jahrhunderts am meisten unterschätzte, für viele gänzlich unbekannt gebliebene Denker des 19. Jahrhunderts, ein nüchterner, sachbezogener Denker, der sich von den metaphysischen Konstruktionen des deutschen Idealismus nicht beeindrucken ließ, ein Nüchterner unter Trunkenen.

Er war der letzte gewesen, der mit seinem Werk von 1846 über die Geschichte der Kategorienlehre einen Totalprospekt der Aristotelischen Kategorienlehre vorgelegt hatte. Es galt also für mich, nach mehr als hundert Jahren danach, eine lange Interpretationsgeschichte aufzuarbeiten und mich mit den modernen Lehrmeinungen kritisch auseinanderzusetzen, auf die leider nur allzu oft der Satz von Goethes Faust zutrifft: „Was ihr den Geist der Zeiten heißt, Das ist im Grund der Herren eigner Geist, In dem die Zeiten sich bespiegeln... Ja, was man so erkennen heißt!"

In diesem Sinne kam bei der Beantwortung der Frage nach Status und Bedeutung der Aristotelischen Kategorien zu Beginn des 19. Jahrhunderts zum ersten Mal die Meinung auf, daß die Kategorien eine bestimmte Organisation der Sprache, und zwar eines bestimmten Sprachtypus, des indogermanisch-griechischen in diesem Falle, widerspiegeln. Damit war die linguistische, damals sogenannte ‚grammatische' Interpretation der Kategorien auf den Weg gebracht, die im 20. Jahrhundert in der sogenannten sprachanalytischen Interpretation der Kategorien ihre Fortsetzung fand.

Aber eine solche Interpretation entspricht nicht dem historischen Selbstverständnis des Aristoteles, obwohl wir in der Rückschau durchaus dazu legitimiert sind, in systematischer Perspektive eine derartige Einschätzung und Interpretation vorzunehmen. Nur müssen wir dann wissen, was wir tun, und entsprechend unterscheiden zwischen Vergangenheit und Gegenwart und nicht für die Vergangenheit etwas in Anspruch nehmen, was so erst in neueren Zeiten denkbar wurde.

Es ist klar, daß durch die grammatische beziehungsweise sprachanalytische Interpretation der Wahrheits- und Universalitätsanspruch des Aristoteles relativiert wird. Aristoteles selbst ist vielmehr der Auffassung, daß die Kategorien, auch wenn er sie als Arten der Aussage, als Typen der Prädikation, als Prädikat-Sorten, sieht und sie also mit sprachlichen Phänomenen in Verbindung bringt, die Kategorien dennoch die Struktur der Realität, das heißt für ihn: der denkunabhängigen Wirklichkeit des objektiv Seienden, wiedergeben. Diese Sichtweise des Aristoteles ist das genaue Gegenteil eines linguistischen Relativismus. So gesehen ist es in Wahrheit die Grammatik, die von der Ontologie abhängt, einer Ontologie, die schon vor aller Grammatik vorwissenschaftlich und vorphilosophisch im gelebten Konsens der Menschen existiert als das vorgängig immer schon Daseiende. Wer behauptet, daß eine Kategorientafel nur die Kategorien der Sprache widerspiegelt, setzt voraus, daß die der Sprache entnommene Kategorientafel gleichzeitig die vollständige Tafel aller Kategorien dieser Sprache ist. Solange das nicht gezeigt ist, was bisher nicht der Fall ist, muß man davon ausgehen, daß eine Auswahl vorgenommen wird, und wenn der Philosoph unter den sprachlichen Kategorien eine Auswahl trifft, so heißt das, daß seine Wahl nicht allein von sprachlichen Kriterien bestimmt ist. Sonst müßte er bei den Unterscheidungen, die die Sprache macht, bleiben. Die sprachliche Gestalt leitet nur, aber sie entscheidet nicht. Das heißt: Selbst wenn das Denken den Horizont der Sprache nicht zu transzendieren vermöchte – was bis heute nur eine viel beredete, aber eine unbewiesene Prämisse vieler Sprach- und Erkenntnistheoretiker ist –, so entscheidet doch innerhalb dieses Horizontes das Denken und nicht die Sprache darüber, was für das Denken als wesentlich gilt.

Von den zahlreichen Fragen, die die moderne Forschung an die Aristotelische *Kategorienschrift* stellt, wie zum Beispiel die Frage nach dem Ursprung der Kategorien sowie die nach ihrer Vollständigkeit, sind es vor allem zwei Probleme, die im Mittelpunkt des Interesses stehen: Was wird eigentlich überhaupt durch die Kategorienunterscheidungen gegliedert? und: Was ist eine Kategorie ihrem eigenen Status nach? Für Aristoteles leitend ist die von ihm vorausgesetzte Parallelität von Sein, Denken und Sprache. Infolge seines integralen

Charakters und seines Ortes im Schnittpunkt von Logik, Ontologie und Erkenntnistheorie gliedert der Kategorienbegriff aber nicht nur eine einzige Dimension, weder nur die des Seienden oder nur die des sprachlichen Ausdrucks oder nur die des Gedankens, obwohl seit der *Kategorienschrift* die primäre Intention unübersehbar der Kategorialisierung des Seienden gilt. Diese ist jedoch nicht möglich ohne eine entsprechende Bezugnahme auf die sprachlichen Ausdrücke und die Noemata, das heißt ohne Berücksichtigung der Interferenzen von Denken und Sprache. Deshalb gliedern die Kategorien nicht das Seiende, ohne zugleich auch die Wahrnehmung und die Erkenntnis zu ordnen, die wir von dem Seienden haben. Für Aristoteles bildeten diese Dimensionen eine prinzipiell durch Parallelität strukturierte Einheit, die als unerörterte Grundannahme zu den Prämissen seiner Theorie der Erkenntnis des Seienden gehörte.

Bei der weiteren Frage, was die Aristotelischen Kategorien ihrem eigenen Status nach seien, wie sie aus heutiger Sicht zu bestimmen seien, geht es nicht mehr um das historische Selbstverständnis des Aristoteles, sondern um unser heutiges Verständnis. In der *Kategorienschrift* sind die *onta*, von denen die Rede ist und die der erklärte Gegenstand der Kategorieneinteilung sind, also das, worauf die Einteilung gerichtet ist, die *Dinge, insoweit* die sprachlichen Ausdrücke sie bezeichnen, und die Kategorien sind die Formen der Prädikation, in denen wir über die Dinge sprechen: Formen der Prädikation oder Arten der Prädikate, Prädikat-Sorten, denn die verschiedenen Formen der Prädikation manifestieren sich in den verschiedenen Arten oder Sorten der Prädikate. Prädikate sind Klassifikationen. Arten, Typen oder Sorten von Prädikaten sind Eigenschaften der zu charakterisierenden Prädikate, also Klassifikationen von Klassifikationen oder, wie wir auch sagen können, Prädikate von Prädikaten, Prädikate zweiter

Stufe. Als solche haben sie den logischen Status von sogenannten strukturellen Eigenschaften. Nach modernem Verständnis würde die Bestimmung der Aristotelischen Kategorien als Prädikate zweiter Stufe in Verbindung mit dem Problem zu bringen sein, ob Prädikate als Eigennamen für abstrakte Gegenstände aufgefaßt werden können. Diese und andere Erwägungen waren es, die für mich den Text der *Kategorienschrift* des Aristoteles wieder zum Sprechen brachten. Aber das verlangt, daß man auch hinhört auf das, was ein solcher Text zu sagen hat, was er sagen will, und ihm nicht voreilig mit der Überlegenheitsattitüde des modernen Besserwissers ins Wort fällt. Diese Einstellung den alten Texten gegenüber ist leider weit verbreitet. Woran das liegt? An der Dummheit, die noch weiter verbreitet ist. Descartes meint zwar, der *bon sens* sei die bestverteilte Sache in der Welt, aber ich glaube das nicht: es ist die Dummheit, die noch besser verteilt ist.

Wie die Erfahrung lehrt, ist für viele Interpreten historischer Texte die Versuchung unwiderstehlich, ihrer Auslegung ihre eigenen modernen Überzeugungen unterzuschieben und die alten Autoren auf diese Weise zu Vorläufern zu machen. Als ob durch solche pseudo-historischen Vaterschaftstests für die Qualität und den Wahrheitsbeweis der eigenen Theorien irgend etwas gewonnen wäre! Auch Klassiker und berühmte Autoritäten machen von diesem sonderbaren Phänomen keine Ausnahme. Diese Suche nach Bundesgenossen in der eigenen Sache scheint motiviert zu sein durch den Herdentrieb, aber auf hoher Ebene. Vor dem Hintergrund dieses Phänomens muß zum Beispiel auch die artifizielle, manierierte Bezugnahme auf das Denken der Vorsokratiker bei Nietzsche und Heidegger gesehen werden. Heidegger geht es um die Wiederholung des im vorplatonischen Griechentum angeblich gelebten wahren Anfangs unseres geistesgeschichtlichen Daseins, da gemäß seiner seinsgeschichtlichen Konzeption die abendländische Philosophie seit Platon eine Geschichte der Seinsvergessenheit ist, also eines Degenerationsprozesses. So auch für Nietzsche, dessen Auslegung des Dionysos-Mythos in der *Geburt der Tragödie aus dem Geiste der Musik* (1871) als Urmythos des authentischen Lebens sich der neueren Mythenforschung als geschichtliche Spätgeburt und als Nostalgie, als Sehnsucht nach der Unschuld des Anfangs herausgestellt hat. Mit dem Geist einer vermeintlichen Ursprünglichkeit und Anfänglichkeit des Denkens wollen beide, Nietzsche und Heidegger, je auf ihre Weise die Gespenster einer von ihnen selbst ausgerufenen ‚dekadenten' Spätzeit bannen. Wir wissen längst, daß solche nach den Regeln der Dramaturgie ins Werk gesetzten Inszenierungen der Philosophiegeschichte im Dienste der Selbstinszenierung stehen und mit den historischen Tatsachen herzlich wenig zu tun haben. Auch die homerischen Epen hielt man einmal für solche, die den jugendfrischen Geist der Menschheitsfrühe atmen; heute wissen wir, daß sie Endpunkte einer langen Kulturentwicklung sind. Die Reihe weiterer Beispiele ließe sich fortsetzen, und einige werde ich noch erwähnen.

Der Unbewegte Beweger

In diesem Zusammenhang gehört auch Aristoteles' Lehre vom Unbewegten Beweger und ihre lange und dramatische Auslegungsgeschichte. Zu ihrer Charakterisierung genügen wenige Stichworte. Aristoteles' Lehre vom Unbewegten Beweger ist der höchste Punkt der antiken Philosophie. Über die Bedeutung dieser Lehre gab es schon unter den unmittelbaren Nachfolgern des Aristoteles keine Einigkeit. Daran hatte sich in Antike, Mittelalter und Neuzeit bis in die

Gegenwart nichts geändert. Aristoteles schließt, wie ich in meiner Tübinger Dissertation 1953 gezeigt habe, von dem ewigen, kreisförmigen, bewegt-bewegenden Umlauf der Planeten auf ein unbewegt Bewegendes, das er Gott nennt und als Geist, Nous, bestimmt, der nur sich selbst denkt, weil jeder andere Gegenstand als Gegenstand seines Denkens der höchsten ontischen Dignität des unbewegt Bewegenden, also Gottes, unebenbürtig, also unwürdig wäre. Dieser sich selbst denkende unbewegte Beweger-Gott, der den bewegten Kosmos in Bewegung hält und zwar so, wie ein Geliebtes das es Liebende, das Begehrte das Begehrende und das Gedachte das Denken evoziert, ist kein auf die Menschen bezogener Gott-Vater, sondern lediglich die letzte systematische Konsequenz aus der Bewegungslehre des Aristoteles.

Die Aristotelische Bestimmung dieses Beweger-Gottes als eines Denkens des Denkens warf natürlich die Frage nach dem Verständnis der logischen Struktur der Selbstbeziehung auf, in der sich das Denken des Unbewegten Bewegers vollzieht. Dieser Frage geht mein Buch von 1984 unter dem Titel *Der Unbewegte Beweger des Aristoteles* nach. Es führt den Nachweis, daß alle folgenden neuplatonisch-spätantiken, mittelalterlichen und neuzeitlichen Versuche, den Aristotelischen Begriff des göttlichen Denkens des Denkens, der Noesis Noeseos, inhaltlich aufzufüllen mit entweder den platonischen Ideen und Idealzahlen oder in der christlichen Tradition mit den Gedanken Gottes, deren Gegenstand die Welt und die Menschen sind, jeder Grundlage im Text des Aristoteles entbehren und darin keine Stütze finden, weder direkt noch indirekt. Trotzdem aber war das Aristotelische Konstrukt des Unbewegten Bewegers und des Denkens des Denkens in der Geschichte seiner Auslegung Gegenstand der steilsten Phantasie und der wildesten Spekulationen, die mit Aristoteles überhaupt nichts zu tun hatten. Hegel sah in der Aristotelischen Formel vom Denken des Denkens einen Vorgriff auf das Sichselbsterfassen des absoluten Geistes und auf das Grundthema seiner, Hegels, Philosophie. Hegel witterte schon die Morgenluft des deutschen Idealismus bei Aristoteles, der von alldem in den Bahnen seines eigenen, antiken Denkens doch noch gar nichts wußte und wissen konnte. So wirkte es einigermaßen ernüchternd, als mein Buch von 1984 über den Unbewegten Beweger diese und die Masse der anderen Nachfolgeinterpretationen der Aristotelischen Lehre vom Unbewegten Beweger kühl abservierte und entzauberte, sozusagen entmythologisierte, und mit dem harten Kern des überlieferten Textes des Aristoteles konfrontierte. Solche Kaltwasserbehandlung ist in den romantisch angehauchten historischen Geisteswissenschaften sehr unbeliebt, aber von Zeit zu Zeit nötig, damit die Maßstäbe nicht verlorengehen.

Der entmythologisierte Platon: ein Tabubruch

Daß auch die Macht der Gewohnheit bei der Interpretation historischer Texte eine Rolle spielt, zeigte sich im vergangenen Jahrhundert drastisch in der Platonforschung. Im Jahre 1959 erschien die Dissertation eines damals noch unbekannten Tübinger Studenten, der nachwies, daß das Platonbild der Moderne auf einer falschen Annahme beruht, die zu Beginn des 19. Jahrhunderts von Schleiermacher formuliert wurde und durch seine einflußreichen Publikationen weite Verbreitung fand. Der vom deutschen Idealismus und von der Romantik geprägte Theologe und Philosoph Schleiermacher hatte in bezug auf die Dialoge Platons eine Auffassung vertreten, die in der Folgezeit dahingehend gewirkt hatte, daß die Dialoge, je für sich, als autonome Einheiten gelesen wurden, in denen sich das Denken Platons jeweils vollständig dargestellt findet. Dagegen erschien die indirekte Tradition in der Antike, die von den unmittelbaren Schülern Platons ausgeht und von der Existenz ungeschriebener, von Platon nur mündlich vorgetragener Lehrstücke berichtet, als vernachlässigenswert, falsch und in die Irre gehend. Gegen dieses in der Nachwirkung Schleiermachers entstandene und bis zu der erwähnten Tübinger Dissertation von 1959 dominante Platonbild richtete sich die erfolgreiche Argumentationsstrategie des Autors dieser Dissertation: Hans Joachim Krämer, der zeigen konnte, daß erstens die Schriften Platons je für sich nicht autonom sind, daß zweitens sie je für sich keine abgeschlossene gedankliche Einheit aufweisen, diese vielmehr umgreifend hinter ihnen steht in der Form dialektischer Mündlichkeit, und daß drittens die ungeschriebenen Lehren, von denen die indirekte Überlieferung der Antike berichtet, der eigentliche Schlüssel für die einheitliche und systematische und damit wahrhaft philosophische Rezeption der Schriften Platons in ihrer Gesamtheit sind. Gemäß diesem neuen Ansatz bilden die ungeschriebenen Lehren nicht bestenfalls ein krönendes Finale in der Reihe der Dialoge, sondern die systematische Grundlage aller Dialoge, spätestens jedoch seit den mittleren Büchern des Platonischen Hauptwerkes, des *Staates*.

Die Aufregung über die Krämersche These war gewaltig. Sie läutete das Ende einer über hundertjährigen Epoche der Platonsauslegung ein, in der man sich überwiegend mit allen möglichen Aspekten des Platonischen Œuvres beschäftigt hatte, nur nicht so sehr mit der Hauptsache: mit den Prinzipien, den Strukturen und der systematischen Einheit des Platonischen Philosophierens. Platon war in dieser Deutung nahezu alles gewesen und geworden: der Dichter, der Erzieher, der Politiker, der Theologe, der Sprachphilosoph, der Mystiker, der Aristokrat, der Idealist, der Logiker, der Mathematiker, der Kosmologe, nur eines war er in dieser Deutung nur selten oder nie: der systematische philosophische Denker in der Tradition der Vorsokratiker und ihrer Suche nach den Grundprinzipien alles Seienden.

Der Zwang zum Umdenken provozierte Widerspruch und Widerstand gegen diese Wiederentdeckung der Philosophie Platons in der zweiten Hälfte des 20. Jahrhunderts, ein Widerstand, der aus den verschiedensten Motiven heraus bei einigen Unbelehrbaren bis heute anhält. So hartnäckig können liebgewordene Vorurteile sein. Die Geschichte der Interpretation historischer Texte ist voll davon. Glückliche Konstellationen der Forschung befreien uns, Gott sei Dank, gelegentlich davon, und dann fallen die Vorurteile von uns ab wie Schuppen von den Augen.

Vierzig Jahre nach dem Erscheinen von Krämers sensationeller Dissertation habe ich anläßlich einer Festveranstaltung zu Krämers siebzigstem Geburtstag in der Universität Tübingen 1999 einen Vortrag gehalten mit dem Titel „Die neue Situation der Platonforschung. Krämers Wiederentdeckung der Philosophie Platons. Eine Betrachtung nach vierzig Jahren", einige Jahre später publiziert in dem von Thomas A. Szlezák und Karl-Heinz Stanzel herausgegebenen Band *Platonisches Philosophieren. Zehn Vorträge zu Ehren von Hans Joachim Krämer*. Aber nicht erst vierzig Jahre später führte uns die Wiederentdeckung Platons durch die Forschungen Krämers zusammen. Schon im September 1967 luden Gadamer und Schadewaldt, der Philosoph und der Philologe, gemeinsam zu einem Kolloquium in Leutershausen bei Heidelberg einen Kreis von vierundzwanzig Philologen und Philosophen ein, um „sich über die Probleme auszutauschen, die die platonische Philosophie stellt, nachdem die durch die indirekte Überlieferung berichtete platonische Prinzipienlehre in der Forschung erneut in den Vordergrund getreten ist. Wir verdanken dies in erster Linie der Energie, mit der H. Krämer und K. Gaiser die ‚Ungeschriebene Lehre' Platos rekonstruiert und interpretiert haben." Diese Sätze Gadamers aus seinem Vorwort zu der ein Jahr nach dem Treffen in Leutershausen darüber erfolgten Publikation *Idee und Zahl. Studien zur platonischen Philosophie*[1] sind Ausdruck der Dringlichkeit, die schon damals, erst acht Jahre nach dem Erscheinen von Krämers Dissertation, allgemein empfunden wurde, sich über die neue Lage in der Platonforschung zu verständigen. An der Tagung in Leutershausen, die von der Deutschen Forschungsgemeinschaft unterstützt wurde, nahmen teil: Werner Beierwaltes, Heribert Boeder, Rüdiger Bubner, Walter Burkert, Franz Dirlmeier, Eugen Dönt, Hans-Georg Gadamer, Konrad Gaiser, Hermann Gundert, Heinz Happ, Karl-Heinz Ilting, Hans Joachim Krämer, Helmut Kuhn, Wolfgang Kullmann, Klaus Oehler, Harald Patzer, Günther Patzig, Wolfgang Schadewaldt, Frau C. J. de Vogel, Karl-Heinz Volkmann-Schluck, Hans Wagner, Reiner Wiehl, Wolfgang Wieland und Jürgen Wippern.

Es war eine denkwürdige Tagung und ein historisches Ereignis in der modernen Platonforschung, in der das seit den Tagen Schleiermachers herrschende Platonbild auf den Prüfstand gestellt und – das war mein Eindruck – als zu leicht befunden und, von einigen vielleicht unbemerkt, still und leise zu Grabe getragen wurde. Allein schon durch seine Infragestellung wurde dies falsche Bildnis, das man sich von Platon gemacht hatte, in der Selbstverständlichkeit seiner bisherigen Geltung *de facto* verabschiedet.

---

[1]   Idee und Zahl. Studien zur platonischen Philosophie. Vorgelegt von Hans-Georg Gadamer und Wolfgang Schadewaldt. In: *Abhandlungen der Heidelberger Akademie der Wissenschaften. Philosophisch-historische Klasse, Jahrgang 1968*, 2. Abhandlung, Heidelberg 1968, S. 5.

Deutschidealistische Widerstände gegen den amerikanischen Pragmatismus

Ähnliche Erfahrungen der Verfremdung und Instrumentalisierung klassischer Texte und Positionen mußte ich auch bei meinem Versuch der Einbürgerung der Philosophie des Pragmatismus und des pragmatistischen Denkens in die deutsche philosophische Landschaft machen. Mit diesem Versuch stand ich nicht alleine da. Seit der Mitte der 1960er Jahre entstanden nahezu gleichzeitig mehrere Initiativen, die von Jürgen von Kempski, Max Bense, Elisabeth Walther, Karl-Otto Apel, Jürgen Habermas und von mir ausgingen. Wir alle, jeder auf seine Weise, waren aus philosophischen und wissenschaftstheoretischen Gründen daran interessiert, daß die Philosophie des Pragmatismus und pragmatistisches Denken in Deutschland Wurzeln schlugen. Bei den Genannten ging diese Hinwendung zum Pragmatismus auch einher mit einer intensiven Beschäftigung und Auseinandersetzung mit Peirce, aber mit deutlich unterschiedlichen Akzentsetzungen. Diese Rezeption der Philosophie des Pragmatismus in Deutschland erst im letzten Drittel des 20. Jahrhunderts war in jeder Beziehung eine verspätete Rezeption, deren Verspätung ihre Ursache in der Ideologiengeschichte des 20. Jahrhunderts in Europa und speziell in Deutschland hatte. Das Ursprungsland der Philosophie des modernen Pragmatismus sind nun mal die Vereinigten Staaten von Amerika, und der offene oder versteckte Antiamerikanismus unter den Intellektuellen der europäischen Linken ist kein Geheimnis. Dieser Antiamerikanismus vor und auch nach dem Zweiten Weltkrieg hat durch die Erzeugung von negativen Vorurteilen einer objektiven Kenntnisnahme der pragmatistischen Philosophie auch hierzulande sehr geschadet. Geschadet aber hat man mit dieser primitiven geistigen Selbstbeschränkung am meisten sich selbst, indem man in seinem Unbehagen an dem Unbekannten und mit der Einfalt des schlichten Gemütes das Neue übersah, das sich in der Philosophie des Pragmatismus für das Denken ankündigte. Ich habe darauf in meinen Publikationen zum Pragmatismus von Anfang an aufmerksam gemacht. Über das Neue und Zukunftsweisende in der Philosophie des Pragmatismus waren wir, das heißt die eben genannten Initiatoren der Beschäftigung mit dem Pragmatismus in Deutschland seit der Mitte der 1960er Jahre, uns auch einig. Die partielle Uneinigkeit bestand in der unterschiedlichen Interpretation Peircescher Theoriestücke oder fand jedenfalls darin ihre argumentative Erklärung. Das zeigte sich zum Beispiel exemplarisch in einer Meinungsverschiedenheit zwischen Habermas und mir auf dem Internationalen Peirce Kongreß 1989 in der Harvard University.

Disputation mit Habermas in der Harvard University über die Philosophie des Pragmatismus

Vom 5. bis 10. September 1989 fand in der Harvard University aus Anlaß der einhundertfünfzigsten Wiederkehr des Geburtstages von Peirce ein Internationaler Peirce Kongreß statt, der zweite nach jenem in Amsterdam 1976. In der Plenarsitzung am 6. September 1989 diskutierten Habermas und ich über Peirce und die Theorie der Kommunikation. In Referat und Korreferat wurden Thesen und Gegenthesen formuliert, die anschließend ausführlich zwischen uns und mit den Sprechern aus dem Publikum der Kongreßteilnehmer erörtert wurden. Unsere Vorträge wurden von Kenneth L. Ketner in dem Band *Peirce and Contemporary Thought. Philosophical Inquiries*, Fordham University Press, New York 1995, publiziert.

Es bereitete mir keine großen Schwierigkeiten, aus dem Ansatz von Habermas dessen Unterschied zu Peirce aufzuzeigen. Eine andere Frage ist, wessen Argumente man für die stärkeren hält und wem von beiden der eigene intellektuelle Geschmack mehr zuneigt: Peirce oder Habermas. Die Grundkategorie des Denkens von Habermas ist der Begriff des kommunikativen Handelns. Das Fundament seiner Theorie ist die Universalpragmatik, gemäß welcher in jedem sprachlich vermittelten kommunikativen Akt vier Geltungsansprüche erhoben werden: Verständlichkeit, Wahrheit, Wahrhaftigkeit und Richtigkeit. Diese Ausstattung des Subjektes mit kommunikativer Kompetenz ist verstanden als eine gattungsspezifische Potenz, deren Realisierung das ausmacht, was Habermas als kommunikative Rationalität benennt. Theoretisch wahre Erkenntnisse oder praktisch richtiges Verhalten findet die Begründung im durch theoretischen Diskurs erzielten Konsens, wie auch immer der Konsens näherhin logisch und erkenntnistheoretisch zu bestimmen sein mag. Unter allen denkbaren Umständen und Bedingungen verlangt Wahrheit Zustimmung. Der Konsens ist aber abhängig von den universalpragmatischen Bedingungen der Verständigung. In dieser intersubjektiven Übereinkunft manifestiert sich Vernunft, die nicht als Substanz, sondern als ein operativer Prozeß, als Vernünftigkeit zu begreifen ist. Mit dieser Konzeption kommunikativer Rationalität verknüpft sich die geschichtsphilosophische Erwartung, daß Vernunft auch in der Zukunft empirisch eine reale Chance hat, also eine reale Möglichkeit ist. Die die Gattung Mensch bestimmenden Kräfte sind die auf Entwicklung angelegten Eigenschaften oder Kompetenzen der Gattung, von denen die am meisten spezifische die Sprache und die darin angelegten Rationalitätsstrukturen sind.

Die partiellen Analogien dieser Habermasschen Grundannahmen, die als einzelne – weiß Gott – keine Erfindungen von Habermas, sondern aus vielen Traditionssträngen der Philosophiegeschichte komponiert sind, zu Peirce, die sich hier einstellen, sollten nicht verkennen lassen, daß der nähere Hintergrund dieser Theorie nicht Peirce, sondern Kant ist. Der Fundamentalismus des Habermasschen Vernunftbegriffes steht entgegen allen gegenteiligen Versicherungen in der Tradition des metaphysischen Logosbegriffes, der hier in der Gestalt der intersubjektiven Übereinstimmung als der Projektionsfläche der philosophischen Reflexion in Erscheinung tritt. Aber der Zweifel muß erlaubt sein, ob die Sprache und die in sie eingelassenen Rationalitätsstrukturen überhaupt das Fundament bilden können, das die Beweislast trägt, wie Habermas voraussetzt. Peirce jedenfalls macht diese Unterstellung nicht. Peirce transzendiert die Sprache. Sein Übergang vom Sprachzeichen zum Zeichen überhaupt bedeutet die Überwindung des Sprachapriorismus und des linguistischen Universalismus zu dem Zweck, die Totalität der menschlichen Lebenswelt auch da, wo sie noch nicht sprachlich geprägt, sondern vorerst noch nur vorsprachlich gegeben ist, semiotisch zu reflektieren.

Peirce' Theorie der Kommunikation ist eine allgemeine Theorie der Zeichen. Sein triadisch organisierter Zeichenbegriff begreift den Gegenstand nicht als Ding an sich, die Intention nicht als reine Intention und das sinnlich wahrnehmbare Zeichen nicht als bloßes sinnlich gegebenes Faktum, sondern die triadische Relation leistet eine Vermittlung, in der Fragen wie die, ob es ein Denken ohne Zeichen gibt oder ob das Denken der Sprache vorausgeht, antiquiert sind. In Peirce' lebenslanger Kritik an Kants Begriff des Dinges an sich artikuliert sich die Auffassung, daß sein Zeichenbegriff diese Frage überflüssig macht, weil das, wovon es kein Zeichen geben kann, für den Menschen auch nicht ist, weshalb überhaupt schon der Ausdruck ‚Ding an sich' ein Widerspruch in sich selbst sei. Diese Auffassung ist semiotischer Pragmatismus. Das Entscheidende hier ist die Universalisierung des Zeichenbegriffes, gemäß welcher alles Seiende vom Zeichen her zu verstehen ist. Sein ist Zeichensein. Wie weit sich Peirce von dem Modell der Sprache als Metaebene kommunikativer Verständigung entfernt, zeigt seine Theorie des diagrammatischen Denkens. Das Diagramm als Figur relationaler Kommunikation ist keineswegs auf Gegenstände der Mathematik, Kybernetik und Informationstheorie begrenzt, sondern ist auch für die Beziehungsstruktur des vorwissenschaftlichen Denkens der natürlichen Einstellung die adäquate Darstellung. Das diagrammatische Denken ist die Fähigkeit zu abstrakter Relationalität oder, wie Peirce sagt, zu „abstrakter Beobachtung" (*abstract observation*), die, wie er behauptet, die gewöhnlichen Menschen perfekt beherrschen, aber von den Philosophen nicht zur Kenntnis genommen wird. Er sieht die mentalen Prozesse bestimmt durch das diagrammatische Denken und hat diese Auffassung in seiner Theorie der sogenannten existentiellen Graphen (*existential graphs*) figürlich-anschaulich dargestellt. Diese diagrammatischen Strukturen von Denken, Verständigung und Mitteilung sprengen ganz einfach den linguistischen Ansatz und relativieren seine angeblich universale Gültigkeit. Darüber, in welchen Strukturen sich unser Denken faktisch vollzieht, zumal das kreative Denken, wissen wir heute immer noch viel zu wenig, und es ist voreilig und unbegründet, sich dabei einseitig auf das Paradigma der Sprache festzulegen. Die Unternehmen in diese Richtung sind zweifellos Bereicherungen der Sprachwissenschaft, der Sprachpsychologie und Sprachsoziologie, aber Beweise für die vielbeschworene Behauptung der Nichthintergehbarkeit der Sprache sind sie nicht. Philosophie ist mehr als Sprachwissenschaft plus Soziologie plus Rechtstheorie. Eine Philosophie, die sich nur so versteht oder sich darauf reduzieren läßt, ist keine Philosophie.

Peirce' Semiotik erhebt einen universalen Anspruch, der sich auch auf den Bereich der Natur erstreckt. Habermas macht Intentionalität abhängig von Bewußtsein, von Vernunft, und trennt Intentionalität radikal von physischen Prozessen. Dieser Dualismus von Geist und Natur fehlt bei Peirce nicht nur total, er wird von ihm sogar nachdrücklich bekämpft. Intentionalität der Zeichen und Semiose hängen für ihn nicht ausschließlich ab von Akten des Bewußtseins. Der rationale Diskurs ist für ihn nur ein Spezialfall von Semiose überhaupt. Er unterscheidet die kognitiven Akte des Menschen von anderen selbstreferentiellen und selbstkorrigierenden Prozessen durch ihren höheren Grad an Selbstbeziehung und Selbstkorrektur. Diesen höheren Grad erreicht der Mensch durch die Schaffung von Symbolen, die unsere Handlungsgewohnheiten repräsentieren und kontrollieren. Das bedeutet, daß die kommunikative Vernunft nur ein besonders komplizierter Fall von Semiose ist, der durch zweckgerichtete Produktion von Zeichen und deren zweckgerichteten Gebrauch und Interpretation charakterisiert ist. Das ändert aber nichts daran, daß Zeichen auch auf niederen Stufen des Lebens vorkommen, wie wir aus den Untersuchungen der Kommunikation der Tiere (*animal communication*) seit langem wissen. Und sogar für die Lebenswelt des Menschen gilt, daß weder alle Zeichen konventionell sind, noch daß alle unsere Reaktionen auf Zeichen mit Bewußtsein erfolgen; eine solche Bewußtheit würde uns lebensunfähig machen. Peirce bezieht die Zeichen der Natur neben den Zeichen der Kultur mit in seine Theorie der Semiotik ein. Seine Semiotik umfaßt die Stellung des Menschen in Kultur u n d Natur, indem sie die Kontinuität des menschlichen Geistes mit der Natur im ganzen reflektiert und zur Darstellung bringt. Das ist systematisch mehr, als eine Theorie der kommunikativen Rationalität zu leisten vermag.

Die Abwertung der Natur gegenüber dem Geist ist ein altes Erbe des deutschen Idealismus. Habermas nennt die von Peirce betriebene systematische Integration in der eben beschriebenen Form eine Naturalisierung der Semiose. Habermas steht ganz und gar in der Tradition der Naturabwertung durch den deutschen Idealismus. Er wehrt sich gegen den Anspruch einer Semiotik, die sich auch auf die Natur erstreckt. Der von Habermas dabei unterstellte Dualismus von Geist und Natur würde ihm von Peirce den Vorwurf des Cartesianismus einhandeln, und ich sehe nicht, wie sich Habermas gegenüber diesem Vorwurf aus der Affäre ziehen könnte. Im übrigen scheint mir die von ihm konstruierte Alternative von intersubjektivistischer Begründung *versus* kosmologischer Begründung des Zeichenprozesses unpassend zu sein, da sowohl die Dynamik der Intersubjektivität als auch die Informationsprozesse in der Natur von der von Peirce aufgedeckten triadischen Struktur des Zeichens abhängig sind und beide nach ihrer Logik gesteuert werden. Wer Peirce falsche Abstraktheit vorhalten würde, handelte sich damit nur den Einwand falscher Konkretheit ein. Habermas zieht negative Konsequenzen für die Semiotik, weil angeblich das Gespräch der Menschen dadurch, daß es von dem allumfassenden kosmischen Zeichenprozeß absorbiert wird, sein Spezifisches verliert. Habermas ist aufgrund seines linguistischen Apriorismus gezwungen, so zu argumentieren. Sein Begriff der kommunikativen Rationalität gründet sich auf die sprachliche Matrix. Das beinhaltet die Annahme, daß die Sprache das Fundament bildet, das diese Beweislast tragen kann. Genau eben das wird von Peirce durch seine Theorie des diagrammatischen Denkens widerlegt.

Habermas hat sich seit vielen Jahren mit immer wieder neuen Versuchen, Ergänzungen und Korrekturen gegen den Einwand gewehrt, seine Theorie des kommunikativen Handelns sei eine Theorie der

Letztbegründung (*ultimate foundation*). Das zwingt ihn zu einem Eiertanz mit seinem Freund Karl-Otto Apel, von dessen notorischen
transzendentalen Ansatz er sich seit längerem scheibchenweise distanziert hat, ohne allerdings damit ganz zu brechen. Das führt verständli-
cherweise zu Irritationen bei vielen, insonderheit amerikanischen
Philosophen, die gerne wissen möchten, wie er es nun mit der transzendentalen Begründung hält. Habermas' Versuche der Abwehr dieses
Einwandes erwecken den Eindruck von Rückzugsgefechten. Seine
These besagt, daß die idealisierenden Unterstellungen, die der auf
Verständigung abzielende Sprachgebrauch von den kommunikativ
Handelnden verlangt, für Erfahrung schlechthin konstitutiv seien.
Entsprechend betont er die systematische Integration von idealer und
realer Kommunikationsgemeinschaft im Hier und Jetzt. Daß eine solche Position nicht ohne die Voraussetzung des Absoluten und Unbe-
dingten auskommen kann, versteht sich von selbst. Er drückt das in
seiner Redeweise so aus: „Allerdings halte ich daran fest, daß mit der
handlungskoordinierenden Rolle faktisch erhobener und anerkannter
Geltungsansprüche ein Moment von Unbedingtheit in die kommunikative Alltagspraxis einzieht".[1] Oder: „Aber für alles, was innerhalb
sprachlich strukturierter Lebensformen Geltung beansprucht, bilden
die Strukturen möglicher sprachlicher Verständigung ein Nicht-Hin-
tergehbares".[2] Oder: „Meine Einschätzung stützt sich (...) auf einen
Paradigmenwechsel, der mit dem pragmatischen Sprachkonzept steht
und fällt".[3]

Deutlicher und dezidierter läßt sich linguistischer Apriorismus gar
nicht formulieren. Dieser sprachaprioristische Fundamentalismus wird

---

[1] Jürgen Habermas, Entgegnung. In: *Kommunikatives Handeln*. Hg. v. A. Honneth
u. H. Joas. Frankfurt a.M 1986, S. 367.

[2] Jürgen Habermas, *Nachmetaphysisches Denken*, Frankfurt a.M. 1988, S. 179 f.

[3] a.a.O., Entgegnung, S. 376.

zum *Hic Rhodus, hic salta* erklärt. Wer diese Position nicht teilt, weil er der Ansicht ist, daß die Struktur der Erfahrung nicht nur eine sprachliche Struktur ist und folglich die transzendentale Sprachpragmatik ein falscher Ansatz ist, für den fallen die Geltungsansprüche der Habermasschen Theorie des kommunikativen Handelns in sich zusammen, denn „mit dem pragmatischen Sprachkonzept steht und fällt" die ganze Konstruktion. Von dieser Linie rückt Habermas seit den sechziger Jahren keinen Millimeter ab. Gravierende Einwände werden nicht zur Kenntnis genommen, den eigenen Ansatz konservierende Arbeiten vornehmlich sprachanalytischer Provenienz werden dagegen mit großem propagandistischen Aufwand und organisatorischer Energie medienwirksam lanciert.

Die berühmte Frage Wittgensteins „Bedeuten die Grenzen meiner Sprache die Grenzen meiner Welt?" beherrscht hier den Hintergrund des Räsonnements. Die Sprachfähigkeit ist die Grundlage für die Kombination von Symbolen und dementsprechend für die Möglichkeit, neue Zeichen mit festgelegten Bedeutungen zu erzeugen. Dadurch wird möglich, daß wir alles, was wir meinen oder denken, auch sagen können. Aber es gibt Grenzen des Sagbaren. So kann beispielsweise eine Hand annähernd beschrieben werden, aber sie kann nicht eigentlich sprachlich, in sprachlichen Zeichen, ausgedrückt werden. Bekanntlich gilt Ähnliches für die Musik. Nur deren formale Strukturen sind verbalisierbar, aber Musik als solche, der Klang, hat keine sprachliche Entsprechung. Und Ähnliches gilt für die Dichtung. Vor dem Hintergrund von Wittgensteins Diktum im *Tractatus logico-philosophicus* zeigt sich so, recht verstanden, daß meine Welt auch dort noch weitergeht, wo meine Sprache schon an ihre Grenze stößt oder gestoßen ist. Das sehen diejenigen, für die die Sprache ein schlechterdings unhintergehbares transzendentales Raster ist, anders.

Habermas' Theorie ist der Versuch, durch eine Analyse der For-
schungslogik der Wissenschaften und des kommunikativen Diskurses
der Alltagspraxis die angeblichen unvermeidlichen Bedingungen von
Verständigung ausfindig zu machen und ihnen einen quasitranszendentalen Status zuzusprechen. Es ist der Versuch, Erklärungs- und
Legitimationsprobleme durch einen letztbegründenden Rekurs auf
„idealisierende Unterstellungen" zu lösen, um auf diesem Weg über
ein angebliches „Moment von Unbedingtheit" zugleich zu einer moralischen Entscheidungsinstanz höchster, universaler Autorität zu
gelangen. Diese Identifikation des moralischen Handlungssubjektes
mit einem konstituierenden, quasitranszendentalen „Moment von Unbedingtheit", das heißt von absoluter Gültigkeit, ist die Achillesferse
dieser Theorie. Nachmetaphysisches Denken? Oder: neumetaphysi-
sche Einschwörung auf vermeintliche kommunikative Aprioritäten?
So jedenfalls werden Denken und Wirklichkeit ihre angeblich metaphysischen Altlasten nicht los.

Die Reduktion der Vernunft à la Habermas auf Intersubjektivität,
verbunden mit der „transzendentalen Einsicht in die unhintergehbare
Begründung von Objektivität in sprachlicher Intersubjektivität"[1], über-
sieht bewußt „die Grenzen der Intersubjektivität" und „die Bedürfnisse nach Lebensformen, die auf existentiellen Verpflichtungen beru-
hen, die nicht jeder eingehen kann oder soll", wie Hilary Putnam am
Ende seines Buches über den Pragmatismus in der gegenwärtigen
Debatte konstatiert, nicht ohne zu guter Letzt noch, im allerletzten
Satz, den „linguistischen Idealismus" einen „modischen ‚Zierrat' " zu
nennen. Das gibt der guten deutschen Übersetzung seiner Abhandlung
durch Reiner Grundmann die schöne Schlußpointe.[2]

---

[1]   Jürgen Habermas, *Kommunikatives Handeln und detranszendentalisierte Ver-
      nunft*, Stuttgart 2001, S. 84.
[2]   Hilary Putnam, *Pragmatismus. Eine offene Frage*. Aus dem Englischen von Rei-
      ner Grundmann. Frankfurt a.M./New York 1995, S. 84.

Weil der Pragmatismus weiß, daß es, anders als der Idealismus versichert, überhaupt gar nichts in der Welt des Menschen gibt, das seine eigenen Voraussetzungen garantieren kann, deshalb lehnen die wahren Pragmatisten im Unterschied zu den falschen Propheten eine transzendentale Argumentation und was auch nur von Ferne danach aussehen könnte, entschieden ab. Auch auf die Gleitschiene eines seit einiger Zeit modisch gewordenen sogenannten ‚Detranszendentalismus' lassen sie sich nicht ein, der in stufenweiser Allmählichkeit – als Versicherung seiner scheinbaren systematischen Harmlosigkeit – die Philosophie angeblich seit Hegel ‚transzendental' begleitet, in Wahrheit aber das Bekenntnis davon ist, daß man an dem Grundschema der Transzendentalität nach wie vor in germanischer Treue festhält.[1] Habermas' Metamorphose vom erklärten Transzendentalisten der frühen Jahre im Gleichschritt mit Karl-Otto Apel führte über den Quasitranszendentalisten seiner mittleren Jahre zum Detranszendentalisten von heute und ist der transzendentale Eiertanz, der uns seit langem zugemutet wird, zumeist am Leitfaden seiner Lesefrüchte jeweils der neuesten amerikanischen und englischen Literatur zumeist sprachanalytischer Konvenienz. Seine jeweils letzten Akkomodationen an diese überraschen und faszinieren die deutsche Provinz immer wieder aufs neue, haben aber an dem sprachtheoretischen Grundriß und der deutschidealistischen Architektur bisher nie etwas Wesentliches geändert. Seine angelsächsischen Gesprächspartner sehen über letztere, soweit sie sie überhaupt wahrnehmen, zumeist in wohlverstandenem Eigeninteresse höflich und pragmatisch hinweg. Es gibt Ausnahmen, zum Beispiel Hilary Putnam und Richard Rorty, die ziemlich genau hinsehen.

---

[1] Vgl. Jürgen Habermas, *Kommunikatives Handeln und detranszendentalisierte Vernunft*, a.a.O., *passim*.

Bei der pragmatistischen Zurückweisung transzendentaler Argumentation geht es selbstverständlich nicht mehr um die Zurückweisung der längst antiquierten Annahme der Möglichkeit einer transzendentalen Deduktion eines Systems der Kategorien, die die apriorische Struktur der Welt der Erfahrung im Sinne Kants festlegen. Vielmehr geht es um eine Deutung des transzendentalen Argumentes im Sinne der Diskurstheorie, also im Sinne einer Untersuchung der Voraussetzungen dessen, was wir tun, vor allem einer Untersuchung der Voraussetzungen unseres Diskutierens über das, was getan oder nicht getan werden sollte. Für einen pragmatistischen Denker wie Hilary Putnam beispielsweise ist der Stein des Anstoßes dieser transzendentalen Position, daß sie auf dem Konzept interner Relationen zwischen Begriffen beruht, also auf dem Konzept der analytischen Wahrheit. Putnam lehnt, gut pragmatistisch, ein solches Verständnis von Philosophie, wonach Philosophie entweder nur oder auch nur zum Teil aus transzendentalen Annahmen, vermischt mit empirischen Betrachtungen, besteht, ab. Er nennt ein solches Philosophieverständnis verkehrt, zurückgeblieben (*backward*) und anfechtbar (*defeasible*). Er führt dies in einem Kapitel über Demokratiebegründung aus, wobei er John Deweys Begründung der Demokratie mit der von Habermas und Apel vergleicht und vorführt, wie bei Dewey die Rechtfertigung der Demokratie auf Argumenten beruht, die nicht im geringsten transzendental, sondern die Ergebnisse gemeinschaftlicher Erfahrung sind. Habermas und Apel, so die Beobachtung Putnams, behaupten eine Dichotomie zwischen normativen und deskriptiven Aussagen, die Dewey als einen unhaltbaren Dualismus betrachtet hätte[1] und Peirce einen transzendentalen Okkultismus genannt hat.[2]

---

[1] Hilary Putnam, A Reconsideration of Deweyan Democracy. In: *Southern California Law Review* 63, 1990 (p. 1685), Note 46.

[2] *Collected Papers* 3, S, 422.

Hilary Putnams Argumente gegen die transzendentale, idealistische und kryptoidealistische Interpretation pragmatistischen Denkens werfen ein Schlaglicht auf die Art und Weise, wie in Deutschland seit den 1960er Jahren die Philosophie des amerikanischen Pragmatismus teilweise rezipiert worden ist. Der Verdacht, daß hier unter dem Stichwort einer sogenannten Transformation der Transzendentalphilosophie für unverzichtbar gehaltene dogmatische Restbestände des deutschen Idealismus konserviert werden sollten und daß in diesem Zusammenhang die ostentative Hinwendung zur Philosophie des amerikanischen Pragmatismus in Deutschland eine Alibifunktion hatte, ist von mir früh und wiederholt ausgesprochen worden. Mit dem Geist des amerikanischen Pragmatismus hatte diese ‚transzendentalpragmatische' Vereinnahmung herzlich wenig zu tun, um so mehr aber mit dem diskursethischen Normentotalitarismus, der bestens geeignet ist als Vorzimmer einer zentralistischen Ordnungspolitik und einer zentralistisch organisierten Kulturpolitik. In der von Apel und Habermas inaugurierten universal- und transzendentalpragmatischen Konsenstheorie der Verständigung dominiert ein Begründungsfundamentalismus, der normative Legitimation beansprucht, aber nur einen ganz unterentwickelten, wenig pragmatischen Sinn für situative Problemlösungen und konstruktive Rechtfertigungen besitzt und jederzeit in einen Handlungstotalitarismus umschlagen und politisch mißbraucht werden kann. Gegner der kommunikativen Konsenstheorie wie beispielsweise die französischen Denker der „Differenz" vermuten dahinter Totalisierung und die typisch deutsche Neigung zur Gemeinschaft, statt die Unterschiede auszuhalten und auszuleben. Die größere Gemütlichkeit findet man natürlich beim „Versöhnen statt Spalten", wie die Losung des ehemaligen Bundespräsidenten Johannes Rau lautete. Bequemlichkeit neigt zu mangelnder Bereitschaft, die anstrengende, aber ehrlichere Differenz als Testfall für Demokratie zu wählen.

Das konsenstheoretische Vorzimmer der Usurpation blieb – Gott sei Dank – unbenutzt, die welthistorische Wende von 1989 räumte ihm keine Chance mehr als Durchgangsstation in eine von vielen erträumte utopische, ‚bessere‘ Welt ein. Die damalige Wende wurde von vielen deutschen Genossen, auch im Westen Deutschlands, nicht begrüßt, sondern im Stillen bedauert. Die politische Westintegration war nicht das, wovon die Genossen jahrzehntelang geträumt hatten. Ihr Traum, der sich geschichtlich nicht erfüllte und der auf dem Kehrichthaufen der Weltgeschichte landete, sah anders aus, und ebenso die Gesellschaft, die sie sich ausgedacht hatten. Das wollen wir anderen, insoweit wir noch einmal davongekommen und zweimal vor den Segnungen des Sozialismus, des nationalen und des internationalen, bewahrt geblieben sind, doch nicht vergessen, vielmehr dafür sorgen, daß das historische Wissen darüber erhalten bleibt.

Aber wo die Wüste wächst, wächst bekanntlich das Rettende auch: wenn unsere Verfassungspatrioten die Siebzig überschreiten, entdecken sie plötzlich und unerwartet die Religion (neuerdings sogar auch die Mystik), selbstverständlich anders als alle anderen vor ihnen und so, als ob das, was für sie Neuland ist, auch für uns andere Neuland wäre, gerade so, als ob auch wir ihrem von jeher religionsfeindlichen Sozialisationsumfeld entsprungen wären. So erging es Horkheimer, und so erging es Habermas, gleichsam die Fackelträger dieser neuen linken religiösen Erweckungsbewegung, die geboren ist aus den anthropologischen Verlegenheiten eines ‚aufgeklärten Marxismus‘, dessen Autonomiebewußtsein nun plötzlich, wenn auch in gemessenem Abstand, eine lange Zeit übersehene religiöse Überlieferung entdeckt, „von deren normativen Gehalten wir gleichwohl zehren“, so

Habermas in seiner bisher Versäumtes nachholenden Rede über Glauben und Wissen in der Frankfurter Paulskirche am 14. 10. 2001 (s. FAZ, 15. 10. 2001, S. 9). Das sind freilich ungewohnte Töne von dieser Seite, die aber nur in gewohnter Folgsamkeit dem neuen Zeitgeist ihren Tribut zahlen. Mir kam Habermas bei seiner Rede in der Paulskirche vor wie der zwölfjährige Jesus im Tempel: um ihn herum versammelt die übliche Schar deutscher Schriftgelehrter und solcher, die immer gerne dabei sind. Wovon aber die biblische Geschichte zu berichten weiß: „Alle aber, die ihn hörten, gerieten außer sich über sein Verständnis und seine Antworten. Und als sie ihn sahen, erstaunten sie" (Lukas 2, 47f.), diese Wirkung trat in der Paulskirche an jenem 14. 10. 2001 nicht ein, jedenfalls nicht bei mir, denn in dieser Rede ist schlechterdings nicht ein einziger origineller Gedanke, und ich sagte zu mir selbst, was die Mutter Jesu hernach zu ihrem Sohn sagte: „Kind, wie konntest du uns das tun?" (Lukas 2, 48). Ein weiteres Beispiel dafür, was dabei herauskommt, wenn ein Philosoph über das redet, was er nicht gelernt hat. Da sind die Fragen und Antworten eines Joseph Ratzinger von anderem Kaliber (das sage ich als Nichtkatholik und als gelernter evangelischer Theologe).

Die Schwierigkeiten, die man mit Habermas' Wiederentdeckung der Religion hat, sind nur die Fortsetzung der Aporien seiner sogenannten Diskursethik, womit wir wieder bei dem Thema der Ethik wären. Das Moralische verstehe sich immer von selbst, ist der durchgehende Tenor in den Büchern von Joachim Fest. Mit dieser Auffassung steht man heute, wo die Ethik Hochkonjuktur hat, ziemlich einsam da. Aber erst heute. Einer der größten Denker, Aristoteles, war der gleichen Ansicht wie Fest. Seine Ethik ist kein System von Setzungen und abgeleiteten Sätzen, sondern die Bestandsaufnahme des durchschnittlichen Verhaltens der Menschen, verstanden als die Mitte zwischen zwei Extremen oder Arten des Fehlverhaltens, wie beispielsweise die Freigiebigkeit als Mitte zwischen Geiz und Verschwendung oder die Tapferkeit als Mitte zwischen Feigheit und Tollkühnheit. Die Mitte repräsentiert hier das in aller Erfahrung der Menschen Bewährte. Der Unterschied zwischen guten und schlechten Handlungen beruht nicht auf Zufall oder Willkür, sondern auf den Erfordernissen des Lebens selbst, und wer sich an diese Vorgaben, die das Leben selbst macht, nicht hält, hat das Nachsehen. Das ist der Kern der Aristotelischen Ethik, der zu allen Zeiten verstanden, anerkannt und wegen seiner Lebensnähe bewundert worden ist.

Anstelle dieser Lebensnähe begegnet in der sogenannten Diskursethik eine halsbrecherische, von Einsturz bedrohte spekulative Konstruktion, der kein vernünftiger Mensch sein Leben anvertrauen würde. Insoweit Habermas ethische Werte an das geteilte Hintergrundverständnis von Kulturen bindet, muß er sich den Vorwurf des Relativismus gefallen lassen, denn Werturteile enden dann an den Grenzen einer Kultur. Ethischer Realismus zielt vielmehr darauf, daß wir ein evaluatives Wort wie „tapfer" zwar im Rahmen einer Kultur, dann aber transkulturell verwenden können. Damit wird der Anspruch erhoben, etwas Objektives auszusagen, das mehr ist als eine geteilte Hintergrundüberzeugung, mehr auch als eine ideale intersubjektive Übereinstimmung. Einst hatten Apel und Habermas Varianten eines Wahrheitsbegriffes vertreten, der Wahrheit mit dem gleichsetzt, was unter idealen Bedingungen gerechtfertigter Weise behauptet werden kann. Von einem solchen Verständnis hat Habermas wieder Abstand genommen, weil sich in Begriffen der Rechtfertigung Wahrheit nicht abbilden läßt, denn Wahrheit wandelt sich nicht wie eine abhängige Variable als Funktion besserer oder schlechterer Begründungen. Es gibt ein Mehr an der Wahrheit, das prinzipiell über unsere Rechtfertigungspraxis hinausgeht. Apel dagegen ist zu dieser Einsicht auch weiterhin nicht zu bewegen. Auf der Konferenz in Münster 2000 über die Tradition des Pragmatismus verwies Hilary Putnam auf das unwiderlegliche Argument, daß wir wahrscheinlich nie in der Lage sein werden, herauszufinden, was genau Caesar an dem Tag tat und dachte, als er den Rubikon überschritt. Aus dieser Begrenztheit unserer Erkenntnis zu folgern, es gebe keine Wahrheit in dieser Frage, widerspräche aber unseren Intuitionen. Unsere Befindlichkeit in dieser Welt sagt uns: es gibt eben auch Wahrheiten, die wir nicht feststellen können. Von dieser Klarheit des Gedankens ist auch die neueste Version des Habermasschen Detranszendentalismus weit entfernt, die nach wie vor ohne die Hilfskonstruktion apriorischer Bedingungen nicht auskommt.

Mit dem genuinen Pragmatismus, wie er paradigmatisch von Peirce theoretisch formuliert wurde, ist die Sphäre des Handelns als fundamental anzusehen, insoweit alle unsere Begriffe von Freiheit und Moral aus jener Sphäre hervorgegangen sind und weiter hervorgehen, die unsere praktischen Lebenswelten ausmachen, aus denen unser Selbstverständnis entsteht. So hat das auch Aristoteles als erster klar vor sich gesehen, und aus dieser nüchtern-pragmatischen Sicht unternahm er seinen Gegenentwurf zur Ideenlehre Platons. Insoweit ist und bleibt die Philosophie des Pragmatismus ein Erbe der Aristotelischen Philosophie.

Der Sinn des menschlichen Daseins beginnt in seiner Alltäglichkeit. Mit dieser Botschaft von ‚Sein und Zeit' knüpft Heidegger, wie er selbst zu verstehen gibt, wieder an Aristoteles an. Der Vorbehalt gegen diesen Ansatz, nicht erst bei Apel und Habermas, sondern von jeher, ist bis heute gleich geblieben: wenn Werteorientierungen als nur lebensweltlich verankert angesehen werden, dann sei die unvermeidliche Konsequenz ein Werterelativismus. Deshalb die Forderung nach mehr Normativität und Kontexttranszendenz zum Zwecke einer übergreifend einzunehmenden Wir-Perspektive. Aben eben diese Perspektive, angereichert mit apriorischen Gewißheiten, deren Evidenz nicht überzeugt – die Achillesferse der Diskursethik –, führt zu dem Verlust lebensweltlicher Kontexte, die in praktischen Zusammenhänen unaufgebbar, ja notwendig sind. Denn ohne lebensweltliches Fundament verliert die Ethik, jede Ethik, ihren Sinn. Daher Kants Forderung nach dem Primat der praktischen Vernunft.

An dieser Stelle führte Robert Brandom vor einigen Jahren sein Projekt eines normativen Pragmatismus ein. Aber auch in diesem vorläufig letzten Theorieansatz des Neopragmatismus führen kontexttranszendierende, idealisierende Ansprüche zu Spannungen mit den lebensweltlichen Üblichkeiten und damit zu Konflikten und systemimmanenten Widersprüchen und Aporien, deren Lösung wohl noch am ehesten im Horizont jenes philosophischen Realismus zu finden wäre, von dem die Vertreter eines wie auch immer gearteten Transzendentalismus *partout* nichts wissen wollen.

Der Internationale Peirce Kongreß in der Harvard University endete am 10. September 1989, dem Tag, an dem vor einhundertfünfzig Jahren Peirce in Cambridge, Massachusetts, geboren wurde. Aus diesem Anlaß fand ein Memorial Meeting in der Christ Church in Cambridge statt, wo zuerst Willard Van Orman Quine im Namen der amerikanischen National Academy of Science, deren Mitglied Peirce war, sprach und Peirce' Verdienste in der Logik und in den Naturwissenschaften resümierte. Von der Peirce Society war ich gebeten worden, im Anschluß daran über die Bedeutung von Peirce für die Philosophie in Europa zu sprechen. „From the Perspective of Europe" lautete mein Thema. Dann sprach der japanische Philosoph Takaski Fujimoto von der Universität Tokio über Peirce „From the Perspective of Asia". In der Kirche herrschte eine unvergeßliche, denkwürdige Stimmung unter den anwesenden Kongreßteilnehmern. Fünfundsiebzig Jahre nach dem Tod von Peirce 1914 in Einsamkeit, Vergessenheit und Armut war er zurückgekehrt an den Ort seiner Geburt, nun als Unsterblicher und als einer der Großen im Reich des Geistes. Er war zum Klassiker geworden. Wir spürten in dieser Stunde des Gedenkens diese Verwandlung zur Unsterblichkeit.

Meine Kritik, die ich in der Harvard Universität im Plenum des Peirce-Kongresses an wesentlichen Punkten des Habermasschen Theorieansatzes vorgetragen hatte und die sehr genau verstanden wurde, verhallte bei Habermas ebenso folgenlos für seine weitere Bastelei an seiner Theorie des kommunikativen Handelns wie ich das schon Jahre vorher bei meinen kritischen Gegenargumenten gegen die Apelsche Theorie der Letztbegründung und seine These einer transzendentalen Semiotik erlebt hatte. Wie viele andere auch, machte ich die Erfahrung, daß ausgerechnet die Missionare einer Ethik des Diskurses und des herrschaftsfreien Dialoges und die Apostel einer Rationalität des Argumentierens mit mimosenhafter Empfindlichkeit auf Gegenargumente reagierten, die sie deutlich erkennbar als narzißtische Kränkung verarbeiten mußten und gelegentlich, was ich selbst auf Kongressen erlebt habe, mit Kommunikationsabbruch und Kommunikationsverweigerung beantworteten. Auch die Machttechniken des Frankfurter Kartells von Horkheimer, Adorno & Co hatten in ihnen gelehrige Schüler gefunden. Die von schlichten Gemütern kolportierte Meinung, bei philosophischen Kontroversen und Debatten gehe es nicht um Macht, sondern nur um die Wahrheit und das bessere, stärkere Argument, verkennt oder will aus Gründen des Selbstschutzes nicht zur Kenntnis nehmen, daß es, je grundsätzlicher die Diskussion geführt wird, desto deutlicher zum Vorschein kommt, daß es hierbei auch um die Behauptung oder den Erwerb der Interpretationshoheit und Weltanschauungsdominanz geht. Die Macht hat viele Gesichter, und das ist eines davon. Die These vom sogenannten herrschaftsfreien Dialog ist eine Droge für Intellektuelle mit schwachen Nerven, die auf der Flucht vor der Wirklichkeit des Lebens, auch des akademischen Lebens sind. Den besten Anschauungsunterricht darüber bekam man *gratis* dazugeliefert, wenn man, wie ich, das Vergnügen hatte, einige Jahre in Frankfurt dem Aufklärer und Gesellschaftskundler Max Horkheimer bei seiner knallharten Personalpolitik an seinem Institut für Sozialforschung zuzusehen, besonders in den ersten Jahren nach der Rückkehr aus der Emigration. Das war für mich eine gute Schule, und ich war sehr darauf bedacht, in diese Mühle nicht zu geraten, trotz meiner guten Beziehung zu dem damaligen Chef der Firma. Die beste Übersicht hat man aus der Distanz.

Wer in dem Glauben philosophiert, er würde durch seine besseren Argumente die philosophischen Gegner zur Wahrheit führen können, sollte noch am heutigen Tag den Beruf wechseln. Schon die Dialoge Platons lassen erkennen, daß es auch hier nicht herrschaftsfrei zugeht, und die Statistenrolle, die Platon in den Dialogen den meisten Mitunterrednern des Sokrates zuteilt, erregt noch heute unser Mitleid. Nur Platonschwärmer lesen darüber hinweg und merken nichts, genauso wie sie bei Stefan George und seinen Schülern nichts merken. Macht macht blind, auch ihre Opfer. Deshalb ist Nüchternheit das erste Gebot, auch im Umgang mit Philosophen. In Wirklichkeit ist es in der Philosophie nicht anders als in den Einzelwissenschaften: Thesen und Positionen wechseln, werden aufgegeben oder verändern sich – in den meisten Fällen nicht deswegen, weil sie ausdiskutiert und widerlegt wurden, sondern weil man sie eines Tages leid war und ihre Vertreter gestorben sind und statt ihrer neue Generationen mit neuen Fragestellungen und Perspektiven auf der Bühne des Lebens erschienen. Max Planck soll, so erzählt man sich ja bekanntlich, dieses Phänomen drastisch auf einen einfachen Nenner gebracht haben: „Mit wissenschaftlichen Gegnern muß man Geduld haben – bis sie gestorben sind. Auch in der Wissenschaft läßt sich nichts übers Knie brechen." Mir erzählte davon Weizsäcker.

An diesen Ausspruch Plancks wurde ich erinnert, als ich während meines Aufenthaltes am Institute for Advanced Study in Princeton eines Tages Thomas Samuel Kuhn begegnete und wir über sein 1962 erschienenes Buch *The Structure of Scientific Revolution* redeten, das damals für großes Aufsehen gesorgt hatte und die wissenschaftstheoretische Diskussion in den sechziger und siebziger Jahren beschäftigte. War man bis dahin in der Wissenschaftstheorie im allgemeinen doch immer noch davon ausgegangen, daß der Prozeß der Wissenschaftsentwicklung kontinuierlich verläuft, gesteuert von wissenschaftsinternen Kriterien, so sah Kuhn im Unterschied dazu einen diskontinuierlichen Prozeß in der Wissenschaftsgeschichte am Werk, der durchaus auch von wissenschaftsexternen, sozialen Faktoren beeinflußt ist. Was in einem Fach zu einer bestimmten Zeit als vernünftig, rational bezeichnet wird, hängt von dem jeweils herrschenden Modell wissenschaftlicher Praxis ab, das Vorbildfunktion für den normalen Wissenschaftsbetrieb einer Epoche hat. Kuhn nennt es das Paradigma. Dieser Zentralbegriff seiner Konzeption impliziert, daß Paradigmata einander ablösen, wechseln, und daß bei diesem Paradigmenwechsel eben auch wissenschaftsexterne Faktoren die ausschlaggebende Rolle spielen können. In dieser von Kuhn so genannten revolutionären Phase, einer Phase des Übergangs zu einem neuen Modell von Wissenschaft, treten unerwartete Ereignisse auf: mit den bisherigen Methoden nicht erklärbare Phänomene, Auflösung von bisher bestehenden Schulrichtungen, der Tod von Meinungsführern, immer neue Präzisierungsversuche bei der Lösung von Problemen, die schließlich zur Änderung der Rationalitätsstandards führen, Bildung neuer Schulrichtungen, soziale Vorgänge, Prestigegesichtspunkte, berufliche Selbstbehauptung, Personalpolitik, Intrigen und dergleichen mehr.

Aus all dem hat Thomas S. Kuhn den falschen Schluß gezogen, daß es Fortschritt nur innerhalb eines und desselben Paradigmas gibt, daß es aber kein methodologisches Kriterium gebe, mit dem sich paradigmenunabhängig Fortschritt messen lasse und zwischen verschiedenen Paradigmen kein rationaler Vergleich möglich sei. Hier freilich übertreibt Kuhn. So ist es nun auch wieder nicht. Schon Aristoteles war das Phänomen des Fehlerausgleichs *in the long run* bekannt, und in der Moderne haben Wissenschaftslogiker wie Peirce und Popper die These vom Wachstum der Wissenschaft mit überzeugenden Argumenten und Beweisen wiederholt. Daß der Wissenschaftsprozeß von jeher von wissenschaftsexternen Widrigkeiten, Erschwernissen und Tücken begleitet war, mit anderen Worten, daß die Verwirklichung des menschlichen Erkenntnisstrebens unter den Bedingungen der menschlichen Existenz schwierig und kompliziert ist, weil es der menschlichen Existenz primär nicht um die Wahrheit, sondern ums Überleben geht, diese Einsicht war auch schon vor Kuhn weit verbreitet. Es war Cicero, der sie in die Worte kleidete: „primum vivere, deinde philosophari". Die Kuhnsche Entdeckung von 1962 ist in Wirklichkeit nur eine Wiederentdeckung und Wiedererinnerung eines alten, vielleicht allzu sehr in Vergessenheit geratenen Notstandes des menschlichen Daseins, dessen Bedingungen die Möglichkeit eines herrschaftsfreien Dialoges nicht zulassen. Solchen erfahren wir wohl erst im himmlischen Jerusalem, wenn das Jammertal der irdischen Existenz hinter uns liegt. Nur nichts überstürzen.

Als ich Thomas Samuel Kuhn am Institute in Princeton begegnete, ungefähr zehn Jahre nach Erscheinen seines Buches, hatte er schon einige seiner ursprünglichen Thesen revidiert, abgeschwächt, und er formulierte erkennbar vorsichtiger und zurückhaltender als seine zum Teil fanatischen Anhänger in der Geschichtsphilosophie und Politologie. Mein Haupteindruck von Kuhn war, daß er wie ein Naturwissenschaftler sprach. Von einem Historiker erwartet niemand, daß er sich als Naturwissenschaftler betätigt oder wie ein solcher geriert; wenn aber ein Naturwissenschaftler sich auch als Historiker betätigt, wird das fast immer kritiklos bewundert. Ein sonderbares Vorurteil, das erkennen läßt, wie wenig das Publikum von den Methoden sowohl der Geschichtswissenschaft als auch der Naturwissenschaft und ihren Unterschieden überhaupt weiß, im Grunde gar nichts. Leider gilt das nicht nur für das Publikum, sondern nicht selten auch für die Wissenschaftler, die es angeht und die es besser wissen sollten, aber oft aus Eitelkeit vergessen. Ein Unglück kommt selten allein.

Abschied von der Universität Hamburg: Mein pädagogischer Eros ist befriedigt

Nach der Rückkehr von dem Peirce Kongreß an der Harvard Universität nach Hamburg Anfang Oktober 1989 stellte ich an der Hamburger Universität den Antrag auf Emeritierung zum 30. September 1990, kurz nach meinem dann zweiundsechzigsten Lebensjahr. Das war damals in Hamburg der frühestmögliche Zeitpunkt für das Ausscheiden aus dem Öffentlichen Dienst. Mein pädagogischer Eros, der zugegebenermaßen nicht besonders stark entwickelt ist, war schon seit

396

langem befriedigt. Es reichte. Mit dem Lehrauftrag in Marburg 1954 hatte meine Lehrtätigkeit im Alter von fünfundzwanzig Jahren begonnen. Nach dreißig Jahren in Hamburg wußte ich, daß meine Aufgabe dort erfüllt war. In administrativer Hinsicht hatte ich mein Hauptziel erreicht, das darin bestanden hatte, zu verhindern, daß das Philosophische Seminar in Hamburg im Zuge der 1968er Ereignisse und in den Folgejahren zu einer sozialistischen Kaderschmiede mutierte. Hinterher, als das Schlimmste überstanden war und sich die Verhältnisse ‚normalisierten‘, freilich auf einem niedrigeren Niveau als vorher, übersah man geflissentlich, wogegen ich jahrelang gestritten hatte, und vergaß die studentische Pöbelherrschaft schnell, und je pöbelhafter die altlinken Kämpfer gewesen waren, desto schneller vergaßen sie, und nach der Wende von 1989 wußten viele scheinbar schon gar nicht mehr, worum es eigentlich vor zwanzig Jahren gegangen war und in welchen Gefahren unsere bundesrepublikanischen Institutionen geschwebt hatten. Der Anblick der politischen Wendehälse war reichlich komisch, aber stimmte im Grunde doch nur traurig und machte nachdenklich in bezug auf die Wankelmütigkeit des menschlichen Charakters: „ein Rohr, vom Wind hin und her bewegt" (Lukas 7, 24). Es erinnerte mich an die Verdrängungskünste vieler deutscher Zeitgenossen nach dem 8. Mai 1945. Vielleicht wurde auch deshalb meine Generation später ‚die skeptische‘ genannt. Wer in jungen Jahren elementare Erfahrungen dieser Art macht, dem brennen sie sich ein, und er kann sie niemals vergessen.

Aus Gründen der Gerechtigkeit und der Fairness möchte ich an dieser Stelle nicht unerwähnt lassen, daß ein ehemaliger Student des Philosophischen Seminars Hamburg, ein einziger von Tausenden jener Jahre, sich später – nach fast dreißig Jahren – bei mir persönlich für sein Verhalten mir gegenüber im Zuge der 68er Umtriebe entschuldigt hat. Spät am Abend meines siebzigsten Geburtstages, am 31. August 1998, klingelte bei mir das Telephon, und es meldete sich ein ehemaliger Student von mir mit seinem Namen, an den ich mich sofort erinnern konnte. Seit vielen Jahren schon würden ihn die damaligen Vorkommnisse am Seminar belasten und er möchte sich dafür, was sein eigenes Verhalten betreffe, ausdrücklich entschuldigen. Ich dankte ihm und gab ihm zu verstehen, daß ich mir heute nicht mehr sicher sei, ob ich selbst mich damals immer richtig verhalten hätte. Wir begegneten einander nach so langer Zeit fast wie zwei alte Kriegsveteranen, die einander die Hand reichten. Was auch immer man für sich selbst aus dieser Geschichte entnimmt, jedenfalls ist daran zu erkennen, mit welch tiefgreifender Härte die damaligen Auseinandersetzungen geführt worden sind. Sie sind an keinem, der sie miterlebt hat, spurlos vorübergegangen.

In mehrfacher Hinsicht empfand ich den Zeitpunkt meiner Emeritierung als richtig von mir gewählt. Als ich mein Studium im April 1949 in Marburg begann, existierte die alte Bundesrepublik Deutschland noch nicht, und als ich Ende 1990 emeritiert wurde, existierte die alte Bundesrepublik nicht mehr. Dazwischen lag mein Versuch, an dem Wiederaufbau der deutschen Universität nach dem Zweiten Weltkrieg nach Kräften mitzuwirken. Zehn Jahre nach meinem Abitur 1949 reichte ich im Herbst 1959 meine Habilitationsschrift an der Universität Hamburg ein. Weitere zehn Jahre später, 1969, mußte ich erkennen, daß das alte deutsche Universitätssystem Humboldtscher Prägung, das meine ungeteilte, volle Sympathie hatte, dem Untergang ausgeliefert war, und nur wenige Jahre danach mußte ich erkennen, daß die Universität, die Hamburger Universität, an der und für die ich mich habilitiert hatte, ganz plötzlich und unerwartet an einem politisch-ideologischen Infektionsfieber zwischenzeitlich verstorben war.

Das heißt, so ganz unerwartet war der Tod nicht, denn ich nahm schon seit längerem Verwesungsgeruch war. Ich erlebte das Jahrzehnt zwischen 1970 und 1980 so, als ob die Universität eine große Leichenhalle gewesen wäre, wo der Sarg mit dem Toten bereits die Halle verlassen hatte und die Trauergemeinde noch an ihren Plätzen steht, bevor sie sich umwendet und auch die Halle verläßt: alles hat noch eine gewisse Ordnung, die Orgel spielt noch eine bekannte Weise, und doch ist etwas anders als sonst, Leere breitet sich aus, und jeder weiß: das war ein Abschied für immer.

Es ist heute, vierzig Jahre später, vollkommen überflüssig, von den vielen Zeit und Kraft verzehrenden Reformversuchen im einzelnen zu berichten, die in den letzten Jahrzehnten unternommen wurden, um eine auch nur halbwegs funktionierende und im internationalen Wettbewerb konkurrenzfähige neue deutsche Universität aus der Taufe zu heben. Bis zum heutigen Tag sind alle Versuche dieser Art kläglich gescheitert, und die sogenannten Reformer haben sich schrecklich blamiert, egal wer sie waren und aus welcher Partei sie kamen. Keiner von ihnen hat bis heute den Bogen des Odysseus spannen können. Es erübrigt sich, ihre Namen zu nennen, die Namen der damals die Verantwortung tragenden Minister und Staatssekretäre auf Landes- und Bundesebene, Namen, mit denen die Jüngeren unter uns sowieso keine Vorstellungen mehr verbinden. Das ist auch besser so. Man sagt, jedes Volk habe die Regierung, die es verdient. Vielleicht gilt das auch für seine Universitäten. Das einzige, das am Ende bleibt und auch uns in Deutschland bleibt im Hinblick auf unsere Universitäten, ist die Hoffnung auf günstigere Zeiten. Die deutschen Universitäten haben eine große Vergangenheit mit universaler Weltgeltung. Für die Zukunft erzwingen läßt sich so etwas nicht. *Alles hat eine bestimmte Zeit* (Prediger 3, 1). Aber die Hoffnung bleibt trotz allem. Diese Hoffnung verbindet sich bei mir mit dem Glauben, daß Menschen aus der Vergangenheit lernen können, wenn sie es denn wirklich wollen. Aber wenigstens an einem Beispiel sei vorgeführt, wie ehemalige führende sozialdemokratische Bildungspolitiker später über ihre eigenen linken Aktivitäten dachten. Sieben Jahre lang war Klaus von Dohnanyi zwischen 1981 und 1988 Hamburgs Erster Bürgermeister. Während dieser Zeit trieb auch in der Hamburger Hochschulpolitik der linke Reformgeist jener Jahre munter und ungebremst sein Unwesen. Dohnanyi leitete damals die sogenannte Expertenkommission zur Reform des Hamburger Hochschulwesens, in der Fragen der Mitbestimmung im Mittelpunkt standen und von Exzellenz der Leistung keine Rede war. In sattsam bekannter sozialdemokratischer Tradition wurde die Universität in erster Linie als eine soziale Einrichtung zur Herstellung von Gleichheit gesehen und nicht als eine Einrichtung, in der in erster Linie im Geist internationalen Wettbewerbs Leistung zu erbringen ist. Als schließlich einigen dieses Treiben zu bunt wurde, kam es zu Protesten gegen die sozialdemokratische Reformpolitik. In einer späten Selbsterkenntnis, als die Gefahr für die eigene Parteikarriere längst vorbei war, bekannte v. Dohnanyi offenherzig: „Diejenigen, die protestierten, haben gemerkt, daß es nun in erster Linie um Leistung geht und nicht mehr um einen Kuschelkurs, wie das früher zwischen Universität und Politik oft üblich war." (In: DIE WELT, 23. 10. 2006, S. 30). Das wagt ein Mensch öffentlich auszusprechen, der selbst Akademiker ist und eigentlich wissen müßte, worum es in der Universität zu gehen hat. Um so besser weiß er offensichtlich, worum es in der sozialdemokratischen Bildungspolitik von jeher ging, deren Bundesminister (für Bildung und Wissenschaft) er von 1969 bis 1974 war, also in eben jener Zeit, in der an Universitäten der alten Bundesrepublik Deutschland alles drüber und drunter ging. Der Allesversteher v. Dohnanyi wußte damals natürlich auch diese Vorgänge politisch einzuordnen und huldigte auffällig unauffällig dem linken Zeitgeist. Erst als das Kabinett der gegenwärtigen Bundesregierung unter der Kanzlerin Angela Merkel im Mai 2007 die Aufhebung des Hochschulrahmengesetzes (HRG) beschloß, war das der Abschied von der in diesem Land jahrzehntelang herrschenden und propagierten Vorstellung, der Staat könne Bildung planen und befördern, wenn er die Bildungseinrichtungen nur ordentlich nivelliere und gleichmache. Der Kabinettsbeschluß vom Mai 2007 ist der Sache nach nichts anderes als die Rückkehr zur verfassungsrechtlichen Normalität aus der Zeit vor der staatsgläubigen linken Zentralisierung des deutschen Bildungswesens. Denn das Grundgesetz weist die Kultur- und Bildungshoheit den Ländern zu. Wir können nur hoffen, daß diese neu erkämpfte Autonomie durch ein Mehr an Freiheit der Forschung und der Lehre den Universitäten auch tatsächlich zugute kommen wird.

PYRMONTER EPILOG

Der ontologische Ansatz

Als ich jung war und nach dem Abitur 1949 mein Studium begann, da war ich davon überzeugt, daß die Fragen nach der Wirklichkeit, nach dem Sinn des Lebens und nach dem Wesen der Wahrheit prinzipiell eindeutig beantwortbare Fragen seien und die damit verbundenen Erkenntnisprobleme in endlicher Zeit gelöst werden könnten.

Meine Vertreibung aus diesem Paradies philosophischer Unschuld ließ nicht lange auf sich warten. Zuerst war es der Geist Kants, der sogleich am Anfang meines Studiums in Marburg für die nötige erkenntniskritische Ernüchterung sorgte. Noch mehr als dieser Genius Loci aber war es dann später die Wahrnehmung der allgemeinen geistigen Situation der Gegenwart, die meine anfängliche Überzeugung von der Erkennbarkeit alles Seienden in seinem Ansichsein alsbald ins Wanken brachte und in tiefe Zweifel stürzte.

Die Ursache war die Begegnung mit dem modernen historischen Denken, für das das einzig Beständige der unaufhörliche Wechsel und die Veränderlichkeit alles Seienden ist. Der breite Strom der Ereignisse reißt alles mit sich und ist die Metapher für die Macht der Geschichte, der sich der Einzelne und die Gesellschaft ausgeliefert erleben. In diesem Ausgeliefertsein erfahren wir als die Grundbeschaffenheit unserer Existenz die Zeitlichkeit und als deren Äquivalent im Handlungsablauf des Geschehens die Geschichtlichkeit. Alles erscheint als geschichtlich bedingt, das heißt abhängig vom Geschehen. Nichts wird mehr als selbständig und feststehend verstanden, nichts mehr als bleibend oder selbstverständlich, auch nicht mehr das Wesen des Menschen. Der Weltenbrand der Geschichte zieht alles in den Sog seiner Flamme und verzehrt es. Das moderne Denken vergeschichtlicht alles, ohne Ausnahme; seine Vergeschichtlichung ist total; vor ihr gibt es kein Entrinnen. So erlebt sich der moderne Mensch als abhängige Variable der Urmacht der Geschichte. An die Stelle der Allmacht und Absolutheit Gottes ist die Allmacht und Absolutheit der Geschichte getreten. Damit sind auch die alten Gewißheiten hinfällig geworden: die Wirklichkeit der Welt, der Sinn des Daseins und die Möglichkeit eindeutiger Wahrheit, im Grunde alles, was einmal früheren Zeiten als ewig und unveränderlich gültig galt.

Man braucht nicht lange zu suchen, um zu erkennen, was die Ursache für diese allgemeine Vergeschichtlichung ist und wer oder was dahinter steckt. Es muß etwas sein, das es in früheren Zeiten so noch nicht gab und dessen Eigenschaft früheren Epochen der Menschheit unbekannt geblieben ist. Es ist jene bestimmte Form radikaler Subjektivität, die sich als Maßstab alles Seienden und alles Geschehens in der Welt versteht. Eine notwendige Folge dieser Subjektivierung der Weltbetrachtung ist die universale Vergeschichtlichung, die Ausdruck jener Souveränität und Autonomie des menschlichen Denkens ist, die sich mit dem Beginn der Neuzeit eingestellt und seitdem immer konsequenter entfaltet haben, bis sie die charakteristischen Merkmale des modernen Denkens wurden, für das die selbstschöpferische Freiheit der Vernunft als die eigentliche, alles bestimmende Autorität gilt. Von allen anderen Bindungen hat sich der Mensch losgemacht, übriggeblieben ist allein die Bindung an die Vernunftgläubigkeit und an den daraus resultierenden Willen, sein geschichtliches Dasein selbst zu bestimmen und zu gestalten.

Dieser Wille zur Selbstgestaltung und Selbstrealisation produziert eine Einstellung zur Welt, die die Wirklichkeit aufgehen läßt in ein Konglomerat von einander sich ablösenden Auslegungen, die dem spontanen Hervorbringen von Vorstellungen entspringen, unter deren

Herrschaft das Ansichsein des Wirklichen sich in einen wesenlosen Schein und in einen Gegenstand des Zweifels verwandelt. Das Seiende als ansichseiende Gegebenheit unterliegt dem Generalverdacht des Nichtseins. Nur das Seiende, das der Mensch zum Objekt seiner Verfügung macht, wird als solches, das heißt als verfügbares Objekt, anerkannt. Seiend ist das Seiende in dieser Einstellung nur, insoweit es Inhalt unseres Bewußtseins ist. Insoweit es das nicht ist, ist es nicht. In dem Prozeß, den wir Geschichte nennen, haben wir es aber immer mit Seiendem zu tun, das unserer Auslegung unterworfen ist. Das bedeutet, daß die Wirklichkeit, insoweit sie unabhängig von dieser geschichtlichen Auslegung und damit außerhalb unseres Bewußtseins ist, gemäß dieser Einstellung des modernen Denkens gar nicht existiert. Im Rahmen dieser Einstellung haben wir es nur mit einem bestimmten Bild der Welt zu tun. Die Welt hinter diesem vom Wandel der Geschichte geprägten Weltbild hat sich in nichts aufgelöst. Sie ist nicht mehr, seit das Denken der Moderne so entschieden hat.

Inmitten dieser modernen Welt der totalen Vergeschichtlichung und Subjektivierung des Bewußtseins und des Verlustes allgemeiner, absolut gesicherter Wahrheiten dauert die alltägliche Lebenswelt der Menschen fort, in der nach wie vor ein anderer, nämlich der alte Wahrheitsbegriff herrschend ist, ein objektiver Wahrheitsbegriff, fernab von jenem relativistischen und subjektivistischen Verständnis von Wahrheit, das für das moderne Denken kennzeichnend ist. Es ist jenes Verständnis von Wahrheit, das Wahrheit als Sachgemäßheit versteht. Es begegnet uns im praktischen Leben. An ihm wird nicht gezweifelt, denn es liegt der unmittelbaren Lebenserfahrung zugrunde. Diese unbezweifelte Wahrheit der alltäglichen praktischen Lebenserfahrung wird erlebt als der objektive Ausdruck einer unabhängig von uns vorhandenen Weltstruktur, die anzuerkennen und sich nach ihr zu richten als ein Gebot praktischer Klugheit gilt. Man hat diese Wahrheit als Sachgemäßheit die ontische Wahrheit genannt, weil sie ein Ansichsein des Seienden, unabhängig vom Menschen, voraussetzt. Sowohl der alltägliche Lebensvollzug der Menschen als auch die Naturwissenschaften sind ohne diesen objektiven Wahrheitsbegriff nicht denkbar. Für diesen sind die Sachen an sich da, in einer wirklichen Welt, und bilden eine Ordnung des Seienden, die dem Menschen vorgegeben ist. Auch das moderne Denken schafft sich nicht selbst, sondern schafft sich inmitten einer Welt, findet sich in ihr vor, geht aus dem Seienden hervor. Und so, wie es trotz aller Wandelbarkeit eine Wirklichkeit der Welt gibt, die sich als eine bleibende Wahrheit durchhält, so nehmen wir doch an, daß es trotz aller Entwicklungen in der von uns überschaubaren Geschichtszeit auch ein bleibendes Wesen des Menschen gibt, das jenseits aller Geschichtlichkeit Bestand hat. Das nimmt ja sogar das moderne relativistische und subjektivistische Denken in bestimmter Hinsicht selbst für sich in Anspruch, wenn es sich auf die Vernunft als das alles überragende Bleibende, in dem es seinen Ort zu haben behauptet, emphatisch beruft.

Und doch hat sich mit dem neuzeitlichen und insonderheit mit dem modernen Denken eine Dimension des Fragens aufgetan, in der die Voraussetzung, daß dem Menschen eine an sich seiende Welt gegeben, vorgegeben ist, mit unabweisbaren Gründen problematisiert wird. Obwohl die Entdeckung des Ich, des Selbst und des erkenntnistheoretischen Selbstbewußtseins nicht erst eine Errungenschaft der Neuzeit ist, wie man lange Zeit irrtümlich annahm, sondern bis in die Philosophie der Antike zurückreicht, wie wir heute wissen, kam es im Projekt der Moderne zu einer Analyse und Tiefenanalyse des Ich und der Subjektivität, die es unmöglich machen, ohne Berücksichtigung ihrer Erkenntnisse das Problem der Wirklichkeit anzugehen und so, als ob nichts geschehen sei, weiterhin nur von einer uns vorgegebenen, an sich seienden Welt zu sprechen. Noch mein Lehrer Gerhard Krüger, der sich um die Erforschung der Geschichte des Bewußtseinsproblems in der neueren Philosophie große Verdienste erworben hat, sah den Ausweg aus den Aporien der modernen Aufklärung, die ja auch Philosophen wie Horkheimer und Adorno klar erkannt hatten, einzig in einem philosophisch reflektierten Rückgang auf die Bewußtseinsstellung der Antike, das heißt ihrer Auffassung von der objektiven Wirklichkeit der Welt und von dem bleibenden Wesen des Menschen. Die wesentliche Differenz zwischen antikem und modernem Denken sah Krüger darin, daß im antiken Denken die Rezeptivität den Vorrang vor der Spontaneität hat, das moderne Denken dagegen nicht vorrangig rezeptiv, sondern vorrangig spontan ist. Für das antike griechische Denken geht im Erkenntnisprozeß in der Tat die Initiative vom Seienden aus, nicht vom erkennenden Menschen, der den Eindruck des Seienden rezeptiv empfängt und dann rekonstruierend analysiert, aber nicht, wie in der modernen Erkenntnistheorie, seinen Gegenstand aufgrund einer apriorischen Struktur des Bewußtseins allererst konstruktiv entwirft. Insoweit hat Krüger das Wesen des antiken Denkens angemessen charakterisiert. Was er nicht sah, war der Tatbestand, daß die Reflexion des antiken philosophischen Denkens schon sehr viel weiter reiche, als er annahm, und daß, was die Distanz zu Augustinus und Descartes bezüglich der Entdeckung des philosophischen Selbstbewußtseins betrifft, diese keineswegs so groß ist, wie Krüger voraussetzte. Das gilt insonderheit für Plotin und dessen Schüler Porphyrios. Für die klassische griechische Philosophie von Platon und Aristoteles führte ich diesen Nachweis in meiner Habilitationsschrift. Der Hauptfehler in Gerhard Krügers Konzept der Rückwendung zur antiken Weltsicht und Menschenauffassung bestand darin, daß er trotz seines Wissens über die Entdeckung der Funktion der Spontaneität und Freiheit des menschlichen Geistes im Erkenntnisprozeß, wie sie in der modernen Erkenntnistheorie dann erfolgte, es trotzdem für möglich hielt, den antiken Gedanken der Rezeptivität wieder aufzunehmen und im Kontext der Moderne zu erneuern, obwohl er sich des Wagnisses dieses Unternehmens durchaus bewußt war, denn er sah die Unbestimmtheit und Offenheit der Stellung des Menschen im Kosmos und daß der Mensch im Werden, die Menschwerdung, die Hominisation, nicht abgeschlossen ist. Und er wußte auch, wie bedeutsam die Rolle des Standpunktes und der Perspektive ist. Trotzdem entschied er sich für die Erneuerung der antiken Rezeptivität als die einzige Rettung in der Ausweglosigkeit der Situation der Moderne, so wie er sie sah. Das war der entscheidende Fehler, der Grundirrtum Gerhard Krügers. Mein persönlicher Eindruck im Umgang mit ihm war, daß er das am Ende seines aktiven Lebens, vor dem Ausbruch seiner Krankheit, selbst erkannt hatte. Das war seine persönliche Tragik: er erkannte in aller Schärfe wie nur wenige seiner Generation die Aporien der Moderne; aber die Antike gibt darauf keine Antwort, höchstens Teilantworten, indem sie indirekt auf später Versäumtes und Vergessenes hinweisen kann, mehr nicht. Goethe war auch in dieser Beziehung ganz illusionslos, wenn er nüchtern und klar feststellt: „Es gibt kein Vergangenes, das man zurücksehnen dürfte, es gibt nur ein ewig Neues, das sich aus den erweiterten Elementen des Vergangenen gestaltet"[1].

Längst haben wir uns daran gewöhnt, im Ich etwas unbestreitbar Wahres anzuerkennen, nämlich eine Wirklichkeit, die wir als unser eigenes Selbst vorfinden, und zwar als eine erforschbare Wirklichkeit

---

[1] Goethe nach der Mitteilung des Kanzlers von Müller am 4. November 1823. In: Johann Wolfgang Goethe, *Die letzten Jahre. Briefe, Tagebücher und Gespräche von 1823 bis zu Goethes Tod.* Teil 1: Von 1823 bis zum Tode Carl Augusts 1828. Hrsg. von Horst Fleig. Frankfurt a.M. 1993 (Bibliothek Deutscher Klassiker 89).

mit einer besonderen Architektur, mit deren Beschreibung sich Augustinus im 10. Buch seiner *Confessiones* als erster Mensch befaßt hat, mit der Attitude eines Höhlenforschers, der in das Innere seiner selbst, seines Selbst, vordringt und die Gewölbe seiner Innenwelt, die er dort antrifft, schildert – eine Beschreibung, die Descartes nicht unbekannt gewesen ist und die hinfort über Montaigne, Kant, Hegel, Nietzsche und Freud bis in unsere Gegenwart permanent eine Tieferlegung der Fundamente erfahren hat. Auf diese Weise wurde das seiner selbst bewußte Ich (einschließlich der Dimension des Unbewußten) als eine weitere Dimension der Wirklichkeit neben der Außenwelt entdeckt und als integraler, unverzichtbarer Bestandteil in den Begriff der Wirklichkeit aufgenommen, einer Wirklichkeit zudem, die nach der Krise des metaphysisch-theologischen Denkens bei Feuerbach, Marx, Nietzsche und Heidegger nicht mehr selbstverständlich eine finale Vollendung in einem vollkommenen, höchsten Seienden, in Gott, hat, und zwar deshalb, weil Zeitlichkeit und Vergänglichkeit möglicherweise das Letzte, Äußerste, Umfassendste sind, was sich über das Universum, die Dinge und den Menschen aussagen läßt. Insoweit ist auch Gerhard Krügers Erneuerungs- und Begründungsversuch einer philosophischen Theologie im Horizont eines erneuerten antiken Denkens tragisch gescheitert.

Dieses sein Scheitern eines systematischen Neuanfangs in der Philosophie unter den Bedingungen des 20. Jahrhunderts ist um so tragischer, als er bei seinem Rückgang auf die ontische Wahrheit der praktischen Lebenserfahrung der Alltagswelt im Sinne von Sachgemäßheit und bei seiner Bezugnahme auf das Phänomen des Glaubens als Urexistential menschlicher Weltorientierung und Weltbefindlichkeit im Rahmen seines Entwurfes einer philosophischen Theologie schon den Schlüssel in der Hand hielt, der ihm den Zugang zu dem angemessenen Verständnis seines eigenen ontologischen Grundproblems eröffnet hätte. Dieser Schlüssel ist der Begriff des Fürwahrhaltens; des Fürwahrhaltens, das Krüger sowohl im Fall der naiven Selbstgewißheit des unmittelbar praktischen Alltagswissens als auch im Fall des religiösen Urvertrauens in ein höchstes, vollkommenes Seiendes, in Gott, vor Augen stand. Er sah es, aber er erkannte es nicht. Er erkannte es nicht in seiner Bedeutung für unsere Erkenntnis des Menschen als eines wesentlich auf Handlung hin angelegten Lebewesens. Denn weil der Mensch ständig handeln muß, sozusagen zum Handeln verurteilt ist, – denn er ist, wie wir wissen, ein Mängelwesen, das seine Mängel kompensieren muß –, ist er darauf angewiesen, an etwas zu glauben, das heißt etwas für wahr zu halten, an dem er sein Handeln ausrichten kann. Dieses Fürwahrhalten steht also unter Handlungszwang, was bedeutet, daß im Normalfall für eine langatmige wissenschaftliche Begründung des momentanen Fürwahrhaltens keine Zeit vorhanden ist. Wo gehandelt werden muß, drängt die Zeit immer. So ist das Leben. Daher hat das Fürwahrhalten in den meisten Fällen die Eigenschaft der Vermutung, der Annahme, der Hypothese.

Nach dem Vorlauf der Lebensphilosophie und der Existenzphilosophie war es die Philosophie des Pragmatismus, die im 20. Jahrhundert mit dieser Einsicht ontologisch, erkenntniskritisch und wissenschaftstheoretisch ernst gemacht und auch für die theoretische Demokratiebegründung Wegweisendes geleistet hat. Da die im wesentlichen von amerikanischen Denkern entwickelte Philosophie des Pragmatismus in Deutschland erst nach dem Zweiten Weltkrieg, besonders seit den sechziger Jahren des 20. Jahrhunderts genauer bekannt wurde und zum Gegenstand intensiver Beschäftigung und Auseinandersetzung wurde, rückte diese Philosophie nicht mehr in das

Blickfeld Krügers, die ihm, da bin ich ganz sicher, zahlreiche Anschlußmöglichkeiten geboten hätte.

Wir Pragmatisten

Sieht man einmal von den Besonderheiten der verschiedenen Richtungen ab, in die sich der Pragmatismus bis heute entwickelt hat, so kommt für das Grundverständnis des Pragmatismus eine besondere, paradigmatische Bedeutung der Schrift von William James *The Will to Believe* (1897) zu. Die Nähe des Willens zum Glauben zu Kants Lehre vom Primat der praktischen Vernunft besteht darin, daß beide, Kant und James, die Rechte des Glaubens gegenüber den Ansprüchen des Wissens verteidigen. Der Pragmatismus geht aber noch einen Schritt weiter, indem er lehrt, daß der Glaube auch in dem Sinne primär ist, daß überhaupt alles Wissen erst aus ihm hervorgegangen ist und hervorgeht. Im Spiegel dieser Konsequenz hat vor allem der in Hamburg geborene und in Los Angeles gestorbene Pragmatist Ferdinand Canning Scott Schiller (1864–1937) das Verhältnis des Pragmatismus zu Kants Begriff der theoretischen Vernunft in der *Kritik der reinen Vernunft*, exemplarisch in seiner Abhandlung *Axioms as Postulates* (1902) untersucht und bestimmt.

Schon bei Peirce, dem Begründer der Philosophie des modernen Pragmatismus, stießen diejenigen Teile der Kantischen Erkenntnistheorie auf eingehend begründete Ablehnung, in denen der reinen theoretischen Vernunft ein ihr eigener apriorischer Besitzstand zugesprochen wurde, also die sogenannten reinen Anschauungen und die sogenannten reinen Verstandesbegriffe. Schillers neuer Weg bestand darin, die Annahme eines apriorischen Vernunftbesitzes zu umgehen und statt dessen diese Annahme durch den Begriff des Postulierens zu ersetzen. Das hatte Kant ja mit Bezug auf die praktische Vernunft schon selber getan. Durch die Ausweitung des Anwendungsbereiches des bei Kant auf die praktische Vernunft begrenzten Begriffes des Postulierens wird so für den Pragmatismus alles Erkennen ein Postulieren. Die Postulate werden dann gemäß ihrer Bewährung im Gebrauch für wahr gehalten oder eben auch nicht. Neue wissenschaftliche Wahrheiten treten in der Form von Hypothesen auf, und eine Hypothese ist nichts anderes als ein Postulat. Was wir auf der Grundlage von Beobachtungen und Überlegungen als ein allgemeines Gesetz postulieren, gilt dann als eine gesicherte Wahrheit, jedenfalls bis auf weiteres, solange es nicht in der Erfahrung oder im Experiment widerlegt wird.

Geleitet von diesem Ansatz und unter dem Einfluß des Evolutionsgedankens, kommt der Pragmatismus zu dem Schluß, daß das Erkennen im Prinzip nie anders und von Anfang an so vor sich gegangen ist, wie es sich auch heute vor unseren Augen vollzieht, nämlich als ein Vortasten und Fortschreiten im Probieren und Erfahren von Bestätigung oder Widerlegung durch die Entsprechung oder den Widerstand der Realität, das heißt der Sachen, angefangen von der vorwissenschaftlichen Orientierung in der alltäglichen Lebenswelt bis zur wissenschaftlichen Hypothesenbildung. Auf diesem Weg und auf keinem anderen entstanden die Allgemeinvorstellungen zum Zweck des Aufbaus einer solchermaßen geordneten Wirklichkeit. So entstanden die begrifflichen Grundmuster des Allgemeinbewußtseins, des Gemeinsinns oder des Common sense. Das heißt: auch die vermeintlich apriorischen reinen Verstandesbegriffe oder Kategorien Kants sind nicht dem Menschen von oben eingegeben, sondern sind geschichtlich geworden als Hypothesen in einem zeitlichen Prozeß der Bewährung und Anpassung ungezählter Generationen an ihre Umwelt. Das Apriori Kants ist starr und hinsichtlich seiner Herkunft unbekannt, ein Sendbote von Nirgendwo. Dagegen sind die wirklichen Bedingungen unseres Bewußtseins lebendig und befinden sich in einem geschichtlichen Prozeß.

So allererst konnte es dazu kommen, daß diese zu Kategorien fixierten erfolgreichen Fundamentalhypothesen als ein absoluter, von aller Erfahrung unabhängiger Besitz der ‚reinen' Vernunft angesehen wurden. Ihre unvordenkliche Gültigkeit und der Umfang ihrer Brauchbarkeit, ihrer Anwendungsfähigkeit, und damit ihre unangefochtene Wirksamkeit machten ihr geschichtliches Gewordensein mehr und mehr unsichtbar, „bis alle Sprachen auf ihrer Grundlage aufgebaut waren", so William James in seinen Vorlesungen über den Pragmatismus[1]. So erklären sich auch die beiden Eigenschaften, die Kant als unfehlbare und unverzichtbare Kennzeichen einer *a priori* gültigen Wahrheit ansieht, nämlich die Allgemeinheit und Notwendigkeit. Unter diesem genetischen Aspekt betrachtet, steht am Anfang jedes Wissens ein Glauben oder Fürwahrhalten, das der Bewährung harrt. Kant hatte dem Glauben Raum geschaffen neben dem Wissen. Von den Pragmatisten wird dieser Raum ausgedehnt, nicht mehr neben dem Wissen, sondern auf das ganze Gebiet des Erkennens, dergestalt, daß das Wissen nunmehr nur noch eine bestimmte Art des Glaubens ist, nämlich diejenige, die im Procedere der Erfahrung ihre Bestätigung oder Widerlegung findet.

Der Pragmatismus gewinnt daraus ein Argument gegen Kant. Kant läßt die praktische Vernunft die höhere sein, die das Recht hat, zu postulieren. Wenn das zutrifft, muß zugegeben werden, daß das Postulieren fähig ist, zum Erkennen zu führen, vielleicht selbst ein Er-

---

[1] William James, *Der Pragmatismus. Ein neuer Name für alte Denkmethoden.* Übers. von Wilhelm Jerusalem. Philosophische Bibliothek Bd. 297, Hamburg 1977, S. 115.

kennen ist, möglicherweise sogar die Grundlage aller Erkenntnis bildet. Denn mit Sicherheit kann das Postulieren nicht auf das Gebiet der Ethik beschränkt werden. Mit anderen Worten: wenn das Prinzip des Postulierens überhaupt Geltung hat, dann muß es verallgemeinert und auf die Strukturprinzipien unseres Lebens insgesamt angewendet werden. Diese Verallgemeinerung wird gestützt durch die überall erkennbare Zielstrebigkeit des menschlichen Verhaltens, die tendenziell eine Vereinheitlichung des menschlichen Lebens und die Überwindung des Gegensatzes von Theorie und Praxis zum Zweck hat. Damit befinden wir uns mitten im Zentrum der pragmatistischen Konzeption der Philosophie, die sich mit dem Kritizismus Kants durchaus einig ist, daß wir die Wirklichkeit, die wir als die unsrige erkennen, zu einem Teil selbst machen. Freilich ist der Unterschied zu beachten: für Kant erkennen wir denjenigen Teil der Wirklichkeit aus reiner Vernunft, ohne Erfahrung, den wir selber machen – das ist Kants Antwort auf die Frage: Wie sind synthetische Erkenntnisse *a priori* möglich? –, für den Pragmatismus aber gilt nicht der Apriorismus der Form, er wendet sich gegen die Trennung von Form und Stoff der Erfahrung und führt diese für ihn falsche Trennung historisch auf den Platonischen Dualismus zurück; vielmehr läßt der Pragmatismus die geordnete Wirklichkeit als prozedurale Konstruktion aus dem Postulieren erfolgreicher Hypothesen als Ordnungsprinzipien in einem Nacheinander hervorgehen.

Sowohl der praktischen als auch der theoretischen Vernunft erkennt der Pragmatismus mithin das Recht zu, dasjenige für wahr zu halten, was sich durch seine praktischen Konsequenzen bewährt. Im Fall der praktischen Vernunft ist es die Bewährung, insoweit das Fürwahrhalten der Konstruktion eines Weltganzen dient, in welchem wir als Fühlende, Wollende und Handelnde uns zu orientieren in der Lage sind. Im Fall der theoretischen Vernunft ist es die Bewährung, insoweit das Fürwahrhalten uns in den Stand setzt, eine geordnete Welt herzustellen, in welcher wir uns mit Hilfe von Abstraktionen auf kommunikativ abgekürzte Weise verständigen können. In beiden Fällen wird dasjenige als wahr prädiziert, was sich durch seine praktischen Konsequenzen bewährt. Das Wahre ist das Zweckdienliche im Bereich unseres Denkens, und das Gute ist das Zweckdienliche im Bereich unseres Handelns. William James hat seinen Wahrheitsbegriff in seinen Pragmatismusvorlesungen von 1907 ausführlich expliziert und auch danach wiederholt kommentiert. Die falsche Spitzfindigkeit, derer sich manche Interpreten seines Wahrheitsbegriffes, dessen Bedeutung den Gutwilligen und Wohlwollenden kein Geheimnis war und sein kann, befleißigten, hat nur den Umstand zutage gefördert, daß diese nicht verstehen wollenden Interpreten nicht einmal das Problem erfaßten, um das es William James dabei geht, geschweige denn, daß sie imstande gewesen wären, einen Beitrag zur Lösung des Problems zu erbringen.

Deshalb ist es eher langweilig, den ‚Mißverständnissen' und Unterstellungen nachzugehen, denen das Jamessche Wahrheitsverständnis ausgesetzt war. Die philosophisch ernstzunehmende Diskussion hat sich in dem entscheidenden Fragepunkt längst für die Fragerichtung von William James entschieden. Für uns heute ist es ungleich interessanter und aufschlußreicher, noch einmal den Blick auf Kant zu richten und auf seine Feststellung, daß „alles Interesse zuletzt praktisch ist und selbst das der spekulativen Vernunft nur bedingt und im praktischen Gebrauche allein vollständig ist"[1]. Am nächsten kommt Kant dem Pragmatismus in seiner Lehre von den Postulaten der prak-

---

[1]   I. Kant, *Kritik der praktischen Vernunft.* Hg. von Karl Vorländer. Philosophische Bibliothek Bd. 38, S. 219.

tischen Vernunft, wie sich schon zeigte. Die praktische Vernunft postuliert die ‚Ideen' (‚Gott', ‚Freiheit' und ‚Unsterblichkeit') als regulative (nicht: konstitutive) Prinzipien, mithin als notwendige Voraussetzungen unseres sittlichen Handelns. Diese postulatorische Funktion der praktischen Vernunft auf die theoretische Vernunft ausgedehnt zu wissen, ist der Anspruch der pragmatistischen Erkenntnistheorie. Nach Meinung Ferdinand Canning Scott Schillers ging Kant die Einsicht in den postulatorischen Charakter der Vernunfttätigkeit erst in der *Kritik der praktischen Vernunft* auf, und F. C. S. Schiller war davon überzeugt, daß Kant, hätte er diese Funktion des Postulierens früher erkannt, die Ausarbeitung der *Kritik der reinen Vernunft* dann vom pragmatistischen Standpunkt aus vorgenommen und die entsprechende Richtung eingeschlagen hätte.

Heute, nach einer über hundertjährigen Entwicklung, stellt sich die Philosophie des Pragmatismus in zahlreichen Varianten dar, die es zu unterscheiden gilt. Für alle Richtungen gemeinsam aber ist der zentrale Begriff des ‚*belief*', wie ihn zuerst Peirce in seinem Aufsatz von 1877 „The Fixation of Belief" als Grundbegriff des Pragmatismus exponiert und analysiert hat, indem er auf die wesentliche Rolle des Fürwahrhaltens, des Glaubens in der menschlichen Lebenswelt hinwies und diesen Begriff zu einer anthropologischen Konstanten erklärte. Er nahm damit eine Erkenntnis vorweg, die der Sache nach eine Grundannahme des Philosophierens im 20. Jahrhundert wurde und ihre Gültigkeit wohl behalten wird.

Demgegenüber ist der vor allem in Deutschland unternommene Versuch, die Philosophie des amerikanischen Pragmatismus mit dem transzendentalen Ansatz des Deutschen Idealismus zu synthetisieren, gescheitert. Dieser Versuch am untauglichen Objekt bediente sich seit den sechziger Jahren des vorigen Jahrhunderts der damaligen Modeströmung des sogenannten *linguistic turn*, der, als eine allgemeine Sprachtheorie getarnt, seiner Intention gemäß ein dezidierter linguistischer Idealismus war, den die Sprachwissenschaftler vom Fach in ihrer zumeist philosophischen Ahnungslosigkeit gar nicht als solchen erkannten und durchschauten. Die Lage war so, daß schon bald niemand mehr wußte, wer nun von wem lernte: die sprachtheoretisch aktiv gewordenen Philosophen von den professionellen Sprachwissenschaftlern oder die Sprachwissenschaftler von den Sprachphilosophen. Für die vom Neukantianismus imprägnierten deutschen Philosophen war die Sache ziemlich klar. Als Surrogat für den wissenschaftlich unhaltbar gewordenen Apriorismus ‚reiner' Anschauungsformen und Verstandesbegriffe im Kantischen Sinne bot sich den nach einem Ersatz dafür Ausschau haltenden deutschen Erben der Transzendentalphilosophie, wie gerufen, die Sprache als transzendentales – sagen wir besser: quasitranszendentales – Raster an, die Sprache, die nun im Sinne eines Apriorismus der Sprache interpretiert wurde. Aber auch diese Rettungsaktion zugunsten des transzendentalen Ansatzes ist gescheitert. Denn die Struktur der Erfahrung ist nicht nur eine sprachliche Struktur, wie experimentelle neurophysiologische Untersuchungen längst bestätigen, die im übrigen nur das bestätigen, was jeder Einsichtige auch schon vorher wissen konnte. Ein einziger Blick auf spielende Kleinkinder bekräftigt diese Einsicht. Und was den Zusammenhang zwischen Sprechen und Denken betrifft, zwischen Geist und Sprache, so wissen wir darüber immer noch herzlich wenig, jedenfalls viel zu wenig für dogmatische Festlegungen, wie sie bei den Diskursphilosophen gang und gäbe sind. Im Unterschied zu vorschnellen Philosophen, die alles schon wissen und vor allem besser wissen, hält sich die seriöse Hirnforschung in diesem Punkt aus gutem Grund und in bester Wissenschaftlertradition vorsichtig zurück. Dessen ungeachtet wurden hierzulande auf ungesicherte sprachtheoretische Annahmen hin spekulative philosophische Luftschlösser errichtet. Eines davon, das bekannteste, ist die Figur der idealen Interpretations- und Kommunikationsgemeinschaft, deren von der sprachlichen Interaktion abstrahierte Regularien als transzendentale Bedingungen alles vernünftigen Redens und Handelns überhaupt ausgegeben werden und zugleich als das Fundament einer normativen Ethik des Diskurses und einer Konsenstheorie der Wahrheit gelten sollen.

Diese Diskurstheorie, die mehreren Metamorphosen ausgesetzt wurde, ist ein anachronistischer Rückfall in die Transzendentalphilosophie und die idealistische Tradition fundamentalistisch-dezisionistischer Letztbegründung, ein Rückschritt des philosophischen Problembewußtseins, der nach Diltheys, Heideggers und Gadamers Explikation der Geschichtlichkeit der endlichen Vernunft nicht anders denn als transzendentale Träumerei apostrophiert werden kann, wie es denn ja auch, und zwar schon sehr früh, wenngleich folgenlos, geschehen ist. (Vgl. Hans Albert, Transzendentale Träumereien, Ffm 1975) Aber auch in bezug auf eine Theorie kommunikativen Handelns gilt die Aussage, daß Elemente transzendentaler Unbedingtheitsforderung nicht das leisten, was sie zu leisten vorgeben, nämlich universalisierbare Geltungsansprüche zu begründen.

Die Rezeption von Theoriestücken der Philosophie des amerikanischen Pragmatismus im Rahmen eines antiquierten Transzendentalismus ist ein Anachronismus in zweifacher Hinsicht: zum einen, insoweit hier eine Dichotomie zwischen normativen und deskriptiven Sätzen behauptet wird, die beispielsweise John Dewey als einen unhaltbaren Dualismus betrachtet und Peirce einen transzendentalen Okkultismus genannt hat, von der philosophischen Grundeinstellung eines William James und Ferdinand Canning Scott Schiller ganz zu schweigen. Zum anderen, insoweit der Begriff des Transzendentalen ein

Wechselbalg ist, das heißt ein Prädikat, für das inzwischen eine einheitliche Bedeutung oder eine Übereinstimmung bezüglich der Hauptbedeutungen nicht mehr ausgemacht werden kann. Es ist in höchstem Grade zweifelhaft, ob eine philosophische Position heute noch möglich ist, die sich der Einwände gegen ihre transzendentale Selbstprädikation überzeugend erwehren kann. Wo hingegen Erneuerungsversuche des transzendentalen Ansatzes nur unter der Voraussetzung einer bis zur Unkenntlichkeit getriebenen Verfremdung der paradigmatischen Kantischen Bedeutung des Wortes ‚transzendental' und der Idee des Transzendentalen vorgenommen werden können, da muß an das Monitum von Peirce erinnert werden, der gemäß seiner *Ethics of Terminology* vor den Kindsräubern im Reich der Begriffe gewarnt hat, die sich des Diebstahls von Termini schuldig machen, indem sie die mit bestimmten Namen identifizierten Leitbegriffe entwenden, usurpieren und mit eigenem Inhalt füllen, der mit dem ursprünglich Gemeinten dieser Begriffe nichts mehr zu tun hat. Für neue Begriffe sollten gefälligst neue Termini kreiert werden. Im Sinne dieses Peirceschen Monitums ist die Mehrzahl der Fälle, auf die heute noch das Prädikat ‚transzendental' angewendet wird, albern und ridikül zu nennen. Die Suche nach den Bedingungen der Bedingungen der Bedingungen der Möglichkeit von etwas geht schließlich so weit, daß nach den Regeln dieses Wortgebrauches auch das Kaffeemehl zur fertigen Tasse Kaffee im Verhältnis der Transzendentalität steht. Dieser Unsinn ist aber nur denjenigen bewußt, die wissen, daß nicht jeder Schluß auf Bedingungen der Möglichkeit notwendig auf transzendentale Bedingungen im Sinne Kants führt, sondern in der Regel nur auf die Erfüllungsfunktion von Erfolg oder der Wahrscheinlichkeit von Erfolg in dieser Welt.

Obwohl längst erkannt worden ist, daß transzendentale Argumente Kantischen Typs von logisch-deduktiven Argumenten gar nicht hinreichend unterschieden werden können und auch gar nicht auf den Nachweis kategorialer Sinnbedingungen von Begriffssystemen zielen, sondern ganz einfach nur auf pragmatische Vorannahmen, argumentative Präsuppositionen im Sinne von Behauptungen, hält der Etikettenschwindel mit dem Wort ‚transzendental‘ besonders unter deutschen Philosophen unvermindert an und auch die jüngeren Adepten glauben sich mit der Aura höherer philosophischer Weihen zu umgeben, wenn sie dieses Prädikat (sinnentfremdet) verwenden, – die Nachgeburt des Deutschen Idealismus, von der man sich im Land von Kant und Hegel trotz allem, was seitdem in der Philosophie weltweit passiert ist, nicht trennen kann. Der Trennungsschmerz ist zu groß, und wo man sich tatsächlich davon getrennt hat, bleibt oftmals noch der Phantomschmerz übrig.

Die Bedingungsanalyse begrifflicher Verknüpfungen liefert keine transzendentalen Beweise, sondern zeigt bloß begriffliche Abhängigkeitsverhältnisse innerhalb eines Begriffsschemas oder Belief-Systems auf, das sich auf zum Zeitpunkt t_x unbezweifelte oder unbezweifelbare Überzeugungen im Sinne der Peirceschen Fürwahrhaltungen (*beliefs*) gründet, wie Peirce das im Rahmen seiner Theorie des Critical Commensensism ausführt, wo er gezeigt hat, warum die Zurückweisung der Kantischen Forderung transzendentaler Rechtfertigung die notwendige Bedingung eines angemessenen Verständnisses der Funktion unseres Belief-Systems ist, das aus den (vorläufig) unkritisierten Überzeugungen unseres allgemeinen Glaubens- und Handlungshorizontes besteht. Das ist guter Pragmatismus, den man in sein Gegenteil verkehrt, wenn man ihn dem ihm gänzlich inkommensurablen und außerdem heute nicht mehr logisch begründbaren transzendentalen

Rechtfertigungszwang aussetzt, der, wie die Transzendentalpragmatik, mit scheinbar letztbegründenden Elementen eines Diskurs-Transzendentalen operiert. Solcher Ansatz steht nicht nur im Widerspruch zu Grundannahmen des modernen Denkens hinsichtlich der Fehlbarkeit der endlichen menschlichen Vernunft, sondern auch im Gegensatz zu dem uneingeschränkten Fallibilismus von Peirce und der modernen Wissenschaftslogik. Unter dem Zwang erdrückender Argumente und der kritischen Forderung einer durchgängigen Detranszendentalisierung der Philosophie hat sich mittlerweile auch der Habermassche Vernunftbegriff in den einer „detranszendentalisierten Vernunft" verwandelt. Damit ist aber noch nicht aus dem Saulus ein Paulus geworden, der sich etwa von seiner „transzendentalen Einsicht in die unhintergehbare Begründung von Objektivität in sprachlicher Intersubjektivität" distanzierte, wie der letzte Satz seiner Schrift *Kommunikatives Handeln und detranszendentalisierte Vernunft* (2001) unmißverständlich erkennen läßt. Das Bekenntnis zum Programm der Detranszendentalisierung der Vernunft – eines kastrierten Transzendentalismus – fällt ihm sichtlich schwer, der Not gehorchend, nicht dem eigenen Triebe, ein deutliches Zeichen des Rückzuges von einer nicht länger haltbaren Position: Nachhutgefechte eines pragmatistisch verkappten Deutschen Idealismus, der vielleicht letzten Gestalt dieses großen Erbes in einer Zeit, die hat lernen müssen, die überschwenglichen Ansprüche infallibler Erkenntnis gegenüber den Forderungen einer nicht zum Träumen einladenden Realität nach langen Umwegen endlich aufzugeben. Diese späte Einsicht hätte nicht so spät kommen müssen, wenn man den seinerzeit in Deutschland so viel berufenen Wittgenstein beim Wort genommen hätte, dessen Spätwerk eine Kritik des Logischen Transzendentalismus seines Frühwerks, des *Tractatus*, enthält. In den *Philosophischen Untersuchungen* verabschiedet er die Idee des Transzendentalen und führt die Wörter von ihrer metaphysischen auf ihre alltägliche Verwendung zurück. Das Sprachspiel gibt es nur im Plural: das eine transzendentale Sprachspiel gibt es nicht, weil es die transzendentale Einheit der Sprache nicht gibt.

Die sogenannte Detranszendentalisierung der Philosophie wird für die, die es angeht, weitergehen, sie ist noch nicht zu Ende. Nicht eine Rehabilitierung der transzendentalen Fragestellung steht auf dem Programm, wie einige meinen, sondern die Pragmatisierung der Vernunft und ihres Begriffes. Im Zuge dieser Entwicklung wird die Versuchung einer Letztbegründung moralischer Normen wie der Gesang der Sirenen immer wieder idealistisch disponierte Gemüter am Horizont der Probleme betören, und sie glauben schon, ihr Land der Verheißung ganz nahe vor sich zu sehen, – aber doch nur als Fata Morgana, als der imaginierte Schatz in einem in unendlicher Ferne gleißenden Silbersee. Auf dem langen Weg dahin liegen viele Skelette, gebleicht von den versengenden Strahlen einer irrtümlich für rein gehaltenen Vernunft. Die Pragmatisten dagegen wählen den Weg des Experimentes, nicht den der idealistisch-utopischen Verheißung. Ich gebe die Hoffnung nicht auf, daß dieser richtige Weg auch irgendwann einmal durch Deutschland führen wird. Das wird aber erst dann möglich sein, wenn man wieder damit aufhört, Philosophie mit Soziologie, Linguistik, Literaturwissenschaft oder Physik zu verwechseln.

Zeittafel

Klaus Oehler,
geb. am 31. August 1928 in Solingen

1935–1949   Schulen in Solingen, Bad Wildungen und Wuppertal

1944–1945   Flakhelfer

1948   Graecum als Externer

             Begegnung mit Nicolai Hartmann

1949   Abitur. Im Sommersemester Aufnahme des Studiums
             der Philosophie, Klassischen Philologie und
             Evangelischen Theologie in Marburg

             Hebraicum am Philippinum in Marburg

1950   Ab Wintersemester Fortsetzung des Studiums in
             Tübingen

1951   Assistent von Gerhard Krüger am Philosophischen
             Seminar der Universität Tübingen

1952   Ab Sommersemester Fortsetzung des Studiums in
             Frankfurt am Main, wohin Gerhard Krüger einen Ruf
             angenommen hatte. Als Assistent von Krüger Tätig-
             keit am Philosophischen Seminar der Universität
             Frankfurt am Main

             Begegnung mit Kurt Riezler

1953   Promotion in Philosophie an der Universität Tübingen
             mit der bei Gerhard Krüger entstandenen Dissertation

1954–1955   Lehrauftrag am Seminar für Klassische Philologie in
             Marburg

1956	Staatsexamen für das Lehramt an Höheren Schulen in Griechisch, Latein und Philosophie in Frankfurt am Main
1956–1958	Wissenschaftlicher Assistent am Platon-Archiv in Hinterzarten/Schwarzwald
1959	Einreichung der Habilitationsschrift an der Philosophischen Fakultät der Universität Hamburg
1960	Habilitation für Philosophie an der Universität Hamburg und Beginn der Lehrtätigkeit dort ab Oktober 1960
1961–1963	Forschungen zur Philosophie des griechischen Mittelalters (Byzanz) am Dumbarton Oaks Research Center for Byzantine Studies, Trustees for Harvard University, Washington D.C. – Reisen in den USA, Mexiko und Kanada. – Bibliotheksreisen im östlichen Mittelmeeraum
1962	Begegnung mit Robert J. Oppenheimer
1964	Diätendozentur an der Universität Hamburg
1966	Außerplanmäßiger Professor der Philosophie an der Universität Hamburg
	Begegnung mit Werner Heisenberg
1967	Begegnung mit Martin Heidegger
1968	Doppelruf auf ein Ordinariat der Philosophie an der Universität Mainz (Nachfolge Joachim von Rintelen) und auf ein Ordinariat der Philosophie an der Universität Hamburg (Nachfolge auf der Professur von Hans

Blumenberg, danach Wolfgang Wieland). Entscheidung für Hamburg

1970   Forschungsarbeiten in Oxford und Cambridge

1971   Fortsetzung der Lehrtätigkeit in Hamburg

1973–1974   Member des Institute for Advanced Study in Princeton, N.J.

Begegnung mit George F. Kennan

Begegnung mit Kurt Gödel

1975   Beginn der Kooperation des Hamburger Philosophischen Seminars und der Forschungsgruppe für Semiotik und Wissenschaftstheorie der Universität Stuttgart (Max Bense)

1976   Ernennung zum Mitglied des Institute for Studies in
Pragmatism der Texas University

Begründung der Zeitschrift *Semiosis. Zeitschrift für
Semiotik und ihre Anwendungen.* Zusammen mit Max
Bense, Gérard Deledalle und Elisabeth Walther

1977   Ernennung zum Korrespondierenden Mitglied der
Akademie von Athen

1978   Gastprofessur an der Texas University

1979   Begründung der *Zeitschrift für Semiotik.* Organ der
Deutschen Gesellschaft für Semiotik e.V. Zusammen
mit Roland Posner, Tasso Borbé, Annemarie Lange-
Seidl und Martin Krampen

1981   Präsident der Deutschen Gesellschaft für Semiotik
(DGS). Ehrenmitglied seit 1993

1982	Präsident der amerikanischen Charles S. Peirce Society. Fellow seit 1983
	Permanent Member des Advisory Board der neuen Peirce-Ausgabe: Writings of Charles S. Peirce. A Chronological Edition. Bloomington: Indiana University Press
1988	Mitglied der Joachim Jungius Gesellschaft der Wissenschaften e.V., Hamburg
1989	Mitglied des Executive Committee, Charles S. Peirce Sesquicentennial International Congress, Harvard University 1989
1990	Emeritierung. Professor emeritus der Universität Hamburg
1993	Ehrendoktor, Athen
1998	Verleihung des Internationalen Preises der Antonio Jannone Stiftung, Rom
	Umzug von Hamburg nach Bad Pyrmont

Bildnachweis

Personenregister